屏南年鉴

（2021）

中共屏南县委党史和地方志研究室　编

方志出版社
Publishing House of Local Records

图书在版编目（CIP）数据

屏南年鉴. 2021 / 中共屏南县委党史和地方志研究室编. —北京 : 方志出版社, 2021.12

ISBN 978-7-5144-5109-2

Ⅰ. ①屏… Ⅱ. ①中… Ⅲ. ①屏南县—2021—年鉴
Ⅳ. ①Z525.74

中国版本图书馆 CIP 数据核字（2021）第 275604 号

责任编辑：王　娜
责任校对：刘玉霞
责任印制：梅中英
出 版 者：方志出版社
地　　址：北京市朝阳区潘家园东里 9 号（国家方志馆 4 层）
邮　　编：100021
网　　址：http://www.zgfzcb.cn
发　　行：方志出版社图书营销中心（010-67110500）
印　　刷：福州报业鸿升印刷有限责任公司
开　　本：889 毫米 ×1194 毫米　　1/16
印　　张：22.75
字　　数：530 千字
版　　次：2021 年 12 月第 1 版
印　　次：2021 年 12 月第 1 次印刷
定　　价：200.00 元

《屏南年鉴（2021）》编纂委员会

《屏南年鉴》编辑部

编辑说明

一、《屏南年鉴》是由中共屏南县委、屏南县人民政府主办，中共屏南县委党史与地方志研究室编纂的年度资料性文献，自2013年起逐年编辑出版，以出版年份标识年鉴卷号，《屏南年鉴（2021）》是连续出版的第9部。

二、《屏南年鉴（2021）》以马克思列宁主义、毛泽东思想、邓小平理论、“三个代表”重要思想、科学发展观、习近平新时代中国特色社会主义思想为指导，坚持辩证唯物主义和历史唯物主义的立场、观点和方法，实事求是地记载2020年屏南县自然、政治、经济、社会、文化、生态等方面的发展情况。收录时间为2020年1月1日至2020年12月31日，个别事项适当追溯，便于读者了解始末。收录范围主要以地域为界，凡在屏南县境内的部门单位、各行各业，以及屏南驻外单位，不论其性质、隶属关系和级别，均在收录范围之内。

三、《屏南年鉴（2021）》采用类目、分目、条目三级框架结构。全书设特载、大事记、县情概览、中共屏南县委、屏南县人民代表大会、屏南县人民政府、政协屏南县委员会、纪检监察、群众团体、法治、军事、应急管理、农业农村、工业、交通运输、信息业、城乡建设与管理、自然资源和生态环境管理、商业贸易、财政 税务、金融、综合经济管理与监督、社会 民生、教育 科技 卫生健康、文化 旅游 体育、乡镇、人物 荣誉、索引等。

四、《屏南年鉴（2021）》文字材料均由各相关单位和乡镇专人撰稿，经单位主要领导审阅后提供。文中所列数据，个别因统计口径、方法、时间不同而略有差异，请读者引用时注意。属于全县性的数据主要以屏南县统计局公布的资料为准。

五、《屏南年鉴（2021）》文字、标点符号、计量单位均依照国家现行规范，但对“特载”中所收录的工作报告、公文文件等，为保持其原貌，未做转化统一。文中凡“省、全省”均指福建省，“市、全市”均指宁德市，“县、全县”均指屏南县。“疫情”均指“新冠肺炎疫情”。

屏南县地图

比例尺1：290 000

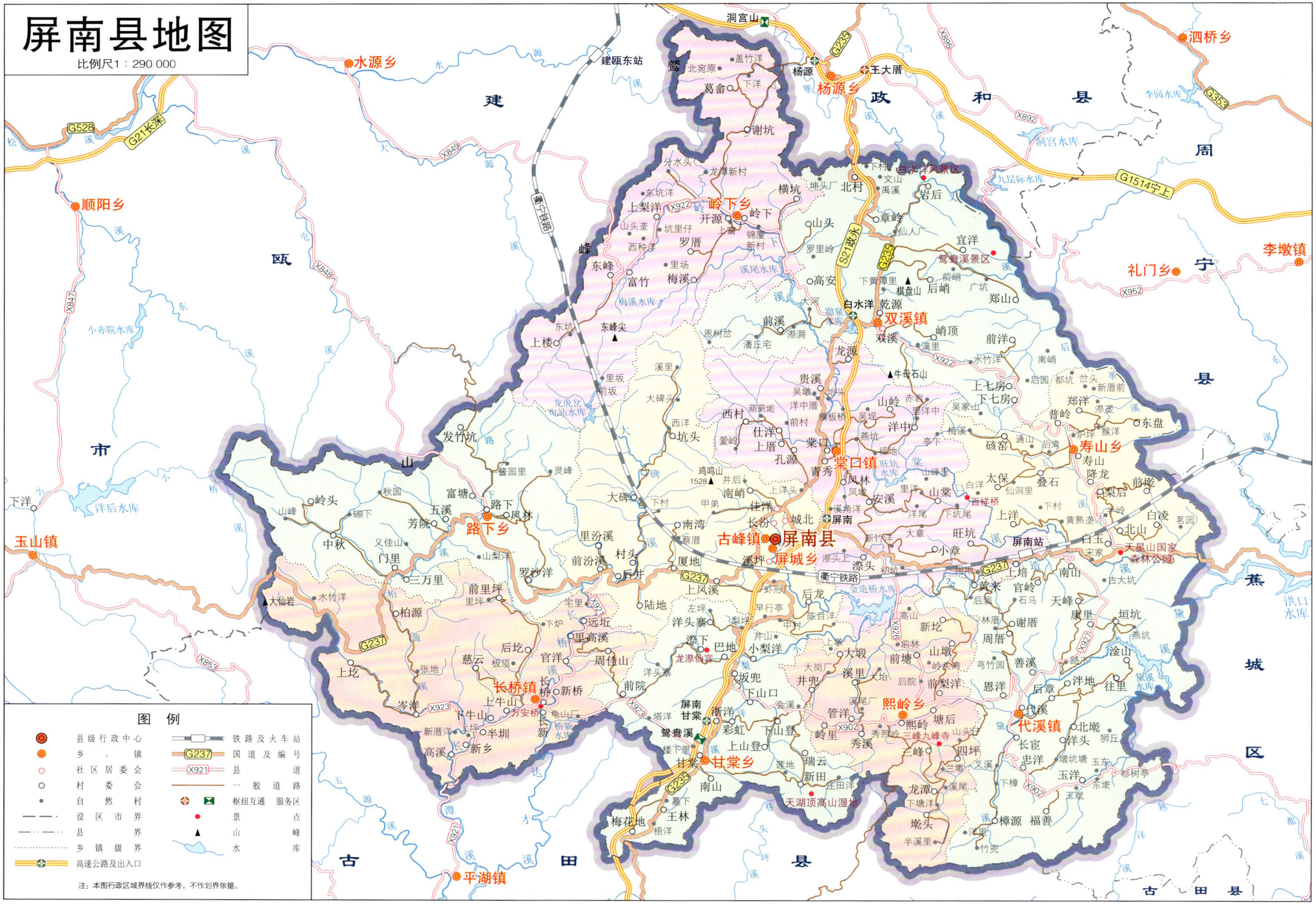

图例
- 县级行政中心
- 乡、镇
- 社区居委会
- 村委会
- 自然村
- 设区市界
- 县界
- 乡镇级界
- 高速公路及出入口
- 铁路及火车站
- G237 国道及编号
- X921 县道
- 一般道路
- 枢纽互通 服务区
- 景点
- 山峰
- 水库

注：本图行政区域界线仅作参考，不作划界依据。

编制单位：福建省地图出版社　审图号：宁S〔2022〕1号　资料截至：2020年12月

数知屏南（2020 年）

人　口　户籍总户数 61106 户
户籍总人口 189529 人
常住人口 139815 人

经济指标　地区生产总值 918376 万元
第一产业增加值 163689 万元
第二产业增加值 235954 万元
第三产业增加值 518733 万元
农林牧渔业总产值 287814 万元
规模以上工业增加值同比下降 32.1%
固定资产投资（含铁路）同比增长 9.4%
社会消费品零售总额 388609 万元
实际利用外资 3425 万元
一般公共预算总收入 60673 万元
　　地方一般公共预算收入 39436 万元
一般公共预算支出 200982 万元
金融机构本外币存款余额 836745 万元
　　住户储蓄存款 619084 万元
金融机构本外币贷款余额 836725 万元

人民生活 全体居民人均可支配收入 22732 元

城镇居民人均可支配收入 30976 元

农村居民人均可支配收入 17201 元

全体居民人均消费支出 14344 元

城镇居民人均消费支出 19464 元

农村居民人均消费支出 10909 元

交通运输 全县客运量 155.76 万人

旅客周转量 6818.36 万人千米

货运量 178.44 万吨

货物周转量 15056.95 万吨千米

环　境 全县森林覆盖率 76.82%

空气污染指数 API 平均为 2.26

区域环境噪声均值为 52.1 分贝

饮用水源水质达标率 100%，城乡居民水源地水质达标率 100%

气　象 年平均气温 16.4℃

年降水量 1421.5 毫米

年日照时数 1457 小时

县　域 全县总面积 1487 平方千米

2020 年 12 月 29 日，屏南县第十七届人民代表大会第五次会议开幕　　（县人大常委会办公室　供）

2020 年 12 月 28 日，政协第十届屏南县委员会第五次会议开幕　　（县政协办公室　供）

2020 年，屏南县东区新貌
（甘叶斌 摄）

2020 年，屏南县甘棠（新型）工业园区板式家具园区
（甘叶斌 摄）

2020 年，屏南县寿山乡白玉村文化中心
（林小敏 摄）

2020 年 2 月，屏南县行政服务中心办事大厅
（吴灼之 摄）

2020 年 5 月，屏南县瑞屏公园 （甘叶斌 摄）

2020 年 7 月，屏南县 220 千伏清水变电站
（县供电公司 供）

2020 年 8 月，屏南县公交枢纽应急指挥中心
（县交通局 供）

2020 年 8 月，屏南县棠口公交首末站 （林小敏 摄）

2020 年 8 月，屏南县棠口镇电动汽车充电站
（林小敏 摄）

2020 年 8 月 15 日，屏南县双溪镇岩后村通村公路
（甘叶斌 摄）

2020 年 11 月，屏南县公交车站　（林小敏 摄）

2020 年，彩绘师美化屏南县街头配电箱
（县供电公司 供）

2020 年 12 月，建设中的屏南县国宝小学　　（县教育局 供）

2020 年，屏南县新蕾幼儿园　　（甘叶斌 摄）

2020 年，屏南县白水岩云雾茶茶山　　（甘叶斌 摄）

2020 年，屏南县熙岭乡百亩荷塘　　（甘叶斌 摄）

2020年4月9日，屏南县棠口镇西村村万亩蔬菜基地（汤郭彬 摄）

2020年，屏南县甘棠乡新田村竹林（甘棠乡 供）

2020年3月，屏南县白水洋兰花基地（甘叶斌 摄）

2020年11月，屏南县寿山乡降龙村脐橙（林小敏 摄）

2020 年，屏南县岭下乡上楼水松林雪景　　（岭下乡 供）

2020 年 8 月 20 日，屏南县农机局在棠口镇仕洋村举办蔬菜机械化栽植技术推广现场会　　（甘叶斌 摄）

2020 年，屏南县长桥溪屏城段防洪工程
（胡国慨 摄）

2020 年 1 月 6 日，屏南县文化科技卫生“三下乡”活动启动仪式在路下乡举行　　（县委宣传部　供）

2020 年 5 月 21 日，屏南县举办首个国际茶日暨“屏南小种”名优茶展示展销活动

（王振丰　摄）

2020 年 6 月 16 日，屏南县开展“守住钱袋子·护好幸福家”防范非法集资主题宣传日活动

（县银保监管组　供）

2020 年 6 月 24 日，屏南中心片区地摊夜市一条街 （林小敏 摄）

2020 年 6 月 26 日，屏南县开展禁毒宣传活动 （甘叶斌 摄）

2020 年 6 月 30 日，屏南县在烈士陵园举行陈祥榕烈士安葬仪式　　（县退役军人事务局 供）

2020 年 7 月 10 日，屏南法院诉非联动中心揭牌
（林宗瑜 摄）

2020年7月23日，央媒、省媒、市媒“走向我们的小康生活”采访团走进屏南双溪安泰艺术城（甘叶斌 摄）

2020年7月23日，央媒、省媒、市媒“走向我们的小康生活”采访团走进屏南（甘叶斌 摄）

2020年7月24日，屏南县举办第二届“屏南小种”杯斗茶赛评选活动（王振丰 摄）

2020年7月30日，屏南白水洋·鸳鸯溪主题车厢亮相福州地铁1号线（甘叶斌 摄）

2020 年 8 月 13 日，中央广播电视总台“心连心”慰问演出走进屏南县龙潭村　　（县委宣传部 供）

2020 年 8 月 13 日，中央广播电视台“心连心”宁德慰问演出走进屏南火车站　　（甘叶斌 摄）

2020 年 8 月 13 日，中央广播电视总台“心连心”宁德慰问演出走进屏南县龙潭村　　（甘叶斌 摄）

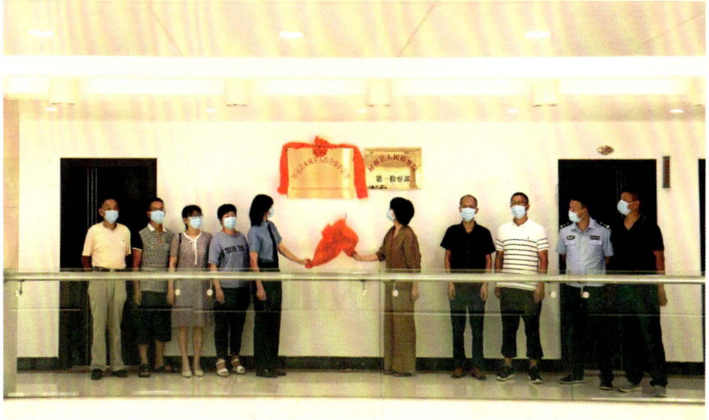

2020 年 8 月 18 日，屏南县未成年人综合保护联盟揭牌　　　　　　（林洁洁　摄）

2020 年 9 月 3 日，屏南县开展金融消费权益保护知识竞赛　　　　　　（王小炜　摄）

2020 年 9 月 27 日，衢宁铁路屏南站通车　　　　　　（甘叶斌　摄）

2020年9月27日，屏南县举行衢宁铁路屏南站站前广场建成、通站路通车仪式

（甘叶斌 摄）

2020年9月30日，屏南县举行烈士公祭日活动 （黄小艳 摄）

2020年10月1日，屏南县举行升旗仪式

（甘叶斌 摄）

2020年11月，屏南县举办宁德撤地建市20周年大型图片巡回展 （江小玲 摄）

2020 年 11 月 5 日，屏南新时代乡村影视文化产业园开园

（甘叶斌 摄）

2020 年 11 月 14 日，“白水洋杯”美丽中国 • 全国门球大赛（屏南站）在屏南县华侨中学举办

（林小敏 摄）

2020 年 11 月 29 日，屏南茶盐古道村庄越野赛鸣枪开跑

（甘叶斌 摄）

2020年，屏南县寿山乡白凌村　　（寿山乡 供）

2020年，屏南县甘棠乡新田村一角　　（甘棠乡 供）

2020年，屏南县代溪镇北墘村雨廊一角

（甘叶斌 摄）

2020年，屏南县代溪镇北墘村 （代溪镇 供）

2020年，屏南县屏城乡前汾溪村 （屏城乡 供）

2020 年，屏南县棠口镇棠溪景色

2020 年，屏南县寿山乡寿山村　　　　（寿山乡 供）

（甘叶斌 摄）

2020年，屏南县寿山乡白玉村

（甘叶斌 摄）

2020年，屏南县屏城乡厦地村 （甘叶斌 摄）

2020年1月20日，屏南县屏城乡厦地村举办第四届年味节 （屏城乡 供）

2020年2月8日，屏南县熙岭乡龙潭村“新村民”的阳光午餐 （甘叶斌 摄）

2020 年 8 月 9 日，屏南县长柳岳（右一）在线直播推荐屏南农副产品　（县委宣传部 供）

2020 年 8 月 9 日，屏南县长柳岳（左三）直播推荐屏南旅游线路、文创古村

（甘叶斌 摄）

2020 年 11 月 15 日，屏南县双溪镇前洋村艺术季鼓亭乐表演　　（双溪镇　供）

2020 年 11 月 15 日，屏南县双溪镇前洋村艺术季开幕
（双溪镇　供）

2020 年 11 月 19 日，屏南县举行“喜迎宁德撤地设市 20 周年暨屏南乡村振兴研究院”揭牌活动
（县委宣传部　供）

2020 年 11 月 28 日，屏南县寿山乡举办寿山茶盐古道文化节活动

（县委宣传部 供）

2020 年 11 月 29 日，屏南县寿山乡寿山茶盐古道文化节表演 （甘叶斌 摄）

2020 年 12 月 20 日，屏南县代溪镇北墘村举办第五届北墘黄酒文化旅游节

（县委宣传部 供）

2020 年 2 月，屏南县在高速公路出口对来往车辆人员进行新冠疫情防控检测　（甘叶斌 摄）

2020 年 2 月，屏南县环卫工人进行消毒作业　（甘叶斌 摄）

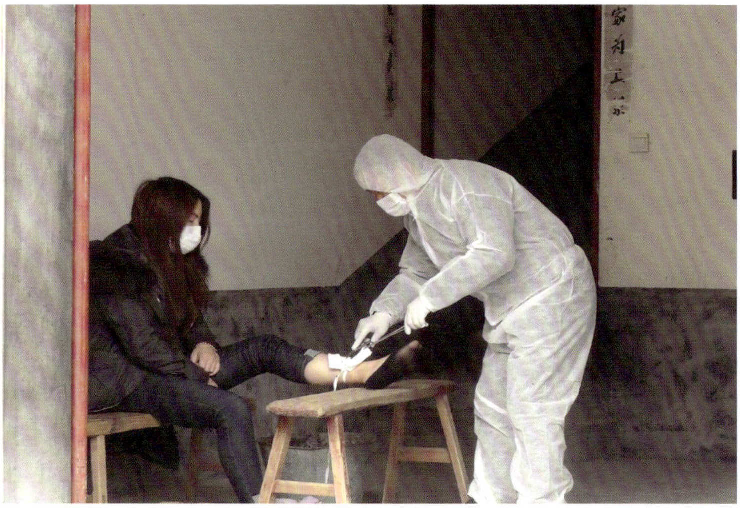

2020 年 2 月，屏南县医护人员为居家隔离人员进行消毒包扎　（古峰镇 供）

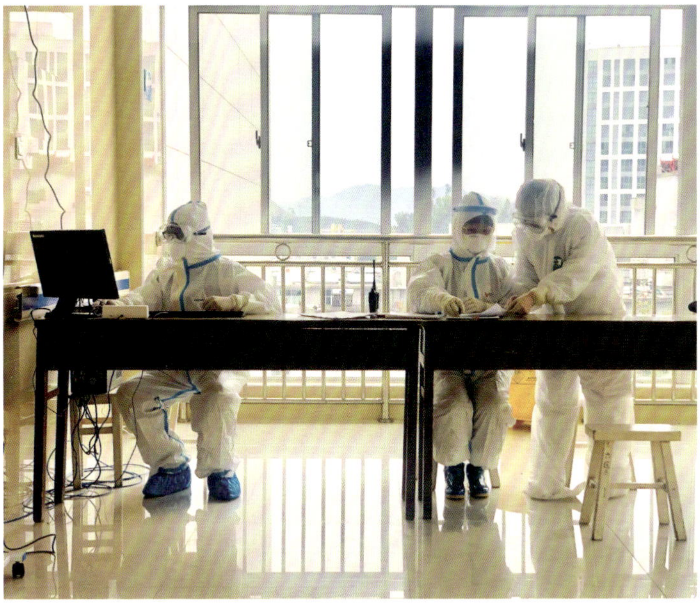

2020 年 2 月，屏南县医院感染科护士日常工作

（甘叶斌 摄）

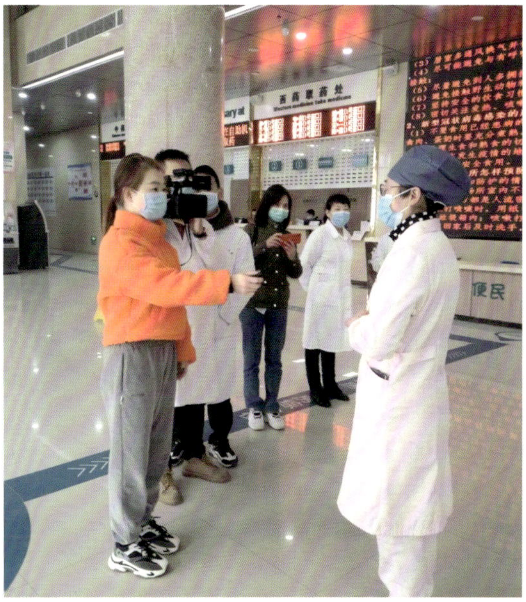

2020 年 2 月 2 日，屏南县记者采访援鄂防控新冠肺炎疫情护士

（苏晨晨 摄）

2020 年 2 月 5 日，屏南县警车进入城区巡逻宣传新冠肺炎疫情防控知识

（甘叶斌 摄）

2020 年 2 月 6 日，屏南县新冠肺炎疫情防控党员突击队授旗现场　（甘叶斌 摄）

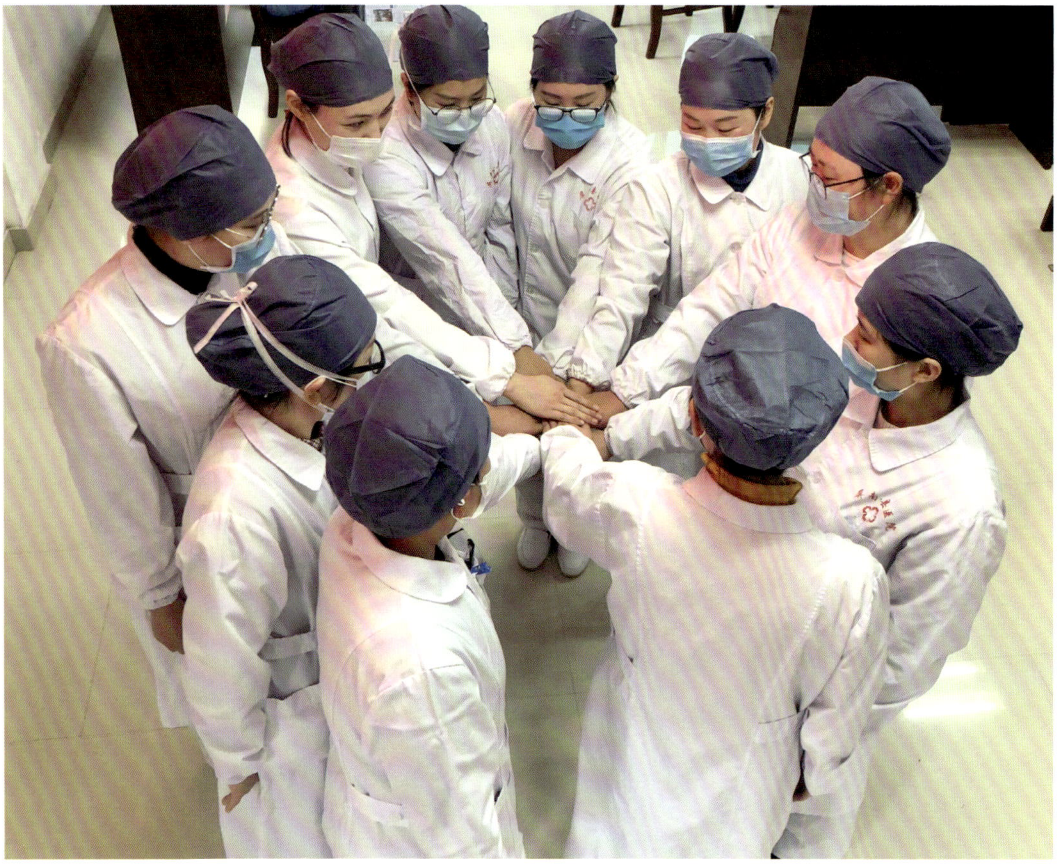

2020 年 2 月 10 日，屏南县参与新冠肺炎疫情防控的医护人员相互打气加油
（甘叶斌 摄）

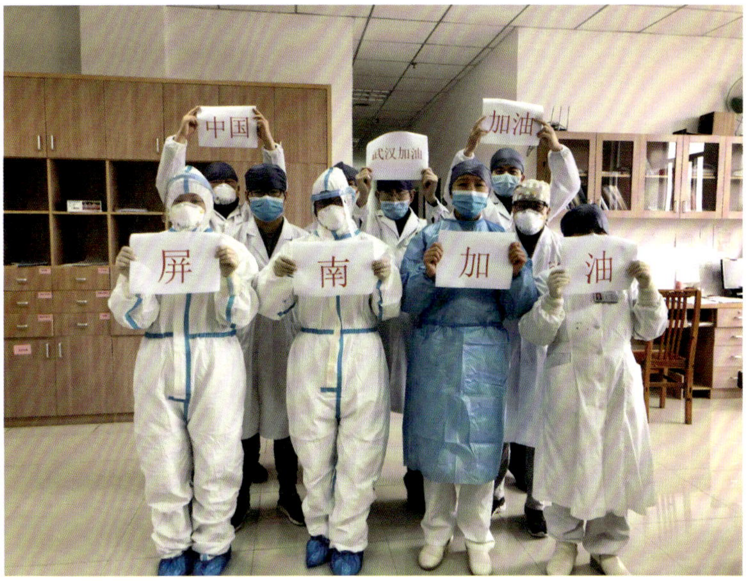

2020 年 2 月 10 日，屏南县医护人员一起为中国、武汉防控新冠肺炎疫情加油　（甘叶斌 摄）

2020 年 2 月 29 日，屏南首条口罩生产线　（甘叶斌 摄）

2020 年 4 月 13 日，屏南县社区新冠肺炎疫情防控人员开展沿街喇叭宣传（古峰镇 供）

2020 年，中国传统村落谢坑村全景图　（邱仰左　摄）

2020 年，中国传统村落谢坑村进贤桥　　（江小玲 摄）

2020 年，中国传统村落谢坑村永兴寺　　（江小玲 摄）

2020 年，中国传统村落谢坑村陆氏宗祠外景　　（江小玲 摄）

2020 年，中国传统村落谢坑村陆氏宗祠内景　　（江小玲 摄）

2020 年，中国传统村落谢坑村云津礼堂　（江小玲 摄）

2020 年，中国传统村落谢坑村天王殿　（江小玲 摄）

2020 年，中国传统村落谢坑村坳岭亭　　（江小玲 摄）

2020 年，中国传统村落谢坑村防火墙　　（江小玲 摄）

2020 年，中国传统村落谢坑村古城门（北门）　　（江小玲 摄）

2020 年，中国传统村落谢坑村古城门（西门）
（江小玲 摄）

2020 年，中国传统村落谢坑村古城门（东门）
（江小玲 摄）

2020 年，中国传统村落谢坑村云津古井　　（江小玲 摄）

2020 年，中国传统村落谢坑村茶马古道　　（江小玲 摄）

2020 年，中国传统村落谢坑村提线木偶演出剧照
（岭下乡 供）

总 目

目　录

特　载

大事记

县情概览

中共屏南县委

屏南县人民代表大会

屏南县人民政府

政协屏南县委员会

纪检监察

群众团体

法　治

军 事

应急管理

农业农村

工　业

交通运输

信息业

城乡建设与管理

自然资源和生态环境管理

商业贸易

财政 税务

金 融

综合经济管理与监督

社会 民生

教育　科技　卫生健康

文化　旅游　体育

乡 镇

人物 荣誉

索 引

深入学习贯彻习近平总书记重要讲话重要指示批示精神　奋力谱写全方位推动高质量发展超越的屏南新篇章

——在县委十二届十二次全会上的讲话

2020年10月9日

屏南县委书记　党　帅

同志们：

这次县委全会的主要任务是，坚持以习近平新时代中国特色社会主义思想为指导，全面贯彻中共十九大和十九届二中、三中、四中全会精神，深入学习贯彻习近平总书记对福建对宁德工作的重要讲话重要指示批示精神，按照省委十届十次全会、市委四届十二次全会的部署要求，科学谋划未来一个时期的目标和举措，动员全县广大干部群众牢记嘱托、接续奋斗，主动融入“一二三”发展战略，做好“六稳”工作、落实“六保”任务，全方位推动屏南高质量发展超越，为实现“两个一百年”奋斗目标和促进祖国统一发挥更大作用、做出更大贡献。根据县委常委会研究，我讲四点意见：

一、深刻领会全方位推动高质量发展超越的重要意义

全方位推动高质量发展超越，是习近平总书记亲自擘画、亲自部署、亲自推动的重大战略，是以习近平同志为核心的党中央赋予福建省的重大历史使命和重大政治任务，是新时代新福建建设的重大历史机遇。8月17日省委召开十届十次全会，9月16日市委召开四届十二次全会，分别对贯彻落实习总书记重要讲话重要指示批示精神进行全面部署，提出明确要求。全县上下要深入学习、深刻领会，切实把思想和行动统一到习总书记的重要讲话重要指示批示精神上来，统一到中央和省委、市委的决策部署上来。

1. **深刻领会全方位推动高质量发展超越的重大政治意义**。习总书记对闽东十分牵挂，他在宁德及省里工作期间，十分关心关注屏南的发展，曾先后9次深入我县调研，并在我县召开宁德地区开发性生产暨脱贫致富现场会、在仙山牧场召开地委学习中心组读书班等，给我们留下了很多宝贵的实践

经验和精神财富，深受屏南百姓的爱戴和拥护。我们要进一步提升政治站位、强化政治担当，始终怀着对习总书记的绝对忠诚之心、爱戴拥护之情，增强“四个意识”、坚定“四个自信”、做到“两个维护”，以高度的政治自觉、思想自觉、行动自觉，全方位推动屏南高质量发展超越。

2. 深刻领会全方位推动高质量发展超越的重大战略意义。习总书记赋予福建省全方位推动高质量发展超越的重大历史使命，是从国内与国际两个大局、发展与安全两件大事、当前和长远两个时期作出的战略考量，是交给福建全省域全方位展示中国特色社会主义制度优越性的战略任务。改革开放40多年来，福建省经济发展已经达到一个全新阶段与全新高度，经济总体量从不足台湾的三分之二到实现反超台湾。从我县情况看，2019年全县生产总值、财政收入分别是1978年的70倍与62倍，城镇与农村居民人均可支配收入分别达到30021元、16159元，提前一年完成赶超目标。这些都充分证明了我国社会主义制度具有强大的生命力和显著的优越性。从总量超越到全面超越，我们要切实把制度优势转化为治理效能，把治理效能转化为实践成果，在新的历史起点上，从屏南县域层面交出一份中国共产党为什么能、马克思主义为什么行、中国特色社会主义为什么好的优异答卷，进一步增强祖国大陆对台胞的吸引力，增进台胞对祖国的认同感和归属感。

3. 深刻领会全方位推动高质量发展超越的重大现实意义。我县在改革开放之初，还是典型的山区农业小县，工业基础非常薄弱，经济发展严重滞后。40多年来，我们坚持以经济建设为中心，凝心聚力抓经济，一心一意谋发展，特别是党的十八大以来，我们着力把准发展脉络，产业转型蹄疾步稳、城乡面貌持续改善、脱贫攻坚成效卓著、民生福祉显著增强，各项事业都取得了瞩目的新成绩，为屏南全方位推动高质量发展超越奠定了坚实基础。但与此同时，我县土地、资金、劳动力等发展要素面临的挑战与压力也越来越大，我们必须适时调整发展策略，以群众增产增收为着力点，将经济增长方式从传统的要素驱动向创新驱动转变，坚决走高质量发展之路。

二、正确把握全方位推动高质量发展超越的目标要求

综合各方面形势来分析，当前我们站在了一个新的历史交汇点，我们不能满足于过去取得的成绩，必须立足新的起点，以只争朝夕的勇气，艰苦奋斗、久久为功，推动县域发展再上新台阶。从全国全省层面看，内外部环境日趋复杂，不确定因素增多，短期经济的增长速度将稳中趋缓，但从中长期看，仍然拥有相对有利的发展条件和巨大的发展潜力。从全市大局看，随着以国内大循环为主体、国内国际双循环相互促进新发展格局的加快构建，借助宁德市不断完善的立体交通网络，依托主导产业形成的生态圈和“强磁场”效应，具有国际竞争优势的“宁德制造”将全面提升与国内需求的适配性，在参与“两个循环”中赢得更加广阔的作为空间，宁德实现进位赶超的愿景正在逐步实现。从屏南自身看，我县发展一直存在不平衡、不充分的问题，必须紧紧依靠这个重要窗口期和战略机遇期，在统筹解决“量”的扩张中实现“质”的飞跃，解决县域发展不优和不足的问题，实现发展质量、生态效益、民生指标等全面提升。新的机遇意味着新的挑战，我们要立足自身土地资源储备多、生态环境资源好等优势，积极参与全市主导产业上下游产业链的构建，同时深入挖掘自身资源禀赋，推动一二三产融合发展，打造自然生态清新、人文生态荟萃、经济生态繁荣、社会生态和谐、政治生态良好的“生态屏南”。

基于上述判断，我县全方位推动高质量发展超越，总的要求是：坚持以习近平新时代中国特色社会主义思想为指导，全面贯彻中共十九大和十九届二中、三中、四中全会精神，深入学习贯彻习近平总书记对福建对宁德工作的重要讲话重要指示批示精神，统筹推进“五位一体”总体布局，协调推进“四个全面”战略布局，坚持稳中求进工作总基调，

坚持新发展理念，以供给侧结构性改革为主线，以改革开放为动力，主动融入新福建、新宁德发展大局，以满足人民群众对美好生活的需要为落脚点，保持战略定力、发扬斗争精神，更好统筹常态化疫情防控和经济社会发展工作，全方位推动高质量发展，持续深化屏台各领域融合，奋力谱写新时代新屏南建设新篇章，为促进祖国统一发挥更大作用。

遵循习总书记重要指示批示要求，衔接省委、市委3个五年目标，力争到2035年我国基本实现社会主义现代化之时，我县基本实现全方位高质量发展超越，生态环境“高颜值”、经济发展“高素质”的新屏南展现崭新局面。具体到2025年，全方位高质量发展超越迈出重要步伐。经济质量效益明显提升，全县经济总量突破130亿元；创新型屏南格局基本形成，全社会研究与试验发展经费投入年均增长20%以上，增速保持与全市同步水平，区域创新能力不断提升；产业迈向中高端水平，工业经济进入百亿梯队，现代服务业收入突破100亿元；居民人均可支配收入年均增长8%以上，教育、医疗、养老等领域短板加快补齐；生态环境质量保持优良；县域治理现代化水平得到新提升。到2030年，全方位高质量发展超越取得显著成效。发展质量和效益迈上新水平；创新型屏南基本建成，科技创新治理体系更加完善、治理能力进一步提高，区域创新能力持续提升；现代产业体系基本建立，特色现代农业提质增效，工业基础性支撑作用进一步巩固，现代服务业综合竞争力明显增强；收入分配格局持续优化，就业、教育、文化、医疗、住房等公共服务体系更加完善；生态优势巩固提升；县域治理现代化取得重大进展。到2035年，全方位高质量发展超越基本实现。经济实力、科技实力大幅跃升；创新型屏南全面建成，区域创新能力显著提高；建成现代产业体系，产业发展质量和效益大幅跃升，形成数个在省内外具有影响力的产业集群；居民收入达到高收入经济体水平，基本公共服务均等化基本实现；美丽屏南基本建成；基本实现县域治理现代化。

全方位推动高质量发展超越，具有鲜明的指向、严密的逻辑、贯通的联系。立足于屏南工作的具体实践，我们要正确认识“两个关系”：一要正确认识“整体”与“局部”的关系。“全”指全局性，整体推进；“方位”指局部性，重点突破。整体推进和重点突破，是推动地区、部门发展时必须正确处理的一对重要关系。在全方位高质量发展超越这一历史阶段，如果我们不坚持整体推进，某一领域就可能成为“短板”，形成木桶效应，影响其他领域发展。对于全县各级各部门来讲，必须依据具体条件正确决定工作重心和工作秩序，集中发力，以点带面，最终实现整体推进的目的。二要正确认识“质”与“量”的关系。高质量发展，不是说量的扩张不重要，是要在保“量”的过程中提“质”。当前我县正处于后发赶超的关键期，实现量的合理增长，有利于做好“六稳”工作、落实“六保”任务，守住经济稳定运行的底线和社会稳定的大局。从长期来看，土地、资本、人口等生产要素投入最终都会遭遇瓶颈，唯有技术进步和创新能力能够为经济发展提供持久动力，“质的稳步提升”是发展的方向和落脚点。省委十届十次全会、市委四届十二次全会科学谋划了全方位推动高质量发展超越的目标和举措，我们要树牢超越的勇气和信心，掌握超越的速度和技巧，保持超越的韧劲与耐力，在全省、全市全方位推动高质量发展超越的大局中贡献屏南力量。

三、扎实抓好全方位推动高质量发展超越的重点任务

省委十届十次全会和市委四届十次全会明确提出了当前和今后一个时期要抓好的重点任务，以及深化闽台各领域融合的重要举措。我们要结合贯彻落实习总书记对福建对宁德工作的重要讲话重要指示批示精神，结合屏南发展实际，把省委、市委的部署要求全面落实到各项工作中去，推动各领域齐头并进、蓬勃发展。重点要抓实抓好以下六个方面工作：

1. **以产业发展为基石。**产业发展是全方位推

动高质量发展超越的重要支撑，全县上下要以贯彻落实习总书记“多上几个大项目，多抱几个‘金娃娃’，加快跨越式发展”重要指示精神10周年为新起点，加快传统产业转型步伐、培育新兴产业竞争优势，扎实推动我县产业结构优化升级。一要主动融入全市主导产业发展大局。四个具有国际竞争力的产业集群齐聚宁德，是新时代对宁德的垂青。我们要牢牢把握这一千载难逢的历史机遇，在保持绿水青山的前提下，挺进宁德四大主导产业“核心圈”。新能源产业，要重点加快时代新能源项目建设，力促新能源811项目稳产达产，扩大效益；二期项目加快建设进度，早日建成投产，形成规模效益，并做好后续产业链项目的引进和储备。同时要发挥我县优势，对接引导服务业配套，落地科技创新和培训康养基地。汽车上下游产业，要鼓励引导企业加大研发投入，培育德茂无纺科技、米艾西（福建）测控技术等一批代表性企业，并积极争取一批引领产业发展的高新技术企业和创新型高成长性企业在屏南落地。二要打造全省领先的高山农业生产加工基地。传统农业产业转型升级不是该不该做的“选择题”，而是必须快做、必须做好的“必答题”。要立足我县资源禀赋，紧紧围绕市委、市政府发展“8+1”特色产业的总体思路，坚持“五化”理念，逐步实现农业低附加值向高附加值转变。高山蔬果产业，要深入实施农产品产地加工、农村一、二、三产业融合发展等项目，延伸高山蔬果产业链，增加农副产品附加值；全力推进蔬果产业化经营和农旅休闲融合发展，实现区域化、规模化生产，全力打造全省最大的高山生态蔬果生产加工基地和物流市场。高山花卉产业，要立足气候地理优势，加大花卉苗木品种研发力度，提升市场竞争力，拓展花卉苗木产业链，加大对效益好、带动能力强的花卉企业的扶持力度，重点扶持示范基地建设、交易平台建设、品牌创建等，着力建设闽东高山花卉强县。食用菌产业，按照“三大品系、八个菌类”的发展思路，引进有实力的食用菌加工企业，推进食用菌产业向二、三产业拓展。要加快实施产业升级项目，推动农村破旧草竹木菇棚改造升级；应用先进的生产设施和技术装备，适度进行规模化、设施化生产。三要打造国内一流的文旅休闲康养基地。打响多产业融合的“清新福建、绿色宁德、生态屏南”全域旅游品牌，提升白水洋、鸳鸯溪核心景区的影响力和辐射力，打造古韵、红色、文创、特色农业等精品旅游点，做足做优“旅游+”“+旅游”文章，打造“古韵+白水洋”“红色+白水洋”“文创+白水洋”“特色农业+白水洋”等数个精品旅游线路，整体提升旅游产业发展层次，提高旅游综合带动效应。要统一策划、分片实施，挖掘本地特色文化和优势资源，与数字经济、自媒体等新模式、新业态深度融合，探索龙潭片区、厦地、北墘等不同发展模式，推进文创产业逐步实现品牌化、特色化。招商引资上，要重点突出我县资源禀赋优势，以衢宁铁路全线通车为契机，以四大主导产业配套、乡贤回归、本地资源加工（如：高山蔬菜等）、旅游康养为牵引，做到重点突出、定位清晰，引进更多瑞幸咖啡、板式家具类似的企业。同时，要加快电商、现代物流、餐饮等服务业企业的培育速度，加快推进新签约的企业管理咨询服务、医药科技、信息科技等一批服务业企业落地建设，实现现代服务业发展提速、比重提高、质态提升的良好态势。

2.以改革创新为驱动。全方位推动高质量发展超越绝非一朝一夕之功，必须树牢打持久战的战略思维，多做打基础、谋长远、蓄内力的工作。作为山区县份，我们要用创新的理念引领经济社会发展，推进创新链与产业链深度融合，把我县打造成改革创新开放的热土。一要构建产业创新体系。支持四大主导产业落户屏南的企业积极开展前沿技术、核心技术研发。积极打造健康食品和绿色家居两大优势产业，健康食品产业重点发展酒水饮料、果蔬深加工、食用菌深加工；绿色家居产业重点发展高品质竹木家具、竹地板、竹工艺品，推动甘棠新型工业园向专业化建材家居产业园升级。培育发展节能环保等新兴产业，积极引进水资源净化和循环利用、水污染防治装备制造等节能环保产业。培育循环产业，加快产业链循环化改造，积极探索发展新能源电池回收利用产业。持续组织实施企业技改专项行动，加快水力发电等企业的技术改造升级，提高设备自动化、智能化水平。二要扩大对外交流合作。主动对接融入福厦泉科技创新走廊和沿海科技创新产业带，主动融入山海协作创新中心，深化与海沧区、蕉城区新一轮区域产业整合协作和协同创新。拓展“一带一路”技术合作，多形式、多渠道搭建对外科技合作交流平台，鼓励我县优势企业等各类主体参与国际技术合作、引进境外杰出青年科学家来屏交流合作。主动对接推动福建农林大学、宁德师院等高校科研院所、高层次人才来屏设立高水平研发机构；积极实施深化两岸创新融合工程，加大力度引进台湾高科技企业来屏投资。推动屏台农业科技创新合作，加大台湾先进行业机械在我县推广应用，提升我县茶叶、花卉、食用菌、果蔬、水产种养技术水平。三要深化商事制度改革。深入开展“营商环境优化提升”行动，深化“放管服”改革，推进政务服务“一站式”改革，为企业群众办事创业开辟高效便捷的服务“绿色通道”，实现群众办事“一趟不用跑”“最多跑一趟”。要聚焦服务能力提升，推行“一线工作法”，集聚最优质的资源、组建最精干的团队，想方设法帮助企业办实事、解难题，全力当好“店小二”“服务员”，打通服务“最后一公里”，不断优化营商环境。

3. 以统筹城乡为抓手。全方位推动高质量发展超越，城区要走在前，乡镇也要勇担当，必须坚持城区与乡村一起抓，着力形成全县共同支持发展超越的格局。首先，要完善中心城区建设。稳步推进“东进、西扩、南优、北展、提中心”发展战略，坚持把城区当作景区规划建设，不断提高县域规划、建设品位，打造十万级人口规模的中心城区。东区生态旅游城要在准备收官的基础上，继续推进国宝小学等民生项目建设。西环路片区要以养生养老、健康产业、家居建材市场、体育中心等项目为辐射带动，不断加大开发力度，不断完善西环路片区各项配套基础设施。要大力推进城区道路白改黑、管线下地、内河整治等绿系、亮系、路系、水系提升工程建设，特别是城区供水工程，提升城区综合承载能力。同时，要推进中心片区、长坋中路片区、上洋头片区及溪坪入城口片区项目建设，推动古峰、棠口“两镇同城”发展进程，拉开城区建设框架，提升城区功能品位，打造和谐宜居、富有活力、特色鲜明的魅力山城。其次，要加快实施乡村振兴战略。今年要紧盯省、市、县乡村振兴战略十大行动重点任务要求，不断细化工作措施、深化工作机制，利用第四季度集中攻坚冲刺，确保全面完成各项年度目标任务。要坚持以点带面，做好省级、县级示范点，不断做好乡村振兴示范线培育，以“岭里—龙潭—四坪—塘后—恩洋—福善—北墘”等 4 条乡村振兴示范线，示范引领乡村全面振兴。今后一个时期，要深入挖掘我县禀赋优质资源，充分发挥高山农业、红色基因、历史古村、非遗传承、文化创意、绿色生态等资源优势，做好一二三产融合和全域旅游的大文章，串点连线、找准定位，蹚出屏南特色的乡村振兴之路。

4. 以绿色生态为导向。绿水青山是我县最宝贵的资源，我们要以“两山”理念为指引，保持加强生态文明建设的战略定力，坚定不移走生态优先、绿色发展为导向的高质量发展新路子。一要呵护绿水青山。坚持全链条防控、全形态治理、全地域保护，建立健全党委领导、政府主导、企业主体、社会组织和公众共同参与的现代环境治理体系，统筹推进山水林田湖草一体化保护和修复，加大生态保护和系统治理，推动形成主体功能区支撑有力、“三线一单”约束有效、国土开发有序的全域生态绿色空间。二要严守生态红线。严格按照国家重点生态功能区产业准入负面清单，坚持源头严防、过程严管、后果严惩，完善生态文明建设目标评价考核制度和责任追究制度，严禁不符合主体功能定位的项目建设实施。持续抓好中央和省里生态环保督察整改，全面落实“河湖长制”，打好小流域综合整治、城区黑臭水体治理、水源地保护、农业面源污染、畜禽养殖污染防治等战役，尽快实现水环境取得实质性改善。严格管控道路、施工等扬尘污染，有序开展土壤治理与修复工作，加快推进垃圾整体无害化处理项目建设，确保环境质量持续向好。三要畅通“两山”通道。坚持“一产利用生态、二产服从生态、三产保护生态”理念，大力发展绿色生态种养业、经济林产业、林下经济、森林旅游、乡村旅游等生态产业，推进观光农业、休闲农业、生态农业、文创农业等业态建设，把生态环境优势转化为生态农业、生态旅游等生态经济优势，实现民富地美。

5. **以文化自信为内核**。文化是一个地方的根与魂。我们要继续落实意识形态工作全面领导责任，大力实施以文化人、以文惠民、以文兴业“三大工程”，切实把“闽东之光”传播开去，更好地承担起举旗帜、聚民心、育新人、兴文化、展形象的使命任务，努力建设“文化大县、文化强县”。一要夯实精神高地。宁德是习近平新时代中国特色社会主义思想的重要萌发地，我县也是习总书记扶贫开发战略思想的策源地之一，我们有条件、有责任宣传好利用好这座宝贵的“精神富矿”。要持续加大新思想宣传力度，切实发挥各级理论宣讲轻骑兵主力军作用，创新运用各类新媒体，用通俗易懂、形象生动的语言和形式，让党的创新理论飞入寻常百姓家。要充分发挥“关键少数”的示范引领作用，以党员干部带动普通群众，持续掀起“大学习”热潮，切实筑牢精神支柱。二要打造文化品牌。要大力传承“红旗不倒县”的红色基因、弘扬优秀传统文化，与时俱进发展创新文化，不断提升屏南文化软实力。要统筹抓好文化遗产保护传承和非物质文化遗产活态传承工作，加强传统村落的保护修复，打造一批具有屏南特质的文化地标、文化标识的精品力作。重点围绕市委弘扬“闽东之光”的目标责任要求，继续办好我县新一年度“四季屏南、乡村有约”乡村文化旅游创意活动月活动，打响乡村旅游文化品牌，进一步提升我县对外知名度、美誉度和影响力，加快推进全县乡村文化振兴步伐，不断滋养壮大乡村振兴的“根”与“魂”。三要树立文明新风。大力培育和践行社会主义核心价值观，充分发挥爱国主义教育基地作用，完善爱国主义、集体主义、社会主义教育体系，推动理想信念教育常态化、制度化。深入实施公民道德建设工程，强化时代楷模、道德模范、最美人物、岗位学雷锋标兵、身边好人等典型选树、学习宣传和礼遇关怀工作，营造崇德向善、见贤思齐的浓厚氛围。常态化开展省级文明城市创建，持续深化县级融媒体中心建设，着力构建全媒体体系和网络综合治理体系，让主旋律更高昂、正能量更充沛。

6. **以民生福祉为根本**。集中力量办好群众最急切最急需的事，让发展更有温度、人民更加幸福，是我们坚持全方位高质量发展超越的出发点和落脚点。一要全面巩固脱贫攻坚成果。严格落实“四个不摘”，坚持“战疫”“战贫”两手抓，完善“三位一体”产业扶贫的长效机制和“三保障一兜底”政策体系，推进防贫监测机制，全面夯实脱贫攻坚成果。深化全国农村改革试验区扶贫开发综合改革试点工作，总结提升金融扶贫、文创扶贫、产业扶贫等扶贫模式，探索增加村级集体经济收入的发展模式和运行机制，确保脱贫攻坚成色。二要扎实推进社会公共服务。推进基本公共服务均等化行动计划，分期分批推进教育、卫生与健康、养老和城乡基础设施等民生社会事业补短板项目建设。加快城区学校及乡镇独立幼儿园建设，有效解决入学难问题。推动县乡医疗卫生提升工程建设，着力县域医疗条件，提升群众满意度。抓好县社会福利中心、居家养老服务站、乡镇敬老院、农村幸福院等项目的运营、提升、改造及建设工作。推进城乡民生基础设施建设，抓好市政道路、水环境治理、供水安全工程、防洪防涝等基础设施建设。着力提升社会保障水平，健全社会救助体系；积极促进妇女和留守儿童、老龄和残疾人事业健康发展；完善低保动态调整机制；推动养老保险、医疗保险全覆盖。积极探索新形势下的住房制度，让人民群众住得起、住得好。三要维护社会安定稳定。坚决贯彻“外防输入、内防反弹”总体防控策略，时刻紧绷疫情防控这根弦，提高防控工作的科学性、精准性、有效性。持续做好防范化解金融风险工作，强化预警监测和风险提示，灵活运用综合性举措，多渠道、批量化处置存量不良资产。深入开展扫黑除恶专项斗争，不断增强人民群众的获得感、幸福感、安全感。及时化解矛盾纠纷和信访积案，加强社会治安综合治理，进一步深化“平安屏南”建设，切实提升社会治理能力和水平。同时，要切实抓好森林防火、安全生产、社会舆情监测引导等工作，确保大局和谐稳定。

这次省委十届十次全会、市委四届十二次全会，还对深化闽台宁台各领域融合作了部署。我们要围绕探索海峡两岸融合发展新路的重大使命，着眼大局大势，发挥特色优势，不断深化拓展屏台融合，努力在全省建设台胞台企登陆“第一家园”中体现更大作为，为服务祖国统一大业作出屏南应有贡献。一要深化屏台互访交流。充分发挥我县与台湾交流的独特优势，以甘国宝文化、宗亲恳亲、武术文化、廊桥文化等民间民俗文化为载体，主动搭建多元化、多层次交流平台，邀请更多台湾同胞特别是没有来过大陆的台湾青年来屏学习考察、旅游观光、就业创业，不断增进屏台两地文化认同，加深同胞感情。支持台湾建筑师、文化创意团队参与特色小镇、美丽乡村、农村人居环境整治、传统村落保护发展等乡村建设项目，促进屏台两地文化、教育、人才等多领域交流合作。二要强化屏台经贸合作。加强与台湾先进制造业、现代服务业的高起点对接和精准合作，推进产业优势互补、融合发展。借鉴台湾乡村建设的有益经验，围绕乡村产业振兴，加强与台湾现代农业、休闲农业、智慧农业、创意农业合作，吸引台湾农业来屏投资，引入先进理念、良种和技术。三要优化惠台政策措施。全面落实“非禁即享”要求，重点推进台胞在文化教育、医疗卫生、社会保障和基本公共服务等方面享受同等待遇，完善台胞台企依法维权机制，鼓励台胞参与基层社会治理、参评社会荣誉，让台胞有更多获得感、归属感、幸福感。

四、全面强化全方位推动高质量发展超越的组织保障

坚持和加强党的领导是全方位推动我县高质量发展超越的根本保证，全县各级党组织要全面贯彻新时代党的建设总要求和新时代党的组织路线，严格按照省委“三四八”贯彻落实机制和“五抓五看”“八个坚定不移”具体部署，坚决扛起全面从严治党的政治责任和主体责任，自觉把全面加强党的领导贯穿到工作的全过程、各方面，为全方位推动高质量发展超越提供坚强的组织保障。

1. **始终把政治建设摆在首位**。全方位推动高质量发展超越是习总书记赋予福建的重大使命。全县各级党员干部要提高政治站位，自觉把这一重要政治任务作为践行“两个维护”的直接检验，以最鲜明的态度、最坚决的行动、最有效的措施，坚定不移抓好贯彻落实。要坚持不懈用习近平新时代中国特色社会主义思想武装头脑、指导实践、推动工作，持续巩固深化“不忘初心、牢记使命”主题教育成果，把学好用好《习近平谈治国理政》和《习近平在福建》《习近平在宁德》系列采访实录等作为必修课，着力做到学深悟透、融会贯通、真信笃行，不辜负习总书记的嘱托期望。

2. **始终以闽东精神砥砺前行**。我县当前经济社会发展的良好局面，正是从习近平总书记在宁德工作期间提出“弱鸟先飞”理念和“滴水穿石”精神起，历届班子和广大干部群众以此为激励，一代接着一代干，一任接着一任干，一点一滴拼出来、干出来的。我们要深刻认识到全方位推动高质量发展超越前景光明，前行道路却绝非一片坦途，仍然有许多“硬骨头”要啃，仍然有许多硬仗要打，全县上下要始终秉持“弱鸟先飞”的进取精神、传承“滴水穿石”的恒心韧劲，大力弘扬伟大抗疫精神，进一步把闽东精神气质融入血液、植入骨髓，以“功成不必在我”的精神境界和“功成必定有我”的历史担当，着力在战略谋划和目标实现上谋深谋远，做足优势、补齐短板，书写好全方位高质量发展超越屏南答卷。

3. 始终对作风建设常抓不懈。优良的工作作风是全方位推动高质量发展超越各项工作落实的前提，要解决好当前我县干部队伍中存在的“不愿为、不敢为、不善为、不快为”的问题，建立健全“担当实干、马上就办、办就办好”的工作作风机制。这里面，各级党员领导干部这个“关键少数”要带头转变作风、身体力行、以上率下、当好表率。各级各部门要全面对照全会部署和出台的《决定》及3份《实施方案》具体要求，立足现在看未来、着眼未来看现在，切实把工作想细想透，再研究推出一系列具体配套措施，撸起袖子加油干，甩开膀子拼命干，一步一个脚印地把超越这张蓝图变为生动现实。当前，要统筹做好常态化疫情防控和经济社会发展工作，认真落实“六稳”“六保”任务，做好产业发展、项目建设、安定稳定以及“十四五”规划编制等各项工作，为全方位推动高质量发展超越奠定坚实基础。

4. 始终将纪律规矩挺在前面。全方位推动高质量发展超越，能否如期实现，过硬的干部队伍是关键，良好的政治生态是保证。各级党组织要坚持新时代好干部标准，突出实干实绩导向，持续推行一线跟踪考察和蹲点调研机制，以实绩论英雄，凭成绩用干部，把敢担当善作为、能打硬仗的干部及时选出来、用起来。要按照“三个区分开来”要求，落实容错纠错机制，旗帜鲜明为在超越大局敢担当、善作为的干部鼓劲撑腰，让干得好的干部得褒奖、有实惠、受重用。要坚决查处顶风违纪和“四风”隐形变异问题，严格贯彻落实中央八项规定及实施细则精神和省、市、县实施办法，大力弘扬“四下基层”优良传统，树立大抓基层的鲜明导向，持续整顿软弱涣散党组织，补齐基层党组织领导基层治理的各种短板，促进基层组织建设全面进步、全面过硬。同时，要巩固发展反腐败斗争压倒性胜利，坚持无禁区、全覆盖、零容忍，推动全面从严治党向基层一线、向群众身边延伸，持续巩固风清气正的政治社会生态。

同志们，每个时期有每个时期的条件，每个阶段有每个阶段的使命。让我们更加紧密地团结在以习近平同志为核心的党中央周围，进一步提高站位、务实举措、改革创新、狠抓落实，主动融入“新福建、新宁德”发展大局，一张蓝图绘到底、一任接着一任干，奋力谱写全方位推动高质量发展超越的屏南新篇章！

屏南县人民代表大会常务委员会工作报告

——在屏南县第十七届人民代表大会第五次会议上

2020年12月30日

屏南县人民代表大会常务委员会主任　周少川

各位代表：

我受屏南县第十七届人民代表大会常务委员会的委托，向大会报告工作，请予以审议，并请列席人员提出意见。

2020 年工作回顾

2020 年是全面建成小康社会和“十三五”规划的收官之年，是“十四五”规划起航奠基之年，是“两个一百年”历史交汇点之年。一年来，人大常委会以习近平新时代中国特色社会主义思想为指导，认真贯彻落实中共十九大和十九届二中、三中、四中、五中全会精神，坚持党的领导、人民当家作主、依法治国有机统一，增强“四个意识”、坚定“四个自信”、做到“两个维护”，落实以人民为中心的发展思想，在中共屏南县委坚强领导下，认真行使监督、决定、任免等职权，着力推进高质量发展，为新时代新屏南建设作出积极贡献。

一年来，共召开人大常委会会议 7 次，主任会议 11 次；作出决议决定 11 项；听取审议专项工作报告 12 项，听取“一府两院”专题工作报告 8 项；组织人大常委会委员和人大代表开展视察调研、执法检查 16 次，全面完成第十七届人大四次会议确定的工作任务。

一、加强政治建设，把牢正确方向

（一）突出政治引领。坚持把党的领导贯穿于人大履职全过程，及时传达贯彻中央和省委、市委、县委的重大决策部署，严格落实重大问题、重要事项请示报告制度，先后就监督工作安排、重要会议、自身建设情况等重要事项和重大活动，及时向县委请示报告，按照县委部署要求认真抓好落实。依法行使重大事项决定权，使县委的主张通过法定程序成为全县人民共同意志。受减税降费政策和疫情等因素影响，为使财政预算更符合实际，经审查，先后两次依法作出批准县本级预算调整方案的决定，督促政府统筹推进疫情防控和经济社会发展，进一步优化财政支出结构，集中财力做好“六稳”工作、落实“六保”任务。

（二）提高政治站位。始终坚持党管干部与依法任免相统一原则，依法行使人事任免权，严格执行任前宪法法律知识考试、任职资格审查、供职表态发言、审议票决、宪法宣誓的任命程序，不断增强被任命人员的宪法意识、责任意识和公仆意识，全年共任免地方国家机关工作人员 17 人次。坚持对任命人员开展任后监督，先后听取县统计、工信、卫健、城市管理和退役军人局等 5 个政府部门负责人述职报告。组织县人大代表对政府组成部门开展满意度测评，促进国家机关工作人员依法履职，有效提升履职能力和水平。

（三）落实政治担当。人大常委会领导班子成员、机关干部积极投身到衢宁铁路、工业园区、西环路片区、东部片区、城区改造、花卉产业等重点项目建设和乡村振兴、文明县城创建、依法治县、“七五”普法等重点工作，为推动我县高质量发展超越主动担当作为。持续开展“四下基层”活动，深入基层，访贫问苦，排忧解难，主动帮扶挂钩贫困村、贫困

户解决生产生活问题，稳固脱贫成果，积极配合省人大常委会完成革命老区岩后村通村公路建设，促进老区人民致富奔小康。面对严峻的新冠肺炎疫情，人大常委会领导率先垂范，积极响应县委号召，深入挂点联系乡镇、村和社区，开展宣传发动，坚守防控一线，为打赢疫情防控阻击战贡献力量。

二、加大监督力度，增强监督实效

（一）关注经济运行，持续助推高质量发展。听取审议“十四五”规划编制情况及主要内容报告，助推政府有关部门依据县情制定引领我县未来五年发展的规划纲要；听取审议 2020 年上半年国民经济和社会发展计划执行情况报告，督促政府认真落实经济社会发展的一系列政策措施，统筹推进稳增长、促改革、调结构、惠民生、防风险各项工作。听取审议 2019 年县本级决算草案报告、2019 年度县本级预算执行和其他财政收支情况审计工作报告、审计查出问题整改落实情况报告及 2020 年上半年财政预算执行情况报告；首次听取 2020 年政府性债务管理情况报告；审查批准 2019 年县本级决算，实现对县财政预算全覆盖、全过程监督，提出进一步增强财政预算编制工作科学性和预见性、加大对财政风险防范稳控力度、加强预算收支管理、完善项目绩效评价、提高财政资金使用效益、加大审计与监察监督力度等意见建议。

（二）关注民生事业，持续助推民生改善。坚持以人民为中心的思想，紧紧围绕事关群众民生福祉的重大问题，持续开展监督问效。关注疫情防控。听取审议统筹推进新冠肺炎疫情防控工作情况报告，听取企业复工复产情况报告，督促政府提升医疗水平，加强卫生队伍建设，提高依法防控、依法治理能力，有序推进企业复工复产和重点项目建设。助力全域旅游和乡村振兴。听取审议推进全域旅游工作情况报告，督促政府一张蓝图绘到底，毫不动摇发展全域旅游。听取推进乡村振兴工作情况报告，建议政府不断推动我县传统农业产业和新兴特色产业发展，发挥龙头景区带头作用，培育森林康养、影视文化、研学旅行、运动休闲等旅游新业态，把全域旅游与乡村振兴工作结合起来，积极探索保护优先、绿色发展的新路子。坚持教育为本。听取审议关于提升初高中教育质量工作情况报告，组织人大常委会组成人员和有关部门全面了解我县初高中教育质量情况，组织市县人大代表到古田县调研当地教育工作的做法和经验，针对群众普遍关心的教学质量、师德师风等问题，提出意见建议，努力推动我县教育质效提升。关心养老事业。听取审议养老事业工作情况报告，督促政府多措并举补齐养老短板，加快养老配套建设，探索医养结合模式，做好统筹规划，真正实现老有所养、老有所依、老有所乐、老有所安。助推生态建设。听取政府年度环境状况和环境保护目标完成情况报告、霍童溪流域保护工作情况报告，督促政府加快解决生态领域的突出问题，坚决打好污染防治攻坚战和生态文明建设持久战。持续开展环保世纪行活动，与生态环境局联合开展线上有奖知识问答活动，通过观看视频、有奖竞答，提高全民对保护生态环境责任感。

（三）推进民主法治建设，着力保障人民权益。人大常委会致力于推进民主法治建设，以执法检查、法律监督、工作监督作为出发点，深入推进依法治县工作。一是弘扬法治精神。联合开展“宪法宣传周”系列活动，大力弘扬宪法精神。组织开展民法典学习，积极宣扬民法典的核心要义，让学法、知法、守法成为全县人民的自觉行动。积极参与“七五”普法工作，进一步落实“谁主管谁普法、谁执法谁普法”责任制，督促政府和有关部门提高普法宣传效果，推动法治政府建设，推进治理体系和治理能力现代化建设。二是加强执法监督。发挥“法律巡视”的监督作用，组织开展《野生动物保护法》《动物防疫法》《城市停车场建设管理条例》《慈善法》等执法检查，进一步提高政府依法行政的能力和水平。三是促进司法公正。听取审议县政府关于公安工作情况报告，听取县法院关于未成年人审判工作情况报告、县人民检察院关于生态公益诉讼工作情况报告，督促司法机关践行为民宗旨，加强内部监管，提高办案质量，助推扫黑除恶专项斗争，维护公平正义。审核政府提请的7份备案文件，推进政府依法行政工作。认真接待涉法涉诉上访群众，帮助协调积案化解工作，及时化解社会矛盾，促进社会公正和谐，全年受理并交办来信来访事项21件，办结21件。

三、做好服务保障，激发代表活力

（一）服务保障优质优量。一是拓宽服务代表渠道。充分利用短信平台、微信公众号、微信群等新媒体，拓展代表学习培训渠道。依托代表履职服务网络平台，及时发布县委重大决策、人大工作动态、议案建议办理情况和代表履职信息，帮助代表知情悉政、掌握履职情况，为代表交流互动提供方便。二是发挥主阵地作用。规范全县15个代表联系群众活动室的建设，组织代表向选民作述职报告，让代表接受选民监督，使代表活动更加贴近群众，进一步发挥“活动室”联系选民、畅达民意的主阵地作用。三是积极开展履职活动。组织代表参加调研视察、执法检查、建议督办、法律宣传、庭审旁听、检察院开放日、公安办案执法规范化建设等活动，扩大代表履职参与，丰富代表履职内容，充分发挥人大代表在我县经济社会建设中的主体作用。进一步健全完善人大常委会组成人员联系代表的工作制度，通过走访代表、参加代表小组活动等方式了解代表履职情况，解决代表履职中遇到的困难和问题。

（二）建议办理追踪问效。为促进代表建议办理工作，人大常委会坚持跟踪问效，对《关于保障城区安全供水的建议》等9件建议开展重点督办，人大常委会组成4个工作组，由4名副主任分别带队，深入各承办单位开展专项督办活动，认真听取承办单位意见和办理情况汇报，提出督办意见，推动解决一批关系人民群众切身利益的重点难点问题。通过听取建议办理情况工作报告、开展专项监督活动、实地查看办理成果等举措，有效促进了相关工作的落实，县十七届人大四次会议代表所提62件建议、批评和意见全部办结，代表满意和基本满意率100%。组织召开省、市、县人大代表议案建议征集座谈会，支持在屏的省、市人大代表提议案建议工作，在省、市人大会上，我县代表积极向大会提交议案、建议，为我县经济社会发展发声助力。其中《关于制定〈宁德市红色文化遗存保护条例〉的议案》和《关于加强对村居换届选举法律监督的建议》等被评为宁德市人大常委会设立20周年优秀代表议案、建议。

（三）代表履职尽心尽责。一年来，全县各级人大代表在各行各业中努力工作，积极履职，为我县经济社会发展作出了突出贡献。特别在疫情防控战役中，全县各级人大代表闻“令”而动，用实际行动践行使命担当，以纯朴的情感与人民群众手足相抵、休戚与共。有奋战救治一线的医疗卫生界代表；有坚守乡村、社区一线的基层代表；有不计名利、主动参加抗疫志愿活动的代表；有热情守望相助、踊跃捐款捐物的代表；有克服各种困难、全力组织复工复产的代表，他们为打赢疫情防控阻击战谱写了一曲曲感动人心的赞歌。人大常委会联合县委宣传部、县广电局和乡镇人大主席团对代表联系群众、反映民意、集中民智的典型事例进行宣传报道，展现代表在带头致富、引领风尚、维护稳定、疫情防控中的示范作用和履职风采，福建日报、福建电视台、闽东日报等多家新闻媒体对代表履职先进事迹进行报道刊发，努力形成全社会充分尊重代表权利、支持代表履职的氛围，增强人大代表为民履职的使命感和责任感。

四、深化自身建设，提升履职能力

（一）不断加强思想建设。持续深入学习贯彻习近平新时代中国特色社会主义思想，认真学习研究宣传贯彻习近平总书记关于坚持和完善人民代表大会制度的重要思想，大力传承习近平总书记在宁德工作时留下的宝贵思想和精神财富，全面掀起“大学习”热潮。开展《习近平在宁德》等系列采访实录、《习近平谈治国理政》（第三卷）等专题学习研讨，按照学懂弄通做实的要求，坚持领导带头学、联系实际学、长期跟进学，形成浓厚学习氛围，为坚持和完善人民代表大会制度、做好新时代地方人大工作筑牢思想基础，凝聚精神力量。

（二）持续推进作风建设。认真落实全面从严治党主体责任，狠抓问题整改，扎实做好县委巡察整改“后半篇文章”。严格落实中央八项规定及其实施细则精神和省、市、县实施办法，狠抓形式主义、官僚主义整治，支持县纪委派驻机关纪检组开展工作，强化“一岗双责”，激励机关干部敢担当、善作为，营造风清气正、团结务实的干事氛围。加强和改进意识形态工作，加强公共领域宣传载体管理和网络舆情应对与处置工作，带头管阵地、把导向。

（三）不断夯实工作基础。注重干部能力建设，积极安排机关干部参加各类培训，提升理论素养。以创建市级文明单位为抓手，建立健全机关管理制度，全面提升机关管理服务水平。坚持严管与厚爱相结合，着力提振干事创业精气神，激励干部担当作为、有效履职。扎实做好课题调研工作，在省人大常委会课题调研评选中，获优秀奖2篇；在市人大常委会课题调研评选中，获三等奖1篇、优秀奖1篇。加强组织建设，配齐配强干部队伍，为人大工作和建设提供强有力的组织保障。牢固树立人大工作“一盘棋”思想，自觉接受省、市人大及其常委会的指导和监督，强化乡镇人大工作联系指导，夯实基层人大根基，增强人大工作活力。

各位代表，人大常委会工作的开展和进步，得益于县委的坚强领导，饱含着人大常委会组成人员和全体人大代表、人大工作者的辛勤付出，离不开“一府一委两院”和乡镇人大的积极配合，源自于全县人民以及社会各方面的理解支持。在此，我谨代表人大常委会向大家表示崇高敬意和衷心感谢！

回顾过去一年的工作，我们也清醒地认识到，人大常委会的工作还存在一些不足，主要是：行使重大事项决定权还有待进一步提升，监督实效与人民群众期待还有差距；代表的服务保障工作需要进一步优化，代表主体作用还要更好发挥；代表议案建议办理质量需要进一步提高，跟踪督办还应加大力度；自身履职能力需要进一步提升，与乡镇人大的工作联动还要加强。我们将虚心听取人大代表和各方面意见，自觉接受监督，不断改进工作。

2021年主要任务

各位代表，2021年是中国共产党成立100周年，是进入“十四五”、全面建设社会主义现代化国家的开局之年，也是全方位推动屏南高质量发展超越的关键之年。人大常委会工作的总体要求是：坚持以习近平新时代中国特色社会主义思想为指导，深入学习中共十九大和十九届二中、三中、四中、五中全会精神，全面贯彻落实习近平总书记对福建对宁德工作的重要讲话重要指示批示精神，聚焦中心工作、聚力依法履职、聚合代表力量，与时俱进做好人大各项工作，实现县十七届人大常委会履职圆满收官，为全方位推动屏南高质量发展超越作出新贡献。

一、着力提高政治站位

始终坚持正确的政治方向，坚持党对人大工作的领导，持续深学悟透笃行习近平新时代中国特色社会主义思想，深入学习贯彻中共十九届五中全会精神，学懂弄通习近平总书记关于坚持和完善人民代表大会制度重要思想，以新思想引领人大工作。对标县委决策部署谋划人大工作，紧扣县委大事要事依法行使决定权，按照县委意图依法行使人事任免权，切实体现政治担当。坚持重大事项及时向县委请示报告，自觉维护县委总揽全局、协调各方的领导地位。

二、着力增强监督实效

坚持以人民为中心的发展思想，围绕县委中心工作开展监督，真正把履行职责的过程转化成增进民生福祉的实际行动。围绕“六稳”“六保”，聚焦群众关心的热点难点问题，关注民生短板，助推乡村振兴，全面推进依法治县。综合运用听取审议专项工作报告、备案审查等法定监督形式，形成监督合力；创新执法检查方式，用好随机抽查、明察暗访等手段，找准问题、动真碰硬，提高执法检查实效性权威性，督促“一府两院”严格履行法定职责，保证法律法规有效实施，推动重大决策部署落地落实。继续做好县民主法制领域改革专项小组牵头协调工作，深入抓好改革任务落实，全面推进社会治理体系和治理能力现代化。

三、着力深化代表工作

大力支持保障代表依法履职，进一步激发代表履职积极性，更好发挥代表主体作用。健全代表培训制度，创新代表培训方式，拓宽代表履职途径。充分发挥代表活动室、网络平台的作用，密切代表同人民群众的联系，增强代表活动的针对性和实效性。建立代表履职报告制度，组织人大代表向选民述职，健全代表履职档案，推进闭会期间人大代表履职活动常态化、规范化。加强人大常委会组成人员联系代表工作制度，邀请人大代表参加监督、执法检查，推行人大代表专题列席人大常委会会议。认真办理代表建议意见，开展重点建议督办，不断提高办理质量，推进代表建议办理公开工作，提高建议办理的实际成效。

四、着力加强自身建设

严格履行全面从严治党主体责任，扎实推进思想、组织、政治、作风、纪律、制度建设，加强意识形态工作，加强党员干部的教育管理监督。领导干部带头转变作风、身体力行、以上率下、当好表率，切实把各项工作落细落实。自觉接受省、市人大常委会的指导和监督，加强对乡镇人大工作的指导，充分发挥乡镇人代会和主席团作用，深化上下协同联动，推动人大工作高质量发展；加强和改进人大信息宣传工作，传递人大声音，讲好人大故事，不断增强新时代人大工作整体实效，使人民代表大会制度展现出更加旺盛的生机活力。

五、着力做好人大换届

认真做好县乡人大换届选举工作，坚持把党的领导贯穿换届工作全过程，贯彻落实新修改的地方选举法，总结换届选举的经验做法，制定切实可行的换届选举实施方案，依法做好宣传动员、选区划分、选民登记、提名推荐、候选人介绍、投票计票监票等各环节工作。完善代表提名推荐办法和代表资格审查机制，对代表候选人政治素质、思想品行、遵纪守法、履职能力等方面进行综合考察，把好人大代表“入口关”。加强对选举全过程的有效监督，严格依法依规按程序办事，确保选举工作风清气正。

各位代表、同志们，新时代催人奋发进取，新使命激励担当作为。让我们更加紧密地团结在以习近平同志为核心的党中央周围，在中共屏南县委的坚强领导下，凝聚全县人民的智慧和力量，不忘初心、牢记使命，同心同向、砥砺前行，努力开创我县人大工作新局面，奋力谱写全方位推动高质量发展超越的屏南新篇章。

政府工作报告

——在屏南县第十七届人民代表大会第五次会议上

2020年12月29日

屏南县人民政府县长　柳　岳

各位代表：

现在，我代表屏南县人民政府向大会作政府工作报告，请各位代表连同《屏南县国民经济和社会发展第十四个五年规划和二〇三五年远景目标纲要》一并审议，并请县政协各位委员和其他列席的同志提出意见。

一、2020 年和“十三五”发展回顾

2020 年，全县上下坚持以习近平新时代中国特色社会主义思想为指导，全面贯彻落实中共十九大和十九届二中、三中、四中、五中全会精神，在县委的坚强领导下，在县人大和县政协的监督支持下，县政府团结和依靠全县人民，统筹推进疫情防控和经济社会发展，扎实做好“六稳”工作，全面落实“六保”任务，经济社会发展呈现“总体平稳、后劲增强”的良好态势。初步预计（下同），完成地区生产总值 93 亿元，社会消费品零售总额 38.7 亿元，实际利用外资 0.3 亿元，一般公共预算总收入 6.09 亿元，地方一般公共预算收入 4.03 亿元，城镇居民人均可支配收入 3.1 万元，农村居民人均可支配收入 1.7 万元。一年来的主要工作和成效是：

（一）坚持人民至上，疫情防控严密有序。面对突如其来的新冠肺炎疫情，全县上下迅速行动、积极应对，第一时间组建县乡村三级应对疫情指挥体系，建立“八个全覆盖”防控机制和“四个一”协调机制，组织 4900 多名党员干部下沉村居、卡口一线，筹措资金 7000 多万元采购口罩、防护服、负压救护车等防疫物资和建设隔离点、负压病房、PCR 实验室等防治场所，实行中高风险地区和境外入屏人员全闭环管理，全面阻断疫情输入，疫情防控阻击战首战告捷。出台支持中小微企业发展共渡难关 15 条、项目复工 5 条等系列措施，实行“五个一”工作机制，发放纾困贷款 5925 万元，减免承租国有资产的企业和个体工商户租金 215 万元，退还企业应缴社保费用 163 万元，重点项目、规上企业率先在全市全面复工复产。严格落实“外防输入、内防反弹”防控策略和常态化防控措施，8 类重点人群实现应检尽检，医院、车站、学校、市场等重点部位全面落实验码、测温、消杀等防控措施，强化进口冷链食品、冷冻库的风险排查和全过程监管，开展疫情防控应急演练桌面推演，坚决打赢疫情防控持久战，保持了“零疑似、零确诊”的良好局面。

（二）注重固本强基，乡村振兴全面发力。特色农业提质增效。实现农林牧渔业总产值 26.2 亿元，增长 4%。完成 6.2 万亩水稻功能区建设，新增补充耕地 810 亩，稳定粮食产量 4.62 万吨。高山蔬菜、水果、食用菌、茶叶稳步发展，棠口千亩高山花卉产业园、龙漈花海四季观光园、上凤溪多肉基地等加快建设，花卉苗木种植面积突破 1 万亩，全产业链产值突破 3 亿元。引进上市公司傲农集团，建成全省最大的单体生猪养殖场。新增市级农业龙头企业 8 家、“三品一标”认证产品 11 个，“屏南高山花菜”获评全国名特优新农产品，入选省级农产品质量安全试点县、黑山羊特色养殖优势区。文创产业提档升级。争取专项债券资金 8000 万元

投入文创村落建设，龙潭、厦地、双溪等一批文创基地集聚效应持续放大，“文创+”乡村旅游、旅居养生、研学旅行、新媒体经济等新业态加快发展。与中国人民大学可持续发展高等研究院等3所高等院校合作成立屏南乡村振兴研究院，聘请著名“三农”专家温铁军教授担任院长。龙潭村“文创+旅游”减贫模式入选世界旅游联盟旅游减贫案例，人民日报刊登了题为《古村焕发新活力（走向我们的小康生活）》介绍龙潭村文创助推乡村振兴经验。乡村治理提劲聚力。“十镇百村”改善提升项目和乡村振兴十大行动百项任务有效落实，实施乡村振兴发展项目205个、总投资4.8亿元，152个村集体经济年收入均达到10万元以上。全国美好环境与幸福生活共同缔造活动试点工作扎实推进，实施裸房整治1077幢，新增村庄绿地450亩、“绿盈乡村”43个，建成旅游公厕14座、乡村公厕37座，完成自然村改水5个，农村改水改厕通过市级验收。完成城乡供水一体化规划编制。制定农村生活污水专项治理规划，出台农村生活污水治理设施运行维护管理办法。选派乡村振兴指导员、科技特派员、驻村第一书记193名，实现试点村与薄弱村全覆盖。加快农村“六大员”队伍整合，乡村治理能力持续提升。北墘获评全国文明村，寿山获评省级乡村治理示范乡镇，村头获评省级侨乡文化名村。

（三）突出转型升级，产业发展持续增劲。新兴工业加快培育。完成工业投资11亿元，同比增长50.5%；技改投资4.2亿元，同比增长41%，投资体量、质量均为近年最高。“一园五区”工业平台逐步搭建，甘棠板式家具产业园基本建成，溪角洋千亩园区、上源中小微企业双创产业园加快建设，时代新材料二期、大创傲农饲料产业化加工、华仁汽车零部件及配件制造、米艾西技术科研生产等项目落地，时代新材料一期、瑞幸咖啡、德茂无纺布、东峰尖和灵峰风电以及谊邦等3家板式家具建成投产，新增规上工业企业5家。全域旅游加快推动。促成市交投集团收购白水洋、鸳鸯溪景区股权。以“旅游+文创”为主线的乡村旅游蓬勃发展，举办贯穿全年、覆盖全域的“四季屏南·乡村有约”乡村文化创意活动，龙潭村入选全国乡村旅游重点村，漈下被评定国家AAA级旅游景区，北墘入选省级金牌旅游村，代溪黄酒特色小镇、甘国宝文旅小镇入选宁德市第二批旅游小镇。全年接待游客187万人次，旅游综合收入18亿元。现代服务业加快发展。国家级电子商务进农村综合示范县项目深入实施，快递产业园、辰颐物语电商物流产业园动工建设，全年线上交易额20.2亿元、网络零售额5.4亿元。新引进中网数信、森莱信息等平台企业5家。建成新时代乡村影视文化产业园，引进影视文化公司52家。新增限上商贸企业和大个体12家。

（四）强化项目带动，发展支撑不断夯实。项目机制持续深化。完成项目指挥部优化整合，深入实施重点项目“百日攻坚”，固定资产投资增长10%，25个省市在建重点项目累计完成投资31亿元，新增“五个一批”项目104个，总投资150亿元。交通网络持续完善。累计投入交通基础设施建设资金11.7亿元。全县人民期盼已久的衢宁铁路正式通车，双溪至寿山、中共闽东北特委驻地旧址至237国道、上楼至922县道、公交枢纽应急指挥中心等项目建成投入使用，衢宁铁路屏南站站前广场、通站路、东棠大道、药膳小镇主路、文化西路春节前夕将全面完工，内连外畅的交通网络逐步完善。城市品质持续提升。中心片区建设实现收官，东区旅游生态城进入扫尾，新设立东湖社区，西环路、上洋头、长坋中路、外东环南路等片区开发稳步实施。东湖公园、古峰镇老旧小区改造、东区污水一体化泵站投入使用，城区供水加压泵及配套管网、麓山园南区改造等城建项目动工建设，公共服务中心及廉政文化中心、龙虎岔应急备用水源工程、城区污水处理厂二期扩建及配套管网等市政工程有序推进。新增污水管网7公里、供水管网3公里、燃气管道8.6公里、城市公厕6座、停车位150个、充电桩50个，提升改造一批公交候车亭，城区功能品位稳步提升。要素保障持续有力。完成第三次全国国土调查、农村地籍和房屋调查成果提交，“多规合一”、国土空间规划、村庄规划编制和数字屏南地理空间框架建设有序开展。稳妥推进解决溪角洋工业园区、东区、西环路等历史征地安置遗留问题，全年累计完成征地1360多亩、林地审批830多亩；是相关政策法规调整后，全省首个获批农用地转用、国有林场经营区置换、生态公益林调整的县份。

（五）紧盯重点领域，改革创新深入推进。深化放管服改革。推行行政审批公共服务“一窗通办、一件事套餐”服务，企业实现“一日开办”、抵押实现“三日办理”、不动产实现“四日登记”。推进工程审批制度改革，建立“一家牵头、一口受理、并联审批、限时办结”工作机制，政府投资项目和社会投资项目审批时间分别缩减至90和70个工作日。优化营商环境。落实减税降费7000多万元，全面停止收取企业公章刻制、电子交易平台各类交易服务费。坚持“一站式”服务、全链条保障，全年签约产业项目16个，总投资37.3亿元，12个项目实现“当年签约、当年建设”，签约项目落地率达85.7%。创新投融资机制。通过争取债券资金、引进社会资本、对接金融机构贷款等方式，全年新增融资21.1亿元。建立“政府+银行+担保”三方协调合作机制，为实体经济、中小微企业、农户提供担保620户1.1亿元，担保规模放大倍数扩大至5.4倍，居全省第二，全市政府性融资担保业务推进会在屏南召开。推进企事业单位改革。稳步推进事业单位机构改革，优化公益事业资源配置。全面实行县属国有企业退休人员社会化管理。出台国有企业改革方案，整合国投、城投、知进等3家县属一级企业，以知进公司为平台，新组建农投、文旅投、资产管理、信息技术等4家二级企业。

（六）聚焦精准施策，三大攻坚战取得实效。脱贫成果有效巩固。稳定提升脱贫质量，重点贫困人口105户375人实行“一对一”单列管理。筹集资金584万元启动实施困难群众老旧住房电气线路改造，惠及贫困户、低保户、五保户1050户。作为全国唯一县份承担探索解决相对贫困长效机制试验任务，相关经验在全国农村改革试验区培训交流会上作典型发言。生态质量有效提升。深入开展“环境质量优化年”活动，创新环保问题整治流程，扎实推进中央环保督察反馈问题办结销号。全面落实河湖长制，主要流域水质稳定Ⅲ类以上。完成生态保护红线评估调整和榕屏化工去功能化交账销号，全面清理整治“散乱污”企业和“青山挂白”现象，治理水土流失面积3750亩、生态修复废弃矿山75亩、植树造林1.1万亩。金融风险有效防控。加大不良贷款处置力度，不良贷款率（不含榕屏化工）下降至0.92%，防范和处置非法集资、“网络贷”“套路贷”专项整治工作取得阶段性成效。

（七）着力补齐短板，民生保障显著改善。29项为民办实事项目全面完成。深入实施“教育质量提升年”活动，出台提升基础教育质量系列措施，光明第二幼儿园、岭下中学综合楼投入使用，熙岭幼儿园完成建设，国宝小学以及岭下、代溪等2所乡镇幼儿园加快推进。县精神病院老年康复病房综合楼、疾控中心实验楼、中医院门诊医技综合楼竣工验收，6个乡镇卫生院、1个社区卫生服务中心实现“双达标”，县总院传染病综合楼以及屏城、岭下等2所乡镇卫生院医技综合楼动工建设，基本实现农村医保“村村通”“就近通”，公共卫生体系持续优化。城市公益性公墓启动建设。社会福利中心、双溪等5个乡镇敬老院实现社会化运营，建成21个农村幸福院。教育、医疗卫生、养老等民生事业共计投入资金5.8亿元。城乡居民医疗保险参保率99.9%，城乡居民养老保险参保率98.4%。全面实现城乡低保标准一体化，低保标准提高至每人每年7152元。强化“稳就业、保就业”力度，发放稳岗补贴企业83家，新增城镇就业805人，城镇登记失业率为3.4%。北墘、三万里省级基层文化服务中心示范点投入使用，体育中心动工建设，成功举办“美丽中国”全国门球比赛、茶盐古道村庄越野赛。扎实推进平安屏南建设，开展党政领导大接访活动，群众信访处理答复率100%。“七五”普法、第七次全国人口普查登记工作圆满完成。省级食品生产经营环节“一证通”试点通过验收。扫黑除恶、民间标会治理工作取得实效，安全生产形势稳定向好，社会大局保持和谐有序。

同时，军民融合、国防动员、民族宗教、政务公开、老区、老龄、老干、慈善、档案、外事、农机、气象、水文、行政复议与应诉等工作取得新进展，工、青、妇、关工委、党史方志、台港澳、残联、文联、工商联、社科联、科协、计生协、扶贫协、老科协、老体协、退教协、红十字会、老促会、企联会、融促会等事业取得新成效。

（八）致力作风改进，自身建设切实加强。坚持把抓发展、保稳定、促和谐作为增强“四个意识”、坚定“四个自信”、做到“两个维护”的实际行动。自觉接受县人大的依法监督和县政协的民主监督，办复县人大代表建议意见62件、政协委员提案59件，满意率均为100%。全面落实行政执法“三项制度”，行政执法规范化水平明显提升。认真履行全面从严治党主体责任，严格落实中央八项规定及实施细则精神，强化意识形态工作责任制，狠抓巡视、审计反馈问题整改。驰而不息纠治“四风”，力戒形式主义、官僚主义，切实减轻基层负担。强化工程建设、政府采购等重点领域监管，村账乡管、政府“阳光平台”等机制有效运行，廉政风险防控体系持续织密完善。树牢精打细算过紧日子思想，强化财政预算绩效管理，优化财政支出结构，全面实行县内公务“零接待”，一般性支出压减10%。

各位代表，2020年各项工作的顺利完成，为“十三五”规划收官画上了圆满句号。这五年来，全县上下团结一心，迎难而上，奋力前行，有效应对复杂多变形势带来的各种困难和挑战，经济社会发展取得了突破性进展、历史性跃升。

五年来，我们坚持发展为要，综合实力大幅提升。市对县综合绩效考核连续四年优秀。地区生产总值突破90亿元、是“十二五”末的1.4倍；一般公共预算总收入年均增长5.2%，地方一般公共预算收入年均增长3.1%，“两项收入”税性占比分别比“十二五”末提高5.6个和7.1个百分点；城镇居民人均可支配收入年均增长8.4%；农村居民人均可支配收入年均增长9.1%，增速连续五年高于全省平均水平。获得中国传统村落文化创意产业发展示范县、国家级电子商务进农村示范县、全国绿色旅游示范基地、全国民间药膳示范县、省级农村一、二、三产业融合发展试点县等多个国字号、省字号牌子。

五年来，我们坚持项目为先，发展活力持续增强。累计完成固定资产投资超过200亿元，比“十二五”时期翻一番，年均增长14.7%。实施省市县重点项目300多个，海西高速屏古联络线、衢宁铁路屏南段、237国道城关至建瓯、220千伏清水变及电网配套、中小河流治理、安全生态水系等一大批重大基础设施建成投用。引进产业项目85个、总投资224.6亿元，初步形成高山特色农业、新能源新材料、食品加工、板式家具、全域旅游等为主导的绿色产业体系，百亿产能蓄势待发。

五年来，我们坚持品质为核，城乡面貌明显改观。城乡基础设施建设累计投入资金51亿元，是“十二五”时期的1.7倍。棠口、古峰“两镇同城”加快推进，东区旅游生态城拔地而起，西环路、东棠大道、上洋头大道建成通车，新增市政道路29公里、绿慢道45.4公里，建成区面积扩大至6.2平方公里，城市功能品质不断提升，荣获省级园林县城、省级森林县城。农村人居环境整治累计投入资金5.1亿元，全面完成农村改水改厕，新建美丽乡村56个，新增绿盈乡村119个、省级以上传统村落17个，文创助推乡村振兴的屏南模式得到广泛认可。

五年来，我们坚持脱贫为重，攻坚决胜全面收官。顺利实现省级贫困县“摘帽”退出，1896户6991人建档立卡农村贫困人口、39个贫困村全面脱贫，扶贫经验得到国务院扶贫办充分肯定。累计出台精准扶贫政策60余项，投入扶贫资金3.3亿元。建立产业扶贫基地26个，培育扶贫经济实体185家，实现95%以上的贫困家庭有增收项目，家庭人均收入提高至15287元，是2015年的6.3倍。搭建县乡村三级金融服务平台，累计发放扶贫小额贷款1.8亿元，覆盖60%以上的贫困户。构建“三保障一兜底”体系，落实教育补助5483人次，实际医保报销率达92%，实施造福工程搬迁1176户，实施住房安全改造及质量提升350户，纳入低保兜底1343人，确保学有所教、病有所医、住有所居、弱有所扶。

五年来，我们坚持民生为本，人民生活切实改善。累计投入民生事业资金46.51亿元，新建和改造县医院门诊综合楼、屏南一中新校区、新蕾幼儿园和乡镇卫生院、幼儿园、敬老院、农村幸福院等一批重大民生项目。交通基础设施建设累计投入资金36.4亿元，新增高速公路22.3公里，提级改造国省干线34公里、农村公路76公里，152个建制村实现“村村通”。全面开展污染防治攻坚战，超额完成水、气主要污染物削减任务，水土流失治理1.7万亩、植树造林3.8万亩。建成各类保障性住房949套。城乡养老、医疗保险、农村低保基本做到应保尽保，社会救助、社会福利、社会优抚、社会慈善深入开展。通过第三、第四轮省级平安县验收，平安屏南建设深入人心，安全生产扎实推进，社会公众安全感位居全市前列。

各位代表，回首“十三五”，屏南的发展有目共睹，屏南的变化翻天覆地，成绩来之不易、成之维艰。取得这样的成绩，得益于习近平新时代中国特色社会主义思想的正确指引，得益于省委省政府、市委市政府和县委的坚强领导，得益于县人大、县政协的有效监督和鼎力支持，更得益于20万干部群众的勠力同心、团结奋进。在此，我谨代表县人民政府，向全县人民，向全体人大代表、政协委员、离退休老同志、工商联、各人民团体，向驻屏部队、武警官兵、公安干警、应急救援队伍，向坚守在防疫战线上的广大医务工作者和一线工作人员，向疫情防控期间慷慨解囊、捐资捐物的爱心企业、侨团侨胞，向所有关心支持屏南发展的社会各界人士，表示衷心的感谢并致以崇高的敬意！

在总结成绩的同时，我们也清醒地看到发展中还存在不少困难和问题，主要是：经济欠发达的最大县情仍未根本改变，新兴产业的引领支撑还需时日，传统产业转型升级依然任重道远；财政增收难、支出大的矛盾凸显，资金、土地、人才等发展要素还面临诸多制约；民生和社会事业短板仍然较多，教育、医疗、养老等领域的优质供给不足，服务能力有待进一步提升；一些干部服务意识不强、工作效率不高、抓落实不到位等现象还不同程度存在。对此，我们将坚持问题导向，切实采取有效措施，认真加以解决。

二、“十四五”时期发展的主要目标任务

“十四五”时期是在全面建成小康社会、实现第一个百年奋斗目标之后，乘势而上开启全面建设社会主义现代化国家新征程、向第二个百年奋斗目标进军的第一个五年。

“十四五”发展的总体要求是：高举习近平新时代中国特色社会主义思想伟大旗帜，深入学习贯彻习近平总书记重要讲话重要指示批示精神，深入贯彻中共十九大和十九届二中、三中、四中、五中全会精神，全面贯彻党的基本理论、基本路线、基本方略，统筹推进“五位一体”总体布局和协调推进“四个全面”战略布局，增强“四个意识”、坚定“四个自信”、做到“两个维护”，坚持稳中求进工作总基调，以奋力谱写全面建设社会主义现代化国家的屏南篇章为统领，以全方位推动高质量发展超越为主题，以深化供给侧结构性改革为主线，以改革创新为根本动力，以满足人民日益增长的美好生活需要为根本目的，服务并融入新发展格局，统筹发展和安全，主动融入市委“一二三”发展战略，打造全国一流的乡村文旅康养基地、全省一流的高山农业基地、闽东北一流的山区绿色工业基地，努力在推动高质量发展上迈出新步伐，在增进民生福祉上取得新进展，在全面从严治党上展现新作为，确保屏南社会主义现代化建设开好局、起好步。

“十四五”发展的主要目标为：到2025年，现代化生态经济体系初步建立，全域旅游带动效应明显增强，绿色制造业质效明显提升，农业产业化水平明显提高，县域经济总量突破130亿元。创新

型屏南格局基本形成，文创助推乡村振兴闯出新路径，数字经济领域取得新进展，生态产品市场化改革、农村综合改革等重点领域改革实现新突破。现代化治理能力稳步提升，生态环境质量更加优良，空间开发利用更加高效，公共服务体系更加完善，社会保障机制更加健全。远景到2035年，全方位高质量发展超越基本实现，现代化生态经济体系、县域治理体系、基本公共服务体系、生态文明体系基本形成，全面建成县强民富生态美的山区发展一流县。

围绕上述目标，重点抓好八项工作。

（一）挖掘生态优势，推动产业发展高素质。坚持走“经济生态化、生态经济化”的高质量发展道路，着力推动产业间结构调整和产业内转型升级，促进旅游业由“观光型”向“目的地”型转变，培育绿色制造业新“生长点”和“增长点”，引导传统农业向品牌农业、精致农业迈进。

（二）优化消费供给，构建产品服务高层次。深入实施特色农业、全域旅游、乡村文创三大品牌战略，构建以健康消费为核心的产品供给体系。发挥数字经济新引擎作用，大力培育消费新业态、新模式，畅通产品上行渠道。深化山海协作和闽东北区域协同，加强对外交流合作，拓展国内外消费市场。到“十四五”末，现代服务业收入突破100亿元。

（三）突出改革创新，集聚绿色崛起高能量。聚焦工业园区整合提升，打造分工合作、错位布局、集群发展的产业发展平台，低碳型绿色制造业进入百亿梯队。聚焦农村集体产权制度改革、生态产品市场化改革等重点领域改革，推动生态资源变现、生态价值实现。聚焦科技引领，加强创新平台和人才队伍建设，优化创新创业环境，全面激发全社会创新创业创造活力。

（四）统筹城乡发展，打造区域融合高品位。稳步实施“小县大城”战略，打造十万人口规模的花园县城。完善提升集镇公共服务功能，推动三大县域副中心、三大产业组团、两大经济发展片区协同发展。分类推进乡村振兴，培育一批“一村一品”产业特色村和“一村一韵”旅游特色村。

（五）补齐基础短板，完善支撑体系高便捷。打通乡镇间交通环线，提升县道建设等级和公共交通服务，形成“内联外畅”的县域交通网络和“快进慢游”的旅游交通系统。加快旅游、环保、水利、燃气、通讯、电力等基础设施建设和数字化升级，提高城乡综合承载能力和信息化水平。

（六）坚持文创引领，繁荣文化产业高输出。持续深化文创助推乡村振兴实现路径，发展不同形态的创意村落。加强传统特色文化挖掘提升，打造一批屏南特质的文化标识。加强公共文化硬件建设，完善公共文化服务体系，充分释放文创的经济价值和社会价值，建设文化强县。

（七）严守环保红线，营造生态基底高颜值。践行“两山”理论，坚持生态立县，全面落实国家重点生态功能区建设要求，全面加强山水林田湖草综合保护，着力解决生态环境突出问题，持续巩固生态核心优势，推进绿色低碳发展，成功创建国家级生态文明建设示范县。

（八）注重民生优先，推进社会事业高品质。坚持民生保障与发展水平相适应，致力巩固脱贫成果，提高教育质量，打造“健康屏南”，促进居民增收，强化保障托底，推进社会治理现代化，全面提升人民群众的获得感、幸福感、安全感。

三、2021年工作目标和思路

2021年是实施“十四五”规划的开局之年，也是开启全面建设社会主义现代化国家新征程的起步之年。经济社会发展的预期目标是：地区生产总值增长8%以上；固定资产投资增长10%；规模以上工业增加值增长10%；一般公共预算总收入增长3%，地方一般公共预算收入增长2%；社会消费品零售总额增长5%；进出口指数增长5%，外企招商成效（实际利用外资）增长10%；居民人均可支配收入增长8%；城镇登记失业率控制在5%以内；环保各项指标控制在市定目标内。在实际执行中，争取更好更快。主要做好以下八项工作：

（一）谋项目、扩投资，努力培育后发赶超新动能

抓实重大项目。加强与上级“十四五”规划对接，争取南丽铁路、宁屏高速、通用机场等重大项目挤列国家、省市规划盘子。抢抓国家支持扩大有效投资的重大机遇期和政策窗口期，分批分类做深做实“十四五”规划基础设施、产业、民生等重大项目工作，推动项目早落地、早动工、早见效。

扩大有效投资。组建工作专班，发挥“业务尖兵”作用，着力破解谋划思路不宽、规划衔接不畅、项目论证不深、审批效率不高等问题，统筹做好项目前期工作。持续深化“五个一批”项目推进机制，新增储备项目100个、总投资100亿元。加快实施公共服务中心及廉政文化中心、体育中心、龙虎岔应急备用水源工程等省市重点项目25个、总投资62亿元。启动法国开发署贷款项目建设。发挥产业政策引导和政府投资撬动作用，扩大制造业设备更新和技术改造投资，激发医疗、养老、教育、文化、体育等领域社会投资活力。

强化要素保障。发挥指挥部“大兵团作战”优势，完善项目领导挂钩、协调调度、跟踪服务和督查考核机制，全面提升报批、征迁工作效能，确保项目投资、进度、安全、质量同步推进。加大中央预算内投资、地方政府债券的争取力度，充分发挥PPP、EPC项目和国有资本作用，拓展多元化融资渠道。

（二）兴产业、创品牌，努力开创乡村振兴新局面

发展高山特色农业。抓牢“米袋子”，守好“菜篮子”，建设高标准农田1.5万亩，遏制耕地“非农化”、防止“非粮化”，稳定粮播面积11.8万亩，保障蔬菜、生猪等主要农产品市场供给。发挥特色农产品政策性农业保险作用，持续推动高山蔬菜、水果、茶叶、食用菌、特色养殖等优势产业“五化”进程，加快推进棠口千亩花卉产业园、塘后玫瑰园等花卉基地建设，做强多肉、菊花、兰花等花卉品牌，新增花卉种植面积1300亩。加大经营主体培育和品牌创建，新增市级龙头企业2家、农民合作社示范社15家、家庭农场10家以上，新增“三品一标”农产品2个以上。

提升乡村文创品牌。深化文创推进乡村振兴模式，着力打造乡村文创“梦工厂”。提升双溪、龙潭、厦地三个乡村文创样板区内涵，加快寿山、墘头、前塘等新一批传统村落保护开发，与全域旅游深度融合，形成东北、东南、西南三条文创带连片联动发展格局。加强文创产业项目化运作，支持“文创+”产品设计、艺术培训、文化体验、创业基地等新产业新业态发展。积极搭建传统村落文化创意交流与实践平台，推动乡村振兴研究院理论成果转化，积极筹办第二届世界乡村复兴大会夏季峰会，提高屏南文创的知名度和美誉度。扶持乡村影视产业发展，支持创作屏南题材影视作品，鼓励影视剧组到屏取景拍摄，提升文化输出能力。

强化农村发展基础。坚持“抓两头带中间”，发挥乡村振兴指导员和科技特派员作用，加快推动特色乡镇、试点村、实绩突出村和产业薄弱村建设，串点连线形成4条乡村振兴示范线。立足产业基础和村庄特色，加大“一村一品”产业特色村培育，紧密经济实体与村集体、农民的利益联结，促进村财、村民双增收。深入开展美好环境与幸福生活共同缔造活动试点，实施乡村建筑风貌提升固化工程，推进农村人居环境综合整治和“两高一线”景观改善，促进整体价值品质提升。扎实推进“四好农村公路”、城乡供水一体化、生态水系、防洪工程等基础设施建设，健全乡村安全饮水、污水处理、村容村貌、改水改厕等建后管护机制。

（三）立支柱、壮链条，努力构建现代工业新体系

优化园区发展格局。按照“四个统一”整合思路，提升工业园区承载力和吸引力。溪角洋工业园区主要承接新能源新材料、汽车零配件、机械制造等产业，重点加快推进1000亩标准化厂房及配套设施建设，保障时代新材料二期、大创傲农饲料加工、华仁汽车配件制造、米艾西科研生产等项目建

成投产，推动总投资13亿元的宁德时代AP等一批在谈项目尽快落地。甘棠板式家具产业园区主要承接竹木加工上下游产业，重点完善园区公共基础设施和服务配套，保障旅贸、朝鑫、欣美嘉、友善、福茂等5个板式家具项目形成产能，加快推进扩园前期工作。上源中小微企业双创产业园重点加快推进厂房、路网等配套设施建设，打造中小微企业孵化基地和集聚高地。漈头工业园区重点实施“腾笼换鸟”，盘活闲置厂房土地，保障以瑞幸咖啡烘焙基地为龙头的食品加工产业项目建成投产，提升园区能级。精细化工园区主要承接环保新型精细化工产业，重点推动榕屏化工易地搬迁，谋划包装存量土地再开发利用。溪坪工业园区主要承接电商、金融、物流等生产性服务产业，打造产城融合新型园区。

聚焦聚力招商引资。坚持招大引强、资智并引，整合招商资源，改进招商方式，重点引进税源型、成长型、带动型、集约型项目，力争全年签约项目20个、总投资35亿元以上，当年签约项目开工率50%以上。突出产业链招商，围绕新能源新材料、家居建材、食品加工等主导产业，主攻新能源和汽车制造配套两个方向，着力“补链、延链、强链”，引进上下游企业，推动全产业链聚集。强化与海沧、蕉城等地区山海联动，积极承接产业转移。大力实施“回归招商”工程，搭建“乡情连心桥”，促进项目回迁、人才回归、资金回哺。发挥园区平台作用，制定园区招商优惠政策。实施招商引资绩效激励机制，出台“飞地招商”政策，推进形成县乡联动、部门联合的招商氛围。

推动产业质效齐升。支持水电开发、竹木加工、红糀黄酒等传统产业智能改造、技术研发、抱团发展，引导企业运用新技术、新业态、新模式实现网络化协同、个性化定制、柔性化生产、服务化延伸。鼓励企业与高等院校、科研院所开展深度合作，提高科技创新力、市场竞争力。推动中小微企业入园集聚，降低实体经济运营成本，打造一批细分行业的“单打冠军”和“隐形冠军”。实施全要素服务，着力推动本土企业增资扩产、新进企业达能满产，新增规模以上工业企业8家。

（四）优供给、强服务，努力对接消费市场新需求

全力推动全域旅游。加快国家全域旅游示范区创建，力争年内通过验收。推动白水洋、鸳鸯溪景区改造升级，增强游客参与度和体验度，提升核心景区的品牌影响力和辐射带动力。优化全域旅游空间布局，有序推进仙山松海、茶盐古道、双溪古镇及传统村落的保护建设开发，整合A级景区、美丽乡村、特色农业、红色文化等旅游资源，培育农耕体验、研学培训、体育休闲、灯光夜游等旅游产品，构建亲水田园、红色精品、廊桥水乡、文化古村、森林康养等五条主题旅游线路，打响健康养生、避暑度假的“生态屏南”旅游品牌。挖掘传统民俗、特色饮食、民间技艺等文化资源，持续举办“四季屏南·乡村有约”系列活动，积极承办山地自行车、越野马拉松、原野射箭、皮划艇等品牌赛事，精心打造“云间屏南”乡村民宿、“屏南药膳”乡村美食、“遇见屏南”旅游演艺及红糀黄酒、小种红茶、黑瓷砖器、文化创意等乡村购物品牌。加强与大型旅游集团、周边知名景区的战略合作，精准对接长三角、珠三角客源市场，加大营销推介力度，抓好节庆营销、网络营销、客源地营销，力争全年接待游客215万人次以上、实现旅游综合收入21亿元以上。

大力发展数字经济。深入实施国家级电子商务进农村综合示范县项目，强化电商孵化培训，支持本土电商龙头企业与知名电商平台、企业多元合作，培育2—3个“拳头”网销产品。加快5G等新一代信息基础设施建设，完善县域冷链物流和农村淘宝服务体系，建成辰颐物语电商物流产业园，加快推进快递产业园建设，谋划县级综合物流园布局，推动配套基础设施适应发展需求。推动建立一批农产品电商直供基地，探索“基地+城市社区”直配模式，畅通农特产品上行渠道。扎实推动农业、旅游、文创、健康服务、城市管理等数字化智慧平台建设，鼓励直播经济、网红经济、共享经济等新模式新业态发展，增强优质产品供给体验感。

着力提升传统服务业。启动建设东区综合体、国际建材家居城等商贸项目，提升中心片区、旅游集散中心商业配套，强化中心农贸市场、商业街区综合整治，塑造城市商圈新形象。以延伸产业链为突破口，逐步推动批发、零售、住宿、餐饮等传统商贸服务业提档升级，稳步发展信息服务、房地产、金融、养老等高端服务业和消费型服务业。主动适应国内大循环为主体的“双循环”发展格局，促进现代服务业和农业生产、先进制造、全域旅游、健康养老互联互通，实现“一二三产”融合发展，新增规上服务业和限上商贸企业 10 家以上。

（五）抓改革、促创新，努力激活机制体制新活力

深化重点领域改革。深入推进实施国企改革三年行动，健全完善现代国有企业管理制度，探索国有企业混合所有制改革；配齐配强国有企业管理层和专业技术人才，提高企业运行效率和运营水平，推动国有资本做强做优做大。积极稳妥推进事业单位机构改革，扎实做好村级组织换届选举和农村“六大员”队伍整合工作。创新人才引育工作，加大高技能人才培养和紧缺技能人才引进力度，鼓励科技人才、高校毕业生、退役军人、返乡农民工等群体创新创业。深化省级农村集体产权制度改革试点，推动农村土地有序有效流转。加强国有资产管理和盘活利用，发挥资产经营效益。深化户籍制度改革，稳妥推进放宽城区落户限制，促进基本公共服务均等化。

持续优化营商环境。认真落实优化营商环境 20 条和深化商事制度改革 12 条措施，规范工程项目审批和政务服务热线办理流程，推行“双随机一公开”工作机制，将“最多跑一次”“一趟不用跑”改革进行到底，全面推进审批服务便民化、网络化。落实减税降费、政府性融资担保等惠企政策，深化政银企合作，努力扩大信贷规模，积极防范化解金融风险，全年贷款余额增长 8% 以上。主动融入宁德市国家级普惠金融改革试点，支持在屏金融机构创新金融产品，有效解决中小微企业融资难题，普惠金融覆盖率达 60% 以上。

加大对外交流合作。主动融入“一带一路”倡议，用好促进外贸发展扶持政策，促进绿色家居、绿色食品等外贸主导产品出口增长。密切与屏南籍海外华侨、新生代华侨、华人商会和社团的联系，加强屏台两地经济文化交流合作。深化与人民大学、西南大学、福建农林大学、省农科院、云南农科院等高等院校、科研院所产学研合作，积极对接“6•18”海交会、“6•16”电博会项目成果，促进科研成果转化。强化与省建工集团、福建能源集团以及市交投集团、三都澳新区公司等大型国有企业的深度合作，推动产业与资本、项目与资本有效融合。

（六）严管控、守红线，努力巩固绿色生态新优势

强化绿色空间管控。高标准编制完成国土空间规划，完善城乡建设用地集中连片布局，突出保障重大项目建设和乡村产业发展用地需求，合理预留未来发展空间，高质量构建“大密大疏”的县域空间格局。坚持更加严格的耕地保护和更加高效的集约用地，守住耕地保护红线，保护永久基本农田，盘活利用闲置土地，严厉打击毁林占地、非法采矿、违规建房等行为，形成国土开发有序的全域生态绿色空间。

推进美丽城区建设。加快古峰、棠口“两镇同城”步伐，持续提升东区旅游生态城功能品质；加快推进西环路、上洋头、外东环南路等片区开发，投资 3.6 亿元启动 8.7 公里配套主次路网建设；启动实施文化东路改造提升，加快推动长坋中路实现全线贯通。建成城区污水处理厂二期扩建及配套管网工程，加快垃圾填埋场扩容工程和城乡热能垃圾处理中心建设。持续完善城区背街小巷环境卫生保洁和道路交通“联勤联动”管理机制，着力治理垃圾乱堆乱倒、车辆乱停乱放现象。倡导绿色文明出行，加大公共领域新能源汽车推广应用。新增公共停车位 150 个、公共充电桩 50 个，新建改造污水管网 12 公里、供水管网 8 公里、燃气管网 10 公里以上。

严格生态环境保护。强化“三线一单”管控，完善生态文明建设目标评价考核和责任追究机制，推动形成支撑有力、约束有效的生态主体功能区。坚持全链条防控、全形态治理、全地域保护，持续抓好中央和省生态环保督察反馈问题整改，统筹推进山水林田湖草一体化保护和修复，完成水土流失治理3000亩、森林抚育2.8万亩、造林1.6万亩以上。全面落实河湖长制，推进柏源溪、金造溪、后龙溪、后墘溪等小流域综合整治，强化畜禽养殖污染、农业面源污染治理，严厉打击非法碎石加工和河道非法采砂，严格管控道路、施工等扬尘污染，主要生态环境质量指标达到国家级生态文明建设示范县创建标准。

拓宽“两山”转换通道。坚持“绿水青山就是金山银山”理念，对标重点生态功能区产业准入负面清单，严把新上项目产业政策、资源消耗和环保审批关，大力发展绿色低碳产业，严保高颜值生态底色。积极探索拓宽生态产品价值实现的有效路径，加快构建以“健康”为核心、以沿海都市圈为市场的生态农业、健康旅游品牌体系。扎实开展省级第二批生态产品市场化改革试点工作，持续推进排污权、碳排放权有偿使用和交易。

（七）补短板、惠民生，努力满足人民群众新期待

强化疫情防控措施。时刻绷紧疫情防控这根弦，不折不扣落实常态化防控措施，坚持“人、物、地、环境”同防，加大对高中风险地区返乡人员排查和进口冷链食品监管力度，加强重点场所、重点人群核酸检测和疫苗接种，强化重点环节、重点时段精准防控。全面提升风险预警和应急处置能力，健全完善多点触发、动态灵敏的预警机制和闭环管理、有效管控的处置机制，全力守护人民群众生命健康安全。

持续巩固脱贫成果。严格落实“四个不摘”要求，保持现有帮扶政策、资金支持、帮扶力量总体稳定。持续发展壮大扶贫产业，继续做好脱贫人口稳岗就业，强化易地搬迁后续扶持，确保脱贫群众稳产业、稳就业、稳收入。深化解决相对贫困长效机制试验，落实预警监测帮扶制度，筑牢防止返贫致贫防线，推进脱贫攻坚与乡村振兴有效衔接。

注重教育质量提升。坚持把发展教育作为重中之重，持续深化教育质量提升。建成国宝小学和代溪、岭下、古厦社区幼儿园，抓好第二实验小学、机关幼儿园前期工作，屏南一中创省一级达标高中通过省级评估验收。加大全日制研究生、高校公费师范毕业生、高层次急需紧缺人才引进和培养力度，深入实施名校、名校长、名师“三名”工程，努力打造一支师德高尚、业务精湛的教师队伍。加强学校管理、教学质量、行政班子督导考核，完善职称评聘、教研教改、跟岗学习、支教交流机制，推动教育质量实现晋位提升。

优化卫生医疗服务。建成县总院传染病综合楼和岭下、屏城等2所乡镇卫生院医技综合楼，加快推进长桥卫生院整体搬迁。深化医药卫生体制改革，加强县域紧密型医共体建设，健全综合监管考核体系和现代医院管理制度。抓好内外妇儿、重症监护与康复医学等重点专科、薄弱学科建设，支持开展中医特色专科建设，着力提升医疗卫生服务水平。加快推动村卫生所标准建设，加强医疗卫生人才引育，扩充基层医疗队伍，增强基层医疗卫生服务能力。

提高社会保障水平。健全城乡一体化社会保障制度，完善城乡居民低保标准动态调整机制，扩大基本养老、医疗、失业等保险覆盖面，加强对农村留守儿童、老人、残疾人等社会弱势群体的关爱保护。深入实施职业技能提升专项行动，完善创业扶持政策，搭建用工保障平台，新增城镇就业600人以上。加快推进城市公益性公墓建设。建成长桥、屏城、岭下敬老院和棠口区域性养老服务中心。加强双拥共建力度，落实拥军优抚政策。健全食品药品全程监管机制和餐饮行业管理，保障“舌尖上的安全”，杜绝“餐桌上的浪费”。

加强社会治理创新。统筹发展和安全，创新基层社会治理，推广新时代“枫桥经验”，建设更高水平的平安屏南。深化法治屏南建设，扎实推进“八五”普法。大力实施“雪亮工程”，常态化开展扫黑除恶专项斗争。严格落实安全生产责任，加强应急救援体系建设，提升防灾减灾救灾能力。畅通社情民情反映渠道，强化落实信访工作责任制，加强矛盾纠纷化解。深入开展新时代文明实践试点，大力培育和践行社会主义核心价值观，扎实开展文明创建活动，积极举办形式多样的全民健身活动。

（八）转作风、提效能，努力展现干事创业新作为

着力建设担当型政府。牢固树立“旗帜鲜明讲政治是首要要求”的政治意识，在思想上政治上行动上同以习近平同志为核心的党中央保持高度一致。坚决落实中央、省市和县委的决策部署，一张蓝图绘到底，一件一件抓落实，敢担当、能担当、善担当，展现政府系统的向心力、凝聚力和战斗力。

着力建设服务型政府。牢固树立“今天再晚也是早，明天再早也是晚”的效率意识，持续整治形式主义、官僚主义，坚决杜绝慵懒散现象，做到案无积卷、事不过夜。弘扬“四下基层”好传统，切实解决群众“急难愁盼”问题，切实提升服务企业、服务基层、服务群众的水平。

着力建设创新型政府。牢固树立“创新是引领发展的第一动力”的创新意识，不断推动政府系统思想大解放、观念大更新，用改革的思维、创新的办法，研究新情况、解决新问题、化解新矛盾。加快政府机构改革和职能转变，推动政府治理理念创新、服务模式创新、体制机制创新。

着力建设实干型政府。牢固树立“发展是第一要务”的使命意识，坚定不移贯彻新发展理念，按照“群众提、代表定、政府办”的要求，认真办理代表建议、委员提案，广泛听取社会各界意见，集中财力办大事、以民为本办实事、清单管理办成事。增强“拼实绩、争项目、抢机遇、创一流”的责任感和紧迫感，不断提升“八个本领”“七种能力”，提高执行力、当好答卷人、展现新作为。

着力建设廉洁型政府。牢固树立“清正廉洁”的底线意识，严格落实中央八项规定及实施细则精神，按照省委“八个坚定不移”要求，切实履行全面从严治党主体责任，营造和维护风清气正的政治生态。严格执行民主决策程序，重大事项向县委请示报告，自觉接受人大法律监督、政协民主监督、监察机关监督，重视司法监督、群众监督、舆论监督，加强审计监督、统计监督。坚持政府过“紧日子”、让群众过“好日子”的理念，将更多的人力、物力、财力投入民生领域。

各位代表，新时代开启新征程，新使命呼唤新作为。让我们更加紧密团结在以习近平同志为核心的党中央周围，在省委省政府、市委市政府和县委的坚强领导下，砥砺奋进，攻坚克难，滴水穿石，久久为功，全方位推动高质量发展超越，奋力谱写全面建设社会主义现代化国家的屏南篇章。

中国人民政治协商会议
第十届屏南县委员会常务委员会工作报告

——在政协第十届屏南县委员会第五次会议上

2020年12月28日

政协屏南县委员会主席　陆泽干

各位委员、同志们：

我代表政协第十届屏南县委员会常务委员会，向大会报告工作，请予审议，并请列席会议的同志提出意见。

2020 年工作回顾

2020 年是“十三五”规划收官之年，也是决胜脱贫攻坚、全面建成小康社会目标实现之年。一年来，县政协及其常委会在中共屏南县委的坚强领导下，在县人大、县政府的大力支持下，坚持以习近平新时代中国特色社会主义思想为指导，准确把握新时代加强和改进人民政协工作的新部署新要求，围绕常态化疫情防控和经济社会发展履职尽责，推进建言资政和凝聚共识双向发力，为建设县强民富生态美的山区发展一流县贡献智慧与力量。

一年来，我们立足新方位新使命，坚持人民政协的性质定位，认真履行政治协商、民主监督、参政议政的职能，主要抓了以下工作：

一、旗帜鲜明、强基固本，在夯实思想基础中凝聚新共识

坚持政治引领。人民政协是政治组织，必须始终坚持旗帜鲜明讲政治。我们坚持以习近平新时代中国特色社会主义思想为指导，深入学习中共十九大和十九届二中、三中、四中、五中全会精神，贯彻落实习近平总书记对福建对宁德工作重要讲话重要指示批示精神，增强“四个意识”、坚定“四个自信”、做到“两个维护”，进一步提高政治站位和政治觉悟，把加强思想政治引领、广泛凝聚共识作为中心环节，不断增强新时代意识形态建设，落实意识形态工作责任制。及时请示重大事项、报告重点工作、反映重要情况，确保政协各项工作沿着正确的政治方向前进。

突出党的建设。深入落实中办印发的《关于加强新时代人民政协党的建设工作的若干意见》和省市实施意见，持续巩固和提升“不忘初心、牢记使命”主题教育成果，以政治建设为统领、以健全制度为抓手，全面加强政协党的各项建设。县政协党组肩负起实现党对人民政协领导的政治责任，发挥好把方向、管大局、保落实的领导作用，落实“三会一课”制度，健全党组议事规则，成立党员委员活动小组，加强党员委员同党外委员联系，推动党的工作对政协委员的全覆盖，确保人民政协始终在党的领导下开展工作。坚决落实全面从严治党要求，定期召开党组会议研究工作，严格落实中央八项规定及其实施细则精神和省、市、县实施办法，带头落实习近平总书记对制止餐饮浪费行为的重要指示精神，诚恳接受县委巡察“政治体检”，全面落实巡察反馈问题整改，支持县纪委监委派驻政协机关纪检监察组开展工作，自觉接受监督，努力营造风清气正的政协机关政治生态。

深化理论武装。坚持领导带头学、干部主动学、

党员积极学、委员广泛学，认真学习中共十九届五中全会精神和中共中央《关于新时代加强和改进人民政协工作的意见》，学习领会《习近平谈治国理政》（第三卷）、《习近平在宁德》、《习近平在厦门》、《习近平在福州》等采访实录及相关法律法规知识，开展了13次专题研讨和3次廉政教育活动，进一步坚定干部的理想信念。持续推进政协理论研究，报送理论文章12篇，其中《协商凝聚共识 服务“农险”发展》等7篇分别被《政协天地》《闽东政协》《宁德撤地设市20周年人民政协理论研讨论文集》收录和刊发。

二、紧扣中心、服务大局，在推动改革发展中彰显新作为

服务重点项目建设。县政协紧扣县委、县政府中心工作，积极推动东区旅游生态城、国际家居建材城、瑞幸咖啡烘焙基地、中心片区、工业园区、招商引资、清理民间标会等重点项目和重点工作，有效助推县域经济发展。组织政协委员深入项目一线、产业一线调研考察，针对项目建设过程中存在的问题，提出意见建议。鼓励支持投身项目建设一线的机关干部和政协委员充分发挥模范带头作用，立足岗位，履职尽责，在重大项目建设中献计出力。助力招商引资，开展“以园区建设为载体，推动招商引资工作”专题调研，引导经济界委员积极推介屏南、宣传屏南，通过“回归招商”“以商招商”“以情招商”等方式，为引进资金、项目、技术、人才牵线搭桥，吸引更多在外乡贤和优秀企业到屏南洽谈项目、投资兴业。

助推乡村振兴事业。围绕“产业振兴、人才振兴、文化振兴、生态振兴、组织振兴”五大主题，开展调研视察、专题协商、挂钩帮扶等工作。精心组织“加强农民合作社建设，巩固提升脱贫成果”“扶持农业产业发展，提升小农户发展现代农业能力，助推乡村振兴”等课题调研，组织部分委员赴建瓯、建宁、清流、周宁、政和等地考察学习，深入棠口、代溪、甘棠、岭下等乡镇开展调研，召开座谈会和专题协商会议，分析存在的问题，探讨思路办法，提出意见建议，助力我县乡村振兴和脱贫攻坚工作有序开展，组织机关干部和部分政协委员开展挂钩帮扶和精准督导活动，落实扶贫措施，助力贫困户在家庭增收、就业保障、子女教育、医疗救助、安全住房等方面享受政策支持。

支持文创产业发展。通过开展专题调研视察、委员大会发言、召开专题协商会、重点提案督办等支持委员献计出力，有效地助推了文创产业的巩固提升。开展了“巩固提升传统村落文创产业发展”等课题调研。同时，当好屏南文创“宣传员”，积极向来屏调研考察团宣传推介龙潭、四坪、厦地、前洋、漈下等具有鲜明特色的文创示范乡村。

促进教育质量提升。把推动教育质量提升作为政协履职的重点，开展了“中小学教师‘县管校聘’管理体制改革工作”“基础教育改革发展和教师队伍管理情况”“全县小学英语学科教学情况”等专题调研，组织委员参加教育工作座谈会，认真分析研究当前教育现状和突出问题，并就加快补齐教育短板提出意见建议。助推屏南一中“浩德”奖教基金建设，采取多种激励机制，提升教育教学质量。今年以来，奖励优秀教师、教育先进工作者、引进优秀人才共计120多万元。

助力疫情防控工作。县政协积极响应县委、县政府的决策部署，成立了应对新型冠状病毒感染肺炎疫情工作领导小组，组建了疫情防控党员应急突击队。县政协班子成员靠前指挥，深入乡村一线督导疫情防控工作，机关党员干部积极参与社区疫情防控志愿服务和百名干部下村服务等活动。引领政协委员主动担当作为，踊跃捐款捐物50多万元。积极配合县委、县政府做好政策宣传和舆情引导，主动发声、正面发声。组织机关干部和政协委员协助做好保居民就业、保基本民生、保市场主体等工作，深入社区、农村、企业、项目一线调查研究，就复工复产、农业生产、保障基本民生等方面提出意见建议，为统筹疫情防控和经济社会发展做出了积极贡献。

三、紧贴民心、注重实效，在真情履职为民中作出新贡献

协商民主持续深化。按照政协十届四次会议的工作意见，商请县委、县政府同意，制定了《2020年度重点协商工作计划》，成立了县政协实施协商民主重点课题工作领导小组，认真组织实施。先后开展了专题协商、提案办理协商等多层次协商议政活动，如政协常委会就“关于强化城区供水保障”的协商议题，提出了“要强化城区供水管网更新改造、做好坪里水库周边农业面源污染整治、尽快启动龙虎岔水库作为城区应急备用水源项目建设”等意见建议；就“关于促进我县精致农业发展，助力乡村产业振兴”协商议题，提出了“要注重农技人才培养，加强农业品牌建设；要发挥科技支撑作用，提升农产品质量；要创新营销模式，解决农产品滞销问题；要加大政策扶持力度，促进精特农业发展”等意见建议，县委、县政府相关领导认真听取并积极采纳意见，协商会取得明显成效。各专委会围绕“电动自行车充电装置建设及管理”“生猪养殖业健康发展”“推进生态林、天然林确权发证，确保补偿金发放”“提升中医药服务能力，助力健康屏南行动”“推动农村户内电气线路改造升级”等专题开展重点提案办理协商，委员们积极建言献策，有效推进相关工作的落实。

提案督办落地见效。全面推进提案网络平台建设，提案办理在传统文件传送基础上，启用网上办理，推动办理单位提案答复、提案人满意度测评等双轨并行、双效并举。政协十届四次会议期间，委员提案立案59件，会后全部交办，9月底已全部办结或答复。其中《关于加快推进金丽南宁高速公路建设前期工作的建议》等10件提案，经主席会议研究并商请县委、县政府同意，确定为年度重点提案。重点提案由县委、县政府和县政协分管领导共同督办，县政协相关委室实时监督提案办理单位落实情况，有效促进提案落地见效。

民主监督稳步推进。坚持人民政协为人民的价值取向，围绕民生大事、难事，开展民主监督工作，服务民生改善。委派30名委员分成10个民主监督员小组，担任法院、检察院、公安、民政、交通、住建、林业等单位民主监督员，各监督员小组按照《委派民主监督员工作制度》要求，主动对接、积极参与，围绕政府效能、勤政廉政、民生实事、项目推进等重要方面提出意见建议。充分保障委员知情明政，组织部分政协委员听取县政府、公安局、交通局、农业农村局、教育局等部门工作情况通报。委派委员参加听证会、法院庭审旁听及相关专项规划评审会等，增强了政协委员民主监督的参与程度和参与意识。

社情民意提质增效。紧紧围绕县委、县政府的中心工作和群众关注的民生实事，不断完善信息征集、报送、督办和反馈机制，有效发挥了社情民意信息“直通车”作用。一年来，共编发和上报社情民意30期，其中，《关于促进精致农业发展，助力乡村产业振兴的建议》《关于推动农药废弃包装物回收治理工作的建议》等2篇被省政协单篇采用；《关于建立健全基层一线疫情信息员机制和物资储备制度的建议》《关于提升国家电网服务水平，保障乡村振兴的建议》《关于向特定困难群体发放定额消费券的建议》《关于补齐农村“厕所革命”短板的建议》等25篇信息被市政协采用，大部分意见建议得到有效吸收，促进相关热点难点问题的解决。

四、商以求同、协以成事，在坚持团结民主中广聚新能量

广泛凝聚社会共识。党组成员带头走访委员，积极宣传县委、县政府为推动高质量发展采取的有力措施、取得的积极成效，引导社会各界准确把握屏南发展的“时”与“势”。经常性地开展主席会议成员与政协常委、政协委员谈心谈话，引导机关干部和委员深入基层一线倾听群众呼声，做好释疑解惑、化解矛盾、理顺情绪工作。以专委会为依托，建立健全委员联系界别群众制度，加强同党外知识分子、非公有制经济人士和新的社会阶层人士的联络联谊，畅通各界人士意见表达渠道。重视宣传和舆论引导工作，编写《屏南政协简报》12期，向《政

协天地》《闽东政协》等杂志报送屏南特色工作，得到积极采纳。注重发挥文史资料“存史、资政、团结、育人”的社会作用，编辑出版了《屏南医林人物》（第33辑）。

提升合作共事能力。加强同各人民团体、无党派人士的联系交流，走访政协参加单位和党外委员，通报工作情况，倾听意见建议。邀请无党派人士参加政协组织的调研、视察和座谈研讨，推荐相关代表人士参加党政部门的征求意见、协商讨论、监督评议等活动，积极为他们履职搭建平台。维护民族宗教和睦，开展了“少数民族村恢复经济社会发展情况”专项视察，并就实施少数民族乡村振兴战略、传承和弘扬少数民族文化、发展民族特色旅游等方面工作提出意见建议。协助做好宗教场所安全隐患排查整治、巴地村特色村寨建设、反邪教警示宣传教育等工作，发挥好政协开展民族宗教工作的桥梁和纽带作用。

深化与港澳台交流联谊。推进与港澳台同胞、侨胞以及社会各界人士的联系交流。协助举办“龙脉相传、青春中华”2020年海峡两岸台胞青少年夏令营走进屏南活动，通过开展两岸青少年互动式、体验式交流联谊，提升台胞对中华文化的认知认同，增进了台胞的亲情乡谊。配合省市政协深入白水洋、龙潭村开展“闽籍侨领故乡行”活动，推动海外闽籍华侨华人增强对屏南的了解认知，凝聚助力新屏南建设的共识。协助成立“台港澳同胞之家”，充分发挥台港澳同胞及亲属桥梁和纽带作用，深化联络联谊。此外，还积极接洽江西、浙江、上海等省、市、县政协来屏南调研考察，推介屏南的特色做法，扩大了屏南在外的影响力。

五、从严求实、善管厚爱，在加强自身建设中树立新形象

加强常委会建设。政协常委会带头讲政治、讲学习、讲纪律、讲规矩，遵守政协章程、执行政协决议。先后召开4次常委会会议，学习贯彻习近平总书记系列重要讲话及中央和省、市、县重要会议精神，协商“关于强化城区供水保障”“关于促进我县精致农业发展，助力乡村产业振兴”等重点课题，致力提升常委会理论水平和履职能力。组织部分常委及机关干部赴古田县开展协商民主、乡村振兴和项目建设考察调研活动，学习借鉴先进的经验做法。落实常委会工作规则，履行常委会各项职责，有效提升常委会工作水平。

加强委员队伍建设。落实“懂政协、会协商、善议政，守纪律、讲规矩、重品行”的要求，加强委员教育管理，健全《屏南县政协委员服务管理制度》。根据县纪委监委提交的问题线索，对2名违纪委员开展了谈话提醒、批评教育；做好委员履职管理，强化委员学习培训，建立健全委员履职档案，重点对委员开展视察调研、撰写提案、反映社情民意等情况进行评议，激发委员的履职热情；创新服务委员方式，开展走访委员活动，了解委员的所求所盼，进一步发挥委员主体作用。

加强机关效能建设。以推进机关规范化建设为抓手，围绕落实县委有关工作制度要求，规范了干部请销假制度、重大事项请示报告制度，严格机关会风会纪，切实将纪律规矩、制度规范转化为干部的行为习惯和行动自觉。大力倡导“爱岗敬业、履职尽责”的机关工作理念，引导干部加强党性修养，增强服务本领，在参与招商引资、项目建设、乡村振兴、精准扶贫等工作中主动担当作为，发挥积极作用。落实全面从严治党各项要求，加强机关廉政建设，组织党员干部到仙山牧场举办“强化机关意识、建设模范机关”主题党日活动，开展“讲政治、守规矩、强作风”廉政教育专题党课，机关作风持续好转。

各位委员，回顾和总结一年来的工作实践，我们深切地感受到，县政协常委会的工作之所以不断取得新的成绩，是县委坚强领导的结果，是县人大、县政府大力支持的结果，是县直各部门、各乡镇、社会各界和离退休老同志广泛参与的结果，是广大政协委员共同奋斗的结果。在此，我谨代表县十届政协常委会，向在座的各位领导、各位委员、各位同志以及所有关心、支持、参与人民政协工作，热

心人民政协事业的朋友们，致以最崇高的敬意和最衷心的感谢！

对照新时代人民政协新的使命任务，对照全体委员和人民群众的期待，我们也清醒地认识到工作中还存在不少的差距和不足。主要是：民主监督的实效性还需进一步增强，协商民主工作载体还需进一步拓展，政协工作制度还需进一步完善，强化委员责任担当的要求还需进一步落实等。对这些问题，我们要在今后的工作中高度重视、逐步改进。

2021 年工作意见

2021 年是中国共产党建党 100 周年，是“十四五”规划的开局之年，也是开启全面建设社会主义现代化国家新征程的起步之年。县政协常委会工作的总体要求是：坚持以习近平新时代中国特色社会主义思想为指导，深入学习中共十九大和十九届二中、三中、四中、五中全会精神，贯彻落实习近平总书记关于加强和改进人民政协工作重要思想及对福建对宁德重要讲话重要指示批示精神，坚持新发展理念，坚持改革创新，坚持团结和民主两大主题，围绕推进常态化疫情防控和经济社会发展，努力发挥人民政协作为政治组织和民主形式的效能，进一步提高政治协商、民主监督、参政议政水平，更好凝聚共识，为全方位推动屏南高质量发展超越，奋力谱写全面建设社会主义现代化国家的屏南篇章做出新的贡献。

一、进一步深化思想引领，切实提高履职水平

要把理论武装摆在更加突出位置，推动思想认识实现新提升。持续深入学习习近平新时代中国特色社会主义思想，学习领会习近平总书记关于加强和改进人民政协工作的重要思想和习近平总书记对福建对宁德工作的重要讲话重要指示批示精神，提高运用党的创新理论指导实践、推动工作的能力。坚持以党的政治建设为统领，更加自觉地坚持党对政协工作的领导，落实意识形态工作责任制，以庆祝中国共产党建党 100 周年为主线，进一步深化开展党内学习、座谈交流、宣讲报告、走访委员等活动，激发引领机关干部和广大委员自觉听党话、跟党走，增强“四个意识”、坚定“四个自信”、做到“两个维护”。着眼人民政协的性质定位，坚持在继承中发展、在借鉴中提高、在探索中创新，使政协工作更好地体现时代性、把握规律性、富于创造性。以加强政协委员培训为切入点，通过集体学习、个人自学等形式，有针对性地加强对委员的履职能力的培训，组织委员认真学习党的方针政策，学习政协、统战等知识，不断提高委员的综合素质和参政议政能力，切实发挥委员在本职工作中的带头作用、政协工作中的主体作用、界别群众中的代表作用。

二、进一步紧扣主题主线，切实服务发展大局

要坚持把服务发展作为政协履职的第一要务，进一步统一思想，凝心聚力，把精气神集中到服务发展上。紧扣县委十二届十二次全会提出的全方位推动屏南高质量发展超越各项决策部署和具体要求，在产业发展、改革创新、城乡建设、生态环保、文化事业、民生福祉等方面，找到融入点、找准切入点，精准开展协商议政。围绕贯彻落实中共十九届五中全会精神，推动“十四五”规划实施，就建立现代化经济体系、增强全域旅游带动效应、提高绿色制造业质效、提升农业产业化水平等重点目标任务，精心选择具有全局性、前瞻性的课题，深入调查研究、出谋划策，推动全县经济发展提质增效。聚焦乡村振兴，围绕农村村财增收、产业发展、人才培养、脱贫巩固以及村级组织换届等工作，充分发挥政协力量，助推乡村振兴各项举措落地见效。同时，组织和动员广大委员以更加积极的姿态，投身于经济社会发展，在重大任务中勇挑重担，在本职岗位上奋发进取，使委员的主体作用得到更加充分的发挥。

三、进一步明确三项职能，切实增强工作实效

要紧紧围绕县委、县政府中心工作，提高履职水平，创造性地开展工作。在政治协商方面，努力体现协商形式多样化与增强实效性的统一，重点开展与县委、县政府专题议政性协商，精选并组织实

施党政重视、群众关心的协商课题，通过与县委、县政府充分协商沟通，达成党政和社会各界共识，推动事关民生事业、事关发展大局的政策落地落实。在民主监督方面，积极探索新形势下民主监督的特点和规律，切实加强以提出建设性意见为主要形式的民主监督，通过视察、调研、提案和反映社情民意等，把人民政协民主监督的作用更加充分地发挥出来。在参政议政方面，注重把政协组织的优势和社会各界力量有机结合起来，进一步拓宽参政议政范围，丰富参政议政内容，组织委员围绕我县发展中的重点问题和人民群众关心的热点难点问题积极建言献策，推进经济社会又好又快发展。

四、进一步凝聚社会共识，切实发挥政协作用

要坚持团结和民主两大主题，充分发挥人民政协联系面广、包容性强的独特优势，巩固和发展我县团结和谐的良好局面。通过多种形式，广泛凝聚各人民团体、各界人士的智慧和力量，促进我县总体奋斗目标的实现。不断强化委员的界别意识，以专委会活动为纽带，组织和引导广大委员多做宣传政策、释疑解惑的工作，多谋同舟共济、攻坚克难的良策，最大限度地为屏南高质量发展超越凝聚人心、汇集力量。充分发挥政协自身特点和优势，探索建立基层委员工作站，开辟政协委员联系群众、服务群众的新途径，切实增强做好新形势下群众工作的积极性和主动性，更好地做到人民政协为人民。进一步畅通社情民意信息收集、报送、反馈渠道，反映具有前瞻性、综合性的社情民意，促使群众广泛关注的热点难点问题得到重视和解决。

五、进一步加强自身建设，切实激发工作活力

要深入开展“政协机关建设提升年”活动，发挥政协党组牵头抓总作用，着力推进机关思想政治建设，理顺机关职能职责，确保中央、省委、市委和县委各项决策部署的贯彻落实，推动政协工作迈上新台阶。加强政协队伍建设，大力弘扬滴水穿石精神和“马上就办、真抓实干”作风，做到协商议题注重群众所需、调查研究坚持深入基层、成果转化力求服务决策，努力建设一支“懂政协、会协商、善议政，守纪律、讲规矩、重品行”的政协队伍。积极探索专委会工作新思路，优化专委会联系界别和委员工作机制，充分发挥专委会桥梁纽带作用。加强机关作风建设，深入贯彻中央八项规定及其实施细则精神和省、市、县实施办法，重点做好县委巡察政协机关反馈问题整改，细化机关干部管理机制，鞭策干部更好地担当作为。

各位委员，屏南发展的愿景催人奋进，人民政协的事业大有可为。让我们更加紧密地团结在以习近平同志为核心的党中央周围，高举中国特色社会主义伟大旗帜，在中共屏南县委的坚强领导下，凝聚各界之识、汇集各方之力，为全方位推动高质量发展超越，奋力谱写全面建设社会主义现代化国家的屏南篇章做出新的更大的贡献！

大事记

1 月

2—3 日，福建省总工会机关党委专职副书记、二级巡视员陈荣星到屏南县开展送温暖慰问活动。宁德市总工会党组书记、常务副主席黄清亮陪同。

3 日，屏南县召开 2020 年全县春运工作会议。

7 日，宁德市政府副市长、屏南县委书记、人武部党委第一书记吴允明主持召开县委常委议军会议，县长柳岳参加会议。

7 日，屏南县委副书记吴新情主持召开县委常委会（扩大）会议，传达学习《中共福建省委办公厅关于认真组织学习〈习近平在厦门〉〈习近平在宁德〉两部采访实录的通知》。

7 日，屏南县县长柳岳主持召开“不忘初心、牢记使命”主题教育研讨会，学习贯彻习近平总书记在中央政治局“不忘初心、牢记使命”专题民主生活会上重要讲话精神。

13 日，宁德市政府副市长黄建龙一行到岭下乡葛畲村、谢坑村慰问困难户、困难残疾人、老党员等，并座谈了解相关情况。

13 日，宁德市委常委、宣传部部长谢再春在屏南开展春节慰问活动。

14 日，宁德市政府副市长、屏南县委书记吴允明主持召开县委常委会（扩大）会议，听取县人大常委会、县政府、县政协、县纪委监委、县法院、县检察院工作汇报。

14 日，福建省农业农村厅二级巡视员宋国林一行到甘棠乡梅花地村、新田村等地慰问驻村第一书记及困难群众。

14 日，宁德市政府副市长、屏南县委书记吴允明主持召开县委常委主题教育研讨会，学习贯彻“习近平总书记在‘不忘初心、牢记使命’主题教育总结大会上的重要讲话精神”。

17 日，宁德市政府副市长、屏南县委书记吴允明主持召开县委常委会。吴允明强调，全县上下要深入学习贯彻中共十九届四中全会精神，凝心聚力、抢抓机遇、奋发作为，按照省委十届九次全会和市委四届十一次全会部署。

17 日，中共屏南县委召开十二届十次全体会议，听取关于《深入贯彻落实中共十九届四中全会精神推进新时代新屏南治理现代化》的报告。

17 日，屏南县召开“不忘初心、牢记使命”主题教育总结大会，宁德市政府副市长、屏南县委书记吴允明出席会议并讲话，宁德市委第二巡回指导组组长刘峰到会指导。

19 日，屏南县召开 2020 年安全生产工作暨县政府第一季度防范重特大生产安全事故会议。

22 日，屏南县纪委十二届五次全体会议召开，会议学习贯彻习近平新时代中国特色社会主义思想和中共十九大精神，贯彻落实十九届中央纪委四次全会、省纪委十届五次全会、市纪委四届五次全会部署。

29日，宁德市政府副市长、屏南县委书记吴允明主持召开县委常委扩大会议暨疫情工作领导小组第四次会议，传达学习中共中央和省有关精神，研究部署下一阶段工作。

1月份，屏南县电子投标保证金管理系统投入使用，建设工程项目投标保证金利息同步退还。

2月

1日，宁德市政府市长梁伟新到屏南榕屏化工有限公司了解消毒液生产供应情况，随机抽查社区，现场检查新冠肺炎疫情防控措施落实情况。

4日，宁德市政府副市长、屏南县委书记吴允明主持召开县委常委会会议暨疫情工作领导小组第九次会议。

11日，宁德市政府副市长、屏南县委书记吴允明主持召开县委常委会暨县疫情工作领导小组第十三次会议。会议传达省市会议精神，研究部署下一阶段屏南新型冠状病毒感染肺炎疫情防控、企业和项目复工复产等工作。

17日，宁德市政府副市长、屏南县委书记吴允明主持召开县委常委会暨县疫情工作领导小组第十六次会议。

26日，屏南县政府县长柳岳主持召开全县省、市重点项目复工推进会，听取全县重点项目复工情况汇报，研究解决问题和困难，安排部署下一步重点工作。

27日，宁德市政府副市长、屏南县委书记吴允明主持召开县委常委会（扩大）会议，学习贯彻习近平总书记统筹推进新冠肺炎疫情防控和经济社会发展工作部署会议的重要讲话和就关心爱护参与疫情防控工作的医务人员专门作出的重要指示精神。

28日，屏南县人大常委会主任周少川主持召开第十七届人大常委会第二十六次会议，传达学习习近平总书记在统筹推进新冠肺炎疫情防控和经济社会发展工作部署会议上的重要讲话精神。

28日，屏南县首条口罩生产线调试完成。

3月

10日，宁德市政府副市长、屏南县委书记吴允明主持召开中共屏南县委审计委员会第一次会议，传达学习中央审计委员会第一次会议精神。

10日，宁德市政府副市长、屏南县委书记吴允明主持召开县委常委会（扩大）会议，传达学习习近平总书记在3月4日中央政治局常务委员会会议上的重要讲话精神、3月6日在决战决胜脱贫攻坚座谈会上的重要讲话精神，以及3月5日省委常委会会议精神。

16日，厦门市委常委、海沧投资区党工委书记、区委书记林文生带领海沧区委副书记庄海英、海沧区政府副区长柯少敏一行到屏南调研山海协作共建情况。

17日，宁德市委常委、宣传部部长谢再春到屏南开展“四下基层”（信访接待下基层、现场办公下基层、调查研究下基层、宣传党的方针政策下基层）调研活动。谢再春一行先后察看屏城乡厦地村先锋书店、惠泽龙酒业有限公司、屏南康蔬生态农业公司等地。

19日，屏南县委副书记、县长柳岳主持召开县委常委会（扩大）会议，传达学习3月18日中共中央政治局常务委员会会议精神。

19日，福建省第三批支援宁德服务队、支援屏南服务队到长桥镇开展促进春耕生产和脱贫攻坚调研指导工作。

23日，宁德市委常委、统战部部长、市应对新型冠状病毒感染肺炎疫情工作领导小组外事组长林鸿带领市直有关部门负责人到屏南集中医学观察点开展检查。

26日，屏南县政协主席陆泽干主持召开县政协十届十四次常委会会议，对疫情防控作出指示，协商“关于强化城区供水保障的建议”议题，传达学习中央、省委相关会议精神。

30日，屏南召开2019年度县委常委班子述责述廉会议，听取县委领导班子成员述责述廉报告并进行现场评议。

30日，屏南召开2019年度基层党（工）委书记抓基层党建工作述职评议会。

31日，宁德市政府副市长、屏南县委书记吴允明主持召开县委常委会（扩大）会议，传达学习《中共中央办公厅关于印发〈党委（党组）落实全面从严治党主体责任规定〉的通知》文件精神，研究屏南贯彻意见。

31日，福建省农业农村厅厅长黄华康到屏南调研涉农企业复工复产工作。

31日至4月1日，福建省人大常委会党组副书记、副主任雷春美一行到屏南检查工作。

4月

7日，宁德市委常委、宣传部部长谢再春到屏南开展“四下基层”调研活动。

9日，屏南县政协主席陆泽干主持召开县政协党组理论学习中心组《习近平在宁德》专题学习研讨会，领会习近平总书记功成不必在我、功成必定有我的胸襟境界，强化使命担当，勇于攻坚克难的讲话精神。

14日，宁德市政府副市长黄国璋带领市直有关部门负责人，到屏南县开展“四下基层”活动。

14日，宁德市政府副市长、屏南县委书记吴允明主持召开县委常委会会议暨县委理论学习中心组《习近平在宁德》第四专题学习研讨会，围绕习近平总书记主政宁德期间表现出的求真务实、从严治吏的领导作风，结合工作实际谈学习体会。

14日，宁德市政府副市长、屏南县委书记吴允明主持召开屏南县2019年市管领导班子和领导干部年度考核暨县委选人用人“一报告两评议”工作会议。

14日，福建省文化和旅游厅厅长吴贤德带领相关处室负责人到屏南调研疫情防控、复工复产和安全隐患排查等工作。

14日，宁德市委副书记曾智勇带领市直有关部门负责人，到屏南调研指导农业农村有关工作，与基层干部、群众面对面交流探讨工作思路，点对点提出指导意见。

14日，屏南县召开2020年河湖长制工作会议。会议汇报河长制工作，回顾2019年全县河长制工作开展情况，部署2020年河长制工作。

16日，福建省财政厅副厅长陈强带领相关处室负责人到屏南调研困难县财政收支受疫情影响、财政保障教育投入、旅游业和旅游业复工复产、综合性生态保护补偿试点工作进展情况等工作。市财政局局长高一鹏陪同调研。

20—21日，福建省安全生产第九指导服务组、省消防救援总队副处长王永生带队在屏南开展督导工作并召开座谈会。宁德市应急局副局长彭学智陪同督导。

22日，宁德市政府副市长黄建龙带领市直有关单位负责人到屏南开展产业薄弱村帮扶工作调研。

24日，宁德市委宣传部常务副部长张蕉生到屏南开展贯彻落实《中国共产党宣传工作条例》暨意识形态工作走访调研。

27日，屏南召开首批县级乡村振兴指导员出征座谈会暨培训会。

30日，宁德市政府副市长、屏南县委书记吴允明主持召开2020年一季度经济形势分析会暨安全生产工作会议。县长柳岳出席会议。

30日，宁德市政府副市长、屏南县委书记吴允明主持召开2020年一季度经济形势分析会暨安全生产工作会议。

5月

6日，屏南县委理论学习中心组召开《习近平在宁德》第五专题学习研讨会，围绕习近平总书记主政宁德期间扎根基层、贴近群众的为民情怀，结合工作实际谈学习体会。

8日，宁德市政府副市长黄建龙到屏南调研食品安全工作。

8日，宁德市委常委、宣传部部长谢再春带领调研组到屏南县开展“四下基层”活动，调研指导乡村振兴、复工复产复学等工作。市领导黄国璋、章瑞进参加调研。

9—10日，福建省委统战部

副部长、省社院党组书记、副院长李韧一行到屏南县开展院文化教育调研活动。

13日，莆田市政府副市长陈惠黔带队到屏南考察乡村文化旅游等方面先进经验做法。

14日，宁德市委常委、统战部部长林鸿带领市直有关部门负责人，到屏南调研基层统战工作。

14日，屏南县委副书记、县长柳岳主持召开县委常委会（扩大）会议，传达学习习近平总书记在3月27日中共中央政治局会议和4月8日中共中央政治局常务委员会会议上的重要讲话精神，研究屏南贯彻意见。

14日，屏南县委理论学习中心组召开《习近平在宁德》第六专题学习研讨会，围绕习近平总书记主政宁德期间表现出的“功成不必在我”的广阔胸襟，结合工作实际谈学习体会。宁德市人民政府副市长、屏南县委书记吴允明，县委副书记、县长柳岳出席会议并围绕第六专题作交流发言。

16日，宁德市同舟共济慈善协会会长雷元顺带领25名成员与屏南县慈善总会到屏南县古峰镇、棠口镇仕洋村慰问困难群众17人。

18日，屏南县县长柳岳主持召开全县重点项目、重点工作推进会，听取全县重点项目谋划总体情况、建设情况和全县重点工作落实情况的汇报。

20日，宁德市委常委、组织部部长郭学斌到屏南开展基层党建工作调研。

21日，宁德市体育局副局长章天军一行到寿山乡白玉村调研走访皮划艇激流回旋赛道活化利用情况。

24日，屏南首个“5·21”国际茶日暨“屏南小种”名优茶展示主题活动在街心广场举行。

26日，屏南县第七次全国人口普查动员会召开，县长柳岳出席会议并讲话。

27日，宁德市政府副市长杨方带领相关部门到屏南调研，走访双溪镇双溪村淘宝点、福建闽卉园艺有限公司、电商产业园等地。

27日，屏南县委理论学习中心组学习会召开，会议邀请宁德市委党校讲师陈小韦作题为《“意识形态”的本质与实践》专题报告。

30日，福建省发改委副主任许碧瑞在宁德市委常委、市政府常务副市长缪绍炜的陪同下到屏南调研衢宁铁路屏南站地方配套工程建设情况，召开衢宁铁路福建段建设协调会。

6月

1日，宁德市政协副主席、民革宁德市委主委刘国平率文艺会演采风组一行14人，到屏南展开主题文艺采风创作活动，并召开座谈会。

4日，福建省人大常委会副主任檀云坤一行到屏南调研，走访养老机构，了解屏南养老补短板工作情况。

8日，屏南县委副书记、县长柳岳主持召开县委常委会（扩大）会议，听取全县房屋结构安全隐患大排查大整治百日攻坚专项行动工作进展情况汇报，研究下一步有关工作。

8日，屏南县委理论学习中心组召开《习近平在福州》专题学习研讨会。主要围绕深刻领会习近平同志着眼长远、胸怀全局的战略思维，大刀阔斧、科学决策的改革思路，脚踏实地、严谨务实的工作作风，心系人民、情暖民心的赤诚情怀，结合当前疫情防控和经济社会发展重点工作实际谈学习体会。

8日，屏南法院公开开庭审理首例刑事附带民事公益诉讼案件。

10日，屏南召开2020年县委人才工作领导小组第一次会议。

24日，屏南召开乡村振兴暨脱贫攻坚推进会。宁德市政府副市长、屏南县委书记吴允明出席会议。会议通报了全县乡村振兴及脱贫攻坚工作情况，部署下一阶段工作。

24日，屏南县委理论学习中心组召开《习近平在厦门》专题学习研讨会，围绕深刻领会习近平总书记在厦门工作时创造的宝贵思想财富、精神财富，践行好党的初心使命，结合工作实际谈学习体会。

29日，宁德市委常委、宣

传部部长谢再春在屏南开展“育新机、开新局、话发展、促振兴”主题党日活动，并召开座谈会，宣讲习近平新时代中国特色社会主义思想。

7月

1日，宁德市直机关工委党支部、市委办机关党委、市委党史方志室党支部、市委办第四党支部、市档案馆党支部组织党员、干部职工在路下乡开展“坚决维护核心、践行初心使命”助力乡村振兴特色党日活动线路首体验暨迎“七一”主题党日活动。

2日，屏南召开2020年度招生考试安全工作部门联席会，安排部署屏南2020年各级各类考试考务相关工作。

3日，福建省扶贫“两会”（扶贫开发协会和老区开发促进会）会长叶继革带领调研组，在宁德市扶贫开发协会会长魏福根的陪同下到屏南甘棠乡小梨洋村调研乡村振兴示范点建设工作。

6日，屏南县委理论学习中心组学习会召开，会议邀请中共宁德市委党校副教授谢岩福作题为“学习《民法典》，推进全面依法治国”的专题报告。

9日，民盟福建省委会副主委、莆田市政协副主席赵爱红带队到屏南双溪镇开展古民居建设和乡村旅游开发建设调研工作。

9日，屏南县委副书记、县长柳岳主持召开县委常委会（扩大）会议，传达习近平总书记关于个人有关事项报告的重要指示批示精神和中组部、省委组织部专项整治工作要求，并研究屏南贯彻意见。会议还汇报屏南县2019年度落实全面从严治党主体责任检查情况。

10日，宁德市电影家协会文化、科技、卫生“三下乡”活动在熙岭乡龙潭村举行，现场为屏南县两家影视创作基地授牌。福建省电影家协会微电影工作委员会副主任、秘书长王勇坚，宁德市电影家协会主席郑承东参加活动。

14日，宁德市委党校仙山牧场党性教育现场教学点揭牌。中共宁德市委党校常务副校长李伏养出席揭牌仪式。

14日，屏南县宜洋鸳鸯猕猴省级自然保护区发现兰科植物“无叶美冠兰”，为保护区内新发现物种，被列入《濒危野生动植物国际公约》附录Ⅱ，至此，保护区内兰科植物增加到30种。

18—19日，人民日报社、新华社、中央广播电视总台等15家央媒、省媒、市媒组成的采访团到屏南开展“走向我们的小康生活”主题采访活动。

22日，屏南县召开2020年征兵任务部署会议，县长柳岳出席会议并讲话。

23日，宁德市政府副秘书长、市外事办主任孙志妹一行到屏南调研。

29日，屏南县人民政府与宁德市三都澳新区开发建设有限公司战略合作框架协议签约座谈会召开。郑维禄和林安华分别代表屏南县人民政府与市三都澳新区开发建设有限公司签署战略合作框架协议。

29日，宁德市人大常委会党组副书记、副主任、一级巡视员许青云带领部分常委会组成人员和市人大代表等，专题调研屏南城市停车场建设情况。

30日，屏南县和古田县公安、交警、派出所、消防大队、应急管理局、县医院等多个部门联合在国道235古屏交界处开展2020年交通事故跨区域联合应急演练。

30日，屏南县召开2020年扫黑除恶专项斗争重点行业领域突出问题专项整治工作推进会。

8月

3—5日，中国人民公安大学交通管理学院副院长、教授马骏带队到屏南公安局，就公安机关机构改革新政策“交所合一”“联勤联动”等在不同地区实施的实际情况开展调研，为课程体系设置、专业建设提供依据。

4日，屏南县委召开理论学习中心组学习会，邀请福州大学、福建省委党校客座教授（中国人民解放军退役大校）杨基穆做题为“当前中美关系的几个热点问题”专题辅导报告。

6日，屏南召开领导干部大会，宁德市委书记郭锡文出席会议并讲话。宁德市委常委、组织部长郭学斌宣布省委、市委关于屏南县委主要领导调整变动的决定：党帅任中共屏南县委委员、常委、书记，免去吴允明中共屏南县委书记、常委、委员职务。

11 日，屏南县委常委会会议暨县委理论学习中心组学习会议召开。

11 日，屏南县委书记党帅主持召开县委常委工作务虚会。在家县委常委汇报分管工作完成情况及下一步工作计划。

13 日，“2020‘我们的中国梦’文化进万家”——中央广播电视总台“心连心”宁德慰问演出小分队走进屏南。

13 日，宁德市委常委、宣传部部长谢再春到屏南开展“四下基层”活动。

13 日，2020“我们的中国梦”文化进万家——中央广播电视总台“心连心”慰问演出走进宁德市屏南县龙潭村。

13—14 日，国家重点研发计划项目“南方山地玉米化肥农药减施增效综合技术集成与示范”实施的“南方鲜食玉米化肥农药减施增效综合技术集成与示范”现场测评和观摩会在屏南召开。

13—14 日，福建省侨联二级巡视员、秘书长吴武煌携省侨联基层建设部部长黄晨、省侨联基层建设部四级调研员储三军等一行验收督导屏南申报 2019 年度省级“侨胞之家”及示范点工作。

14 日，屏南县脱贫攻坚、乡村振兴工作推进会暨“重点项目”百日攻坚行动动员部署会召开。

14 日，厦门市海沧投资区管委会主任、区政府区长游文昌带领厦门市海沧区委常委、组织部部长谢舒展、厦门市海沧区副区长蔡德进及相关部门领导到屏南开展结对帮扶调研，并召开座谈会。

18 日，宁德市关工委主任李过渡一行到甘棠乡大棠李子种植专业合作社调研农村青年致富“种子工程”产业示范点工作情况。

18 日，屏南县未成年人综合保护联盟在屏南县人民检察院揭牌。

19 日，屏南县委书记党帅主持召开县委常委（扩大）会议，传达学习中央全面依法治国委员会第三次会议主要精神、习近平总书记在中央政治局第二十次集体学习时的重要讲话精神、福建省委理论中心组学习会精神、中共宁德市委全面依法治市委员会第二次会议主要精神、市委常委会会议暨全面依法治市委员会第三次会议主要精神，研究审议《中共屏南县委全面依法治县委员会 2020 年工作要点（送审稿）》。

19 日，屏南县委书记党帅主持召开县委理论学习中心组学习会，围绕“为民情怀”主题，学习《习近平在宁德》《习近平在厦门》《习近平在福州》和正在连载的《习近平在福建》采访实录，结合工作实际谈学习体会。

19 日，屏南县委理论中心组举行《习近平谈治国理政》第三卷专题研讨会，县委书记党帅主持会议并讲话。

20 日，宁德市蔬菜机械化栽植技术推广现场会在屏南县棠口镇仕洋村召开。

21 日，屏南县召开会风会纪工作会议，县委书记党帅出席会议并讲话。

21 日，屏南县委书记党帅主持召开县委巡视整改工作领导小组会议，会议听取巡视问题整改进展情况汇报，研究审议《中共屏南县委关于持续推进落实省委巡视整改进展情况的报告（送审稿）》，研究部署下一阶段巡视整改工作。

21 日，屏南县召开县委理论学习中心组学习会，会议邀请宁德市纪委常委、市委巡察办主任曹清福作《中华人民共和国公职人员政务处分法》宣讲。

22 日，参加福建省台联和宁德市台联共同举办的 2020 年海峡两岸台胞青少年夏令营活动的 40 余名学员到屏南参观交流。

25 日，福建省新“两纲”（《中国妇女发展纲要》和《中国儿童发展纲要》）编制组在屏南调研，并召开座谈会。会议汇报屏南实施“两纲”工作情况，参会人员围绕现行两纲实施中遇到的主要困难和问题、新形势下妇女儿童发展趋势展开讨论，对新“两纲”内容的编制提出可行性建议。

30日，屏南县招商推介会、屏南县驻上海党组织成立大会在上海举行，福建省驻沪单位党委书记、驻沪办主任萨支申，宁德市委驻沪工委书记余红光参加会议。

9月

1日，屏南县光明第二幼儿园建成投入使用，开设班级12个。

2日，屏南召开2020年定兵会。宁德市军分区动员处处长吴海涛参加会议。会议宣读审批定兵有关政策规定和要求，并由体检组、政治考核组、纪委监委、廉洁征兵监督员代表对符合条件的兵员一一进行审定，全员无异议通过。

2日，福建省园艺学会与屏南科学技术协会战略合作签约仪式在龙潭村举行。

8日，屏南县召开教育工作座谈会，会议研究进一步提升教育质量相关事宜。

9—10日，福建省人大常委会党组副书记、副主任黄琪玉带领相关部门在宁德市人大常委会主任金敏陪同下，到屏南开展挂钩帮扶工作调研和督办信访积案调处化解。

10日，屏南召开2020年上半年县委、县政府工作通报会。县长柳岳向离退休老干部通报屏南2020年上半年经济和社会各项事业发展情况，以及下一步工作安排。

11日，屏南县委书记党帅主持召开县委常委会（扩大）会议。研究审议《进一步改进会风会纪的若干措施》《重大事项请示报告制度》《领导干部请销假制度》《屏南县2020年度乡镇工作绩效考评意见(送审稿)》《屏南县2020年度县直单位绩效管理工作方案（送审稿）》。

11日，屏南召开县委理论学习中心组学习会，邀请福建省文化和旅游厅一级巡视员吴立官作题为“全域旅游是推动县域发展的抓手”的专题辅导报告。

11日，屏南县委理论学习中心组召开《习近平在宁德》《习近平在厦门》《习近平在福州》《习近平在福建》系列采访实录专题学习研讨会。

16日，屏南县委书记党帅、县长柳岳率领屏南党政代表团到蕉城区开展“山海协作”交流活动。

17日，福建省妇联党组成员、副主席陈铁晗带领省妇联一行在宁德市妇联党组成员、副主席李丹的陪同下到屏南调研。

18日，屏南县公共资源交易中心全面停止收取各类交易服务费。

22日，浙江日报丽水分社联合浙报集团丽水县级融媒体中心共享联盟成员，与“新福建”客户端合作的“衢宁铁路开通浙闽县级融媒体联动报道”采访团在屏南开展“穿越浙西南，直抵闽东北，跟着铁路逛逛逛”主题采访活动。

22日，宁德市工商联、宁德市光彩事业促进会在屏南举行“同心·光彩助学”贫困家庭新入学大学生专场捐赠活动。宁德市委统战部副部长、市工商联党组书记、市光彩会会长徐燕蕴参加会议。

24日，宁德市政府副市长杨方到屏南调研新能源汽车新材料产业化项目和河长制工作情况。

25日，屏南县政协主席陆泽干主持召开十届十五次常委会。会议要求，要持续强化理论武装，深入学习贯彻全国地方政协工作经验交流会和全国政协十三届常委会第十三次会议精神。

26日，福建省政协副主席刘献祥带领闽籍海外侨领考察团到屏南熙岭乡龙潭村开展“闽籍侨领故乡行”活动。宁德市政协党组成员、副主席陈美莺陪同考察。

27日，古田县委书记钟昌华带领古田县市人大代表到屏南调研。

27日，衢宁铁路屏南站通车。

28日，屏南县委书记党帅主持召开县委常委会（扩大）会议，传达学习市委四届十二次全会和省、市领导在屏调研有关精神，并研究屏南贯彻意见。

29日，屏南召开相关重点工作部署会，相关单位负责人汇报“4+2”等重点工作与信访投诉工作基本情况。

30日，屏南县在烈士陵园

举行烈士纪念日公祭活动，缅怀纪念烈士，弘扬烈士精神。

10月

9日，中共屏南县委十二届十二次全体会议召开。会议听取县委书记党帅代表县委常委会所作的题为《深入学习贯彻习近平总书记重要讲话重要指示批示精神，奋力谱写全方位推动高质量发展超越的屏南新篇章》的报告。

10日，福建省“决胜全面小康 决战脱贫攻坚”主题新闻发布会屏南县专场举行，屏南县6位干部群众代表讲述脱贫攻坚故事。

12日，屏南县十二届县委第十一轮巡察工作动员部署会召开，会议宣布十二届县委第十一轮巡察各巡察组、专项检查组成员名单和任务分工。

14—16日，福建省留学人员创业园中心根据屏南产业技术需求，组织相关领域留学人员到屏南开展精准帮扶基层活动。

15—16日，宁德市慈善总会第二届第三次会长联席会议在屏南召开。宁德市慈善总会会长缪耕山，各县（市、区）慈善总会会长、秘书长参加会议。

20—21日，福建省安全生产第九指导服务组到屏南开展安全生产检查。

21日，福建省台联党组书记江荣全，省台联党组成员、会长江尔雄一行，到屏南县甘棠乡漈下村涉台古村开展党性教育活动。

21—23日，北京大学习近平新时代中国特色社会主义思想研究院乡村振兴中心主任、中国人民大学可持续发展高等研究院执行院长温铁军率队到屏南开展乡村振兴工作调研。

23日，福建省扶贫“两会”常务副会长、秘书长王敏带领省扶贫“两会”联合省卫健委、省级机关医院、省职业病防治院到屏南小梨洋村开展健康扶贫体检活动，为全村60岁以上老人义务体检。

23日，屏南召开乡村振兴调研汇报会。北京大学习近平新时代中国特色社会主义思想研究院乡村振兴中心主任、中国人民大学可持续发展高等研究院执行院长温铁军，屏南县委书记党帅等参加会议。

29—30日，厦门市海沧台商投资区管理委员会副主任张善美、海沧区政协副主席陆晓红带领“文旅专家团”“爱心企业团”“达人媒体团”“乡探游客团”一行260余人到屏南调研文旅产业情况。

30日，屏南召开落实全面从严治党主体责任和推进“1+X”监督机制暨全县乡村换届前期工作部署会。

30日，屏南县委书记党帅主持召开县委理论学习中心组学习会，围绕《中国共产党章程》内容，结合工作实际谈学习体会。市委宣传部常务副部长张蕉生、理论科科长石维知到会指导。

30日，屏南县委书记党帅主持召开县委常委会（扩大）会议，传达学习10月27日全省秋冬疫情防控工作视频会精神，并研究屏南贯彻意见。

30日，屏南召开县委理论学习中心组学习会，邀请福建师范大学二级教授、博士生导师廖福霖作题为《习近平生态文明思想及其在福建的实践》专题辅导报告。

11月

2日，屏南县委书记党帅主持召开县委常委会（扩大）会议，传达学习中共十九届五中全会精神及省委、市委常委会（扩大）会议精神，研究屏南贯彻意见。

2日，屏南县委书记党帅主持召开规范整合指挥部（领导小组）工作推进会，部署指挥部相关工作和下阶段工作任务。

3日，福建省台联党组成员、会长江尔雄带队到屏南开展乡村振兴工作调研。

5日，宁德市政府副市长黄国璋一行到屏南开展产业薄弱村调研并召开座谈会。

5日，宁德市政府副市长吴允明带领市直有关部门负责人，到屏南开展“四下基层”活动。

5日，屏南新时代乡村影视文化产业园举行开园仪式。

10日，屏南县委书记党帅主持召开县委常委会（扩大）会议，听取屏南县生态环境保护工作情况和市对县党政领导生态环境目标责任书完成情况汇报。

13日，2020年“白水洋杯”美丽中国全国门球大赛领队、教练裁判长联席会议在屏南召开。

13日，阿里巴巴（福建）有限公司有关人员到屏南调研电商产业发展情况，并召开座谈会。

14日，“全面健身·活力中国”系列赛事活动2020年“白水洋杯”美丽中国·全国门球大赛（屏南站）在屏南县华侨中学正式开赛。福建省人大常委会原副主任、省门球协会终身荣誉主席郑义正、国家体育总局社会体育指导中心副主任杨善德出席活动。

16日，屏南县召开2020年创建省级文明县城实地考评迎检工作部署会。县委常委、宣传部部长张德力通报新一届（2018—2020年度）省级文明县城创建实地考评点工作情况，并部署相关工作。

16日，“全民健身·活力中国”系列赛事活动2020年“白水洋杯”美丽中国·全国门球大赛（屏南站）闭幕。

18日，屏南县委书记党帅主持召开县委常委会（扩大）会议，传达学习11月12日市委常委会（扩大）会议、11月14日宁德市“弱鸟先飞、滴水穿石”30周年暨撤地设市20周年座谈会、宁德高质量发展专家咨询会会议精神，并研究屏南贯彻意见。

18日，屏南县召开2020年河湖长制工作会议。会上，县政府副县长薛世兴通报2020年河湖长制工作开展情况，部署下一阶段工作。

19日，屏南召开县委理论学习中心组学习会，邀请宁德市统计局局长林顺影作题为“坚持依法统计，提升统计能力，努力为全方位推动高质量发展超越提供统计保障”的专题辅导报告。

19日，屏南县委理论学习中心组学习会召开，会议邀请福建省民族与宗教研究所副所长杨文法作题为“民族宗教有关法律法规解读”的专题辅导报告。

19日，福建省移民发展中心主任卞宏达到屏南开展移民工作调研。

19日，屏南乡村振兴研究院揭牌成立。

20日，屏南县委理论学习中心组学习会召开，邀请北京大学习近平新时代中国特色社会主义思想研究院乡村振兴中心主任、中国人民大学可持续发展高等研究院执行院长、福建农林大学新农村发展研究院执行院长、屏南乡村振兴研究院院长温铁军作题为“生态文明转型与屏南发展”的专题辅导报告。

24日，宁德市委宣讲团在屏南宣讲中共十九届五中全会精神。宁德市委宣讲团成员、市财政局党组书记、局长高一鹏作宣讲报告。

26日，福建省委统战部侨政处长陈传应带领相关部门负责人到屏南开展侨乡文化名镇名村评选工作。

26日，福建屏南生态养老休闲度假区项目合作促成会召开。中冶集团武汉勘察研究院有限公司、绿地城市建设发展集团有限公司、香港帝赛尔集团有限公司、福建康乃新养老管理有限公司主要负责人，与宁德市民政局副局长张祚营参加会议。

27日，福建省农业农村厅厅长黄华康到屏南开展农业产业建设和生产情况。

12月

1日，宁德市人民检察院党组书记、检察长施忠华在屏南县人民检察院，以《为奋进谱写全面建设社会主义现代化国家的宁德篇章贡献检察力量》为题，开展中共十九届五中全会精神宣讲。

3日，屏南县开展2020年县委干部考察员干部培训班，邀请宁德市委组织部二级调研员、部务会议成员高宇耕为参会人员进行干部考察相关业务知识培训。

3日，福建省侨联党组成员、副主席林俊德一行在市侨联主席陈卫良的陪同下到屏南村头村、陆地村等地开展创建中国侨联侨胞之家示范点专项督导工作。

4日，屏南县人大常委会主任周少川主持召开屏南第十七届人大常委会第三十一次会议，听取和审议屏南县人民政府关于

“十四五”规划编制情况及主要内容的报告。

7日，屏南县委理论学习中心组学习会召开。会议围绕学习近平总书记关于文化和自然遗产保护利用的重要论述、中共十九届五中全会精神，结合工作实际谈学习体会。

7日，屏南县委书记党帅主持召开县委常委会（扩大）会议，传达学习防止干预司法“三个规定”《领导干部干预司法活动、插手具体案件处理的记录、通报和责任追究规定》《司法机关内部人员过问案件的记录和责任追究规定》《关于进一步规范司法人员与当事人、律师、特殊关系人、中介组织接触交往行为的若干规定》文件精神，并研究屏南贯彻意见。

7日，屏南县委理论学习中心组学习会召开。会议围绕学习近平总书记关于文化和自然遗产保护利用的重要论述，结合工作实际谈学习体会。

9日，福建省政府发展研究中心党组书记、主任陈秋平一行在市政府秘书长张雄陪同下到屏南，专项调研基础教育、工业产业发展和乡村振兴工作开展情况。

17日，云南省农业科学院花卉专家服务团一行到屏南考察花卉产业。

17日，屏南县新的社会阶层人士联谊会第一届第二次会员大会召开。

20日，民革福建省委与省扶贫“两会”到屏南熙岭乡开展送医送药义诊活动，赠送价值2.06万元的药品。

21日，天津市蓟州区委书记王力军带领党政代表团一行到屏南考察，宁德市委常委、宣传部部长谢再春陪同。

23日，屏南县委书记党帅主持召开县委常委会（扩大）会议，听取县人大常委会、县政府、县政协党组和县纪委监委以及县法院、县检察院党组2020年度工作情况汇报。

25日，屏南县委书记党帅主持召开县委常委会（扩大）会议，传达学习中共福建省委十届十一次全会精神，研究屏南贯彻意见。

25日，2021年宁德市政府工作报告征求意见座谈会在屏南召开，宁德市政府副市长黄国璋出席会议并讲话。

27日，屏南县委书记党帅主持召开县委常委会（扩大）会议。传达学习市委四届十三次全会精神，研究部署贯彻落实工作。会议研究审议《屏南县国民经济和社会发展第十四个五年规划和二〇三五年远景目标纲要（草案）》。

27日，中国共产党屏南县第十二届委员会第十三次全体会议召开。

27—30日，屏南县政协第十届屏南县委员会第五次会议召开。

28—30日，屏南县第十七届人民代表大会第五次会议召开。

29日，屏南县设立古峰镇东湖社区。

县情概览

地理环境

【位置 面积】 屏南县位于福建省东北部，霍童溪、古田溪上游，介于北纬26°44′—27°10′、东经118°41′—119°13′之间。东南与蕉城区相连，南至西南与古田县相接，西至西北与建瓯市毗邻，北与政和县接壤，东北与周宁县交界。全境东西宽54千米，南北长50千米，总面积1487平方千米。

（县委党史方志室）

【地质 地貌】 屏南县位于寿宁—南靖北东向断裂带及政和—大埔北东向断裂带之间。主要地层以晚侏罗系酸性碎斑熔岩为主，分布在中偏西部。其次为下白垩系石帽山群柴紫红色凝灰岩、砂砾岩、粉砂岩、泥岩及流纹岩、流纹质熔结凝类岩、粗面岩等，主要分布在北东面寿山—双溪一带。此外，代溪有下元古界龙北溪组地层。断裂构造发育主要为北东向断裂，以古田平湖—屏南岭下北东向断裂规模较大；北西向断裂为次，以甘棠、漈下—路下发竹坑北西向断裂为代表。其余均为上述两组断裂的次级断裂，规模小组发育全。屏南县地层出露不全，从前震旦系至新生界为断续出现，其中以中生界晚期上侏罗—下白垩统陆相中性—中酸性火山喷发和火山沉积碎屑岩分布最广，约占全县面积的$^3/_4$，前震旦系变质岩和新生界上第三系玄武岩只小面积出露。地层自老至新发育为：前震旦系—建瓯群，侏罗系上侏罗系—南园组、板头组，白垩系下白垩系—帽山群，上第三系—佛昙群，第四系。地质构造以新华夏系为主，其次还有东西向和北西向构造，构造形迹主要以断裂形式出现，褶皱构造不发育。岩性为花岗岩、火山岩、沉积岩、变质岩、第四纪松散堆积物。

屏南县地处鹫峰山脉中段，全境地势自西北向东南倾斜。地貌属中山、低山、丘陵、山间盆地4种类型。地貌轮廓在燕山晚期运动后基本形成，到第四纪末定型。境内峰峦起伏，山谷盆地纵横交错，海拔差异较大，最高峰东峰尖海拔1627米，最低处寿山园坪村海拔250米，大部分海拔在700—800米之间。全县以中低山为主，面积1368.90平方千米，占全县总面积的92.06%。其中，小山峰300余座，千米以上高峰265座。丘陵面积49.20平方千米，占全县总面积的3.31%。山间盆地面积52.57平方千米，占全县面积的3.54%。

（周 琨）

生态资源

【国土资源】 2020年，屏南县土地总面积148733.07公顷。其中，耕地 15669.26 公顷，占总面积的 10.54%；园地 6328.61 公顷，占总面积的 4.26%；林地 108265.96 公顷，占总面积的 72.79%；草地 8677.39 公顷，占总面积的 5.83%；城镇、村及工矿用地 2022.96 公顷，占总面积的 1.36%；交通运输用地 1272.46 公顷，占总面积的 0.86%；水域及水利设施用地 2360.93 公顷，占总面积的 1.59%；其他土地 4135.50 公顷，占总面积 2.78%。

【矿产资源】 2020 年，屏南县境内为中生代火山岩所覆盖，西部有花岗岩出露。探明的矿藏资源金属类矿主要有铅、锌、铜、锰、银、铁、稀土等，主要分布在代溪、熙岭、双溪、棠口、路下等乡镇。非金属矿主要有硅石、石墨、石灰岩、叶蜡石、紫砂陶土、闪长岩石材、辉石闪长岩石材、辉绿岩石材、花斑状花岗岩石材、片麻岩石材等，主要分布在双溪、代溪、路下、棠口、屏城、长桥、甘棠和熙岭等乡镇。优势矿种为闪长岩类石材，质量属中高档。

（周　琨）

【森林资源】 2020 年，屏南县植被属闽中东戴云山—鹫峰山常绿槠类照叶林小区，境内原生植被主要有壳斗科、樟科、山茶科和杜英科等常绿阔叶树种。经长期人工措施和开发利用，原生植被群落不再是植被主体，取而代之的主要是马尾松、杉木、毛竹等。境内有濒危植物 26 种。其中，一级保护植物 5 种，二级保护植物 13 种，三级保护植物 4 种，其他 4 种。省重点保护植物 13 种。孑遗植物银杏零星分布于县东北部，成片水松群落分布于屏南北部的上楼村。

【生物资源】 2020 年，屏南县据野生动物资源调查统计，县内有哺乳动物 100 余种，占全国同类动物种类的 1/4，属国家级保护的有云豹、黑鹿、苏门羚、猕猴、穿山甲、大（小）灵猫等；鸟类约 400 种，占全国同类动物种类的 1/3，属国家级保护的有赤腹鹰、林雕、白鹇、鸳鸯等；两栖和爬行类动物近百种，属国家级保护的有蟒蛇、平胸龟等；昆虫有 1 万余种。

（韦彩霞）

【水力资源】 2020 年，屏南县境内雨量充沛，年降水量 1421.50 毫米，多年平均降水量 1848 毫米。境内溪流密布，分布均衡，河流普遍具有河面窄、落差大、水流急的特点，水力资源极其丰富，水电开发具有指标好、投资少、效益高的优点。全县水电理论可开发量 46.78 万千瓦，相应年电能 17.40 亿千瓦时；可开发装机 43 万千瓦，相应年电能 14.26 亿千瓦时。全县已建成水电站 92 座，总装机容量 40.90 万千瓦，是省内不可多得的水电富矿县之一，被誉为“水电之乡”。

（胡国慨）

【旅游资源】 2020 年，屏南县境内拥有多种自然景观，是福建首个国家绿色旅游示范基地，被列入首批创建“国家全域旅游示范区”名单。拥有世界地质公园、国家级风景名胜区、国家 AAAAA 级旅游景区白水洋 • 鸳鸯溪；漈头古村落旅游景区、小梨洋旅游景区、北墘黄酒文化旅游景区、双溪古镇旅游景区、漈下古村文化旅游景区等国家 AAA 级旅游景区 5 个；全国乡村旅游重点村龙潭村；四星级乡村旅游休闲集镇双溪镇；福建“金牌旅游村”北墘村、龙潭村；省级乡村旅游特色村龙潭、新田、降龙等村 13 个。屏南县是全省 26 个重点老区县之一，有着“红旗不倒县”之称，红色旅游资源丰富，新四军六团北上抗日集结地棠口基督教圣公会潘美顾医院建筑群、双溪古县城六团北上抗日出发地陆家宗祠、双溪圣人庙、上楼战役旧址等革命旧址、纪念地、纪念碑等，被列入全国红色旅游经典景区。有“北方少有、南方仅有”的仙山草场，天湖顶高山湿地和天星山国家森林公园等自然景观；有被联合国教科文组织列入《急需保护的非物质文化遗产名录》的中国木拱桥传统营造技艺；有四平戏、平讲戏和双溪铁枝等国家级非物质文化遗产。屏南还是“中国民间艺术之乡”“中国木拱廊桥文化之乡”“中国民间武术文化之乡”“中国本草养生文化之乡”。有龙潭、漈头、双溪等文创示范点。

（张春榕）

建置 区划

【建置沿革】 屏南原属古田县。清雍正十二年（1734年）屏南建县，属福州府。民国元年（1912年），废府、州制，实行省、道、县三级建制，福建省设东路、西路、南路、北路4个道，屏南属东路道。民国3年（1914年）6月，全省依原辖区域置闽海、厦门、汀漳、建安4个道，屏南属闽海道。民国14年（1925年）废道，屏南为省直辖。民国22年（1933年），十九路军在福州成立中华共和国人民革命政府，将福建划为4个省和2个特别市，屏南属闽海省。民国23年（1934年），福建省划为10个行政督察区，分设行政督察专员公署，屏南属第二行政督察区，公署驻福安。民国24年（1935年），全省改划为7个行政督察区，屏南属第二行政督察区，公署驻南平。民国29年（1940年），屏南改属第三行政督察区，公署驻建阳。民国32年（1943年），全省改设8个行政督察区，屏南属第八行政督察区，公署驻福安。民国36年（1947年），屏南改属第二行政督察区，公署驻南平。中华人民共和国成立后，屏南属福建省南平专区，专署驻南平。1963年8月，屏南划入闽侯专区，专署驻闽侯。1970年7月，屏南划入福安专区，专署驻福安。1971年6月，福安专区改称宁德地区，屏南属之。2000年12月，宁德撤地建市，屏南属之，至2020年年底不变。

（县委党史方志室）

【行政区划】 2020年，屏南县辖古峰、双溪、长桥、代溪、棠口5个镇，屏城、路下、甘棠、熙岭、岭下、寿山6个乡。2020年12月29日，设立古峰镇东湖社区。至年底，全县有社区居民委员会8个，村民委员会152个。

2020年屏南县村（居）委员会情况表

表1　　单位：个

乡（镇）名称	村（居）委会数	下辖村（居）委会
古峰镇	6	古厦、 城东、城北、佳洋、长汾、东湖（均为社区）
双溪镇	15	双溪（社区）、乾源、峭顶、上七房、下七房、前洋、郑山、后峭、宜洋、岩后、章岭、北村、山头、高安、前溪
代溪镇	22	代溪、恩洋、善溪、后章、泮地、忠洋、长宦、樟源、玉洋、福善、北墘、洋头、往里、淦山、康里、垣坑、南山、天峰、谢厝、周厝、官岭、黄来
长桥镇	18	长桥、长新、新桥、上牛山、下牛山、半圳、新乡、高溪、岑洋、柏源、上圪、慈云、后圪、前里坪、官洋、里高溪、远垢、周佳山
棠口镇	17	棠口、孔源、山棠、龙源、安溪、旺坑、西村、凤林、贵溪、洋中、小章、山岭、漈头、仕洋、上厝、上培、青秀
屏城乡	13	溪坪（社区）、南峭、后龙、上凤溪、厦地、陆地、前汾溪、里汾溪、后井、村头、南湾、大碑、坑头

续表 1

乡（镇）名称	村（居）委会数	下辖村（居）委会
甘棠乡	17	甘棠、南山、王林、梅花地、新田、瑞云、上山登、下山登、下山口、彩虹、浙洋、坂兜、巴地、漈下、前院、小梨洋、洋头寨
熙岭乡	16	熙岭、秀溪、管洋、岭里、井兜、大墈、溪里、前塘、新圪、山墩、前梨洋、塘后、三峰、四坪、龙潭、墘头
路下乡	11	路下、凤林、罗沙洋、发竹坑、富塘、五溪、芳院、三万里、门里、中秋、岭头
寿山乡	14	寿山、降龙、梨后、北山、白凌、前墘、白玉、上洋、太保、硋窑、叠石、普岭、郑洋、东盘
岭下乡	11	岭下、开源、横坑、梅溪、罗厝、上梨洋、富竹、东峰、上楼、谢坑、葛畲

（县民政局）

人 口

2020 年，屏南县户籍总户数 61106 户，户籍人口 189529 人。其中，男 101307 人，女 88222 人，男女比为 115。户平均 3.10 人。年内总人口数比上年实际减少 1281 人，人口增长率 -6.70‰。出生 2129 人，出生率 11.23‰。死亡 1754 人，死亡率 9.25‰。人口自然增长率 1.98‰。迁入 2755 人，迁出 4411 人，机械增长率 -8.74‰。市镇人口 65943 人，比上一年增加 1485 人。据第七次全国人口普查数据：全县年底常住人口 14 万人，出生率 9.70‰，死亡率 8.70‰，自然增长率 1‰，城镇化水平 49.33%。

2020 年屏南县户籍人口情况表

表 2

乡 镇	总户数（户）	总人口（人）
总 计	61106	189529
古峰镇	16331	49057
双溪镇	4464	14552
代溪镇	7428	22090
长桥镇	5505	17790
屏城乡	3675	20336
棠口镇	6309	11406
甘棠乡	4250	13446
熙岭乡	4189	12582
路下乡	3056	9890
寿山乡	2280	6654
岭下乡	3619	11726

注：上表数据为公安户籍人口统计年报数（时点为 2020 年 10 月 31 日 24 时）

（县统计局）

气 候

【概况】 2020年，屏南县平均气温16.4℃，比历年平均气温高1.0℃，年最高气温34.2℃，年最低气温-7.0℃；年降水量1421.5毫米，比历年平均少426.5毫米，大于50.0毫米的天数为1天；年日照时数1457.0小时，比历年平均少171.1小时。年气温异常偏高，降水显著偏少，且降水集中在上半年，下半年干旱，日照偏少，气候属较差年景。全年无明显气象灾害。2020年度气候对屏南县农业生产利弊相当，对林业影响弊大于利，对水电影响弊大于利，对食用菌栽培影响弊大于利。

【气温】 2020年，屏南县平均气温16.4℃，比历年平均高1.0℃，属异常偏高。

【降水】 2020年，屏南县降水量1421.5毫米，比历年平均少426.5毫米，大于50.0毫米的天数只有1天，一日最大降水量为73.6毫米，出现在3月28日。从季节分布看，出现夏秋连旱。

【日照】 2020年，屏南县日照时数1457.0小时，比历年平均少171.1小时，属偏少。

2020年屏南县各月气温及其评价表

表3　　单位：℃

月份	1月	2月	3月	4月	5月	6月	7月
气温	8.5	9.0	11.9	13.2	20.5	24.1	25.6
评价	异常偏高	正常	偏高	偏低	异常偏高	异常偏高	显著偏高
月份	8月	9月	10月	11月	12月	年平均	
气温	24.7	20.6	16.5	14.4	7.9	16.4	
评价	异常偏高	正常	正常	显著偏高	正常	异常偏高	

2020年屏南县各月降水量及其评价表

表4　　单位：毫米

月份	1月	2月	3月	4月	5月	6月	7月
降水量	34.2	102.9	315.4	89.6	258.4	255.0	41.1
评价	显著偏少	正常	显著偏多	显著偏少	正常	正常	显著偏少
月份	8月	9月	10月	11月	12月	全年	
降水量	54.1	215.5	6.6	3.6	45.1	1421.5	
评价	显著偏少	显著偏多	异常偏少	异常偏少	正常	显著偏少	

2020年屏南县各月日照时数及其评价表

表5　　单位：小时

月份	1月	2月	3月	4月	5月	6月	7月
日照时数	100.8	103.1	60.6	165.0	108.1	139.8	183.8
评价	正常	正常	偏少	显著偏多	正常	正常	正常
月份	8月	9月	10月	11月	12月	全年	
日照时数	165.6	103.1	144.6	132.4	50.1	1457.0	
评价	正常	偏少	正常	正常	异常偏少	偏少	

【主要灾害】 2020年，屏南县夏季（6月11日至8月26日共77天）总降水量为96.5毫米，降水异常偏少，气象干旱情况为中旱；秋季（10月1日至11月30日），受旱连续无有效降雨（水）日数为56天，气象干旱情况为重旱。无其他明显气象灾害。

【气象服务】 2020年，屏南县气象局发挥“防灾减灾第一道防线”作用，提供气象灾害预报预警和决策服务，应对低温、暴雨、短临强降水等灾害性天气。提供气象服务，报送决策服务材料71期；发布预警信号46次；发送预警短信58条，接收预警信息8.40万人；为抗旱开展人工增雨4次，发射火箭弹15枚。

（张家算）

水文

【概况】 2020年，屏南县水文监测年降水量1468.50毫米，折合水量21.48亿立方米，比上年减少13.10%，比多年平均少16.80%，属枯水年。全县年水资源总量11.24亿立方米，人均水资源量（户籍人口）5930立方米。年供水总量10466万立方米，均为地表水供水。年用水总量10466万立方米，比上年增加24.42%。其中，农田灌溉用水量8329万立方米，占总用水量的79.58%，比上年增长43.85%。

林牧渔畜用水量627万立方米，占总用水量的5.99%，比上年减少33.23%；工业用水量381万立方米，占总用水量的3.64%，比上年减少2.81%；居民生活用水量692万立方米，占总用水量的6.61%，比上年减少5.08%。城镇公共用水量317万立方米，占总用水量的3.03%，比上年减少31.39%。生态环境用水量120万立方米，占总用水量的1.15%，比上年增加20.00%。全县中型水库5座年末蓄水量7736万立方米，比年初蓄水量减少962万立方米。

【水位】 2020年，屏南水文站最高水位815.25米，低于警戒水位0.79米，出现时间为5月26日10时45分，水位涨幅0.75米，最大涨率1.81米每小时。年最低水位814.30米，出现时间为1月14日。年平均水位814.45米，比多年平均低0.04米。

【流量】 2020年，屏南水文站最大流量15.80立方米每秒，出现时间为5月26日；年最小流量0.09立方米每秒，出现时间为1月14日。年平均流量0.66立方米每秒，年径流量2088万立方米，年径流深度7693.40毫米。

【台风影响】 2020年，影响屏南县的台风主要有4号台风“黑格比”，7月31日，在吕宋岛以东生成，于8月4日凌晨3时30分前后，以近巅峰强度在浙江省乐清市沿海登陆，登陆时中心附近最大风力13级（38米/秒）。对屏南县造成一定程度的影响。

【洪水影响】 2020年，影响屏南县的洪水主要有两场，按水位量级大小排序，分别为815.25米和815.24米。相应的洪峰出现时间分别是5月26日和3月28日。两场洪水都是由强降雨影响造成。

2020年屏南水文站各月特征水位统计表

表6　　单位：米

月份	1月	2月	3月	4月	5月	6月
最高	814.63	814.87	815.24	814.89	815.25	815.19
最低	814.30	814.31	814.34	814.38	814.37	814.48
平均	814.34	814.41	814.50	814.48	814.54	814.65

续表 6

月份	7 月	8 月	9 月	10 月	11 月	12 月
最高	814.88	814.89	814.93	814.55	814.57	814.58
最低	814.40	814.34	814.31	814.35	814.34	814.34
平均	814.47	814.40	814.46	814.40	814.38	814.39

2020 年屏南水文站各月特征流量统计表

表 7　　单位：立方米每秒

月份	1 月	2 月	3 月	4 月	5 月	6 月
最大	1.52	4.70	15.4	5.07	15.8	13.3
最小	0.09	0.10	0.15	0.25	0.22	0.58
平均	0.17	0.41	1.04	0.66	1.16	2.08
月份	7 月	8 月	9 月	10 月	11 月	12 月
最大	4.88	5.07	5.87	0.94	1.06	1.12
最小	0.30	0.15	0.10	0.17	0.15	0.15
平均	0.57	0.32	0.68	0.33	0.25	0.28

（高海波）

国民经济和社会发展

【概况】　2020 年，屏南县实现地区生产总值 91.84 亿元，比上年增长 0.5%；年末户籍人口 18.95 万人，比上年末降低 6.76‰；城镇新增就业 463 人；一般公共预算总收入 60673 万元，比上年下降 8.7%。

2020年，屏南县经初步核算，实现地区生产总值 91.84 亿元，比上年增长 0.5%。其中，第一产业增加值 16.37 亿元，同比增长 6.4%；第二产业增加值 23.60 亿元，同比下降 0.8%；第三产业增加值 51.87 亿元，同比下降 0.5%。第一产业增加值占地区生产总值的比重为 17.8%，第二产业增加值比重为 25.7%，第三产业增加值比重为 56.5%。

2020 年末，屏南县户籍人口 18.95 万人，比上年末降低 6.76‰，其中城镇户籍人口 6.59 万人，占总户籍人口比重（城镇化水平）的 34.80%。全年出生人口 0.21 万人，出生率 11.23‰；死亡人口 0.18 万人，死亡率 9.25‰；自然增长率 1.98‰。

2020 年，屏南县城镇新增就业 463 人。其中，城镇失业人员再就业 198 人，就业困难人员再就业 26 人。年末，城镇登记失业率 3.62%。

2020 年，屏南县一般公共

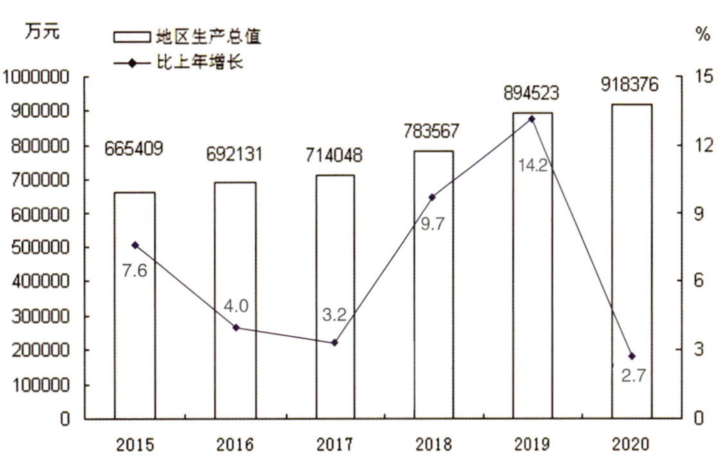

图 1　2015—2020 年屏南县地区生产总值及其增长速度

预算总收入60673万元，比上年下降8.7%。其中，地方一般公共预算收入39436万元，下降8.9%。一般公共预算支出200982万元，下降6.1%。

【农业】 2020年，屏南县农林牧渔业完成总产值287814万元，比上年增长6.4%。粮食作物种植面积7865.07公顷，比上年增加120公顷。其中，稻谷面积6800.73公顷，减少19.07公顷；蔬菜种植面积4412.73公顷，比上年增加161.53公顷。

2020年，屏南县粮食产量46263吨，比上年增加464吨，增长约1.0%，其中稻谷产量42045吨，减少160吨，下降0.4%。

2020年，屏南县肉蛋奶总产量18565吨，比上年增长29.3%。肉类总产量16079吨，增长34.4%。其中，猪肉产量14776吨，增长38.4%；牛肉产量33吨，增长22.2%；羊肉产量149吨，增长9.6%。年末，生猪

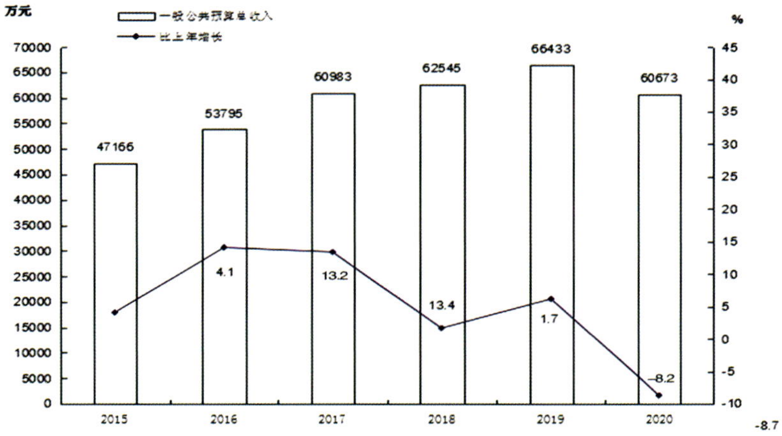

图2 2015—2020年屏南县一般公共预算总收入及其增长速度

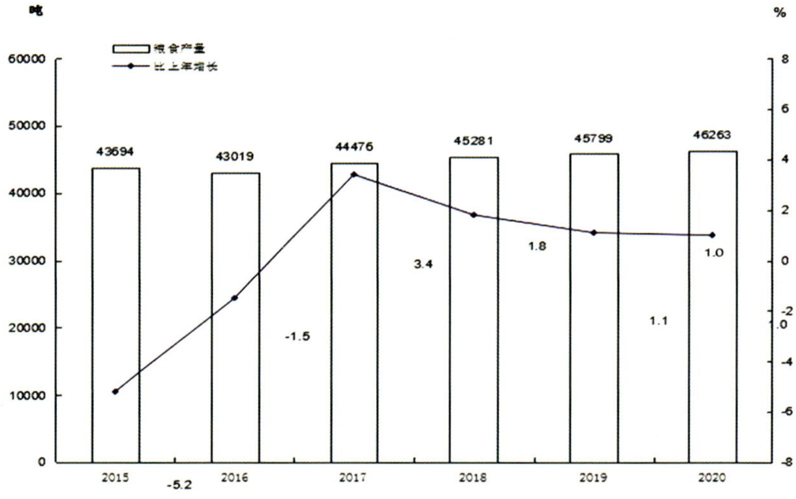

图3 2015—2020年屏南县粮食产量及其增长速度

2020年屏南县主要农产品产量表

表8

产品名称	产量（吨）	比上年增长（%）
粮食	46263	1.0
春收	1493	5.0
夏收	315	8.6
秋收	44455	0.8
茶叶	613	5.0
水果	12415	5.8
蔬菜	68790	3.4
食用菌	22676	2.5

存栏 139308 头，增长 37.8%；生猪出栏 184692 头，增长 32.5%。

2020 年，屏南县水产品产量 3068 吨，比上年增长 3.8%，其中淡水产品产量 3016 吨，增长 2.1%。

【工业和建筑业】 2020 年，屏南县工业增加值 154813 万元，比上年下降 4.2%。其中，规模以上工业增加值同比下降 32.1%，规模以下工业增加值同比下降 2.5%。

2020 年，屏南县规模以上工业总产值同比下降 29.2%。分经济类型看，股份制企业下降 25.7%，外商及港澳台商投资企业下降 39.6%。分轻重看，轻工业增长 4.9%，重工业下降 38.6%。分门类看，采矿业下降 68.8%，制造业下降 22.6%，电力、热力、燃气及水生产和供应业下降 36.8%。全年规模以上工业销售产值同比下降 28.7%，工业产品销售率 100.2%，比上年提高 0.63 个百分点。

2020 年，屏南县规模以上工业经济效益综合指数 146.32，比上年下降 92.06 个百分点。规模以上工业主营业务收入同比下降 36.8%。其中，按登记注册类型看，股份制企业下降 30.2%，外商及港澳台商投资企业下降 54.7%；分轻重看，轻工业下降 4.0%，重工业下降 48.8%。全年营业收入利润率下降 9.4%。

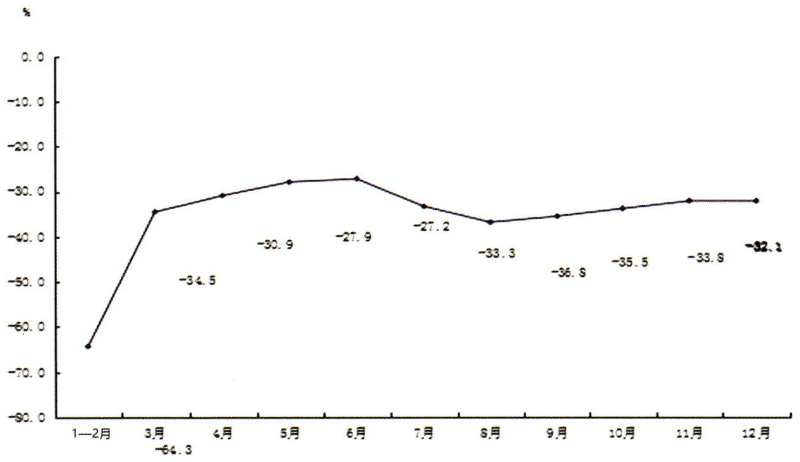

图 4　2020 年屏南县规模以上工业增加值增长速度（月度同比）

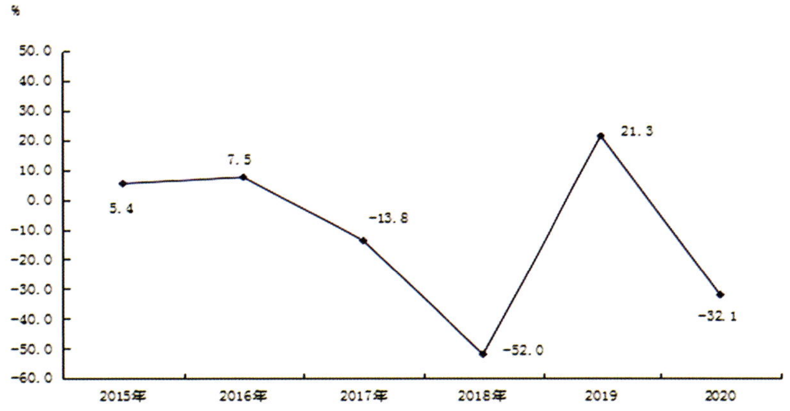

图 5　2015—2020 年屏南县规模以上工业增加值增长速（年度同比）

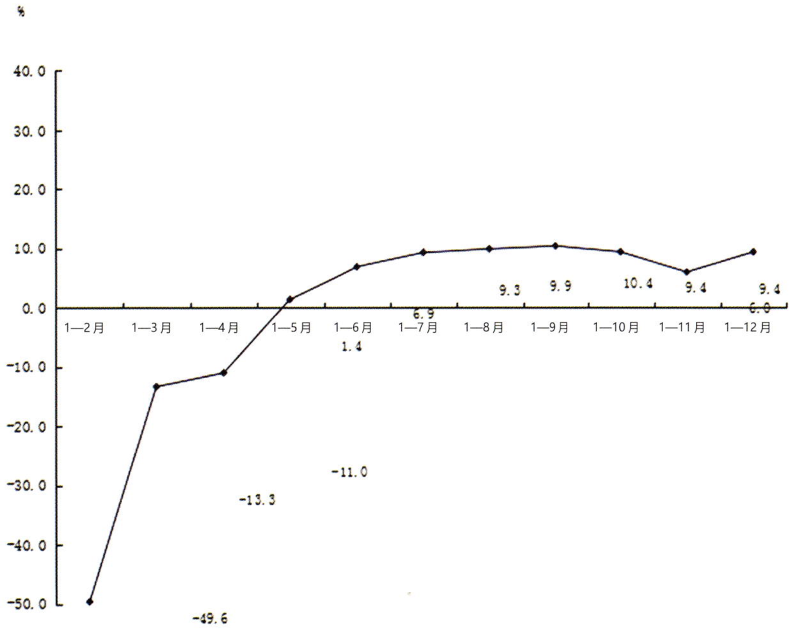

图 6　2020 年屏南县固定资产投资增长速度（累计同比）

2020 年，屏南县建筑业增加值 81442 万元，比上年增长 8.1%。全县具有资质等级的总承包和专业承包建筑业企业 19 家，完成建筑业总产值 71952.7 万元，同比下降 4.6%。

图 7　2015—2020 年屏南县固定资产投资增长速度（年度同比）

【固定资产投资】 2020 年，屏南县完成固定资产投资同比增长 9.4%，高于全市平均水平 8.7 个百分点。其中，项目投资同比增长 2.5%，房地产开发投资同比增长 24.2%。

2020 年，屏南县第一产业投资同比增长 1309.8%；第二产业投资同比增长 63.7%，其中工业投资同比增长 63.7%；第三产业投资同比下降 10.7%。

2020 年，屏南县房地产开发投资 145227 万元，同比增长 24.22%。全年商品房施工面积 106.50 万平方米，商品房销售面积 14.47 万平方米。

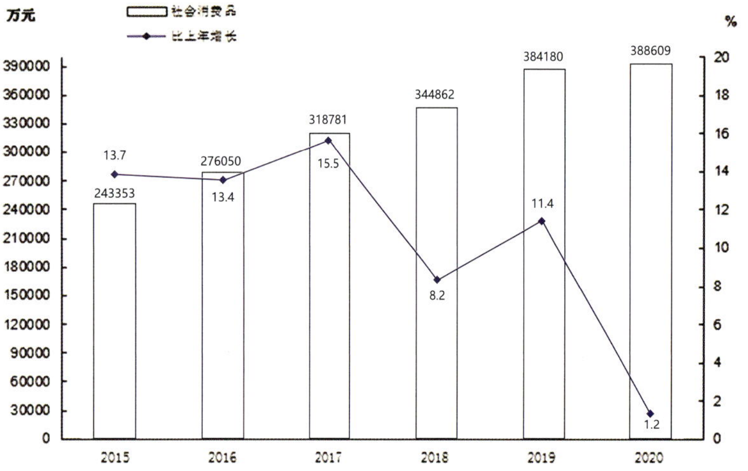

图 8　2015—2020 年屏南县社会消费品零售总额及其增长速度

2020 年屏南县规模以上工业企业主要工业产品产量表

表 9

产品名称	产品产量	比上年增长
家具	449344 件	46.2%
饮料酒	5420 千升	54.4%
发电量	54792 万千瓦时	-48.3%

2020 年屏南县房地产开发和销售主要指标完成情况表

表 10

指标	绝对数	比上年增长
投资完成额	145227 万元	24.2%
房屋施工面积	1064955 平方米	53.4%
房屋销售面积	144716 平方米	-33.7%
房屋销售额	84857 万元	-31.1%

2020 年年末屏南县金融机构本外币存贷款余额及其增长速度表

表 11

指标	年末数（万元）	比上年末增长（%）
各项存款余额	836745	6.09
其中：人民币存款	836184	6.10
其中：单位存款	215695	-19.25
住户存款	618527	18.93
各项贷款余额	836725	3.37
其中：人民币贷款	836717	3.37
其中：短期贷款	221668	-14.36
中长期贷款	612689	12.10

【国内外贸易】 2020 年，屏南县完成社会消费品零售总额 388609 万元，比上年增长 1.2%。按企业分，限额以上商贸业零售额 45068 万元，回落 3.5%；限额以下商贸业零售额 343541 万元，增长 1.8%。

全年实际利用外商直接投资 3425 万元，增长 22.9%。

【交通、邮电和旅游】 2020 年，屏南县交通运输、仓储和邮政业实现增加值 19179 万元，比上年增长 13.7%。

2020 年，屏南县年末公路通车里程 1046.38 千米，其中等级公路 824.72 千米，高速公路 43.32 千米。全年公路新改建里程 28.04 千米。

2020 年，屏南县完成公路周转量 15738.8 万吨千米，增长 4.0%。其中，货物周转量 15057.0 万吨千米，增长 7.1%；旅客周转量 6818.4 万人千米，下降 36.8%。

2020 年，屏南县完成邮电业务收入 15071.3 万元，比上年增长 14.1%。其中，邮政业务收入 4532.9 万元，增长 63.6%；电信业务收入（移动、联通、电信）10538.4 万元，比上年增长 1.0%。城乡固定电话用户 1.71 万户，移动电话用户 13.66 万户。

2020 年，屏南县接待游客 302.16 万人次，同比下降 51.6%；旅游收入 26.67 亿元，同比下降 54.5%。

【金融】 2020 年，屏南县金融机构本外币各项存款余额 836745 万元，同比增长 6.1%，其中住户存款余额 618527 万元，增长 18.93%。各项贷款余额 836725 万元，同比增长 3.4%。

2020 年，屏南县保险公司实现保费收入 14578.2 万元，同比增长 6.9%。其中，寿险保费收入 8723.49 万元，同比增长 1.6%；财产险保费收入 5854.71 万元，同比增长 15.8%。

【人民生活和社会保障】 2020 年，屏南县居民人均可支配收入 22732 元，比上年增长 5.7%。其中，农村居民人均可支配收入 17201 元，增长 6.5%；城镇居民人均可支配收入 30976 元，比上年增长 3.2%。居民人均消费支出 14344 元，比上年增长 0.1%。其中，农村居民人均消费支出 10909 元，比上年增长 0.2%；城镇居民人均消费支出 19464 元，比上年下降 1.7%。

2020 年末，屏南县企业职工养老保险参保 14129 人，比上年增加 985 人；机关事业单位养老保险参保 4859 人，比上年增加 23 人；城乡居民社会养老保险参保 85537 人，比上年增加 2788 人。参加工伤保险 17197 人，比上年增加 3173 人。参加失业保险 5490 人。全年领取工伤保险金 59 人 335 万元，领取失业保险金 110 人 62.98 万元。

2020 年末，屏南县有敬老院 7 所，福利床位 1084 床；建立城市社区服务中心 1 个，城市社区服务站 7 个，农村社区服务中心 10 个，农村社区服务站 113 个。全县城乡低保对象 5239 人(其中农村低保 5032 人，城市低保 207 人），支出低保金 2152.33 万元；特困供养对象 825 人，分散供养全自理、半自理、全护理标准每人每年分别为 917 元、1130 元、1343 元，集中供养全自理、半自理、全护理标准每人每年分别为 1772 元、2883 元、2794 元。全年发放特困供养金 1099.13 万元。

【教育和科学技术】 2020 年，屏南县有普通中学 11 所（完全中学 4 所、初级中学 7 所），九年一贯制学校 1 所。高中阶段在校生 2245 人，2020 年秋季招生 791 人，毕业生 564 人。初中阶段在校生 4540 人，2020 年秋季招生 1653 人，毕业生 1438 人。初中阶段学龄人口入学率 100%。特殊教育在校生 30 人。

2020 年，屏南县有小学 18 所、教学点 19 个。小学阶段在校生 11202 人，2020 年秋季招生 1843 人，毕业生 1657 人。小学阶段适龄儿童入学率 100%。九年义务教育巩固率 109.96%。

2020 年，屏南县有中等职业学校 1 所，在校生 869，2020 年秋季招生 412 人，毕业生 246 人。幼儿园 19 所，其中民办幼儿园 5 所。在园幼儿 4836 人，幼儿适龄儿童（3—5 周岁）入园率 98.31%。

2020 年，屏南县继续改善办学条件。年底，中学校舍建筑总面积 195388.03 平方米，体育运动场（馆）面积 89218.04 平方米，计算机 1855 台，图书 258611 册，电子图书 35311 册。网络多媒体教室 240 间，固定资产总值 68732.36 万元。小学校舍建筑总面积 85136.41 平方米，体育运动场（馆）面积 50005.50 平方米，计算机 1738 台，图书 243906 册。网络多媒体教室 342 间，固定资产总值 14767.15 万元。幼儿园校舍建筑总面积 44142 平方米，幼儿户外活动场所 20820 平方米，图书 37262 册。

【文化、卫生和体育】 2020 年，屏南县持续发展文化、卫生和体育事业。各类卫生机构 166 个，举办全民健身体育活动 16 项，销售体育彩票 1276.33 万元。

2020 年末，屏南县有文化馆 1 个，乡镇文化站 11 个，公共图书馆 1 个，博物馆 2 个，广播电视台 1 个，塔仔岗电视转播台 1 个，数字电影院 2 个。广播“村村响”覆盖全县 159 个村（社区）。实施农村公益电影 “2131 工程”，放映公益电影 1824 场次。“白水洋印象”系列大型民俗音画长卷“遇见屏南”，惠民演出 3 场次。文化项目 2 类 4 项被屏南县人民政府公布为屏南县第五批非物质文化遗产代表性名录项目。平讲戏、四平戏开展文化惠民演出 40 场。

2020 年末，屏南县有各类卫生机构 166 个。其中，县级医疗机构 2 家，精神病专科医院 1 家，卫生院 10 个，社区卫生服务中心 1 个，妇幼保健院 1 个，疾病预防控制中心 1 个，卫生监督所 1 所，个体诊所 21 个，村卫生所 121 个，其他医疗机构（学校卫生室）7 个，有病床位 755 张。卫生技术人员 792 人，比上年增加 10 人。其中，执业医师和执业助理医师 294 人，注册护士 482 人。乡村医生 156 人。家庭医生签约服务覆盖率 29.80%。规范数字化接种门诊 6 家，适龄儿童免疫规划疫苗接种率 99.0%。

2020 年，屏南县持续推进深化医药卫生体制综合改革。继续对全县公立医院实行药品、耗材零差价改革，控制医药费用不合理增长。推进县域紧密型医共体建设，整合县医院、中医院、妇幼保健院、精神病医院和 11 个基层医疗机构，以及乡村卫生服务一体化公益性村卫生所，提升基层医疗卫生服务能力。加大财政投入力度，利用中央直达资金、国债和国开行贷款项目实施屏南县医院传染病综合楼、中医院门诊医技综合楼、精神病医院老年康复病房综合楼、疾病预防控制中心实验室综合楼、8 个乡镇卫生院医技综合楼等医疗卫生补短板建设项目。

2020年，屏南县在福建省青少年U系列空手道锦标赛上获金牌2枚。在福建省青少年U系列拳击冠军赛上，派出运动员7人参赛，获1金1铜。全年举办全民健身体育活动16项。县文体和旅游局选报的寿山白玉基地入选2020年省级体育休闲基地。全年销售体育彩票1276.33万元。

【资源、环境和安全生产】 2020年，屏南县创建“绿盈乡村”119个，自然保护区面积10182.35公顷，湿地面积2035.64公顷，森林覆盖率76.8%。完成植树造林868.80公顷，其中更新造林面积797.60公顷。

2020年，屏南县火化遗体1112具，火化率100%。免除城乡困难群众114人殡葬服务费170445元。

2020年，屏南县空气质量为二级标准，空气质量优良天数366天，优良天数比例100%，超过95%的目标值；PM10平均浓度0.024毫克每立方米，PM2.5平均浓度为0.014毫克每立方米，SO_2平均浓度为0.007毫克每立方米，NO_2平均浓度为0.012毫克每立方米，CO平均浓度为1.3毫克每立方米，臭氧最大8小时平时浓度均值为105微克每立方米。6项污染物平均浓度均符合《环境空气质量标准》（GB 3095—2012）的二级标准。饮用水达标率100%。

2020年，屏南县出动劳动安全执法检查人员12789人次，排查企业和场所18363家次，排查发现一般隐患2518项，重大隐患5项，至年底全部完成整改。打击违法违规行为148起，停产停业整改1家，关闭取缔1家，收缴各类罚款16.12万元。发生各类生产安全事故1起，死亡1人。其中生产经营性道路交通事故1起，死亡1人；其他行业领域无事故。未发生较大以上生产安全事故。

注：1.本公报所列数据为初步统计数，部分合计数或相对数由于单位取舍不同而产生的计算误差，均不做机械调整。

2.本公报地区生产总值、各产业增加值按现价计算，增长速度按可比价格计算。

（县统计局）

中共屏南县委

综 述

【概况】 2020年，屏南县实现地区生产总值91.84亿元，增长0.50%；农林牧渔业总产值28.78亿元，增长6.40%；规模以上工业增加值9.30亿元，下降32.10%；社会消费品零售总额38.86亿元，增长1.20%；实际利用外资3425万元，增长22.90%；一般公共预算总收入6.07亿元，下降8.70%，其中地方一般公共预算收入下降8.90%；金融机构本外币各项贷款余额83.67亿元，比年初增2.72亿元，增幅3.36%；城镇居民人均可支配收入30976元，增长3.20%；农村居民人均可支配收入17201元，增长6.50%。

【上级精神学习贯彻】 2020年，中共屏南县委贯彻落实习近平总书记重要讲话重要指示批示精神和党中央、省委、市委的决策部署，按照省委“三四八”贯彻落实机制（在时间维度上，抓好“年初研究部署、年中协调推进、年底总结提升”三个具体阶段；在工作链条上，突出“全面学习领会、深化细化举措、扎实贯彻执行、检验落实成效”四个重点；在工作进程上，抓好“严格对标对表、夯实主官主责、精细分解分工、强化盯办推进、确保落细落实、接受干群监督、加强激励奖惩、推进持续深化”等八个环节），抓紧、抓细、抓实，增强“四个意识”（政治意识、大局意识、核心意识、看齐意识）、坚定“四个自信”（道路自信、理论自信、制度自信、文化自信）、做到“两个维护”（坚决维护习近平总书记党中央的核心、全党的核心地位，坚决维护党中央权威和集中统一领导）。学习贯彻5月习近平总书记对福建工作的重要指示批示精神，按照省委十届十次全会及市委四届十二次全会部署要求，在传达学习、领会把握精神的基础上，开展调研，征求意见，谋划屏南县全方位推动高质量发展超越的目标和举措。10月9日，县委召开十二届十二次全会，通过《中共屏南县委关于深入学习贯彻习近平总书记重要讲话重要指示批示精神全方位推动高质量发展超越的决定》，制订科技创新、优化产业结构、促进居民增收等3个行动计划。中共十九届五中全会后，屏南县召开县委常委会（扩大）会议传达学习全会精神，研究部署屏南学习宣传贯彻的具体措施。制定出台《关于学习宣传贯彻中共十九届五中全会精神的通知》，要求全县各级党组织广泛开展学习宣传。县委常委成员通过参加县委理论中心组学习会、带头调研宣讲等方式，带动全县各级开展集中宣讲和学习研讨，推动全会精神进机关、进企业、进乡村、进社区。

【县域经济】 2020年，中共屏

南县委坚持发展为要、项目为先、品质为核的原则，推动经济发展。

培育新兴工业。完成工业投资11亿元，同比增长50.50%；技改投资4.20亿元，同比增长41%，投资体量、质量均为近年最高。“一园五区”工业平台逐步搭建，甘棠板式家具产业园基本建成，推进溪角洋工业园区66.67公顷标准化厂房、上源中小微企业双创产业园项目，时代新材料二期、大创傲农饲料产业化加工、华仁汽车零部件及配件制造、米艾西技术科研生产等项目落地建设，时代新材料一期、瑞幸咖啡、德茂无纺布、东峰尖和灵峰风电以及谊邦等板式家具3家建成投产，新增规上工业企业5家。

持续推动全域旅游。促成市交投集团收购白水洋、鸳鸯溪景区股权。发展以“旅游+文创”为主线的乡村旅游，举办贯穿全年、覆盖全域的“四季屏南·乡村有约”乡村文化创意活动。龙潭村入选全国乡村旅游重点村，漈下村被评定为国家AAA级旅游景区，北墘村入选省级金牌旅游村；代溪黄酒特色小镇、甘国宝文旅小镇入选宁德市第二批旅游小镇。全县接待游客187万人次，旅游综合收入18亿元。

发展现代服务业。国家级电子商务进农村综合示范县项目实施，快递产业园、辰颐物语电商物流产业园动工建设。全年线上交易额20.20亿元、网络零售额5.40亿元。新引进中网数信、森莱信息等平台企业5家；建成新时代乡村影视文化产业园，引进影视文化公司52家。新增限上商贸企业和大个体10家。

深化项目机制。完成项目指挥部优化整合，实施重点项目“百日攻坚”，固定资产投资增长10%，省市在建重点项目25个累计完成投资31亿元，新增“五个一批”（谋划一批、签约一批、开工一批、投产一批，增资一批）项目104个，总投资150亿元。

持续完善交通网络。累计投入交通基础设施建设资金11.70亿元。衢宁铁路正式通车，双溪至寿山、中共闽东北特委驻地旧址至237国道、上楼至922县道、公交枢纽应急指挥中心等项目建成投入使用，衢宁铁路屏南站站前广场、通站路、东棠大道、药膳小镇主路与文化西路（原发改局至西环路连接线）建成。

持续提升城区品质。中心片区建设实现收官，东区旅游生态城建设进入扫尾阶段，新设立东湖社区，开发西环路、上洋头、长坋中路、外东环南路等片区。东湖公园、古峰镇老旧小区改造、东区污水一体化泵站投入使用，龙虎岔应急备用水源工程、城区供水加压泵及配套管网、麓山园南区改造等城建项目动工建设。推进公共服务中心及廉政文化中心、城区污水处理厂二期扩建及配套管网等市政工程，完善污水管网、供水管网、燃气管道等城区基础配套。

持续做好要素保障。完成第三次全国国土调查、农村地籍和房屋调查成果提交，开展“多规合一”、国土空间规划、村庄规划编制和数字屏南地理空间框架建设。推进解决溪角洋工业园区、东区、西环路等历史征地安置遗留问题，全年征地90.67公顷、林地审批55.33公顷，成为相关政策法规调整后全省第一个完成国有林场经营区置换、生态公益林调整和农用地转用审批的县。

【乡村振兴】 2020年，中共屏南县委贯彻落实中央和省、市系列决策部署，抓重点、补短板、强弱项，精准发力、探索创新，念好“山字经”，打好“特色牌”，走屏南特色的乡村振兴之路。

巩固脱贫成果。提升脱贫质量，重点贫困人口105户375人实行“一对一”单列管理。筹集资金584万元启动实施困难群众老旧住房电气线路改造。探索建立解决农村相对贫困问题长效机制，相关经验在全国农村改革试验区培训交流会上作典型发言。贫困发生率继续保持为0；农民人均可支配收入17201元，增长6.50%。

发展特色农业。实现农林牧渔业总产值28.78亿元，增长6.40%，增长率全市第一。完成水稻功能区4133.33公顷建设，新增补充耕地54公顷，稳定粮食产量4.62万吨。持续发展高山蔬菜、水果、食用菌、茶叶，棠口千亩高山花卉产业园、龙漈花海四季观光园、上凤溪多肉基地等加快建设，花卉苗木种植面积突破666.67公顷，全产业链产值突破3亿元。引进上市公司傲农集团，建成全省最大的单体生猪养殖场。新增市级农业龙头企业8家，培育农产品“三品一标”（无公害农产品、绿色食品、有机农产品和农产品地理标志）认证企业6家，“屏南高山花菜”获评全国名特优新农产品，“屏南李”获评农产品地理标志，入选省级农产品质量安全试点县、黑山羊特色养殖优势区。

持续提升文创产业。争取专项债券资金8000万元投入文创村落建设，龙潭、厦地、双溪等文创基地集聚效应持续放大，“文创+”乡村旅游、旅居养生、研学旅行、新媒体经济等新业态加快发展。与中国人民大学可持续发展高等研究院等3所高等院校合作，成立屏南乡村振兴研究院，聘请“三农”（农业、农村、农民）专家、教授温铁军担任院长。龙潭村“文创+旅游”减贫模式入选世界旅游联盟旅游减贫案例，人民日报刊登题为《古村焕发新活力（走向我们的小康生活）》文章，介绍龙潭村文创助推乡村振兴经验。

聚力乡村治理。落实“十镇百村”（指2020年起，在福建全省开展的推进10个历史文化名镇、100个历史文化名村和传统村落保护利用工作）改善提升项目和乡村振兴十大行动百项任务，实施乡村振兴发展项目205个、总投资4.76亿元，全县152个村集体经济年收入均达到10万元。

推进全国美好环境与幸福生活共同缔造活动试点工作，创建“绿盈乡村”81个，制定农村生活污水专项治理规划，出台农村生活污水治理设施运行维护管理办法。选派乡村振兴指导员、科技特派员、驻村第一书记193名，实现试点村与薄弱村全覆盖。整合农村“六大员”〔村级农民技术员（含水利技术员、动物防疫员、林业员）、社会治安综合治理协管员、计划生育管理员、国土资源和规划建设环保协管员、公共卫生员、文化协管员〕队伍，提升乡村治理能力。北墘村获评全国文明村，寿山乡获评省级乡村治理示范乡镇，村头村获评省级侨乡文化名村。

【深化改革】 2020年，中共屏南县委学习先进地区经验做法，优化营商环境，激发全社会创新创业创造动能。深化放管服改革。推行行政审批公共服务“一窗通办、一件事套餐”服务，企业实现“一日开办”、抵押实现“三日办理”、不动产实现“四日登记”。推进工程审批制度改革，建立“一家牵头、一口受理、并联审批、限时办结”工作机制，政府投资项目和社会投资项目审批时间分别缩减至90个和70个工作日。优化营商环境。落实减税降费7000余万元，全面停止收取企业公章刻制、电子交易平台各类交易服务费。抓招商与大招商，出台统一招商引资优惠政策，全年签约产业项目16个，总投资37.28亿元，12个项目实现“当年签约、当年建设”、签约项目落地率85.70%。创新投融资机制。通过争取债券资金、引进社会资本、对接金融机构贷款等方式，全年新增融资21.14亿元。建立“政府+银行+担保”三方协调合作机制，为实体经济、中小微企业、农户提供担保620户1.11亿元，担保规模放大倍数扩大至5.40倍，居全省第二，全市政府性融资担保业务推进会在屏南召开。推进企事业单位改革，优化公益事业资源配置。全面实行县属国有企业退休人员社会化管理，出台国有企业改革方案，制定完善国有资产管理体制和现代企业制度，整合国投、城投、知进3家县属一级企业，以知进公司为平台，新组建农投、文旅投、资产管理、信息技术等二级企业4家。

【民主政治】 2020年，中共屏南县委坚持把发展社会主义民主法治作为推动各项事业发展的重要保障，坚持党的领导、人民当家作主、依法治国有机统一，扩大协商民主，加快法治建设进程，加强工会、共青团、妇联等群团工作，凝聚各方智慧和力量。支持人大依法履职。重视发挥人大在决策部署、经济发展、重大事项决定以及人事任免等工作中的重要作用，支持人大及其常委会依法行使职权。全年任免地方国家机关工作人员17人次，作出决议决定11项；听取审议专项工作报告12项，听取“一府两院”专题工作报告8项；开展视察调研、执法检查16次。加强和改进人民政协工作。支持县政协发挥参政议政、民主监督作用，制定《2020年重点协商工作计划》，成立县政协实施协商民主重点课题工作领导小组，先后开展重点协商、专题协商、提案办理协商等协商议政活动。县政协围绕乡村振兴、疫情防控、文创产业、教育质量提升、招商引资、环境整治、财政涉农资金等重点工作，开展专题调研视察、重点提案督办，报送调研视察报告、社情民意信息专报，推动县委部署工作开展。巩固发展爱国统一战线。引导统一战线围绕中心，服务大局，凝心聚力，奋力拼搏，凸显政治引领作用。促进非公经济发展，推进民族、宗教事业，促进台港澳海外交往。推动亲清新型政商关系的持续构建。创新驻外党建，成立中共屏南县委驻外工作委员会、屏南县驻上海党组织，组团赴上海开展招商推介，助推县域经济发展。

2020年11月19日，中共屏南县委中心组学习会召开（县统计局 供）

【文化宣传】 2020年，中共屏南县委围绕举旗帜、聚民心、育新人、兴文化、展形象的使命任务，弘扬抗疫精神、抗战精神，强信心、暖人心、筑同心，为屏南各项事业发展提供精神力量。持续开展理论学习宣讲。建立中心组学习巡听旁听等理论工作调度机制。在全县上下开展《习近平在宁德》等系列采访实录和十九届四中、五中全会精神等主题宣讲，开展理论进基层宣讲活动1000余场次，受众9万余人次。加强意识形态工作。贯彻落实《中国共产党宣传工作条例》《党委（党组）意识形态工作责任制实施办法》，成立县委宣传思想文化工作领导小组（意识形态工作领导小组），掌握意识形态工作领导权。深化媒体融合发展，形成以县融媒体中心为支撑的全媒体传播格局，开展决胜全面小康、决战脱贫攻坚、全方位推动高质量发展超越等重大主题宣传，在中央、省、市各级媒体上稿量700余条。加强精神文明建设。贯彻落实习近平总书记对制止餐饮浪费行为作出的重要指示精神，推动厉行节约、反对浪费。培育社会主义核心价值观，组织干部群众广泛开展“我们的节日”主题活动，营造文明和谐的节日氛围，传播主流价值理念、传承优秀传统文化、传承红色基因、推进移风易俗。全年开展线上线下活动150余场次，参与群众约5万人。

【民生事业】 2020年，中共屏南县委持续加大资金投入力度，补齐民生社会事业发展短板，为民办实事项目29项得到落实，教育、医疗卫生、养老等民生事业投入资金5.80亿元，城乡居民医疗保险参保率99.90%，城乡居民养老保险参保率98.40%。持续提升教育卫生质量。出台提升基础教育质量系列措施，光明第二幼儿园、岭下中学综合楼投入使用，熙岭幼儿园完成建设，国宝小学以及岭下、代溪乡镇幼儿园加快推进。县精神病院老年康复病房综合楼、疾控中心实验楼、中医院门诊医技综合楼竣工验收，6个乡镇卫生院、1个社区卫生服务中心实现双达标，县总院传染病综合楼以及屏城、岭下等乡镇卫生院医技综合楼动工建设，基本实现医保“村村通”“就近通”。持续增强社会保障能力。城市公益性公墓启动建设，社会福利中心、双溪等5个敬老院实现社会化运营，建成农村幸福院21个。全面实现城乡低保标准一体化，低保标准提高至每人每年7152元。强化“稳就业、保就业”力度，向83家企业发放稳岗补贴，新增城镇就业805人，城镇登记失业率3.42%。北墘、三万里村省级基层文化服务中心示范点投入使用；县体育中心动工建设，举办“美丽中国”全国门球比赛、茶盐古道村庄越野赛。推进平安屏南建设，开展党政领导大接访活动，群众信访处理答复率100%。“七五”普法、第七次全国人口普查登记工作完成。省级食品生产经营环节“一证通”试点通过验收。开展扫黑除恶、民间标会治理工作等。

【生态文明】 2020年，中共屏南县委严守环保红线。落实国家重点生态功能区建设要求，加强山水林田湖草综合保护，打好蓝天碧水净土保卫战。开展“环境质量优化年”活动，创新环保问题整治流程，推进中央环保督察反馈问题办结销号。落实河湖长制，完成河湖管理范围线、主要流域河道岸线及河岸生态保护蓝线划定，主要流域水质稳定在Ⅲ类以上。完成生态保护红线评估调整和榕屏化工有限公司去功能化交账销号，清理整治“散乱污”企业和“青山挂白”现象，治理水土流失面积250公顷，生态修复废弃矿山5公顷，植树造林705.07公顷。挖掘生态优势。坚持走“经济生态化、生态经济化”发展道路，推动产业间结构调整和产业内转型升级，旅游业由“观光型”向“目的地”型转变，绿色制造业逐渐成为新的“生长点”和“增长点”，传统农业向品牌化、精致化迈进，生态核心优势持续巩固，以生态“含绿量”提升发展“含金量”。拓宽“两山”（绿水青山和金山银山）转换通道。践行“两山”理念，对标重点生态功能区产业准入负面清单，严把新上项目产业政策、资源消耗和环保审批关，发展绿色低碳产业，保护高颜值生态底色。探索拓宽生态产品价值实现的有效路径，做好省级生态产品市场化试点县工作，构建以“健康”为核心、以沿海都市圈为市场的生态农业、健康旅游品牌体系。

【屏台交流】 2020年，中共屏南县委深化屏台互访交流。发挥屏南县与台湾交流的独特优势，以甘国宝文化、宗亲恳亲、武术文化、廊桥文化等民间民俗文化为载体，搭建多元化、多层次交流平台，增进屏台两地文化认同，加深同胞感情。支持台湾建筑师、文化创意团队参与屏南县特色小镇、农村人居环境整治、传统村落保护发展等项目，促进屏台两地多领域交流合作。强化屏台经贸合作。加强与台湾先进制造业、现代服务业的高起点对接和精准合作，推进产业优势互补、融合发展。借鉴台湾乡村建设经验，围绕乡村产业振兴，加强与台湾现代农业、休闲农业、智慧农业、创意农业合作，吸引台湾农业来屏投资，引入先进理念、良种和技术。优化惠台政策措施。落实“非禁即享”的要求，重点推进台胞在文化教育、医疗卫生、社会保障和基本公共服务等方面享受同等待遇，完善台胞台企依法维权机制，鼓励台胞参与基层社会治理、参评社会荣誉。

【从严治党】 2020年，中共屏南县委贯彻新时代党的建设总要求，负起全面从严治党政治责任、主体责任、第一责任，深化落实省委“五抓五看”（一是看有没有抓加强教育，有没有开展经常性的党性党风党纪和廉洁从政教育；二是看有没有抓制度建设，有没有针对权力集中、腐败易发的领域和环节，制定完善廉政风险防控制度，有没有存在制度不执行或者规避制度的问题；三是看有没有抓一把手，一把手有没有抓班子，班子成员有没有抓职责范围；四是看有没有抓查处，对管辖范围内发生的违纪违法问题和不正之风，有没有失察失管、避而不见、压案不查甚至包庇纵容，对苗头性、倾向性问题有没有及时提醒诫勉、抓早抓小；五是看部署有没有认真结合实际，检查有没有认真查找问题、解决问题，落实有没有一抓到底、取得实效）、“八个坚定不移”（坚定不移维护核心、坚定不移学习贯彻习近平新时代中国特色社会主义思想、坚定不移落实党中央决策部署、坚定不移正风肃纪、坚定不移反对腐败、坚定不移强化党内监督、坚定不移深化监察体制改革、坚定不移紧抓“关键少数”）具体部署，推进工作任务落实。坚持以党的政治建设为统领。贯彻落实《中央关于加强党的政治建设意见》，执行新形势下党内政治生活若干准则等党内法规，制定巩固深化主题教育成果32条措施。持续开展全面从严治党主体责任落实情况检查，推动党委（党组）主体责任、书记第一责任人责任和纪委监委监督责任贯通联动、一体联动。严明政治纪律和政治规矩，清除两面派、两面人。全县立案审查违反政治纪律案件2件，党纪处分2人。贯彻落实新时代党的组织路线。坚持新时期好干部标准，把政治标准放在首位，在干部考察中开展领导干部任前政治素质测评，选拔使用忠诚干净担当的好干部，提拔重用94人、职级晋升71人。其中，使用问责影响期满、表现优秀的科级干部10人。落细落实乡镇干部工资高于县直机关同职级干部20%等关心关爱、容错纠错、减负松绑政策措施，推动形成激励干部新担当新作为的长效机制。统筹推进各领域基层党组织建设，推行“近邻党建”工作，常态化开展机关党员到社区报到工作，认领志愿服务项目2035项，参与社区服务756人次；开展基层党建“全面体检”回头看、村干部“双述双评双考”（指党组织书记向（上级）党组织述职，开展评议考核；向（本级党组织）和党员干部群众述职，开展评议考核）、农村“六大员”队伍整合工作，按照农民人均可支配收入的2倍标准落实村干部待遇。落实各级人才政策，实施“屏智回归”“能人回引”工程，引进培育重点产业人才、紧缺急需人才、文创人才、创业大学生、在外乡贤等助力县域发展，市对县人才工作考核位居山区县第一。提早谋划村级组织换届工作，加强农村人才梯队建设，努力为乡村振兴选好人、配强队。正风肃纪反腐。落实中央八项规定及其实施细则精神和省、市、县实施办法，纠“四风”、树新风，整治形式主义、官僚主义，解决文山会海反弹回潮、督查检查考核过多过频、过度留痕等突出问题，为基层减负。一体推进不敢腐、不能腐机制建设、不想腐机制建设，坚持无禁区、全覆盖、零容忍，保持反腐败高压态势，开展政府投资基金专项治理，建设工程领域招投标在线监管平台，加强财政金融等重点领域监督机制改革和制度建设。聚焦扶贫、民生、涉黑涉恶腐败等重点领域，整治群众身边腐败和作风问题，打通全面从严治党“最后一千米”。守护政治巡视巡察职能定位，强化巡视巡察上下联动，十二届县委巡察覆盖率100%，实现一届县委任期内巡察全覆盖。

重要会议和重要活动

【县委常委会会议】 2020年，中共屏南县委常委会召开会议26次。

1月7日，屏南县委副书记吴新情主持召开县委常委会（扩大）会议，传达学习《中共福建省委办公厅关于认真组织学习〈习近平在厦门〉〈习近平在宁德〉两部采访实录的通知》、习近平总书记在中央政治局“不忘初心、牢记使命”专题民主生活会上的重要讲话和2020年新年贺词、在全国政协举行的新年茶话会上的重要讲话精神，以及省委常委会和市委常委会会议精神、省委十届九次全会、省委经济工作会议，省委四届十一次全会、市委经济工作会议精神，《中国共产党党组工作条例》，并研究贯彻屏南意见。

1月14日，宁德市政府副市长、屏南县委书记吴允明主持召开县委常委会（扩大）会议，听取县人大常委会和县政府、政协、纪委监委、法院、检察院工作汇报。吴允明强调，要切实提高政治站位，严守纪律规矩，持续深入学习贯彻习近平新时代中国特色社会主义思想和中共十九届四中全会精神，增强“四个意识”（政治意识、大局意识、核心意识、看齐意识）、坚定“四个自信”（道路自信、理论自信、制度自信、文化自信）、做到“两个维护”（坚决维护习近平总书记党中央的核心、全党的核心地位，坚决维护党中央权威和集中统一领导），始终保持强大的凝聚力、向心力、创造力、战斗力，切实把党中央重大决策部署落实到各项工作中去；要围绕中心服务大局，心系民生福祉，把屏南的发展思路、发展目标和中心任务牢牢放在心里、抓在手中、扛在肩上，从各自职能出发，找准切入点和着力点，主动融入市委“一二三”（“一”就是围绕“一个中心任务”，即“开发三都澳、建设新宁德”；“二”就是做到“两个坚持”，即坚持开发与保护并重、坚持沿海与山区联动；“三”就是建立“三个生态”，即建立高质高效的经济生态、山清水秀的自然生态、风清气正的政治生态）发展战略，坚持高质量发展落实赶超；要全面聚焦主业主责，落实全面从严治党的主体责任，切实加强党组自身建设，不断巩固“不忘初心、牢记使命”主题教育成果，为建设县强民富生态美的山区发展一流县做出新的更大贡献。

1月17日，宁德市政府副市长、屏南县委书记吴允明主持召开县委常委会。吴允明强调，全县上下要深入学习贯彻中共十九届四中全会精神，凝心聚力、抢抓机遇、奋发作为，按照省委十届九次全会和市委四届十一次全会部署，着力把制度优势更好转化为治理效能，推进新时代新屏南治理现代化；各级党组织和广大党员干部要提升政治站位，自觉从增强“四个意识”、坚定“四个自信”、做到“两个维护”的高度，切实把思想和行动统一到中央、省委、市委和县委的决策部署上来，盯紧每个具体阶段每个工作链条、每个推进环节，狠抓责任落实，凝聚攻坚合力，以只争朝夕的精神状态、舍我其谁的使命担当、建功有我的心胸格局，真抓实干、埋头苦干，加快推进新时代新屏南治理现代化，实现经济社会高质量跨越式发展。

1月29日，宁德市政府副市长、屏南县委书记吴允明主持召开县委常委扩大会议暨疫情工作领导小组第四次会议，传达学习中央和省有关精神，研究部署下一阶段工作。吴允明指出疫情防控工作已经进入新的、要求更严的阶段，希望大家在思想上务必高度重视，在责任上要进一步压实，在措施上要进一步精准科学，在统筹上要进一步协调有力，确保整个工作能够顺利有序有力推进，完成既定目标。吴允明强调：各级各部门政治站位要进一步提升，要认真学习贯彻习近平总书记重要指示精神，进一步增加“四个意识”、坚定“四个自信”、做到“两个维护”。要充分发挥各级党组织作用，统一领导、统一指挥、统一行动，坚定信心、精准施策，紧紧依靠人民群众，坚决打赢疫情防控阻击战。各级党委党组，要把这次疫情防控工作作为检验“四个意识”是否增加、“四个自信”是否坚定，“两个维护”是否做到的“试金石”。各级党员领导干部要从践行初心使命的高度，充分认识疫情防控的复杂性、严峻性，坚持把疫情防控工作作为当前最紧迫的重大政治任务，增强风险意识，坚持底线思维，制定周密方案，集聚各方力量，以高度自觉的政治担当和极其负责的态度落实好属地原则。疫情防控应对措施要更加精准科学，工作要做到八个全覆盖：一是武汉湖北返乡人员网格化排查全覆盖，这是重中之重工作；二是健康管理服务全覆盖；三是全县所有公共场所检测消毒全覆盖；四是县域交通卡口检查全覆盖；五是县党政领导挂钩指导乡镇全覆盖；六是乡镇党政主官深入村居指导监督全覆盖；七是县督导组深入一线督查全覆盖；八是全县群防群策宣传发动全覆盖。

2月4日，宁德市政府副市长、屏南县委书记吴允明主持召开县委常委会会议暨疫情工作领导小组第九次会议。县长柳岳部署屏南应对新型冠状病毒感染肺炎疫情防控工作。吴允明强调，各级各部门要提高政治站位，压紧压实防控责任，充分认清当前疫情防控形势的严峻性，始终把人民群众生命安全、身体健康放在第一位，树立底线思维，强化忧患意识，把每一个措施、每一个环节细化到人，做好疫情防控各项工作；要全力以赴“防输入”“防扩散”，切实落实最严格的管控措施，加大各交通卡点防控力度，确保管控人员“全覆盖、无遗漏”，统筹安排最优质的医疗资源，全力保障疫情防控物资供应和市场供应，确保群众生活物资供应充足、价格平稳；要充分发挥基层党组织的战斗堡垒作用和共产党员的先锋模范作用，全面调动基层党员干部和群众防控的积极性和主动性，筑牢防控网格，创新宣传模式，加强舆论引导，提振全社会防控信心，加大督查检查力度，凝聚各方合力，切实推动全社会群防群控抗击疫情。

2月11日，宁德市政府副市长、屏南县委书记吴允明主持召开县委常委会暨县疫情工作领导小组第十三次会议。会上，县长柳岳传达省市会议精神，研究部署下一阶段屏南新型冠状病毒感染肺炎防控、企业和项目复工复产等工作。吴允明强调，全县各级各部门要切实提高思想认识，坚决按照党中央、省委、市委决策部署，广泛动员群众、组织群众、凝聚群众，加强疫情防控工作，全面落实防控措施，构筑屏南群防群治最严密的防线；要科学推动复工复产，深刻认识加强疫情科学防控和有序推进企业复工复产的辩证统一关系，分类制定重大重点项目开工复工时间表，实行清单制管理，努力扩大复工复产企业覆盖面；要坚决落实主体责任，进一步做好防治结合文章，有针对性地对相关群众开展生活服务和心理疏导，对一线人员严格管理、关心厚爱，科学用兵、发挥合力，坚决把疫情扩散蔓延势头遏制住，坚决打赢疫情防控的总体战、阻击战。

2月27日，屏南县委副书记、县长柳岳主持召开县委常委会（扩大）会议。会议学习贯彻习近平总书记在2月21日中共中央政治局会议、2月23日统筹推进新冠肺炎疫情防控和经济社会发展工作部署会议的重要讲话和就关心爱护参与疫情防控工作的医务人员专门作出的重要指示精神，及2月24日省委常委会、2月25日市委常委会、2月26日中央政治局常委会会议精神、《中共福建省委关于认真学习贯彻习近平总书记在统筹推进新冠肺炎疫情防控和经济社会发展工作部署会议上的重要讲话精神的通知》文件精神，并研究屏南贯彻意见。会议围绕习近平总书记主政宁德期间从深入调研起步，创新建立“四下基层”（领导干部信访接待下基层、现场办公下基层、调查研究下基层、宣传党的方针政策下基层）工作制度，结合工作实际谈学习体会。会议研究审议《屏南县实施2020年省市县重点项目、重点工作目标任务分解表（送审稿）》，关于拟表扬2019年度重点项目建设及重点工作先进集体、先进单位、先进个人名单，2019年度综治（平安建设）工作考评及拟表扬政法综治信访维稳先进集体和先进个人，拟表扬2019年度纳税大户名单，2020年全国劳动模范和先进工作者、福建省五一劳动奖章和省工人先锋号名单有关事宜；关于调整充实屏南县城区外东环路南段片（张老垅）开发项目领导小组成员有关事宜。

3月10日，宁德市政府副市长、屏南县委书记吴允明主持召开县委常委会（扩大）会议。会议传达学习习近平总书记3月4日在中共中央政治局常务委员会会议上的重要讲话精神、3月6日在决战决胜脱贫攻坚座谈会上的重要讲话精神及3月5日省委常委会会议精神。会议还传达学习3月9日全省安全隐患大排查视频会议、3月10日市委常委会会议精神和《中共福建省委办公厅 福建省人民政府办公厅关于全面开展安全生产隐患大排查大整治的紧急通知》文件精神。会议研究审议《中共屏南县纪委、屏南县监委派驻机构改革方案（送审稿）》；屏南县新蕾幼儿园关于申请参加第二届屏南县文明校园创建工作有关事宜；听取2019年屏南县委巡察工作情况汇报，研究有关工作；研究审议《中共屏南县委关于省委巡视整改进展情况的报告（送审稿）》，并研究部署下一阶段巡视整改工作。

3月19日，屏南县委副书记、县长柳岳主持召开县委常委会（扩大）会议。会议传达学习3月18日中共中央政治局常务委员会会议精神和《中共宁德市委办公室、中共宁德市全面深化改革委员会办公室关于印发〈服务保障全市新冠肺炎疫情防控和经济社会发展八条措施〉的通知》文件精神，并研究屏南贯彻意见、《中共福建省委办公厅、福建省人民政府办公厅关于积极应对新冠肺炎疫情影响决战决胜脱贫攻坚十九条措施的通知》《宁德市人民政府关于印发宁德市做好新冠肺炎疫情防控期间精准扶贫帮扶工作若干措施的通知》文件精神，研究屏南贯彻意见。会议还研究审议屏南县城区应急备用水源引水工程有关事宜、《屏南县消防救援队伍职业保障机制（送审稿）》。

3月31日，宁德市政府副市长、屏南县委书记吴允明主持召开县委常委会（扩大）会议。会议通报2019年度全县意识形态工作责任制落实情况检查考核工作情况及2019年度全县网络安全工作情况；传达学习《中共中央办公厅关于印发〈党委（党组）落实全面从严治党主体责任规定〉的通知》文件精神，研究屏南贯彻意见；传达学习《中共宁德市委统一战线工作领导小组关于转发中央统一战线工作领导小组〈贯彻落实习近平总书记重要批示精神持续抓好宗教工作督查整改的情况报告〉〈宗教工作督查“回头看”对福建省的反馈意见〉主要精神的通知》文件精神，研究屏南贯彻意见；听取政协屏南县委员会2020年调研视察和重点工作计划汇报，并研究有关工作。会议围绕习近平总书记主政宁德期间提出“弱鸟先飞”理念，倡导“滴水穿石”精神，结合工作实际谈学习体会；围绕习近平总书记主政宁德期间客观清醒、立足长远的战略思维，结合工作实际谈学习体会。

4月14日，宁德市政府副市长、屏南县委书记吴允明主持召开县委常委会会议暨县委理论学习中心组《习近平在宁德》第四专题学习研讨会，围绕习近平总书记主政宁德期间表现出的求真务实、从严治吏的领导作风，结合工作实际谈学习体会。会议强调，要紧紧围绕党的路线方针政策和中央重大决策部署的贯彻执行，实事求是，深入一线了解实际、掌握实情，坚决按客观规律办事，推进各项工作不断向前；领导干部要带头发扬实干精神，强化问题导向、全力攻坚克难，以身作则，加快推动复工复产工作，巩固脱贫攻坚成效，保持反腐败高压态势，努力营造风清气正的政治生态；要深入学习贯彻习近平新时代中国特色社会主义思想，增强责任意识、使命意识、进取意识，不断改进作风，求真务实、真抓实干，创造出经得起实践、人民、历史检验的新业绩，奋力开创屏南发展新局面。

5月14日，屏南县委副书记、县长柳岳主持召开县委常委会（扩大）会议。会议传达学习习近平总书记在3月27日中共中央政治局会议和4月8日中共中央政治局常务委员会会议上的重要讲话精神，研究屏南贯彻意见。会议强调，要提升政治站位，深刻认识习近平总书记讲话精神，狠抓工作落实，坚持打赢疫情防控人民战争、总体战、阻击战和脱贫攻坚战、歼灭战、收官战；要压紧压实责任担当，持续紧盯疫情防控重点任务，守住严防境外疫情输入底线，坚决防止疫情反弹，确保防控工作不留死角；要持续深化复工复产，加速恢复正常生产生活秩序，坚定信心、迎难而上、主动作为，以巩固脱贫攻坚成效为抓手统揽全县经济社会发展全局，奋力实现全年经济社会发展目标任务。会议传达学习了《中共中央办公厅关于持续解决困扰基层的形式主义问题为决胜全面建成小康社会提供坚强作风保证的通知》和《中共福建省委办公厅印发〈关于持续解决困扰基层的形式主义问题为决胜全面建成小康社会提供坚强作风保证的若干措施〉的通知》文件精神，研究屏南贯彻意见。会议强调，各级各部门要坚持以习近平新时代中国特色社会主义思想为指导，深入贯彻中共十九大和中共十九届二中、三中、四中全会精神，增强“四个意识”、坚定“四个自信”、做到“两个维护”，为决胜全面建成小康社会、决战脱贫攻坚提供坚强作风保证；要突出问题导向，立足于工作需要、着眼于提高质量，进一步精文减会，加强计划管理和监督实施，着力提高调查研究实效；要坚持示范带动，加强基层治理体系和治理能力现代化建设，切实履行主体责任，一把手负总责，坚决把部署要求抓实抓细抓落地。

6月8日，屏南县委副书记、县长柳岳主持召开县委常委会（扩大）会议。会议听取全县房屋结构安全隐患大排查大整治百日攻坚专项行动工作进展情况汇报，研究下一步有关工作；听取屏南2020年“学习强国”学习平台学习运用情况，并研究有关工作；研究审议《屏南县软弱涣散党组织集中整顿工作方案（送审稿）》和2019年度乡镇绩效考评、县直单位绩效考评结果有关事宜；研究干部工作有关问题。柳岳强调：要进一步强化思想认识，各级各部门要深刻认识房屋安全隐患大排查大整治百日攻坚工作的重要性和艰巨性，坚持“人民至上、生命至上”，始终把抓好房屋安全作为一项重大政治责任和重要任务，全面深入抓排查，集中力量抓整治，切实担负起保一方平安的政治责任，确保人民群众生命财产安全；要进一步加快隐患整治；要按照“发现一处、建档一处，整治一处、销号一处”要求，坚持分类处置、科学处置、依法处置，逐一确定处置意见，实施清单销号管理。要进一步强化督导检查；要加强会商调度，统筹协调排查整治工作有力有序推进，并实行“一日一督查、一排名、一通报”，确保顺利完成百日攻坚各项任务。

7月9日，屏南县委副书记、县长柳岳主持召开县委常委会（扩大）会议。会议传达习近平总书记关于个人有关事项报告的重要指示批示精神和中组部、省委组织部专项整治工作要求，并研究屏南贯彻意见；汇报屏南县2019年度落实全面从严治党主体责任检查情况；传达第七期全国市县巡察办主任提级培训班精神，并研究屏南贯彻意见；汇报《全县安全生产专项整治三年行动实施方案（送审稿）》有关事宜。会议还汇报了《关于棠口镇凤林村集体土地征用安置方案的公告（送审稿）》，《屏南县人民法院、人民检察院纪检监察机构设置方案（送审稿）》，关于“‘弱鸟先飞、滴水穿石’30周年”杰出人物候选人建议人选，关于福建省第十六届运动会、第十届老年人体育健身大会（屏南赛区）表扬奖励，2019年度全县公务员和参公事业单位工作人员年度考核优秀等次建议人选以及表彰，拟调整增补县十届政协委员建议人选2名等有关事宜。

8月11日，屏南县委书记党帅主持召开县委常委工作务虚会。在屏南县委常委汇报分管工作完成情况及下一步工作计划。党帅强调，对于一个县的发展，最重要的是“一张蓝图绘到底”，当前形势下，各级各部门要按照部署，在发展中逐步发现问题、梳理问题、解决问题，不折不扣地推进重点项目、指标工作和“十四五”规划等既定工作更好更快完成；要群策群力，保百姓平安，提升人民群众的获得感；各级干部要充分发挥主观能动性，始终带着思考去工作，确保脱贫攻坚、产业培育、民生保障等各项工作深入下去、落到实处；要全面加强党的领导，持续增强纪律意识和规矩意识；要切实把党建工作和各项工作结合起来，增强党的意识；要加强干部队伍建设，“能者上庸者下、老中青相结合”；要持续抓好巡视巡查问题整改、会风会纪等工作。

8月19日，屏南县委书记党帅主持召开县委常委会（扩大）会议，会议传达学习中共中央全面依法治国委员会第三次会议主要精神、习近平总书记在中央政治局第二十次集体学习时的重要讲话精神、福建省委理论中心组学习会精神、中共宁德市委全面依法治市委员会第二次会议主要精神、市委常委会会议暨全面依法治市委员会第三次会议主要精神，研究审议《中共屏南县委全面依法治县委员会2020年工作要点（送审稿）》，会议传达学习中共福建省委十届十次全会会议精神、《福建省扶贫开发领导小组办公室转发国务院扶贫办关于脱贫攻坚收官之年克服形式主义官僚主义问题的通知》文件精神，研究屏南贯彻意见。会议研究审议《屏南县抓好“三农”领域重点工作确保如期实现全面小康实施方案（送审稿）》《屏南县残疾人联合会改革实施方案（送审稿）》。会议听取关于成立屏南县驻上海党组织暨招商推介活动情况汇报，并研究有关工作。

9月11日，屏南县委书记党帅主持召开县委常委会（扩大）会议。会议研究审议《进一步改进会风会纪的若干措施》《重大事项请示报告制度》《领导干部请销假制度》《屏南县2020年度乡镇工作绩效考评意见（送审稿）》《屏南县2020年度县直单位绩效管理工作方案（送审稿）》。会议强调，要深刻领会严肃重大事项请示报告制度、领导干部请销假制度、会风会纪的重大意义，充分认识强化纪律意识的重要性和必要性，把严肃各项纪律规矩作为提升工作效能的重要内容；要进行深刻反思，举一反三，健全完善制度规定，持续把作风建设不断引向深入；要常态化督查，抓好会议制度、会议纪律、重大事项请示报告制度和请销假制度的贯彻执行，加大日常督查力度，真正把纪律和规矩挺在前面，做到处处讲规矩、事事讲纪律。

9月28日，屏南县委书记党帅主持召开县委常委会（扩大）会议。会议传达学习市委四届十二次全会和省、市领导莅屏调研有关精神，研究屏南贯彻意见。会议传达学习了杨晓超在市委巡察办调研时的讲话和郭锡文在市委常委会会议上的讲话、四届市委第十三轮巡察工作动员部署会暨全市巡察办主任座谈会精神，并研究屏南贯彻意见。会议还研究审议了《关于进一步提升基础教育质量的若干措施（送审稿）》、《屏南县关于国有企业管理的若干意见（试行）》和屏南县国有企业改革方案（草案）；传达学习《中共福建省委贯彻〈中国共产党政法工作条例〉实施办法》，并研究屏南贯彻意见；听取中共屏南县委十二届十二次全体会议筹备情况，研究审定全会有关材料。

10月30日，屏南县委书记党帅主持召开县委常委会（扩大）会议。会议传达学习10月27日全省秋冬疫情防控工作视频会精神、中共中央第六轮巡视工作动员部署会和十届省委第九轮巡视工作动员部署会精神，并研究屏南贯彻意见。会议还传达学习了2020年市委和市政府三季度经济形势分析会精神，《中共福建省纪委 福建省监委关于推进政治监督具体化常态化的指导意见》和《宁德市纪委监委关于聚焦“关键少数”加强政治监督的实施办法（试行）》文件精神，10月27日全市深入推进扫黑除恶专项斗争工作视频会精神，全市城市基层党建工作联席会议暨党建引领城市基层治理工作现场会精神，并研究屏南贯彻意见。会议研究审议《屏南县2020年“保民生、保稳定、促发展”历史遗留问题及信访积案化解攻坚行动实施方案（送审稿）》《关于提高村（社区）干部待遇的工作方案（送审稿）》《屏南县关于提高乡镇机关事业单位工作人员补贴标准的实施方案（送审稿）》《屏南县扎实做好“六稳”工作落实“六保”任务的实施方案（送审稿）》《屏南县精神文明创建活动管理办法（送审稿）》《关于提前退休干部要求享受相关待遇问题办理意见（送审稿）》，关于推荐“福建省优秀少先队员”“福建省优秀少先队辅导员”“福建省优秀少先队集体”

建议名单，关于推荐抗击新冠肺炎疫情省级表彰先进个人、先进集体建议名单等相关事宜。会议还听取了屏南新时代乡村影视文化产业园建设、庆祝宁德撤地设市20周年暨屏南新时代乡村影视文化产业园开园仪式组织实施方案有关情况汇报，研究审定有关事项。

11月2日，屏南县委书记党帅主持召开县委常委会（扩大）会议，传达学习中共十九届五中全会精神及省委、市委常委会（扩大）会议精神，研究屏南贯彻意见。县委副书记、县长柳岳出席会议。党帅指出，中共十九届五中全会是党在即将夺取全面建成小康社会伟大胜利、开启全面建设社会主义现代化国家新征程的关键节点召开的一次十分重要的会议，对于坚持和发展中国特色社会主义、实现中华民族伟大复兴的中国梦具有里程碑意义。党帅强调，要深刻领会、准确把握五中全会精神，坚定信念信心，把准前进方向、摸清发展脉络，咬紧牙关、毫不放松，更好在抢抓机遇、应对挑战中推进屏南各项事业再上新台阶；要把学习贯彻中共十九届五中全会精神摆在突出位置，认真学习领会全会精神中的新内容、新提法，广泛开展学习讨论，努力结合实际抓学习，坚决从深入学习中找到工作切入点和努力方向，为下一步工作提供指引和方向；要大力宣传、营造学习全会精神氛围，全方位、多层次、多方式宣传解读五中全会精神，在全县范围内迅速兴起学习宣传五中全会的大热潮；要抓紧、抓细、抓实年底各项工作，谋早、谋准、谋深明年发展，扎实做好“六稳”（稳就业、稳金融、稳外贸、稳外资、稳投资、稳预期）工作，全面落实“六保”（保居民就业、保基本民生、保市场主体、保粮食能源安全、保产业链供应链稳定、保基层运转）任务，科学确定目标任务，全力稳住屏南经济大势，坚决守住秋冬季疫情防控风险底线，不断提升屏南一二三产深度融合水平，为下一步工作谋篇布局，努力为屏南在“十四五”发展时期开好局、起好步。

11月10日，屏南县委书记党帅主持召开县委常委会（扩大）会议。会议听取屏南县生态环境保护工作情况和市对县党政领导生态环境目标责任书完成情况汇报，研究审议《屏南县开展农村“六大员”队伍整合工作方案（送审稿）》《关于开展2020年度县级乡村振兴指导员（第二批）选派工作方案（送审稿）》。会议强调，各级各部门要认真贯彻落实习近平生态文明思想，严格落实党政同责、一岗双责，扛起生态文明建设和生态环境保护的政治责任；要高度重视，强化责任落实、协调联动、形成合力，进一步压实生态环境保护责任；要坚持在发展中解决问题，针对存在的问题建立整改清单，研究解决措施来查缺补漏，确保整改到位，推动全县生态环境保护工作迈上新台阶。

11月18日，屏南县委书记党帅主持召开县委常委会（扩大）会议。会议传达学习11月12日市委常委会（扩大）会议、11月14日宁德市“弱鸟先飞、滴水穿石”30周年暨撤地设市20周年座谈会、宁德高质量发展专家咨询会会议精神，研究屏南贯彻意见。会议强调，要找准自身定位，把准前进方向、摸清发展脉络、找出禀赋优势，以文旅、康养、绿色为基础，探索现代科技之路；要始终坚持为民情怀，把人民放在第一位，解决好群众身边的急难愁盼问题，进一步提升人民群众的获得感、幸福感；要真抓实干，真正做到做工作不流于表面，落实任务不打折扣，始终以饱满的热情、旺盛的斗志，强力推动各项工作落地落实。会议传达学习《党政领导干部选拔任用工作条例》（简称《条例》），并研究屏南贯彻意见。会议强调，要广泛推荐、统筹使用，把好用的干部选出来、推荐出来，结合屏南实际，有计划地把他们放到重大斗争中去历练；干部推荐要在平时，加大干部日常监督考核，建立健全考核体系，在日常工作中见事、见人；要加强对《条例》的学习，提升对制度的执行力，切实维护制度的权威性，进一步提升屏南干部选拔任用工作的质量和水平；干部推荐要出以公心、考察责任，注重综合评价和日常表现，营造风清气正的选人用人环境，把好选人用人关。

12月7日，屏南县委书记党帅主持召开县委常委会（扩大）会议。会议传达学习防止干预司法“三个规定”（《领导干部干预司法活动、插手具体案件处理的记录、通报和责任追究规定》《司法机关内部人员过问案件的记录和责任追究规定》《关于进一步规范司法人员与当事人、律师、特殊关系人、中介组织接触交往行为的若干规定》）文件精神，研究屏南贯彻意见。会议强调，要高度重视“三个规定”文件精神，确保思想认识到位，保障审判机关公正司法；领导干部要严格遵守规定要求，严禁干预个案，发挥好带头示范作用，促进“三个规定”全面贯彻落实；要加大督查力度，强化自律意识，严格遵守廉洁从政、廉洁司法等制度规定，以严明的纪律促使“三个规定”落地见效。会议听取屏南县2020年反恐怖工作情况汇报。会议强调，要提高思想认识，强化公安队伍建设，建立联动机制，扎实开展反恐怖安全隐患排查等各项工作；要切实提高反恐怖应急防范水平，多措并举，加强防范力度，保持高度警惕，确保全县社会大局稳定；要努力提高基层组织和人民群众反恐防恐知晓率，切实将防范标准落到实处，努力营造全民反恐的社会氛围。会议还研究审议《屏南县红十字会改革方案（送审稿）》《屏南县国民经济和社会发展第十三个五年规划收官情况发布工作方案（送审稿）》。

12月23日，屏南县委书记党帅主持召开县委常委会（扩大）会议。会议听取县人大常委会、县政府、县政协党组和县纪委监委以及县法院、县检察院党组2020年度工作情况汇报。会议指出，2021年是“十四五”规划的开局之年，也是屏南深入学习贯彻习近平新时代中国特色社会主义思想和中共十九届五中全会精神，认真落实省委十届十一次全会，主动融入市委“一二三”发展战略，全方位推动高质量发展超越战略任务的关键之年，五个党组和县纪委监委要继续围绕中心、团结力量、凝聚智慧，在县委领导下创造性地开展工作，努力做到干在实处、走在前列。会议强调，要坚持党的领导，提升政治站位，始终在思想上、政治上、行动上同以习近平同志为核心的党中央保持高度一致，以身作则，以上率下，不折不扣地贯彻落实好中央和省委、市委、县委的各项决策部署；要聚焦党的建设，坚决扛起管党治党的政治责任，持续加强自身建设，带头优化作风形象，严守党章党规党纪，落实民主集中制，过好党内政治生活，不断增强班子凝聚力、战斗力和号召力；要围绕党的事业，自觉践行以人民为中心的发展思想，牢牢把握民生需求新变化，从各自职能出发，找准切入点和着力点，尽心尽力解决人民群众关心关注的热点难点问题，切实维护社会大局和谐稳定，持续提升人民群众获得感幸福感安全感。

12月25日，屏南县委书记党帅主持召开县委常委会（扩大）会议。会议传达学习中共福建省委十届十一次全会精神，研究屏南贯彻意见。会议强调，要统一思想，深刻领会精神实质，切实提高政治站位，把学习宣传贯彻中共十九届五中全会及省委十届十一次全会精神当成当前和今后一段时期重要政治任务，以敢为人先的意识和持之以恒的韧劲，推动中央、省委全会各项决策部署在屏南落地生根、开花结果；要凝心聚力，严格抓好贯彻落实，把学习贯彻相关精神与当前工作各项重点工作结合起来，紧密围绕屏南实际、紧抓政策研究，着力将福建省“十四五”规划研深悟透，积极融入新发展潮流，科学谋划屏南“十四五”发展规划，全面推动屏南县各项工作水平向更高层次发展；要主动担责任，压紧压实工作责任，做到重要决策亲自部署、重大任务亲自把关、关键环节亲自协调、落实情况亲自督查，明确各项工作路线图、施工表，一项项任务扎实推进，一级级抓好组织实施，密切配合、各司其职，形成横向协同、纵向联动的格局。会议还传达学习了宁德市委经济工作务虚会暨市委市政府工作调研总结会精神，并研究屏南贯彻意见。

会议还研究审议《屏南县关于制定国民经济和社会发展第十四个五年规划和二〇三五年远景目标的建议（送审稿）》《屏南县第十七届人大五次会议人大常委会工作报告（送审稿）》《屏南县2020年政府工作报告（送审稿）》《政协第十届屏南县委员会常务委员会工作报告（送审稿）》《关于屏南县2020年预算执行情况和2021年预算草案的报告（送审稿）》《屏南县2020年国民经济和社会发展计划执行情况与2021年国民经济和社会发展计划草案的报告（送审稿）》《屏南县在城乡人居环境建设和整治中开展美好环境与幸福生活共同缔造活动的实施方案（送审稿）》和关于调整《屏南县促进民营企业加快发展的若干措施》文件有关事宜。

12月27日，屏南县委书记党帅主持召开县委常委会（扩大）会议。会议研究审议《屏南县国民经济和社会发展第十四个五年规划和二〇三五年远景目标纲要（草案）》；传达学习市委四届十三次全会精神，研究部署贯彻落实工作。会议强调，全县各级各部门要切实提高政治站位，把学习宣传贯彻中共十九届五中全会及省委十届十一次全会、市委四届十三次全会精神当成当前和今后一段时期重要政治任务，以敢为人先的意识和持之以恒的韧劲，推动中央、省委、市委全会各项决策部署在屏南落地生根、开花结果；要紧密结合屏南实际、紧抓政策研究，着力将宁德市“十四五”规划研深悟透，积极融入新发展潮流，科学谋划全县“十四五”发展规划，找准切入点、落脚点，把握创新点、关键点，抓紧抓实党的建设、经济发展、乡村振兴、公共服务、社会保障等方面工作，全面推动屏南县各项工作水平向更高层次发展。

【县委常委议军会议】 2020年1月7日，宁德市政府副市长、屏南县委书记、人武部党委第一书记吴允明主持召开县委常委议军会议，县长柳岳参加会议。吴允明强调，要坚持政治建军，铸牢兴武之魂，做到绝对忠诚、绝对纯洁、绝对可靠，选准配强基层党组织骨干，切实通过抓党建，牵引带动各项工作全面进步；要强化国防观念，恪尽兴武之责，以强烈的政治责任感和对党、对人民高度负责的态度，在领导干部、青年学生中深植国防意识、国防情怀，激发广大干部群众的爱国爱军热情；要聚焦主责主业，夯实兴武之基，坚决落实党管武装工作原则，严格执行党管武装工作制度，加强党管武装重点难点问题攻关；要持续强化保障，凝聚兴武之力，加大全县专武干部队伍调配力度，全面完成基层武装部和民兵营、连部规范化建设，在更高层次上提高全县国防动员和后备力量建设的质量效益。

【重点项目复工推进会】 2020年2月26日，屏南县委副书记、县长柳岳主持召开全县省、市重点项目复工推进会，会议听取全县重点项目复工情况汇报，研究解决问题和困难，并安排部署下一步重点工作。柳岳强调，全县上下要认真学习贯彻落实习近平总书记系列重要讲话和指示批示精神及省、市各项决策部署，统筹抓好疫情防控和经济社会发展；各级各有关部门要坚持目标导向，按照“突出重点、统筹兼顾，分类指导、分区施策”的要求，做到疫情防控、经济社会发展“两手抓、两手硬”，主动有为、分区分类推进重点项目复工开工，努力实现全年经济社会发展预期目标；要坚持问题导向，聚焦复工项目需求和难题，全力以赴为项目建设主体创造有利条件，建立健全项目调度机制，优化项目审批流程，提高项目服务效率，做到安全、平稳、有序复工，确保疫情防控与经济发展两不误、双胜利。

【县委常委班子述责述廉会议】 2020年3月30日，屏南县召开2019年度县委常委班子述责述廉会议，听取县委领导班子成员述责述廉报告并进行现场评议，进一步压实责任、传导压力，推动全面从严治党向纵深发展。会议强调，要在讲政治顾大局上作表率，带头树牢“四个意识”，坚定“四个自信”，坚决做到“两个维护”，始终在政治立场、政治方向、政治原则、政治道路上同以习近平同志为核心的党中央保持高度一致；要在落实主体责任树标杆，当好示范、做好表率，种好“责任田”，自觉履行好“一岗双责”，把管党治党作为分内之事、应尽之责，切实抓好各自分管部门、系统和挂钩乡镇的党风廉政建设，推动全面从严治党责任向基层延伸、压力向末端传导、工作在一线落实；要在严格廉洁自律上当模范，当好“领头雁”、树好“风向标”，坚守清正廉洁底线，时刻自重、自省、自警、自励，严于律己、洁身自好，主动净化自己的生活圈、社交圈、朋友圈，从严管好家里人和身边工作人员，自觉抵制各种形式的诱惑和“围猎”，共同为全县营造风清气正的政治生态。

【县委“不忘初心、牢记使命”主题教育相关会议】 2020年，中共屏南县委召开“不忘初心、牢记使命”主题教育相关会议3次。

1月7日，屏南县委副书记、县长柳岳主持召开“不忘初心、牢记使命”主题教育研讨会，学习贯彻习近平总书记在中央政治局“不忘初心、牢记使命”专题民主生活会上重要讲话精神。柳岳强调，要切实提高思想认识，深入学习习近平总书记重要讲话精神，做到先学一步、学深一层，在学思践悟中统一思想、凝聚共识，始终保持共产党人的政治本色和前进动力；要坚守正确政治方向，坚持以习近平新时代中国特色社会主义思想武装头脑，增强“四个意识”、坚定“四个自信”、做到“两个维护”，持续推动初心和使命在广大党员干部内心铸牢、扎根；要巩固主题教育成果，带头把“不忘初心、牢记使命”作为终身课题，敢于克难攻坚，为实现全面建成小康社会奋斗目标、打赢脱贫攻坚战而奋力工作。

1月14日，宁德市政府副市长、屏南县委书记吴允明主持召开县委常委主题教育学习贯彻“习近平总书记在‘不忘初心、牢记使命’主题教育总结大会上的重要讲话精神”研讨会。吴允明强调，要切实增强“四个意识”、坚定“四个自信”、做到“两个维护”，准确把握习近平总书记重要讲话的精神实质，坚决把思想和行动统一到习近平总书记重要讲话精神上来，在各项工作中干在实处、走在前列，要进一步筑牢政治根基，把学习贯彻习近平新时代中国特色社会主义思想作为永远的“新常态”，坚持不懈用习近平新时代中国特色社会主义思想武装头脑、指导实践、推动工作；要激发担当作为、勇挑重担的精气神，严肃党内政治生活，以人民为中心，健全解决群众最急最忧最盼问题的工作机制，切实把初心使命转化为担当作为、干事创业的实际行动。

1月17日，屏南“不忘初心、牢记使命”主题教育总结大会召开，会议总结回顾全县主题教育的成效、做法和经验，不断推动主题教育走向深入，巩固和扩大主题教育成果。宁德市政府副市长、屏南县委书记吴允明出席会议并讲话，宁德市委第二巡回指导组组长刘峰到会指导，屏南县委副书记、县长柳岳参加会议。吴允明指出，主题教育开展以来，全县上下严格按照中央和省市部署，在市委第二巡回指导组的精心指导下，紧紧围绕深入学习贯彻新思想这一主线，全面贯彻“十二字”总要求、“五句话”具体目标、“四个贯穿始终”重点措施，认真深入开展“不忘初心、牢记使命”主题教育，做实规定动作、创新自选动作，推动习近平新时代中国特色社会主义思想入脑入心，进一步增强“四个意识”，坚定“四个自信”，做到“两个维护”，使学习过程成为深化认识、改进提高、破解难题、推动工作的过程，为主题教育取得实实在在的成效奠定了坚实基础。刘峰指出，主题教育开展以来，屏南县坚持把开展好主题教育作为重大政治任务来抓，深入学习贯彻习近平新时代中国特色社会主义思想，认真落实中央部署及省委、市委要求，加强领导、精心组织、扎实推进，特色鲜明，亮点纷呈，主题教育取得丰硕成果。刘峰强调，要持续兴起“大学习”热潮，用习近平新时代中国特色社会主义思想武装头脑、指导实践、推动工作；要牢记习近平总书记对宁德的殷切嘱托和期盼，扎实推进市委“一二三”发展战略，大力弘扬闽东精神、“上汽精神”“四干”精神，教育引导党员干部珍惜难得的发展机遇，切实以时不我待、只争朝夕的精神，奋力攻坚，推动各项事业高质量发展。要持续抓好整改落实，着力解决好群众最急最忧最盼的紧迫问题，聚焦全面深化改革，打好三大攻坚战，确保主题教育确定的整改任务落到实处。

【县委第十二届委员会第十次全体会议】 2020年1月17日，中共屏南县委第十二届第十次全体会议召开，会议听取《深入贯彻落实中共十九届四中全会精神推进新时代新屏南治理现代化》的报告。全会主要任务是，坚持以习近平新时代中国特色社会主义思想为指导，深入学习贯彻中共十九届四中全会和省委十届九次全会、市委四届十一次全会精神，全面贯彻落实习近平总书记对福建工作、对宁德工作的重要讲话重要指示批示精神和党中央、省委、市委的决策部署，动员全县广大干部群众不断增强“四个意识”、坚定“四个自信”、做到“两个维护”，奋力进取、主动作为，全面开启推动新时代新屏南治理现代化新征途。会议强调，要牢牢坚持以党的政治建设为统领，深入贯彻落实习近平总书记给寿宁县下党乡乡亲们回信重要精神，认真学习领会、强化宣传宣讲，扎实开展“不忘初心、牢记使命”主题教育，推进习近平总书记重要讲话精神在屏南落地落实、取得实效。要全面推进经济高质量跨越式发展，坚持“稳中求进”工作总基调，贯彻新发展理念，加快产业转型、项目建设。要深入实施乡村振兴战略，持续巩固脱贫攻坚成果，大力传承弘扬“弱鸟先飞、滴水穿石”的闽东精神，统筹推进乡村产业、人才、文化、生态、组织“五个振兴”。要推动全面从严治党向纵深发展，加强党的政治建设，强化基层党组织战斗堡垒作用，持之以恒正风肃纪反腐，激励干部队伍新担当新作为，引导全县上下坚持用习近平新时代中国特色社会主义思想武装头脑、指导实践、推动工作。

【县委第十二届委员会第十二次全会】 2020年10月9日，中共屏南县委第十二届第十二次全体会议召开。会议听取县委书记党帅代表县委常委会所作的题为《深入学习贯彻习近平总书记重要讲话重要指示批示精神，奋力谱写全方位推动高质量发展超越的屏南新篇章》的报告。全会主要任务是，坚持以习近平新时代中国特色社会主义思想为指导，全面贯彻中共十九大和中共十九届二中、三中、四中全会精神，深入学习贯彻习近平总书记对福建对宁德工作的重要讲话重要指示批示精神，按照省委十届十次全会、市委四届十二次全会的部署要求，科学谋划未来一个时期的目标和举措，动员全县广大干部群众牢记嘱托、继续奋斗，主动融入“一二三”发展战略，做好“六稳”工作、落实“六保”任务，全方位推动屏南高质量发展超越，为实现“两个一百年”〔第一个一百年，是到中国共产党成立100年时（2021年）全面建成小康社会；第二个一百年，是到中华人民共和国成立100年时（2049年）建成富强、民主、文明、和谐、美丽的社会主义现代化强国〕奋斗目标和促进祖国统一发挥更大作用、做出更大贡献。全会要求，要以产业发展为基石，主动融入全市主导产业发展大局、打造全省领先的高山农业生产加工基地、打造国内一流的文旅休闲康养基地，扎实推动屏南产业结构优化升级；要以改革创新为驱动，构建产业创新体系、扩大对外交流合作、深化商事制度改革，把屏南打造成改革创新开放的热土；要以统筹城乡为抓手，完善中心城区建设、加快实施乡村振兴战略，形成全县共同发展超越的格局；要以绿色生态为导向，呵护绿水青山、严守生态红线、畅通“两山”通道，实现民富地美；要以文化自信为内核，夯实精神高地、打造文化品牌、树立文明新风，努力建设“文化大县、文化强县”；要以民生福祉为根本，全面巩固脱贫攻坚成果、扎实推进社会公共服务、维护社会安定稳定，让发展更有温度、人民更加幸福。全会强调，要更加紧密地团结在以习近平同志为核心的党中央周围，进一步提高站位、务实举措、改革创新、狠抓落实，主动融入“新福建、新宁德”发展大局，一张蓝图绘到底、一任接着一任干，奋力谱写全方位推动高质量发展超越的屏南新篇章；要全面贯彻新时代党的建设总要求和新时代党的组织路线，严格按照省委“三四八”（指年初、年中、年底三个阶段，全面学习领会、深化细化举措、扎实贯彻执行、检验落实成效四个重点，严格对标对表、夯实主官主责、精细分解分工、强化盯办推进、确保落细落实、接受干群监督、加强激励奖惩、推进持续深化八个环节）贯彻落实机制和“五抓五看”“八个坚定不移”具体部署，始终把政治建设摆在首位、始终以闽东精神砥砺前行、始终对作风建设常抓不懈、始终将纪律规矩挺在前面，为全方位推动高质量发展超越提供坚强的组织保障；要围绕探索海峡两岸融合发展新路子的重大使命，着眼大局大势，发挥特色优势，深化屏台互访交流、强化屏台经贸合作、优化惠台政策措施，不断深化拓展屏台融合，努力在全省建设台胞台企登陆“第一家园”中体现更大作为，为服务祖国统一大业作出屏南应有贡献。会上，党帅就《中共屏南县委关于深入学习贯彻习近平总书记重要讲话重要指示批示精神，全方位推动高质量发展超越的决定（讨论稿）》作说明。会议经过分组讨论，审议通过《中共屏南县委关于深入学习贯彻习近平总书记重要讲话重要指示批示精神，全方位推动高质量发展超越的决定（草案）》《中国共产党屏南县第十二届委员会第十二次全体会议决议（草案）》。

【县委第十二届委员会第十三次全会】 2020年12月27日，中国共产党屏南县第十二届委员会第十三次全体会议召开。全会以习近平新时代中国特色社会主义思想为指导，深入学习贯彻习近平总书记重要指示批示和中共十九届五中全会、省委十届十一次全会、市委四届十三次全会精神，听取和讨论党帅受县委常委会委托所作的工作报告，审议通过《中共屏南县委关于制定屏南县国民经济和社会发展第十四个五年规划和二〇三五年远景目标的建议（送审稿）》（以下简称《建议（送审稿）》）。党帅就《建议（讨论稿）》向全会作了说明。全会指出，“十四五”时期屏南经济社会发展，必须坚持党的全面领导，必须坚持以人民为中心，必须坚持新发展理念，必须坚持深化改革开放，必须坚持系统观念。全会强调，实现“十四五”规划和二〇三五年远景目标，奋力谱写全面建设社会主义现代化国家的屏南篇章，必须坚持党中央集中领导，充分发挥党总揽全局、协调各方的领导作用，坚持和完善人民代表大会制度，坚持和完善中国共产党领导的多党合作和政治协商制度，广泛团结一切可以团结的力量，确保规划落到实处。全会号召，全县上下要更加紧密地团结在以习近平同志为核心的党中央周围，高举习近平新时代中国特色社会主义思想伟大旗帜，不忘初心、牢记使命，接续奋斗、苦干实干，主动融入市委“一二三”发展战略，全方位推动高质量发展超越，奋力谱写全面建设社会主义现代化国家的屏南篇章。

【基层党建工作述职评议会】 2020年3月30日，屏南县召开2019年度基层党（工）委书记抓基层党建工作述职评议会。会议听取各党（工）委书记抓基层党建工作述职并进行评议，研究部署全县2020年基层党建工作。会议指出，基层党组织是党全部工作和战斗力的基础，在这次疫情防控阻击战中，全县基层党组织和广大党员干部冲锋在第一线、战斗在最前沿，众志成城、万众一心，为坚决打赢疫情防控的人民战争、总体战、阻击战，做了大量卓有成效的工作，也取得了阶段性的重大胜利。会议强调，2020年是全面建成小康社会和“十三五”规划的收官之年，各级党组织务必站在全局和战略高度，认真贯彻落实新时代党的建设总要求，提高政治站位，保持战略定力，强化责任担当，扎扎实实把各项职责履行好、把各项工作抓好。

【市管领导班子和领导干部年度考核暨县委选人用人工作会议】 2020年4月14日，宁德市政府副市长、屏南县委书记吴允明主持召开屏南县2019年市管领导班子和领导干部年度考核暨县委选人用人“一报告两评议”工作会议。吴允明指出，开展领导班子、领导干部年度考核和“一报告两评议”工作，是贯彻落实全面从严治党、从严管理干部、建设高素质专业化干部队伍的要求，是完善选人用人机制的重要内容。吴允明强调，要理清工作思路，明确努力方向，不断提升科学执政、依法执政能力，认真对待，确保考核、评议工作做好做到位。要实事求是，敢于说真话、说实话，以高度的政治责任感和使命感，配合做好领导班子、领导干部年度考核和县委干部选拔任用“一报告两评议”工作；要遵守规矩，严明纪律，自觉维护政治生态，切实按照要求，圆满完成工作任务，充分展现屏南领导干部良好的思想政治素质和精神风貌。

【领导干部大会】 2020年8月6日，屏南县召开领导干部大会，市委书记郭锡文出席会议并讲话。市委常委、组织部部长郭学斌宣布省委、市委关于屏南县委主要领导调整变动的决定：党帅任中共屏南县委委员、常委、书记，免去吴允明的中共屏南县委书记、常委、委员职务。郭锡文强调，屏南县要把思想统一到省委、市委的决定精神上来，抢抓机遇、乘势而上、开拓创新、担当作为，推动屏南各项事业发展再上新台阶，为深入实施“一二三”发展战略做出新的更大贡献。吴允明表示，坚决拥护市委的决定，坚决服从组织的安排，相信在以党帅为班长的班子带领下，屏南县的各项工作一定能取得新的更大成就。吴允明表示，7年来，在省委、市委的正确领导下，县委团结带领全县广大干部群众，增强“四个意识”、坚定“四个自信”、做到“两个维护”，深学笃用习近平新时代中国特色社会主义思想，主动融入市委“一二三”发展战略，围绕“县强民富生态美的高山发展一流县”目标，全体干部担当作为、真抓实干，县域经济实现了较快发展，城乡面貌发生了可喜变化，交通瓶颈制约取得了较大突破，良好政治生态得到了巩固，脱贫攻坚取得了历史性成就，人民群众的获得感幸福感安全感不断增强。对此，他衷心感恩省委和市委的关心关怀，感谢全县各套班子领导的鼎力支持，感谢广大干部群众的理解、信任与支持。党帅表示，坚决拥护、坚决服从组织决定，衷心感谢组织的关心和培养。在以后工作中，将牢记习近平总书记的谆谆教诲，坚决贯彻中央、省、市决策部署，在历届领导班子打下的良好基础上，紧紧团结全县广大干部群众，恪尽职守，忠诚履职，坚持以“一二三”发展战略为引领，主动融入环三都澳大湾区建设布局，积极对接四大主导产业集群，以“清晨之问、静夜之思，案无积卷、事不过夜”的工作状态，一张蓝图绘到底，奋力开创屏南发展新局面，为建成县强民富生态美的山区发展一流县而努力奋斗。

【创城迎检部署会】 2020年，屏南县先后召开关于创建省级文明县城相关事宜会议。

9月23日，屏南县召开创建省级文明县城迎检部署会。县政府副县长陈赛星通报省级文明县城创建工作情况，并作下一阶段工作部署。会议强调，要清楚地认识创城工作任务的繁重性和艰巨性，在抓好疫情防控和保经济、保民生工作各项工作的同时，统一思想，凝聚共识，认清优势基础，找准短板不足，坚定信心决心，以时不我待、只争朝夕的责任感和紧迫感，确保每一项具体任务、每一条细化要求都落实落细落好；要立足当前，精准发力，标本兼治，加大宣传力度，围绕总评验收，抓紧补缺补漏，全力攻坚冲刺，确保取得好成绩的同时，着眼长远，健全常态长效机制，不断“创”出新局面，“建”成新成效；要牢固树立一盘棋思想，服从安排、主动认领，尽快制定工作方案，明确整改举措，迅速行动起来，层层压实责任，层层传导压力，汇聚创城工作强大合力，全面推动创城工作往深里做、往实里做、往常态做，确保新一届省级文明县城创建工作取得更好成绩，向全县人民交上一份满意的答卷。

11月16日，屏南县召开2020年创建省级文明县城实地考评迎检工作部署会。会上，县委常委、宣传部部长张德力通报新一届（2018—2020年度）省级文明县城创建实地考评点工作情况，并部署相关工作。会议强调，要把创城工作作为年度重点工作任务、重要政治任务，及时摒弃麻痹思想，提高认识，做足准备，确保每个点都不丢分，得满分；要按照本周迎检的时间节点和任务要求，将各项指标、任务落实到具体岗位、具体人员头上，倒排序时、倒排工作，层层压实责任，做到事事有人管、人人有责任；要加强督查，严肃追责，特别是要加大对未达标事项和突出问题整改情况的督查，对未达标事项、重点区域和路段、重点行业和专项工作进行重点督查，确保新一届省级文明县城创建工作取得更好成绩。

【市政府工作报告征求意见座谈会】 2020年12月25日，2021年宁德市政府工作报告征求意见座谈会在屏南召开，宁德市政府副市长黄国璋出席会议并讲话，屏南县委副书记、县长柳岳主持会议。宁德市政府办工作人员、县直有关单位主要负责人、市人大代表、市政协委员参加会议。座谈会上，市政府副秘书长肖剑华就《市政府工作报告（征求意见稿）》起草过程、框架结构以及主要内容作简要介绍。与会人员紧紧围绕报告内容，结合实际，针对产业发展、改革创新、民生保障、乡村振兴、文化旅游、生态文明建设等方面进行了深入探讨交流，提出意见建议，积极建言献策。一致认为，宁德市《政府工作报告（征求意见稿）》内容丰富、主题鲜明、重点突出，既实事求是地总结“十三五”工作，又科学谋划2021年市政府工作，展望“十四五”时期的主要目标任务，报告具有很强的针对性和可操作性。

【县委审计委员会第一次会议】 2020年3月10日，宁德市政府副市长、屏南县委书记吴允明主持召开中共屏南县委审计委员会第一次会议。会议传达学习中央审计委员会第一次会议精神。会议强调，各级各部门要深入学习贯彻中央、省委、市委审计委员会第一次会议精神，深刻领会新时代审计职责和使命，全力配合县委县政府的安排部署，落实好审计体制改革；要致力拓展审计监督广度和深度，围绕新时代审计“促进经济高质量发展，促进全面深化改革，促进权力规范运行，促进反腐倡廉”的目标任务，着力拓展审计工作广度和深度；要认真履行新时代审计职责使命，培养政治强、业务精、作风优、纪律严的审计队伍，是新形势下审计机关首要政治任务，是落实全面从严治党战略部署的重要举措；要大力支持配合审计工作，各单位各部门主要负责人对审计发现问题必须亲自管、具体抓、抓具体，确保审计问题整改到位。会议传达学习中央审计委员会第一次会议精神，研究审定《中共屏南县委审计委员会工作规则（送审稿）》《中共屏南县委审计委员会办公室工作细则（送审稿）》《屏南县审计局2020年审计工作计划(送审稿)》。

（县委办）

组 织

【概况】 2020年，中共屏南县委组织部（简称县委组织部）落实新时代党的组织路线，围绕中心、服务大局，推进组织工作提质增效．培训农村（社区）党员81期次，培训党员5820余人；培训中青年和科级干部200余人次，线上轮训县管干部599名；

完成乡镇11个、县直单位34个的蹲点调研；调任、交流事业（参公）单位干部进入公务员队伍22人；开展谈心谈话219人次；调配公务员41人，机构改革转隶30人；储备村级后备干部479人，发展党员143名；新建驻外工委1个，党支部3个；慰问生活困难党员、老党员和老干部等1486人，发放慰问金111.27万元；认定省高层次C类人才1人，宁德市"天湖人才"22人。

【"不忘初心、牢记使命"主题教育】 2020年，屏南县委组织部坚持把不忘初心、牢记使命作为加强党的建设的永恒课题和全体党员干部的终身课题，持续巩固拓展主题教育成果。推进全县11个乡镇党校规范化建设，打造村级现场教学基地56个，制定路下仙山草场等本土特色红色教育、党性教育专题线路，形成"基层党校+现场教学基地"的阵地体系，培训农村（社区）党员81期次，培训党员5820余人。县委带头对照中央八个重点方面查找问题151个，对照省委"找差距、抓落实、解难题、化积案"行动查找问题39个，对照市委"学回信、找差距、抓落实"专项行动查找问题26个，完成主题教育专项整治及阶段性整改。

【干部教育培训】 2020年，屏南县委组织部坚持把政治教育放在首位，结合新思想各项内容，将《习近平在福建》等系列采访实录纳入县委党校培训主体课程，培训中青年和科级干部200余人次，线上开展中共十九届四中全会精神轮训，轮训县管干部599名。

【干部队伍日常管理】 2020年，屏南县委组织部围绕"正向激励提升年"，做好干部选育管用工作。聚焦"重点项目"百日攻坚行动，研究制订2020年度一线跟踪考察工作方案，将重点项目42个纳入一线跟踪考察范畴，完成乡镇11个、县直单位34个的蹲点调研，掌握表现优秀干部106人、表现一般干部25人、优秀年轻干部123人的情况，先后分3批对在乡村振兴、疫情防控和复工复产复学工作中表现突出的干部146人予以表扬，并对干部70人予以提拔使用，对干部41人职级晋升。完善"五位一体"干部考核评价机制（指以"年度考核、一线考察、蹲点调研、专项评议、绩效考评"为主要内容的干部考核评价机制），强化结构性干部培养选拔，配齐1981年以后出生的乡镇党政正职。制定2020年关心关爱基层干部工作计划，落实"乡镇机关工作人员收入高于县直机关同职级人员20%以上"目标，结合乡镇机构改革和综合执法体制改革，在全市范围内率先全面推行事业单位机构改革，调任、交流事业（参公）单位干部进入公务员队伍22人。推动容错纠错措施具体化、成果实效化，为敢于担当作为的干部撑腰鼓劲。落实县处级干部《领导干部报告个人有关事项报告表》填报工作，对拟提任对象联合6个部门会审把关，落实党委书记、纪委书记"双签字"制度和谈心谈话制度，开展谈心谈话219人次。印发《关于进一步规范干部出国（境）管理工作的

2020年5月20日，宁德市委常委、组织部部长郭学斌（右三）到屏南开展基层党建工作调研 （县委组织部 供）

通知》，集中开展规范干部出国（境）管理自查清理工作，签订不持有出国（境）证件承诺书639份，对应当登记备案的各类对象全部登记备案在册，实行“信访案件包案责任制”，推进信访举报工作。

【公务员日常管理】 2020年，屏南县委组织部坚持政治标准，深化公务员管理体制改革。实行公务员队伍“三把关一推进”机制，即压实责任把好“入口关”，审查把好“登记关”，理顺关系把好“调动关”，推进公务员管理的制度化、规范化。调配公务员41人，机构改革转隶30人；公务员（含参公人员）试用期满任职定级12人，申报公务员（参公人员）登记61人。

【基层组织建设】 2020年，屏南县委组织部树立大抓基层导向，围绕“基层党建提升年”，推动基层党组织建设。突出党建引领，深化“党委政府+艺术家+农民+古村+互联网”工作机制、“党建+人居环境整治”、“大村带小村”工作机制，激活乡村活力，建强“中心村”带动“空心村”“薄弱村”，推动乡村振兴。打造近邻党建工作，推进居民小区党组织应建尽建，培育“红色业委会”“红色物业”示范小区，打造“善课堂”“红色驿站”示范点，以党建引领社会组织新跨越。建立健全“共驻共建”机制，城区社区5个与机关企事业单位81家共建，党组织91个和在职党员1661人到社区报到，构建共建共治共享基层治理新格局。开展基层党组织“全面体检”，持续推进党支部“达标创星、晋位升级”活动，评选出“五星”党组织139个，倒排确定软弱涣散党组织15个，推进整顿工作。开展“一村一名大学生”计划，组织村干部及后备干部60余人参与学历提升，选派乡村振兴指导员13人参加乡村振兴工作，下派县派驻村第一书记44人，实现乡村振兴试点示范村、软弱涣散村、产业薄弱村全覆盖。统筹整合农村“六大员”队伍建设，储备村级后备干部479人，发展党员143人，全面消除3年未发展党员的村。推进两新党组织标准化建设，扩大“两个覆盖”（党的组织覆盖和工作覆盖），建立健全“三个一”（确定一名科级责任领导，组建一套工作班子，制定一套推进方案）包抓工作机制，持续推进“百企结百村，党建助振兴”行动，企业11家和村18个开展“村企共建”活动。广泛运用“互联网+党建”等手段，发挥互联网载体，提高党员教育管理信息化水平。推进上海驻外党组织建设，新建驻外工委1个，党支部3个，规范流动党员服务管理。实施“党员帮带计划”，组织农村（社区）党员致富带头人34人结对帮带困难党员50人。推进党内关怀帮扶工作，慰问生活困难党员、老党员和老干部等1486人，发放慰问金111.27万元。成立影视产业园党支部，整合相关部门资源，推进县直相关单位党组织、龙潭村、厦地村等产业基地与产业园结对共建。

【人才队伍建设】 2020年，屏南县委组织部坚持党管人才原则，围绕“人才服务提升年”，提升人才创新创业创造活力。落实“1+5”人才新政，聚焦民生领域，引进基础教育、医疗卫生等紧缺急需专业人才2人。实施“屏智回归”工程，更新完善在外各类高层次人才信息159人，促进项目落地214个。做好省、市高层次人才人选推荐申报工作，认定省高层次C类人才1人，宁德市“天湖人才”22人，第二届宁德市“特支人才”和“乡土人才”14人；大学生自主创业项目获省级资助3个、市级资助3个；社会工作者职业水平考试报考人数389人，获全市第一名。举办短视频直播培训班5期，受训1400余人次。深化复旦大学前洋书院教育实践、中国美术学院（前汾溪）社会美育综合实践基地校地合作，承接开展各类活动35期，参7300余人次。对接温铁军团队引进人才，成立屏南乡村振兴研究院，提升乡村振兴工作水平。发挥“智慧人才”服务平台、三都澳英才卡、人才驿站等服务功能，完善线上线下“一站式”人才服务。打造双溪前洋专家宿舍楼5栋38间，解决人才子女入学29人，评选市级人才驿站2个，举办“人才日”系列活动39场次，“三都澳英才卡”全面发卡到位。加强舆论宣传，省级以上媒体刊登95条，《屏南念好‘人才经’打造文创人才基地》获得省委组织部分管人才工作的副部长批示肯定，《国家级非遗“戏曲进校园”》一文被“大国人才”微信公众号(国家级)选登。

（县委组织部）

宣 传

【概况】 2020年，中共屏南县委宣传部（简称县委宣传部）推进落实意识形态责任制落实，加强精神文明建设，开展新冠疫情防控和全面建成小康社会、打赢脱贫攻坚战等重大主题系列宣传宣讲活动。依托“四季屏南、乡村有约”乡村文化旅游创意活动月开展，进行乡村振兴文化旅游带打造宣传。扶持影视文化产业发展，打造影视产业园平台，补齐屏南文化产业短板。县委宣传部被宁德市委网信办评为2019年度和2020年度疫情防控期间工作表现突出单位，被宁德市委评为服务保障中央广播电视总台“心连心”宁德慰问演出活动先进集体。

【理论武装】 2020年，中共屏南县委发挥理论学习中心组示范引领作用，组织县委理论中心组学习29场，召开中心组学习经验交流会1场，邀请上一年度中心组学习较好的乡镇及县直单位做交流发言。建立中心组巡听旁听机制，巡听旁听11个乡镇中心组学习活动。加强线上宣传宣讲，通过拍摄快板宣讲短视频和运用农村“村村响”广播等方式开展线上宣讲活动。组建县委宣讲团、理论宣讲轻骑兵等多支宣讲队伍，采取报告会、座谈、聊天、文艺表演等形式宣传相关内容。组织实施理论进基层工作，开展理论进基层宣讲活动1000余场次，受众9万余人次。参加中宣部“百城千县万村”调研活动，屏南县上报的《文创推进乡村振兴的龙潭实践与探索》《屏南县以文创助推乡村振兴工作的探索与思考》调研报告两篇被评为福建省优秀调研报告。

【社会宣传】 2020年，屏南县委宣传部组织开展以“助推乡村振兴 回报乡亲恩情”为主题的文化科技卫生“三下乡”活动，举办书写春联、图书赠送、医疗服务和文艺会演等系列惠民活动。开展“辉煌七十年 奋进新时代”读书教育活动、抗疫主题书法作品展等群众性主题宣传文化活动。组织文艺小分队开展文艺惠民演出52场，推动“闽东之光”传播。利用大型户外广告牌、宣传文化墙、宣传栏、建筑围挡、灯箱展板、LED显示屏等公共领域社会宣传载体，开展决胜全面建成小康社会、决战脱贫攻坚、疫情防控等主题宣传。

【意识形态工作】 2020年，中共屏南县委完成宣传思想文化工作领导小组（意识形态工作协调领导小组）更名，新增成员单位3个。县委宣传部制定印发《责

2020年1月6日，屏南县举办文化科技卫生“三下乡”启动仪式

（县委宣传部 供）

任分工方案》，并与县委巡察办联合出台《关于建立巡察机构与县委宣传部工作协调机制的意见》。中共屏南县委先后召开县委常委会（扩大）会议3次，专题研究意识形态工作，通报2019年屏南县各级党委（党组）意识形态工作责任制督查考核情况，对2019年落实意识形态工作责任制不力的单位主要领导人进行末位约谈；推进落实意识形态责任制“管理网格化”和“责任清单化”，强化落实意识形态工作“六个纳入”（把意识形态工作纳入重要议事日程，纳入党建工作责任制，纳入党的纪律监督检查范围，纳入领导班子和领导干部目标管理，纳入党委政府绩效考核，纳入班子成员民主生活会和述职报告的重要内容）机制、督查考核机制、通报制度和末位约谈制度。

【新闻宣传】 2020年，屏南县整合原县新闻中心、县广播电视台、白水洋乡讯社等机构成立屏南县融媒体中心，形成各平台一个出口、一个声音的媒体工作格局。围绕全面建成小康社会、打赢脱贫攻坚战等重大主题开展宣传，开设专题专栏30个，播发《屏南新闻》等视频专题138期，“全景屏南”微信公众号发布文章2065篇，推送681期；官方新浪微博发表博文1634篇。持续推进疫情防控期间宣传引导，发布和转载疫情相关报道2965条次，发布通告40条、通知47条、公告14条、短信102.50万条次，出动宣传车2100余辆次，发放各类宣传材料39万张，制作推出一批正能量视频以及H5、快闪作品。与上级新闻媒体合作，接待并配合央视“心连心”慰问演出屏南站点取景拍摄，接待省电视台综合频道“第一帮帮团”线索采访等媒体记者35批次，并配合采访。在中央、省、市三级媒体上稿1400余条。其中，市级媒体1100余条，省级媒体330余条，中央媒体30余条。

【精神文明创建】 2020年，屏南县推进新一届省级文明县城创建工作，完成第十四届文明村镇、单位（社区）考核、评比和推荐工作，推荐省级文明乡镇1个，省级文明村8个。代溪镇北墘村被评为新一届全国文明村，屏南耕读文化博物馆馆长张书岩家庭被评为第二届全国文明家庭。组织干部群众开展“我们的节日”主题线上线下活动150余场次，参与群众近5万人。推进新时代文明实践中心建设试点工作，打造志愿服务工作平台，按1+N志愿服务模式，成立志愿服务队伍，建立点派单服务平台，以群众需求为导向，开展系列文明实践活动300余场次，参与志愿者3000余人，受众7万余人。

【文化产业发展】 2020年，屏南县持续以龙潭、厦地、双溪三个文创片区为核心，以白玉、新田等10个省级乡村振兴试点村为支点，打造涵盖全县10个乡镇的文创带3条，形成连片联动发展格局。2020年，新增寿山村文创基地，新建风雨长廊约300米，改造利用商业空间9处，修缮寿山村8号空间，新建舞台1座，设立寿山村公益艺术教育

2020年11月29日，屏南县寿山乡举办茶盐古道文化节

（甘叶斌 摄）

中心。举办2020年度“闽东之光·四季屏南、乡村有约”屏南乡村文化旅游创意月活动。先后在寿山、双溪、甘棠、长桥、代溪等乡镇举办茶盐古道文化节、前洋艺术季、第二届甘国宝文旅小镇武术文化周暨旅游推介会、“掌中情、案上愫”文房书墨展、第五届北墘黄酒文化旅游节等系列活动。以开展“文化产业突破年”活动为契机，打造影视产业园平台，成立屏南县影视文化产业发展领导小组，制定出台《屏南县影视产业发展扶持办法（试行）》，成立屏南新时代乡村影视文化（短视频）产业园及新时代乡村影视文化产业拍摄服务中心，11月5日，开展“喜迎宁德撤地设市20周年暨屏南新时代乡村影视文化产业园开园仪式”活动。完成注册影视公司和影视工作室52家。

【网信建设】 2020年，屏南县建立健全网络综合治理工作机制，制定《屏南县网络信息内容生态治理协同联动工作机制》《2020年扫黑除恶专项斗争网上宣传及舆情管理工作方案》。加强网络舆情研判和处置，全年编辑涉屏《网上舆情直报》《网上舆情专报》90期。加强属地互联网企业调查摸底，更新屏南县属地新闻网站、论坛、自媒体账号数据库和从业人员信息库100余家。成立屏南县（新冠肺炎）疫情防控网络舆情导控工作专班，制定网络舆情稳控方案，发布《屏南县应对新型冠状病毒感染肺炎疫情工作领导小组通告》27期。

（陈征宇）

统一战线

【概况】 2020年，中共屏南县委统战部（简称县委统战部）贯彻落实全国、全省统战部长和全市统战工作会议精神，围绕中心、服务大局，凝聚人心和共识，统筹做好党外人士、非公企业以及民族宗教、台港澳联谊等工作。建成“屏南统战之家”“屏南县新的社会阶层人士联谊会”“屏南县归国华侨联合会侨文化展示馆”“台港澳同胞之家”“民营企业之家”等，搭建统一战线工作创新载体平台。

【党外人士统战工作】 2020年，屏南县委统战部门贯彻落实全省、全市网络人士统战工作会议精神，会同公安、网信部门对屏南县网络人士进行摸底调查。在县社会主义学校举办屏南县2020年基层统战干部和党外人士培训班。邀请蕉城区、周宁县新的社会阶层人士联谊会（新阶联）在屏南县开展交流活动。指导屏南县新阶联召开一届二次会员大会和一届二次理事（扩大）会议；举办扶贫惠民活动、“拥军优属、关爱老兵”捐赠活动，以及会员企业走访活动两次。推荐无党派人士6人为宁德市党外知识分子联谊会人选；协助农工党市委会开展“助力乡村教育 捐赠桌椅口罩”活动、医改专题调研和农工党建党90周年主题教育；协助民盟市委会开展“加强公民数字素养教育”专题调研活动。

【民族工作】 2020年，屏南

2020年10月16日，屏南统战之家揭牌　　（县委统战部 供）

县委统战部推动畲族特色村寨建设，为巴地村争取基础设施建设及畲族文化活动等经费60万元，指导巴地村廊桥至小梨洋路口古驿道、后门山旅游漫步道和畲族文化传统火凤凰场地等建设。开展民族团结进步创建工作。在甘棠乡巴地村举办2020年“畲汉人民手拉手，同心共圆小康梦”民俗文化展示活动，设置文艺演出、有奖猜谜、农产品展销、畲寨小吃展示、围棋擂台赛、政策法规宣传等各项活动。

【宗教工作】 2020年，屏南县委统战部门贯彻落实全国、全省、全市宗教工作会议精神和疫情防控安排部署，推进宗教事务管理法治化。组织开展宗教领域安全隐患大排查大整治专项行动，重点针对建筑安全、消防安全、疫情防控、安全保卫、食品卫生、抵御境外势力等6个方面问题，对全县宗教活动场所69个进行全覆盖摸排。按照新冠疫情防控工作部署要求，县委统战部（民宗局）第一时间组织人员到各乡镇、宗教活动场所、民间信仰场所等开展疫情防控督查工作，发放《关于要求全县宗教及民间信仰活动场所暂停一切大型聚集活动的通知》《告全县信教群众的倡议书》《屏南县民族与宗教事务局通告》600余份。

【非公经济领域统战工作】 2020年，屏南县委统战部门在县内民营企业开展“访民企、帮纾困、助发展”主题调研活动，分4批次走访代表性民营企业23家，收集意见、建议12条，帮助协调解决问题8个。创新驻外党建工作，成立中共屏南县委驻外工作委员会、屏南县驻上海党组织。实施“同心光彩助学”扶贫活动，资助贫困大学生89名共25.70万元。

【侨务统战工作】 2020年，屏南县委统战部门指导成立路下乡凤林村侨联和县内首个社区侨联——古峰镇城东社区侨联和古峰镇城东社区涉侨纠纷人民调解委员会。推动县侨联被省侨联评为省级“侨胞之家”示范点，长桥镇新桥村侨联、路下乡芳院村侨联被省侨联授予省级“侨胞之家”称号，屏城乡村头村侨联被确定为2020年度200家之一的全国侨联系统优秀“侨胞之家”（宁德市唯一上榜），屏城乡村头村被认定为第三批福建省侨乡文化名镇名村。

【台港澳联谊】 2020年，屏南县委统战部门按照市委统战部部署要求，成立“台港澳同胞之家”，发挥台港澳同胞及其亲属桥梁和纽带作用，加强与重点去台人员、二三代台胞及赴台新娘沟通联络，加强屏台旅游、农业、经贸、文化等多领域交流合作。通过乡亲带动、部门联动等方式，开展“台湾青年屏南行”等系列活动，加强屏台青年交流合作。8月，协助省、市台联举办2020年海峡两岸台胞青少年夏令营活动，台湾少年40余人参加此次活动。做好港澳乡情普查工作，成立香港屏南同乡联谊会。对接省台联的创业青年团队，开展小梨洋、漈下村乡村振兴规划工作。

（周鹭良）

台港澳事务

【概况】 2020年，中共屏南县委台港澳工作办公室（简称县委台港澳办）重点做好对台港澳同胞的国家安全工作宣传；落实相关政策，提高对台胞的服务水平，促进台胞企业在新冠疫情后复工复产；创造渠道加强对台港澳的联络交流；做好台湾人才引进工作等。

【国安宣传】 2020年，屏南县委台港澳办强化国家安全意识宣传引导，利用微信群等网络平台宣传国安知识，提高群众维护国家安全和统一意识。

【台胞服务】 2020年，屏南县委台港澳办落实中共中央“31条措施”“26条措施”、福建省“66条实施意见”“融合发展42条”、宁德市“56条措施”“融合发展15条”和屏南县“45条措施”等惠台利民政策措施，以开展“台商台胞服务年”活动为载体，优化对台服务水平。在县台港澳办系统推行“陪伴式服务”模式，相关部门办事窗口开通“绿色通道”，为台胞台企提供快速服务，落实台胞台企同等待遇，支持台胞到屏南发展。联合19家单位更新涉台突发事件联系人台账。主动服务，协调解决台商台胞投诉求助事项5件。开展走访台商台企和部分台属慰问等活动：走访新注册的台资企业福建竑业祥晟农业科技发展有限公司，了解生产经营情况和发展规划，助推企业发展；抓复工复产，落实《宁德市委台港澳办防疫期间联系重点台资企业工作制度》通知精神，推动落实党委和政府出台的相关扶持政策措施，助推台企复工复产；慰问在屏台胞、台属、贫困户159人次，发放帮扶资金和慰问金4.50万元。

【联络交流】 2020年8月22日，屏南县委台港澳办协助由福建省台联和宁德市台联共同举办的2020年海峡两岸台胞青少年夏令营在屏南开展相关活动，来自全省各地的台湾青少年40余人参加，以“龙脉相传、青春中华”为主题，通过红色研学、素质拓展、体验求知等系列活动，开展两岸青少年互动式、体验式交流联谊。拓宽宣传交流渠道。分别建立屏台、港、澳同胞微信群，联络屏南籍在台、在港、在澳乡亲，为其提供宣传中共中央、省、市、县政策的平台；寄送《白水洋乡讯》杂志，推介屏南，吸引台港澳同胞到屏南交流、学习、就业、创业；成立“台港澳同胞之家”，围绕联络联谊、经贸交流、政策服务等开展工作。开展港澳乡情普查，做好香港新选民登记工作，超额完成宁德市安排任务数。加强香港屏南同乡社团建设，入户走访港属，建立在港乡亲微信群，为香港屏南联谊会的成立提供人力基础。经常性与香港屏南同乡会筹备组联系对接，了解掌握同乡会成立进展情况。

【人才引进】 2020年，屏南县围绕“两岸建筑师联合驻村行动”，签约福建禾和教育咨询有限公司台湾团队在寿山村开展乡建乡创闽台合作，以树立提升具有地方产业特色、可持续发展的农业、文化、旅游结合的示范品牌为主要服务内容，开展乡村产业振兴“陪护式”服务。落实台湾人才引进工作，在全县范围内开展摸排工作，向上报审符合条件的人才，与上级部门对接，实时跟踪工作进展情况。通过瑞幸咖啡（屏南）有限公司引进台湾硕士研究生2名。

（周茂鸯）

老干部管理和服务

【概况】 2020年，中共屏南县委老干部局（简称县委老干部局）抓离退休干部“三项建设”（政治建设、思想建设和党组织建设）、发挥作用、服务管理、疫情防控常态化等工作；组织开展离退休干部“为党的事业增添正能量”系列活动，完成屏南县老年大学申报省级达标校评估验收工作；做好离休干部工作精准服务。张书岩、张贤妃、张翠英3人被评为宁德市离退休干部“最美志愿者”。

【落实老干部政策待遇】 2020年，屏南县委老干部局落实为老干部订阅报刊、工作通报、参加重要会议、走访慰问等各项制度。为副处级以上老干部订阅《福建老年报》。春节前夕，县主要领导带队，分片区、分批走访慰问离休干部、“5·12”退休干部及县处级以上退休干部50人，发放慰问金5万元；发放离休干部遗属慰问金44人2.20万元。走访慰问居住顺昌县的“5·12”老干部俞宗英；参加因病离世的离休干部、“5·12”退休干部及县处级以上干部6人的遗体告别仪式；看望慰问生病住院的离退休老干部18人次。9月10日，协调县委、县政府召开工作通报会，向离退休干部通报2020年上半年屏南县经济社会发展情况以及下一步工作思路，听取老干部意见和建议。11月4日，组织离退休老干部参观考察屏南火车站、漈头村菊花产业培植基地等县重点项目。11月20日，为离休干部、“5·12”退休干部8人提交审批护理费22.25万元。12月底，组织身体健康状况尚好的副处级以上离退休老干部列席参加屏南县人大、政协会议。

【精准服务离休干部】 2020年初，屏南县健在离休干部10人，“5·12”退休干部7人，离休干部平均年龄超90岁。完善离休干部、“5·12”退休干部精准服务信息，掌握老干部在医疗护理、紧急救助、精神慰藉等方面需求。按照屏南县委主要领导的指示，9月初，县委老干局书面提请县委、县政府专题研究离休干部、“5·12”退休干部及副处级以上退休干部医疗服务便利化保障有关事宜。9月17日，时任屏南县政府副县长张仁寿主持召开专题会议，屏南县财政局、县医院、县卫健局、县医保局等多个部门负责人参加会议。9月23日，屏南县人民政府印发专题会议纪要，就完善离休干部、“5·12”退休干部及副处级以上退休干部就医服务明白手册内容，建立就医“一对一”联系服务机制，编制并发放医疗服务优先卡和医疗服务明白手册等事宜做出明确要求。9月底，县委老干部局统一为15位离休干部、“5·12”退休干部缴纳城乡居民基本医疗保险个人缴纳费用，并制作社会保障卡发放到老干部手中。

【离退休干部组织生活】 2020年，屏南县委老干部局统筹协调指导屏南县社区及县直单位对离退休干部党支部“双重管理”责任。与屏南县财政沟通，将社区离退休干部党支部活动经费（5万元/年）纳入县年度财政预算。对接屏南县委组织部将离退休干部党组织年缴的党费按80%比例返拨给县直单位及相关社区离退休干部党支部。先后组织召开屏南县离退休干部党建工作推进会议和离退休干部党支部书记工作培训会2次，学习党务知识，部署工作任务，明确具体要求，指导离退休干部党支部书记理清工作思路，做好工作落实，引导老党员发挥模范带头作用。5月，编印《离退休干部党员学习（活动）登记本》1000本，供全县离退休干部支部党员使用。对古峰镇城东社区、佳洋社区两个市级离退休干部党建示范点加强指导。7月，城东社区第二离退休干部支部被评为首批省级离退休干部示范党支部。7月11日，屏南县离退休干部党建工作在柘荣县召开的全市党建工作推进会上作典型经验介绍。

【离退休干部作用发挥】 2020年，屏南县委老干部局在新冠肺炎疫情防控期间引导离退休干部党员创作诗词、书法、绘画、剪纸等作品，讲好防疫抗疫故事，为防控一线工作人员加油鼓劲。4月19日，在离退休干部正能量活动基地屏南耕读文化博物馆内举办“众志成城齐抗疫”诗会，离退休干部为诗会创作近百首诗词作品。屏南县老干部正能量活动基地负责人、2019年获评全国离退休干部工作先进个人张书岩联合县老年大学剪纸专业班在屏南一中新校区举办“众志成城齐抗疫”主题剪纸、拓片作品展，

2020年10月24日，屏南县开展2020年敬老月“弘扬养老孝老敬老传统 共建共享老年友好社会”主题系列活动（县委老干部局 供）

有关“非遗”项目题材的剪纸及拓片首次作为校本教材进入校园。5月，以“同心协力克时艰，众志成城抗疫情”为主题的老年大学学员剪纸作品汇编成册。古峰镇城东社区第二离退休干部党支部在参与新冠肺炎疫情防控及复工复产工作中表现突出，受到县委通报表扬。屏南县离退休干部党支部党员自愿为抗疫捐款6万余元。8月6日，在古峰镇城东社区召开“我看脱贫攻坚新成就”专题调研座谈会，离退休干部党员结合所见所闻、所思所想，撰写专题调研报告。张书岩、张贤妃、张翠英3人被评为宁德市离退休干部“最美志愿者”。

（高贵美）

2020年6月29日，屏南县委党校仙山牧场现场教学基地举行授牌仪式

（县委党校 供）

党校教学与科研

【概况】 2020年，中共屏南县委党校（屏南县行政学校、屏南县社会主义学校）（简称县委党校）完成科研论文10篇，其中刊登于CN类报刊6篇。开办各类培训班9期，受训1080人；宣讲33场，受众1454人。

【干部培训】 2020年，中共屏南县委党校以教学工作为中心，突出党的理论教育和党性教育主课主业地位。在疫情防控形势下，创新教学模式，采用“线上线下相结合”方式，利用师资库和网络平台课题，优化设置培训班课程，专门设置党的理论教育和党性教育单元，进行网络培训。重点推行现场教学、异地教学等互动式教学，深化“一班一策”干部教育培训模式，主动对接县委、县政府中心工作开展培训。全年开办各类培训班9期，受训1080人。其中，主体班2期，受训94人；短期班7期，受训986人。选派教师到乡镇、企事业单位、社区开展中共十九届五中全会、民法典等内容宣讲33场，受训1454人。

【科研工作】 2020年，中共屏南县委党校围绕乡村振兴，文创等县委、县政府中心工作和重大战略部署开展科研工作。出台制度要求每名教师一年要完成论文1篇以上，两年至少在CN类报刊发表论文1篇。全年完成科研论文10篇，其中刊登于CN类报刊6篇。

【师资建设】 2020年，中共屏南县委党校结合线上“学习强国”“网络干部学院”“党员E家”等网络平台自学，更新教师政治理论知识。每位教师轮流开展集体试讲、评讲。选派教师到省委党校、市委党校等院校培训10人次。建立外聘教师师资库，外聘教师5人，党政领导干部到校授课8人。

【教学基地建设】 2020年，中共屏南县委党校继续挖掘资源，打造现场教学基地，在已建成现场教学基地6个的基础上，新建仙山牧场现场教学基地。对现场教学场地布置、图片运用和文字解说等进行统一规范。根据不同班次特点设计不同路线方案，提供教学、食宿、后勤一条龙规范服务。各现场教学点全年承接各类现场教学班次20期，学员838人。

（陆娜娜）

县直机关党务

【概况】 2020年，屏南县直机关工委组织、规划、部署县直机关党的工作，提出加强和改进机关党的建设的意见和建议，研究制定工作规划，指导县直机关各级党组织开展党建工作。培训入党积极分子139人，县直机关党务工作者123人。启动县直机关党组织与88个村党支部开展共建活动，组织党员1180名到社区开展志愿活动。

【机关党员教育培训】 2020年，屏南县直机关工委举办入党积极分子和发展对象培训班2期，培训139人。举办县直机关党务工作及新时代党员干部心理素质提升培训班2期，县直机关各党委书记（副书记）、党支部（总支）书记、党务工作者等123人参加培训。召开2019年度县直机关党组织书记抓基层党建工作述职评议会议。举办机关党组织换届工作业务培训会，培训县直机关党委组织干事。为县直机关和企事业单位党员发放《习近平谈治国理政》第三卷、《习近平在宁德》、《习近平在厦门》、《习近平在福州》等书籍5000余本。征订《中国共产党党和国家机关基层组织工作条例》和《中国共产党国有企业基层组织工作条例（试行）》单行本1800余本。制定《党委党支部各类会议记录格式》汇编本，发放给县直机关各党委、支部400本。

【机关党的组织建设】 2020年，屏南县直机关工委明确分管领导和具体责任人，建立“一月一督促”制度，规范党费收缴管理和使用。开展“软弱涣散”党支部治理，重点督促指导个别落后党支部，加强县直机关基层党支部标准化、规范化建设。下发《关于召开2019年度基层党组织组织生活会和开展民主评议党员的通知》，对党组织生活会的总体要求、关键环节、谈心谈话、述职评议、整改落实等重要环节提出具体要求，加强跟踪指导。明确党员徽章式样、订制和佩戴要求，规范党员徽章管理。

【机关党内监督和党内政治生活】 2020年，屏南县直机关工委重点检查各机关党组织落实民主生活会、组织生活会制度情况，促进民主生活会、组织生活会质量提升；重点督促各党组织落实好“三会一课”（定期召开支部党员大会、支部委员会、党小组会，按时上好党课）。细化党内政治生活工作考核指标，在各机关单位开展机关党建考评和全县绩效考评检查。督查党内政治生活制度落实情况，并将其列入机关党委、党总支书记述职报告内容。

【机关党组织活动】 2020年，屏南县直机关工委组建机关党员应急突击队14支130人，参与新冠疫情防控。牵头发动全县机关党员1748人自愿参与捐款，

2020年12月21日，屏南县举办县直机关党务工作新时代党员干部心理素质提升培训班 （县直机关工委 供）

捐资162626.66元。开展“推进机关和企事业单位党组织与村级党组织共驻共建活动”，启动县直88个机关党组织与88个村支部进行结对共建。开展机关和企事业单位在职党员到居住地社区报到服务工作，完成县直机关88个党组织1180名党员社区报到工作。组织工委党员干部到长汾社区开展综治平安建设活动，发放平安建设“三率”（群众安全感率、平安建设知晓率、执法工作满意率）问卷表和宣传单。开展普法宣传活动，组织召开“百名法学家百场报告会”县直机关专场，邀请屏南县委党校老师作《中国共产党章程》专题学习辅导。与屏南县委宣传部、县教育局等单位联合组织召开《习近平在宁德》等系列采访实录宣讲会暨读者见面会活动。组织全体党员干部到路下乡三万里村开展以“参观红色教育基地，重温入党誓词”为主题的党员学习教育活动，缅怀先烈丰功伟绩，接受红色革命教育。为路下乡芳院村、三万里村，甘棠乡前院村的挂钩贫困户赠送《摆脱贫困》《习近平在宁德》等相关书籍及提供生产扶持资金。

【机关党风廉政】 2020年，屏南县直机关工委制定《2020年屏南县直机关党组织纪委工作要点》。推进机关廉政教育，发放警示教育和党章党纪学习宣传资料280余份。组织开展《中华人民共和国公职人员政务处分法》宣讲活动。以年度绩效考评为抓手，细化机关党组织全面从严治党工作任务，量化分值，组织人员到各单位验收检查。

（陈晓宇）

信访接待

【概况】 2020年，屏南县信访局根据《中共屏南县委办公室 屏南县人民政府办公室关于印发〈屏南县人民政府信访局职能配置、内设机构和人员编制规定〉的通知》文件规定，内设办公室、办信接待股、信访督查股、复查复核股，下设信访接待中心。重点做好治重化积、信访考核和“四门四访”（开门接访、进门约访、登门走访、上门回访）工作机制建设等工作。全年进京、到省、到市、在县信访分别为3批3人次、10批14人次、4批4人次、278批350人次；网诉件占比75.40%。

【群众上访】 2020年，屏南县进京上访3批3人次（无集体访）同比批人次分别下降85%、88.50%；到省信访10批14人次，同比批人次分别上升42.90%、55.60%（集体访1批5人次，同比批人次分别上升100%、100%）；到市信访4批4人次（无集体访）同比批人次均下降33.33%；在县来信来访278批350人次，同比批次、人次分别上升159.81%、95.53%（集体访10批72人次，同比批次、人次分别上升66.7%、67.4%）。网诉件占比75.40%，高于70%，与上年同比上升56.10%。其中，人民网13件，“省长信箱”17件，“市长信箱”17件。

【治重化积】 2020年，屏南县信访局实行“二三四五”（双向排查明底数、三维发力抓落实、四本台账助攻坚、五项措施求实效）工作机制。从纵向和横向分别排查梳理并逐案核对2019年1月1日至2020年6月30日登记受理的重复信访和信访积案纯案。通过纵向属地抓、横向系统抓、多向兜底抓，编织治理化解责任体系，形成三维发力推动问题解决的工作格局。信访部门对国家信访局交办和自行排查的重复信访、信访积案分别建立台账，明确问题清单和交办去向，实行动态管理，做到化解一件销号一件；对每一件重复信访和信访积案的属地属事责任单位建立信访人基本情况台账、治理化解工作台账，明确责任领导、责任人员、化解措施、化解时限，强化责任落实，促进攻坚化解；建立领导包案工作台账，明确包案领导，落实包案责任；乡（镇）信访联席会议建立工作台账，细化实化工作措施，抓好任务落实落地。2020年11月，屏南县制订《解难题、化积案专项行动实施方案》。压实领导包案责任，建立双包双挂双联系工作机制，逐案落实包案领导，推动化解；强化集中治理化解责任单位，承担起化解主体责任，守住法律法规政策底线，依法依规解决问题、化解矛盾；运用信访评理和信访听证、评议评查等办法，对信访人诉求合理性进行评理评议评审评查，解决诉求，理顺情绪，推动案结事了，息诉息访；全程跟踪督办，动态管理，挂图作战，逐案销号，确保化解进度；建立预防和化解矛盾常态化、长效化工作机制，从源头上、根本上减少信访问题发生，对2020年7月1日以后产生的重复信访事项，纳入日常交办范围。全年化解省、市信访积案6件，化解率100%；化解“国重治理”信访件23件，化解率79.3%。

【“四门四访”工作机制】2020年，屏南县信访局建立健全“四门四访”工作机制。开门接访。每周一和重大活动期间确定县党政领导1人到信访局接待群众来访；每月15日为县党政主要领导接访日，即县委书记于单月15日、县长于双月15日，在县社会矛盾排查调处中心接访群众；每月10日在公示栏张贴《关于党政领导接待群众来访活动的公示》，并在县电视台予以公示，公开接访时间、地点、接访领导及接访要求。根据群众可能上访的问题，分门别类，设立接访组6个，县委或县政府主要领导任综合组长，县政府分管领导分任各相关小组长，开展领导干部接访活动。对依法按政策能够当场解决的接访事项，立即做出答复；对不能当场解决的，耐心解释疏导并确定责任单位，向信访人明确答复时限，要求责任单位依法办理并跟踪落实。全年领导干部接访活动接待群众来访54批159人，其中县委书记、县长接访30批94人，均办理反馈。进门约访：县党政领导每季度至少约访一次，乡（镇）党政领导每月至少约访一次。约访定期对疑难复杂和典型性、代表性信访事项以及特殊群体，进行重点或专题调研约访。登门走访：县、乡（镇）党政领导干部视情走访约谈信访人，推动落实“三到位一处理”（诉求合理的解决到位、讲求无理的思想教育到位、生活困难的帮扶求助到位，行为违法的依法处理）要求。厘清信访人生活困难的原因和症结，有针对性地制定帮扶方案，县和属地乡（镇）领导通过结对子帮扶走访等形式，帮助信访人解决实际困难。梳理信访群众、企业、基层关切的堵点、难点、痛点问题，形成问题清单、责任清单、整改清单，确保疏堵点、解难点、化痛点。上门回访：县领导干部对包案接访的信访事项和分管领域的重点信访事项，通过抽查及时跟踪动态，适时上门回访，推动限期办结、息诉息访、案结事了。

【信访工作机制建设】 2020年，屏南县信访部门推进阳光信访工作机制。推进实施信访事项“三见面五告知”（与责任单位领导见面、与信访人见面、与相关的其他当事人见面；受理告知、不予受理告知、延期告知、补正材料告知、撤销信访事项处理意见告知），争取“最多投一次”阳光信访工作机制。8月6日，开

2020年12月15日，屏南县领导接待群众来访　　（县信访局 供）

展“三见面四告知”争取“最多投一次”信访业务规范化建设培训，受训110人。至12月底，全县建立信访评理室171个，坚持“七有”（有牌子、有办公室场所、有办公设备、有工作制度、有工作流程、有评理台账、有评理员人才库）标准，实现县、乡（镇）、村（社区）全覆盖。选聘评理员1860名。乡（镇）信访工作联席会议运行。8月，全县11个乡镇设立信访工作联席会议，乡（镇）党委书记任总召集人，乡（镇）长、人大主席和分管副书记任召集人，下设信访工作联席会议办公室，乡（镇）长兼任办公室主任。建立健全信访工作联席会议工作规则，按照每月召开联席会议1次的要求实体化运作。

【信访考核】 2020年，屏南县制定《屏南县信访考核办法》，将信访基础问题、维护信访秩序、完成年度重点工作、信访工作创新和综合评价纳入考核范畴，并将考评结果纳入综治平安建设和绩效考核管理。

【资金池资金化解信访问题】 截至2020年底，屏南县筹集特殊疑难信访问题资金852.43万元，使用资金501.22万元化解信访问题40件。2020年，筹集特殊疑难信访问题资金158万元，使用资金151.92万元化解信访问题7件。利用特殊疑难信访问题资金池资金49万元购买商业保险，为信访特殊问题［因发生交通事故导致人身伤亡，无法找到责任人或责任人无力赔偿的；发生自然灾害导致居民人身伤亡，伤亡人员经政府、有关部门或机构核实并公布属于救助、抚慰的；政法干部（含政法委、法院、检察院、公安局、司法局、信访局）在从事相关工作过程中遭受意外事故、伤害或下落不明的］投保，发挥商业保险的补偿功能。2017年以来，保险公司理赔5起交通事故82.80万元。

（县信访局）

保密工作

【概况】 2020年，中共屏南县委保密委员会办公室（简称县委保密办）规范机要保密管理。坚持加强宣传教育、强化责任落实、严格保密管理、畅通文件流转，确保国家秘密安全，党政信息安全传输。

【保密宣传】 2020年，屏南县委保密办常态化开展保密宣教工作，制发一批保密宣传资料，组织开展保密法治宣传。为党校青干办学员和税务局党委等举办保密培训会6场，开展各类保密检查39个单位。开展宣传教育活动1次，展出各类法治宣传展板20块，分发各类保密宣传资料1.50万余册，现场解答各类咨询20余人次。全县编发各类保密简报100余份，分发《保密工作指导手册》100余份、保密标志牌500余张。

【保密督查】 2020年，屏南县委保密办以计算机及其网络、中央和省委文件日常保密管理等为重点，加强文件资料及涉密载体的保密管理，加大对重点涉密要害部门、部分文件资料保密管理的督促检查，消除隐患。按照全县保密工作检查反馈意见，抓整改落实。

【保密工作推进】 2020年，屏南县委保密办边组建机构边推进业务，成立县委国安委及办公室，牵头召开情报信息工作部署会议。加强密码业务规范化管理，完善和修订相关规章制度，做好服务保障工作，无一差错。报送信息7篇，演讲比赛稿1篇，演讲视频1份。

（县委保密办）

机构编制

【概况】 2020年，屏南县完成涉改乡镇及县直事业单位职能设置、内设机构和人员编制规定，核定行政编制889名、事业编制（含群团事业）3817名。完成年度公示事业单位法人年度报告年检190家，事业单位法人初始设立登记38家，事业法人变更登记33家。

【机构编制改革管理】 2020年，屏南县围绕“五大振兴”（产业振兴、人才振兴、文化振兴、生态振兴、组织振兴）、传统村落、文创产业和相关重点工作，推进机构改革有关工作。推行事业单位改革，按大保障、大服务方向对职能弱化、职能交叉、重复相近的事业单位进行整合归并，完成涉改事业单位职能设置、内设机构和人员编制规定。精简事业机构128个，精简比例44.40%；精简事业编制225名，精简比例12.80%。6月，印发《屏南县乡镇机构改革方案》。完成11个乡镇党政机关和事业单位主要职责、机构设置和人员编制规定，完成乡镇原有下属事业单位66个的撤销和人员转隶，将人员划转到新设立的33个副科级事业单位。完成县综合执法体制改革，印发屏南县交通运输综合执法大队、农业综合执法大队、文化和旅游市场综合执法大队、市场监督管理综合执法大队的职能配置、内设机构和人员编制规定。调整和明确屏南县融媒体中心、广播电视台、新闻中心、光荣院、救助站、劳动就业服务中心、退役军人事务局、地震工作站、派驻纪检监察机构、巡察综合协调中心、城市管理综合执法大队、公安局、妇幼保健院、中华职业教育社、城建管理监察大队、法律援助中心等单位的机构编制事项。新设立县委综合和政策咨询服务中心、县人民政府综合和金融服务中心、县委基层党群服务中心、县农业技术和农村产业发展中心、县数据信息和重点项目服务中心、县国有资产运营和财政综合服务中心、县招商服务中心、县文创中心等科级事业单位。

【机构编制事项管理】 2020年，屏南县核定行政编制889名。其中，党政群机关行政编制664名，政法系统专项行政编制225名；核定事业编制（含群团事业）3817名。1月13日，县委编委会议研究审议通过《中共屏南县委机构编制委员会工作规则》《中共屏南县委机构编制委员会办公室工作规则》。

【事业单位登记管理】 2020年，屏南县事业单位登记管理局格按照《事业单位登记管理条例》规定，做好事业单位年检和变更登记工作，完成年度公示事业单位法人年度报告年检190家，完成事业单位法人初始设立登记38家，事业法人变更登记33家，补领证书5家，注销登记3家。办理机关统一社会信用代码证书初始变更登记10家，群团单位1家，垂管单位1家。开展事业单位“双随机一公开”（随机抽取检查对象、随机选派执法检查人员，抽查情况及查处结果及时向社会公开）监管，按实施方案要求随机抽取事业法人单位法人9家（按5%的比例），检查人员5人。11月，对抽取的9家单位按抽查内容要求进行现场检查。

【部门权责清单梳理】 2020年，屏南县委编办梳理完善部门权责清单。7月，印发《关于做好权责清单动态调整工作的通知》，要求结合有关部门相关法律、法规、规章变化以及落实上级政府取消、下放、承接行政审批等权责事项情形，全面梳理调整权责清单。8月，县委编办进一步明确企业内设加油站点监管职责分工，县工信局牵头会同县市场监管、公安、应急、生态环境、交通运输等相关部门，建立企业内设加油站点监管协调配合机制，完善、细化各相关部门的工作分工和衔接，建立健全信息共享机制、联合惩戒机制，共同做好企业内设加油站点监管工作。11月，屏南县委编办印发《屏南县乡镇权责清单》，推动乡镇按照权责清单履职尽责。

（县委编办）

党史与方志编研

【概况】 2020年，屏南县委

党史方志室根据《屏南县机构改革实施方案》（屏委办〔2018〕117号）精神，调整优化相应机构和职能，推进机构改革工作，完成党史方志室核编、刻制印章、银行户头设立以及单位办公场所整合等工作。重点做好党史征编、志书编修、年鉴编纂、史志宣传、史志资政、遗址保护、地情研究等工作。

【年鉴编纂】 2020年2月，由中共屏南县委办公室、屏南县人民政府办公室下发《关于做好〈屏南年鉴（2020）〉编纂工作的通知》。3月，《屏南年鉴（2019）》正式出版发行。7月底，完成《屏南年鉴（2020）》稿件收集118篇；8月底，完成编辑初审118篇；9月，交付出版，排版完成；11月完成第一稿校对。

【年鉴业务培训】 2020年5月15日，屏南县在《屏南年鉴（2019）》出版发行之际，举办《屏南年鉴》业务培训会。各乡镇、县直各单位年鉴撰稿人员120余人参加培训。宁德市委党史方志室副主任许立峰做专题授课辅导。

2020年5月15日，屏南县举办《屏南年鉴》业务培训会

（张文芬 摄）

【党史、地情书籍出版】 2020年，屏南县在中国共产党即将成立100周年之际，拟编纂出版《屏南革命故事选编》一书，向党献礼。至年底，完成初稿。编纂关于屏南乡土文化、风俗人情的地情书籍——《古韵屏南》初稿，聘请陈俊孙执笔编纂，从“建县始末”“物华天宝”“文坛掌故”“民俗风情”“传统建筑”“骚人雅韵”“梨园奇葩”“宗教与民间信仰”“诗文荟萃”等方面描绘屏南。

【村史馆建设调查】 2020年，屏南县根据县政协提案《关于尽快组织编写村史资料逐步建立村史馆（室）的建议》的要求，县委党史方志室开展村史馆调研工作。向县财政申请村史馆建设补助资金6万元，对条件相对成熟的村史馆提供部分资金支持。实地调研指导工作，先后在路下乡三万里村和长桥镇柏源村指导村史馆的建设工作，提出加大村史馆资料收集整理力度，挖掘当地特色文化、人文历史，立足村情，突出特色，把村史馆建设与文化建设、思想建设及新农村建设结合起来。

【撤地设市20周年大型成就档案图片巡回展】 2020年11月13－23日，屏南县委党史方志室协同县档案馆在旅游集散中心举办以“二十载砥砺奋进 新时代逐梦扬帆”为主题的宁德撤地设市20周年大型成就档案图片巡回展，展出代表性照片170余幅，分“为牢记嘱托”“党的建设”“脱贫攻坚”“产业发展”“城市变迁”“生态文明”“社会事业”7个篇章，展示宁德市撤地设市以来的发展情况。

【读史用志】 2020年，屏南县委党史方志室通过与外界交流和志书捐赠、交换等形式，对内引进资料，向外推荐屏南。利用年鉴、地情书籍、党史书籍出版发行之际，向全县各单位及兄弟县市党史方志室分发年鉴书籍150余册，与其他县市交换志鉴书籍20余册，接待查阅资料30余人次。完成资料室建设，新增书籍报刊60余种，整理藏书1000余册。

【革命历史纪念馆建设】 2020年5月13日，屏南县革命历史纪念馆开馆，接待县工信局、残联、编办、华侨中学、寿山乡梨后村党支部、商贸通达公司等单位人员，以及县委党校青干班学员参观约800人次。

【革命遗址遗迹调研保护】 2020年，屏南县委党史方志室配合宁德市党史方志室、柘荣党史方志室开展革命遗址遗迹保护调研3次，在路下乡三万里村指导红色记忆馆建设3次，在棠口镇调研新四军六团北上抗日出发地遗址遗迹1次，考察屏南县红色博物馆1次。

【党史文化宣传教育】 2020年，屏南县委党史方志室利用屏南红色遗址开展党史宣传，先后在棠口新四军六团纪念碑，路下仙山牛场闽东北特委、闽东北军分区驻址等地为福建省、宁德市、屏南县领导等开展党史讲解8次。利用“七一”中国共产党建党节开展党日活动，为屏南县委领导、县委党支部成员及相关单位党员宣讲屏南革命史。

（袁莉萍）

档案管理

【概 况】 2020年，屏南县档案馆内设办公室、征收鉴定股、保管利用股、信息技术股。馆藏档案107个全宗，档案87764卷21138件，档案数据化率超过80%。屏南县档案馆加强业务工作，争取资金25万元完善馆库用房，做好安防消防系统安装与档案资料整理；举办全县档案业务培训班；举办“撤地设市20周年大型成就档案图片巡回展”；落实档案查阅利用与接收、档案征集、编研、安全保障等工作，接待查档3100人次，接收档案2244卷。馆内部业务建设评价在全市县级综合档案馆中排名第二，被市档案局评为2020年度全市档案馆基础业务表现突出单位、2020年度全市农业农村建档工作表现突出单位。

【档案查阅与接收】 2020年，屏南县档案馆做好本馆档案查阅与接收工作，与省馆、市馆、福安市档案馆签订跨馆利用服务工作协议，购买公报架、医药箱、雨伞架，提供老花镜与热水，为前来查阅档案信息的机关单位和社会各界人士提供精准的服务，全年接待查阅档案3100人次，复制档案1万余页，接收县民政局婚姻档案进馆2244卷。

【档案征集】 2020年，屏南县档案馆发布档案征集公告与抗击新冠肺炎疫情档案公告，通过征集反映屏南城乡建设变化、屏南社会风俗、文化活动及抗击疫情的档案资料等，收藏历史、展现时代。征集到清代年间地契3张、图书资料（包含家谱）26册、相关照片2000余张。

【图书资料档案整理】 2020年，屏南县档案馆筹集资金，对图书资料室杂乱的资料档案、照片等进行分类、整理、编目、上架，整理资料档案12674件、纸质照片178张、数码照片2548张，裱糊珍贵资料3张。

【档案编研】 2020年，屏南县档案馆成立档案编研队伍，聘请第三届宁德市政协文史研究员1人为档案馆档案编研研究员，加强全馆干部职工编研知识培训。档案馆与屏南县民族宗教事务局合作，编研出版书籍《屏南民间信仰》一书。

【档案安全管理】 2020年，屏南县档案馆争取县委、县政府支持，投入资金，做好安防消防系统安装，建立总控室，涵盖视频监控、电子巡查、温湿度调控与记录、防盗报警、火灾报警等系统，配齐档案消毒柜、防磁柜、灭火器等。

【档案业务培训】 2020年，屏

2020 年 1 月 17 日，屏南县举办全县档案业务培训班

（县档案馆 供）

南县档案局、馆邀请中共宁德市委办公室档案业务指导科人员在屏南培训档案基础知识和文书档案、科技档案等知识，全县重点建设项目单位、县直各单位、乡镇档案专（兼）职人员及乡镇分管领导 120 余人参加培训。

【档案监督指导】 2020 年，屏南县档案局、馆不定时组织档案业务骨干，先后到屏南县应对新型冠状病毒感染肺炎疫情工作指挥部、“不忘初心、牢记使命”主题教育办、熙岭乡人民政府等单位指导档案业务。

【档案法制宣教】 2020 年，屏南县档案馆围绕“档案见证脱贫‘战疫’”主题开展“6•9”国际档案日宣传活动。通过挂横幅、发放宣传资料、微信转发、网站宣传等形式，进行档案法制、档案小知识等方面宣传。参与在漈头村开展的“6•9”国际档案日“档案助力脱贫攻坚”省市联动直播宣传活动，首次以直播方式宣传档案工作。

【档案图片巡回展】 2020 年，屏南县档案局、馆以“二十载砥砺奋进 新时代逐梦扬帆”为主题，在屏南耕读文化博物馆举办“撤地设市 20 周年大型成就档案图片巡回展”。巡回展持续 11 天，展示展板 80 块，有关学校学生和 38 个支部观看展览。

（姚丹梅）

屏南县人民代表大会

综　述

2020年，屏南县人民代表大会常务委员会（简称县人大常委会）机关下设办公室、人事代表工作室、监察和司法工作委员会、财政经济工作委员会、环境与城乡建设工作委员会、教育科学文化卫生工作委员会、民族华侨台胞工作委员会和农村经济工作委员会（均为正科级机构），信访办公室（副科级机构），人大代表培训中心（股级事业单位）。屏南县第十七届人民代表大会设立社会建设委员会（设科级专职副主任委员）、监察和司法委员会专门委员会。县人大常委会召开常委会会议7次，听取和审议专项工作报告12项，“一府两院”（政府、法院、检察院）专题工作报告8项，开展法律法规执法检查3项，作出决议决定11项，依法任免国家机关工作人员17人次。

重要会议

【县第十七届人民代表大会第五次会议】　2020年12月28—30日，屏南县第十七届人民代表大会第五次会议召开。会议听取和审议屏南县人民政府工作报告；审查屏南县国民经济和社会发展第十四个五年规划及二〇三五年远景目标纲要草案报告、屏南县2020年国民经济和社会发展计划执行情况与2021年国民经济和社会发展计划草案报告、屏南县2020年预算执行情况和2021年预算草案报告；听取和审议屏南县人民代表大会常务委员会工作报告、屏南县人民法院工作报告、屏南县人民检察院工作报告；

2020年12月29日，屏南县第十七届人民代表大会第五次会议开幕

（县人大常委会办公室　供）

表决通过屏南县人民政府工作、“十四五”规划和二〇三五年远景目标纲要、计划、预算报告和县人大常委会、县人民法院、县人民检察院工作报告七个决议。会议选举魏宏峰、李章通为屏南县人民政府副县长，选举陈剑峰为屏南县监察委员会主任。

【县第十七届人大常委会第二十六次会议】 2020年2月28日，屏南县第十七届人大常委会第二十六次会议召开。会议传达学习习近平总书记关于疫情防控工作的重要讲话和指示精神与中央和省、市、县委关于疫情防控工作会议精神，听取县统计局负责人述职报告，审议通过有关任免事项。

【县第十七届人大常委会第二十七次会议】 2020年4月30日，屏南县第十七届人大常委会第二十七次会议召开。会议听取和审议县人民政府关于统筹推进新冠肺炎疫情防控工作情况的报告、关于提请审议屏南县2020年预算调整方案（草案）的议案，县人大常委会执法检查组关于《中华人民共和国野生动物保护法》与《中华人民共和国动物防疫法》实施情况检查报告；听取县人民政府关于2019年全县环境状况及环境保护目标完成情况的报告、关于屏南县城区应急备用水源龙虎岔电站水库引水工程建设情况的报告、关于企业复工复产情况的报告；表决通过县人大常委会关于批准屏南县2020年预算调整方案的决议及有关任免事项。

【县第十七届人大常委会第二十八次会议】 2020年6月30日，屏南县第十七届人大常委会第二十八次会议召开。会议传达第十三届全国人民代表大会第三次会议精神，听取和审议县人民政府关于推进全域化旅游工作情况的报告、县第十七届人民代表大会常务委员会代表资格审查委员会关于部分代表的代表资格的报告，听取县人民政府关于推进少数民族乡村振兴工作情况的报告、县卫生健康局负责人述职报告，审议通过有关任免事项。

【县第十七届人大常委会第二十九次会议】 2020年8月28日，屏南县第十七届人大常委会第二十九次会议召开。会议听取和审议县人民政府关于屏南县养老事业工作情况的报告和关于2020年1—6月国民经济和社会发展计划执行情况的报告、2019年县本级决算（草案）的报告和2020年上半年预算执行情况的报告、2019年度县本级预算执行和其他财政收支的审计工作报告、全县公安工作情况的报告，以及县人大常委会执法检查组关于《宁德市城市停车场建设管理条例》实施情况的检查报告；听取县人民政府关于霍童溪流域保护工作情况的报告、县人民检察院关于公益诉讼工作情况的报告，听取县工业和信息化局、县城市管理局负责人述职报告；表决通过县人大常委会关于批准屏南县2019年县本级决算的决议。

【县第十七届人大常委会第三十次会议】 2020年10月30日，屏南县第十七届人大常委会第三十次会议召开。会议听取和审议县人民政府关于提请审议屏南县2020年预算调整方案（草案）的议案、关于提升初高中教育质量工作情况的报告，县人大常委会执法检查组关于《中华人民共和国慈善法》实施情况的检查报告；听取县人民政府关于2020年政府债务管理情况的报告、县人民法院关于未成年人审判工作情况报告、县退役军人事务局负责人述职报告；表决通过县人大常委会关于批准2020年县本级预算调整的决议；审议通过有关任免事项。

【县第十七届人大常委会第三十一次会议】 2020年12月4日，屏南县第十七届人大常委会第三十一次会议召开。会议听取和审议县人民政府关于屏南县“十四五”规划编制情况的报告、关于审计发现问题整改落实情况的报告、关于县十七届人大四次会议代表建议办理情况的报告，县人大常委会关于县十七届人大五次会议安排意见的报告；

听取县人民政府关于乡村振兴工作情况的报告；审议并表决通过县十七届人大五次会议议程（草案），决定提请县十七届人大五次会议预备会议通过；审议并通过县人大常委会工作报告（稿），决定提请县十七届人大五次会议审议；作出关于召开县十七届人大五次会议的决定、县十七届人大五会议列席会议人员安排原则的决定。

【县第十七届人大常委会第三十二次会议】 2020 年 12 月 25 日，屏南县第十七届人大常委会第三十二次会议召开。会议听取和审议县第十七届人民代表大会常务委员会代表资格审查委员会关于部分代表的代表资格的报告；审议并表决通过县十七届人大五次会议主席团和秘书长名单（草案）、财政经济审查委员会组成人员名单（草案）、议案审查委员会组成人员名单（草案），决定提请县十七届人大五次会议预备会议通过；听取和审议并表决通过关于接受魏宏峰辞去屏南县监察委员会主任职务请求的决定；作出关于调整县十七届人大五次会议召开时间的决定；审议通过有关任免事项。

主要工作

【人大监督】 2020 年 4 月，屏南县人大常委会组成调研组，到屏南县总医院、疾控中心、古峰社区卫生服务中心、棠口卫生院、城东社区、祥兴医疗器械有限公司调研屏南县新冠肺炎疫情防控工作情况；6 月，调研白水洋鸳鸯溪、北墘、双溪等全域旅游重点景区景点全域化旅游工作推进情况；8 月，调研双溪镇敬老院、乾源村幸福院、屏南益泰养老有限公司、屏南孝心养老服务中心等屏南县养老服务工作，调研古峰镇、双溪镇、棠口镇、长桥镇等乡镇县公安机关维稳安保、打击犯罪、服务中心、创新改革、队伍建设等情况；9—10 月，调研古田一中、古田玉田中学和屏南县内教研机构、部分学校等初高中教育教学质量情况。

【执法检查】 2020 年，屏南县人大常委会组成执法检查组。3—4 月，检查组在屏南仙山市级自然保护区、屏南宜洋鸳鸯猕猴自然保护区及县城屠宰场、中心农贸市场等地，开展《中华人民共和国野生动物保护法》及《中华人民共和国动物防疫法》实施情况执法检查；7 月，在高速路口停车场、水景公园停车场、一中立体停车场、农贸市场周边、中心片区地下停车场等地，开展《宁德市城市停车场建设管理条例》实施情况执法检查；9 月，在县慈善总会、育才教育发展基金会、红十字会、县慈善超市等地，开展《中华人民共和国慈善法》实施情况执法检查。

【代表和信访】 2020 年，屏南县人大常委会继续指导乡镇做好人大代表联系群众活动室的规范化建设。全县建立代表小组 33 个，活动室 15 个。组织部分市县人大代表前往古田县异地视察。十七届人大四次会议收到代表议

2020 年 4 月 1 日，福建省人大常委会党组副书记、副主任雷春美（第一排左）一行到屏南检查工作 （县人大常委会办公室 供）

2020年9月10日，福建省人大常委会党组副书记、副主任黄琪玉（前排左三）一行到屏南调研　（县人大办　供）

案、建议、批评和意见62件，交由县人民政府办理，将涉及城区安全供水、背街小巷提升改造、农业产业化发展、道路受损修复工程、校园及周边“五毛食品”整治、红色旅游发展、青少年法治教育、优化城区交通组织规划等9件代表建议作为重点督办建议，62件建议在规定时间内全部答复代表。受理群众来信来访21件次。

【上级人大在屏调研视察】 2020年1月7日，福建省人大常委会委员、农业农村工委主任陈则生一行在屏开展挂钩帮扶重点村调研。3月10日，宁德市人大常委会副主任、秘书长、市人大社会委主任委员章允斌一行在屏南开展新冠肺炎疫情防控和经济社会发展情况调研。3月31日至4月1日，福建省人大常委会党组副书记、副主任雷春美一行在屏南检查《中华人民共和国野生动物保护法》《福建省实施〈中华人民共和国野生动物保护法〉办法》实施情况，市领导金敏、章允斌、吴允明陪同检查。6月3日，福建省人大常委会副主任檀云坤一行在屏南督办省人大代表关于加快补齐短板促进福建省养老事业高质量发展的建议，市领导章允斌陪同调研。6月18日，福建省人大常委会委员、农业农村工委主任陈则生一行在屏南开展挂钩帮扶重点村工作调研。6月24日，福建省人大常委会委员、监察司法委副主任委员、监察司法工委主任朱淑芳一行在屏南开展《福建省法治宣传教育条例》实施情况调研，市领导冯桂华陪同调研。7月28—29日，福建省人大社会委副主任委员、省人大财经委委员张炯佳一行在屏南开展党建结对共建活动。7月29日，宁德市人大常委会党组副书记、副主任、一级巡视员许青云一行在屏南检查《宁德市城市停车场建设管理条例》实施情况。9月7日，宁德市人大常委会副主任陈梅一行在屏南调研科技进步工作情况。9月9—10日，福建省人大常委会党组副书记、副主任黄琪玉一行在屏南调研挂钩帮扶工作，召开座谈会了解挂钩包案联系化解信访积案处理情况，听取屏南县扶贫工作情况汇报，市领导金敏陪同调研。12月22—23日，宁德市人大常委会副主任冯桂华一行在屏南征求对《市人大常委会工作报告（征求意见稿）》的意见。

（张爱萍）

屏南县人民政府

综述

【概况】 2020年，屏南县位于福建省东北部，清雍正十二年（1734年）建县，县域面积1487平方千米，辖5个镇6个乡152个行政村、8个社区，总人口189529。屏南基本县情可以概括为“四县”：一是革命老区县，屏南是福建省26个重点苏区县之一，叶飞等老一辈革命家曾在这里战斗过，从第一次国内革命战争至1949年底，20多年革命火种不灭，党的组织和革命武装从未中断，被誉为“红旗不倒县”。二是高山生态县，拥有独特的生态气候优势，平均海拔830米，森林覆盖率76.82%，林木绿化率77.16%；年平均气温16.4℃，冬无严寒，夏无酷暑，素有“天然大空调”之称，被列入国家重点生态功能区、省级生态县、省十佳林业县，是全省少数保持水、大气、生态环境质量均为优良等级的县份之一。三是风景名胜县，拥有世界地质公园、国家级风景名胜区、国家AAAAA级景区白水洋·鸳鸯溪及AAA级景区（漈头古村落旅游景区、北墘黄酒文化旅游景区、双溪旅游景区）、国家森林公园天星山等，被列入国家绿色旅游示范基地、国家红色旅游经典景区、中国传统村落文化创意产业发展示范县、国家东部生态文明旅游区、国家全域旅游示范区等创建名单，是福建省全域化旅游试点县。四是文化厚重县，屏南是中国木拱廊桥文化之乡、中国民间文化艺术之乡、中国民间武术文化之乡、中国红糊黄酒文化之乡；境内保存古代廊桥56座，万安桥是全国现存最长的古代木拱廊桥，木拱桥传统营造技艺被列入世界急需保护的非物质文化遗产名录，万安桥、千乘桥、百祥桥、漈下建筑群入选全国重点文物保护单位；四平

2020年8月9日，屏南县长柳岳（右一）在线直播推荐屏南农副产品（县政府办 供）

戏、平讲戏、双溪铁枝入选国家非物质文化遗产代表作名录；双溪镇、漈下村、漈头村入选中国历史文化名镇名村；北墘、厦地、棠口、漈头、漈下等村和双溪古镇，以及屏南木拱廊桥被列为中国传统建筑文化旅游目的地，22个村入选中国传统村落。此外，屏南还是福建省26个重点侨乡之一，是全国农村改革试验区、全国金融扶贫示范县、全国土地承包经营权抵押贷款试点县、全国民间药膳示范县、全国开展美好环境与幸福生活共同缔造活动第一批试点县和省扶贫开发重点县、省新型城镇化试点县、省农村电子商务示范县等30余个国家级、省级试点县、示范县等。

【经济社会发展概况】 2020年，屏南县实现地区生产总值91.84亿元，社会消费品零售总额38.86亿元，实际利用外资0.34亿元，一般公共预算总收入6.07亿元，下降8.70%，地方一般公共预算收入3.94亿元，下降8.90%。城镇居民人均可支配收入3.10万元，农村居民人均可支配收入1.72万元。

【农业经济】 2020年，屏南县实现农林牧渔业总产值28.78亿元，增长6.4%。完成水稻功能区建设4133.33公顷，新增补充耕地54公顷，稳定粮食产量4.63万吨。花卉苗木种植面积突破666.67公顷，全产业链产值突破3亿元。引进上市公司傲农集团，建成全省最大的单体生猪养殖场。新增市级农业龙头企业8家、“三品一标”（无公害农产品、绿色食品、有机农产品和农产品地理标志）认证产品11个，“屏南高山花菜”获评全国名特优新农产品；屏南县入选省级农产品质量安全试点县、黑山羊特色养殖优势区名单。

【工业经济】 2020年，屏南县完成工业投资11亿元，同比增长50.50%，技改投资4.20亿元，同比增长41%。基本建成甘棠板式家具产业园，时代新材料一期、瑞幸咖啡、德茂无纺布、东峰尖和灵峰风电以及谊邦等3家板式家具建成投产，全年新增规上工业企业5家；签约产业项目16个，总投资37.30亿元，实现“当年签约、当年建设”项目12个，签约项目落地率85.70%。

【第三产业】 2020年，屏南县接待游客302.16万人次，旅游综合收入26.67亿元。新增限上商贸企业和大个体12家，新引进中网数信、森莱信息等平台企业5家，全年线上交易额20.20亿元、网络零售额5.40亿元。建成新时代乡村影视文化产业园，引进影视文化公司52家。

【项目建设】 2020年，屏南县新增“五个一批”（谋划一批、签约一批、开工一批、投产一批，增资一批）项目104个，总投资150亿元。累计投入交通基础设施建设资金11.70亿元，实现衢宁铁路正式通车，完成双溪至寿山、中共闽东北特委驻地旧址至237国道、上楼至922县道等建设，公交枢纽应急指挥中心项目建成并投入使用。

【城市建设】 2020年，屏南县新增污水管网7千米、供水管网3千米、燃气管道8.60千米，城市公厕6座、停车位150个、充

2020年2月，屏南县火车站站前广场及通站路 （县政府办 供）

电桩50个，提升改造一批公交候车亭。实现东湖公园和古峰镇老旧小区改造，东区污水一体化泵站项目投入使用。推进城区供水加压泵及配套管网、麓山园南区改造、龙虎岔应急备用水源工程、城区污水处理厂二期扩建及配套管网等市政工程建设。

【社会事业】 2020年，屏南县投入教育、医疗卫生、养老等民生事业5.80亿元。建设完成农村幸福院21个，实现社会福利中心，双溪、路下、代溪、甘棠乡镇敬老院社会化运营，城乡居民医疗保险参保率99.90%，城乡居民养老保险参保率98.40%。实现城乡低保标准一体化，低保标准提高至每人每年7152元。发放稳岗补贴企业83家，新增城镇就业805人，城镇登记失业率3.40%。

【民生保障】 2020年，屏南县全年筹集资金584万元启动实施困难群众老旧住房电气线路改造，惠及贫困户、低保户、五保户1050户。落实河湖长制，主要流域水质稳定Ⅲ类以上。完成生态保护红线评估调整和榕屏化工厂功能化交账销号，治理水土流失面积250公顷、生态修复废弃矿山15公顷、植树造林733.33公顷。

【疫情防控】 2020年，屏南县率先建立疫情防控“八个全覆盖”（风险人群排查全覆盖，重点领域核酸检测全覆盖，防控知识宣传全覆盖，网格化管理全覆盖，往返人员严查全覆盖，冷冻食品安全排查全覆盖，人居环境整洁全覆盖，巡逻劝导全覆盖）防控机制和“四个一”（“一条心”抓带头、“一张网”抓防控、“一盘棋”抓统筹、“一竿子”抓到底）协调机制，组织党员干部4900人下沉村居、卡口一线，充实基层防控力量；筹措资金7000万元，用于采购口罩、防护服、负压救护车等防疫物资和建设隔离点、负压病房、PCR实验室等防治场所，实行中高风险地区和境外入屏南人员全闭环管理，阻断疫情输入，维护全县“零疑似”“零确诊”局面。出台支持中小微企业发展共渡难关系列措施15条、项目复工措施5条，实行“五个一”（一名领导干部、一个服务专班、一套工作方案、一套支持政策、一个调度平台）工作机制，发放纾困贷款5925万元，减免承租国有资产的企业和个体工商户租金215万元，退还企业应缴社保费用163万元，重点项目、规上企业率先在全市全面复工复产。

（林承龙）

县政府常务会议

1月15日，屏南县政府县长柳岳主持召开县政府常务会议，研究讨论《屏南县人民政府、福建森莱科技信息有限公司协议书（送审稿）》等事宜。

2月23日，屏南县政府县长柳岳主持召开县政府常务会议，研究城区应急备用水源引水工程、安全生产、2020年省市县重点项目和重点工作、食品安全等事宜。

3月12日晚，屏南县政府县长柳岳主持召开县政府常务会议，研究审议《屏南县消防救援队伍职业保障机制（送审稿）》、收回宁德市交通投资集团有限公司位于“清水亭”处国有建设用地使用权、生态环境保护等事宜。

4月2日，屏南县政府县长柳岳主持召开县政府常务会议，研究审议《屏南县2020年农村相对贫困综合治理试点工作实施方案（送审稿）》，屏南县政府与福建特医医药贸易有限公司、福建福惠医药科技有限公司、福建宏进商务咨询有限公司签订协议书等相关事宜。

4月23日，屏南县政府县长柳岳主持召开县政府常务会议，研究《2020年县委县政府为民办实事项目方案（送审稿）》《屏南县2020年农村人居环境整治工作要点（送审稿）》，县政府与福建省建筑科学研究院有限责任公司战略合作框架协议等事宜。

5月28日晚，屏南县政府县长柳岳主持召开县政府常务会议，研究《屏南县国土空间总体规划编制工作方案（送审稿）》《汽车零部件及配件制造生产项目投资协议书（送审稿）》《宁德市大创傲农生态农业科技有限公司投资协议书（送审稿）》《屏南县电商农产品贸易项目建设招商引资合作协议书（送审稿）》等事宜。

6月9日，屏南县政府县长柳岳主持召开县政府常务会议，研究《屏南县人民政府关于扶持屏南县旅游民宿产业发展的实施意见（暂行）（送审稿）》《屏南县人力资源服务产业园优惠政策（送审稿）》、棠口千亩花卉产业园建设项目、林业碳汇项目等事宜。

7月9日，屏南县政府县长柳岳主持召开县政府常务会议，研究讨论《屏南县水资源配置规划（送审稿）》《福州多芬园艺有限公司与棠口花卉产业生产基地建设项目投资合作协议书（送审稿）》《全县安全生产专项整治三年行动实施方案（送审稿）》《电商加工产业园项目投资协议（送审稿）》等有关事宜。

8月4日，屏南县政府县长柳岳主持召开县政府常务会议，研究讨论《关于抓好“三农”领域重点工作确保如期实现全面小康的实施意见（送审稿）》《屏南县进一步优化产业结构推动绿色发展工作方案（送审稿）》《屏南县在城乡人居环境建设和整治中开展美好环境与幸福生活共同缔造活动实施方案（送审稿）》《电商加工产业园项目投资补充协议（送审稿）》《屏南县林业碳汇项目合作开发协议（送审稿）》等事宜。

8月12日，屏南县政府县长柳岳主持召开县政府常务会议，研究讨论《屏南县公共服务中心及廉政文化中心建设PPP项目实施方案（送审稿）》。

8月27日，屏南县政府县长柳岳主持召开县政府常务会议，审议《关于建立屏南县招商工作联席会议制度的通知（送审稿）》《屏南县招商优惠政策（送审稿）》《屏南县招商流程（送审稿）》《屏南县招商工作正向激励措施（送审稿）》《屏南县关于加强国有企业管理的若干意见（送审稿）》《屏南县影视产业发展扶持办法（试行）（送审稿）》《屏南县新时代乡村影视文化产业服务平台、新时代乡村影视文化产业园建设合作协议（送审稿）》《屏南县移民旅游创业园整体招租（租赁权拍卖）方案（送审稿）》等事宜。

9月29日，屏南县政府县长柳岳主持召开县政府常务会议，研究讨论《屏南县扎实做好“六稳”工作落实“六保”任务的实施方案（送审稿）》《屏南县“菜篮子”县长负责制考核办法实施细则及分工方案（送审稿）》《屏南县天宇城市建设投资有限责任公司与福建工程建设监理有限公司战略合作框架协议（送审稿）》等事宜。

11月9日，屏南县政府县长柳岳主持召开县政府常务会议，审议《福建省宁德市屏南县城乡供水一体化规划报告（报批稿）》《屏南县工业园区整合提升实施方案（送审稿）》《屏南县农村生活污水专项治理规划（2020—2030年）（送审稿）》《屏南县人民政府和中国人民大学可持续发展高等研究院、西南大学中国乡村建设学院、福建农林大学经济学院（海峡乡村建设学院）战略合作协议（送审稿）》等事宜。

11月26日，屏南县政府县长柳岳主持召开县政府常务会议，审议《屏南县国民经济和社会发展第十三个五年规划收官情况发布工作方案（送审稿）》《屏南县农村生活污水治理设施运行维护管理办法（试行）（送审稿）》《屏南县人民政府防汛抗旱指挥部工作规则（送审稿）》《屏南县乡镇权责清单（送审稿）》等事宜。

12月15日，屏南县政府县长柳岳主持召开县政府常务会议，研究审议《屏南县2020年国民经济和社会发展计划执行情况与2021年国民经济和社会发展计划草案的报告（送审稿）》《屏南县国家生态文明建设示范县规划（2020—2025年）（送审稿）》《新能源AP项目投资协议（送审稿）》《政府工作报告（送审稿）》《2020年预算执行情况及2021年预算草案（送审稿）》等事宜。

12月27日，屏南县政府县

长柳岳主持召开县政府常务会议，研究《屏南县国民经济和社会发展第十四个五年规划和二〇三五年远景目标纲要（送审稿）》。

政府办事务

【政务督查】 2020年，屏南县政府办创新督查方式、加大督查力度、严格督查问效。全年发出督办单51份，参与精准扶贫、创建文明城市、两违治理、重点项目建设、疫情防控等现场督查50余次，编辑《督查专报》27期，编辑《项目进展情况通报》9期。开展明察暗访督查及会风会纪等督查30余次。承办市人大代表建议6件，办理县人大代表建议62件、县政协委员提案59件，办复率、满意及基本满意率均为100%。

【机关效能建设】 2020年，屏南县机关效能建设落实“基层减负年”精神，执行《屏南县2020年度督查检查考核计划》。县机关效能办与县委督查室、县政府督查室协作，形成大督查格局。落实重点项目和重点工作督促机制，发出督办单38份，参与疫情防控、精准扶贫、重点项目建设、人口普查、“互联网+监管”、为民办实事项目等督查。开展会风会纪督查30余次，发现问题48人次。通过远程视频监控系统督查与明察暗访，督促行政服务中心窗口工作人员遵守纪律。完善绩效管理。成立屏南县绩效管理工作考评领导小组，负责考评工作的组织指导、统筹协调和考评核验、审定工作。加强对被考评单位年度绩效目标执行情况的监督检查、协调和评估。研究分析市对县绩效管理考评指标进展情况，召开指标运行调度会，督促承担市对县绩效管理考评指标工作的牵头落实单位和数据采集责任单位加强对所负责指标运行情况的监督检查。县机关效能办加大绩效察访力度。抓“12345”便民服务平台管理。开展践行优良传统作风，提升“12345”便民服务群众满意率“1+2+X”专项行动，督促部门履职。县“12345”便民服务平台受理有效诉求件1351条，办结1331条，在办20条，受理率100%，及时查阅率100%，按时办结率100%，反馈回复率100%，群众满意率99.77%。

【后勤管理】 2020年，屏南县政府办规范各项后勤工作管理，全年组织县政府、办公室各类工作会议150余次。其中，县政府常务会议16次，县长办公会议20次，专题会议110次，完成市委、市政府工作检查等大型活动。

【应急值守】 2020年，屏南县重视应急值守工作，制定出台县级应急预案142个。其中，总体应急预案1个，专项应急预案19个，部门应急预案122个。坚持24小时值班制度，做好信息报告、值班值守等工作，处置突发事件，全年上报突发事件信息40余条。

【金融风险防范】 2020年，屏南县定期召开金融风险防控化解

2020年3月，屏南县召开金融风险防控工作座谈会

（林春燕 摄）

专题会议，加大对金融机构落实压降督查力度，建立困难企业分类名单库，采取“一企一策”，通过无还本续贷、重组上迁分类帮扶；综合运用延缓追偿、分摊担保责任、部分代偿后免除担保责任、担保替换、以物抵债、打包转让等方式，处置化解不良贷款，不良贷款率（不含榕屏化工）下降至0.92%。

【办公办文】 2020年，屏南县政府办起草印发县政府及办公室文件505件、县政府会议纪要146件，接收上级文件1421份，处理上级明传电报1532份，先后起草《政府工作报告》等综合性材料200余篇。编辑《屏南政讯》12期，上报信息1380条，省市级以上采纳220多条。持续强化政府门户网站建设，发挥窗口作用，强化政务信息公开化、透明化，全年在政府门户网站发布主动公开文件690件，答复县长信箱83次。

行政审批和公共服务

【概况】 2020年，屏南县行政服务中心进驻部门38个、行政审批和公共服务事项1115个。深化“放管服”（简政放权、放管结合、优化服务）改革，落实“一趟不用跑”和“最多跑一趟”，推进行政审批公共服务“一窗受理”“一件事”套餐服务。全年受理各类行政审批服务事项12.70万件，办结率100%。

【“一趟不用跑”改革】 2020年，屏南县行政服务中心推行“三减一缩”（各类行政审批和公共服务事项减程序、减环节、减要件，压缩时限），实现企业群众办事“一趟不用跑”。全程网办事项439个，“一趟不用跑”事项491个。实现企业开办3个环节1个工作日完成，不动产登记时限压缩至4个工作日，抵押登记办理时限压缩至3个工作日，部分抵押登记事项现场办结等目标。

【“一窗受理”“一件事”套餐服务】 2020年，屏南县行政服务中心以企业和群众“办成一件事”为导向，重新整合实体大厅，分类设置综合服务窗口，推行综合窗口“同窗通办”，推进“一件事”套餐服务，形成“一窗受理、一次告知、一套材料、一次提交、一次反馈、一次分办”办理模式，梳理推行“一件事”服务事项16项。

【线上线下融合办理】 2020年，屏南县行政服务中心推动“网上办”、鼓励“掌上办”、推广“自助办”、开通“邮寄办”。群众和企业可以通过省网上办事大厅、闽政通App、微政务平台服务终端等，进行预约、取号、申报、缴费、登记、咨询等服务。在办事大厅设置医管、社保、出入境、税务、市管、公积金政务自助终端，方便自助办事。对生产疫情防控所需物资的新上投资项目开通“绿色通道”“马上就办”。推动各入驻单位归集、应用电子证照，凡可通过线上受理的事项

2020年2月，屏南县行政服务中心工作人员引导群众办事

（吴灼之 供）

不再要求服务对象到现场提交，凡可通过电子证照共享获取的材料，不再要求申请人重复提交。行政服务中心办事大厅疫情防控常态化，入口处执行“亮码 + 测温 + 戴口罩”管控模式；每日对办事大厅、电梯间等公共场所进行清洁、消毒、通风。全年为窗口工作人员分发口罩3.25万个。

【工程建设项目审批制度改革】2020年，屏南县受理工程建设项目审批事项485件，办结422件，其中新建工程建设项目171个。精简取消申请材料8个，合并办理事项2个，承接省下放审批事项1个。按照“一家牵头、一口受理、并联审批、限时办结”工作机制要求，设立工程建设项目审批综合服务窗口，统一收件、发件，并提供业务咨询等服务。

（吴灼之）

公共资源交易

【概 况】2020年，屏南县公共资源交易中心完成交易项目476个，交易金额13.95亿元。其中建设工程招投标项目、政府采购、“阳光平台”施工摇号项目9.18亿元，节约资金0.68亿元；土地使用权和矿业权出让项目、国有产权交易项目交易金额4.77亿元，增值0.14亿元。

【全流程电子化交易】2020年，屏南县公共资源交易中心建设统一评标专家电子签名系统，实现全省评标专家电子签名统一。

【远程异地评标】2020年，屏南县公共资源交易中心按省市工作部署要求，做好应对新冠肺炎疫情期间招投标工作，制订防控预案，通过远程评标，保障工程建设项目招投标等各类交易活动正常进行，促进各类项目建设和生产企业开工复工复产。疫情防控期间，完成建设工程招标项目3个。

【收费改革】2020年，屏南县公共资源交易中心根据《关于进一步规范公共资源交易平台运营管理的通知》《关于规范公共资源交易平台建设运营管理会议纪要》（福建省公共资源交易管理办公室专题会议纪要）文件要求，从9月18日零时起（以招标公告发布时间为准），全面停止收取各类交易服务费。

【涉密政府采购】2020年，屏南县公共资源交易中心按照《涉密政府采购管理暂行办法》文件要求，开展涉密政府采购。

（吴灼之）

政协屏南县委员会

综　述

2020年，政协屏南县委员会（简称县政协）履行政治协商、民主监督、参政议政职能，参与屏南县大政方针的制定与实施，落实党的统战政策，促进社会和谐稳定发展。县政协设置综合办事机构2个（办公室、研究室），专门委员会7个（提案委员会、经济与人口资源委员会、农业和农村委员会、教科卫体委员会、文化文史和学习委员会、社会法制委员会和港澳台侨联络与民族宗教委员会），下设屏南县政协委员培训中心。2020年，屏南县政协相继召开政协第十届屏南县委员会第五次会议、县政协十届常委会等，听取、审议有关报告，并就相关有关工作提出建议意见。服务重点项目建设，助推乡村振兴事业，推动东区旅游生态城、国际家居建材城、瑞幸咖啡烘焙基地、中心片区、工业园区、招商引资、清理民间标会等重点项目和重点工作；围绕“产业振兴、人才振兴、文化振兴、生态振兴、组织振兴”五大主题，组织委员开展调研视察、专题协商、挂钩帮扶等工作；委派政协委员30人组成民主监督员小组10个，担任有关部门的民主监督员；做好提案工作，委员提案立案59件，全部办结或答复；反映社情民意，编发和上报社情民意30期；配合上级政协来屏调研视察7次；推进与港澳台同胞、海外侨胞以及社会各界人士的联系交流。

重要会议

【全体会议】 2020年12月27—30日，政协第十届屏南县委员会第五次会议召开，会议听取和审议政协第十届屏南县委员会常务委员会工作报告，政协屏南县委员会常务委员会关于十届四次会议以来提案工作情况报告，政协第十届屏南县委员会提案委员会关于十届五次会议提案审查情况报告，县发改局、农业农村局、自然资源局提案办理情况报告；听取委员大会发言；开展选举相关事宜；审议通过政协第十届屏南县委员会第五次会议决议；审议政协第十届屏南县委员会专门委员会2020年工作总结和2021年工作意见；举行提案移交仪式。会议期间，委员们就加快屏南县旅游、产业、教育发展，特别就关于大力推进屏南至宁德高速公路列入国省高速规划工作、加快推进城区应急备用水源龙虎岔水库引水工程建设、加快文化东路建设、建设城区至火车站沿线色彩森林走廊、推进全域旅游发展、全面提高屏南县小学英语教学质量、疫情防控常态化形势下加强公共卫生服务体系建设、做大做强农民专业合作社巩固提升脱贫成果、加强产业扶贫资金收益类项目投资管理、强化农业产业人才培育促进乡村振兴等事关全县发展和人民群众切身利益的重要问题，以及如何更有效地推进政协工作提出意见和建议。

【县政协十届常委会会议】 2020年3月26日，屏南县政协召开政协屏南县委员会第十届第十四次常委会会议，会议协商“关于强化城区供水保障的建议”议题，传达学习相关精神和其他有关事宜。9月25日，召开政协屏南县委员会第十届十五次常委会会议，会议协商“关于‘促进我县精致农业发展，助力乡村产业振兴’的建议”议题，传达学习相关会议、文件精神和其他有关事宜。12月10日，召开政协屏南县委员会第十届十六次常委会会议，会议协商讨论《屏南县政府工作报告》；听取屏南县委、县政府办理县政协十届四次会议以来提案工作情况通报；协商讨论《县政协常委会工作报告》《提案工作情况报告》；审议通过关于召开政协第十届屏南县委员会第五次会议的有关程序性文件及其他有关事宜。12月30日，召开政协屏南县委员会第十届第十七次常委会会议，听取政协第十届屏南县委员会第五次会议各讨论组召集人讨论情况汇报，审议通过政协第十届屏南县委员会第五次会议决议（草案）和政协屏南县十届五次会议提案审查委员会关于提案初审情况的报告等。

参政议政

【调研视察】 2020年，屏南县政协先后组织部分委员在县内外开展“加强农民合作社建设，巩固提升脱贫成果”“扶持农业产业发展，提升小农户发展现代农业能力，助推乡村振兴”“以园区建设为载体，推动招商引资工作”“关于我县旅游体制转变及旅游产业转型升级”“中小学教师‘县管校聘’管理体制改革工作”5个课题调研；开展“全县应急物资储备情况”“全县道路交通安全”“城区饮用水保障与安全”“衢宁铁路屏南段建设进展情况”“少数民族村恢复经济社会发展情况”5个课题视察，通过召开座谈会和专题协商会议，分析存在的问题，探讨思路办法，形成调研报告，提出意见建议，为县委、县政府提供决策参考。

【民主监督】 2020年，屏南县政协围绕民生大事、难事，开展民主监督工作，服务民生改善。委派委员30人组成民主监督员小组10个，担任法院、检察院、公安局、民政局、交通运输局、住建局、林业局等单位民主监督员。监督员小组按照《委派民主监督员工作制度》要求，围绕政府效能、勤政廉政、民生实事、项目推进等重要方面提出意见建议。保障委员知情明政，组织部分政协委员听取县政府、公安局、交通运输局、农业农村局、教育局等部门工作情况通报。委派委员参加听证会、法院庭审旁听及相关专项规划评审会等。

【提案督办】 2020年，屏南县政协全面推进提案网络平台建设，提案办理在传统文件传送基础上，启用网上办理，推动办理单位提案答复、提案人满意度测评等。政协十届四次会议期间，委员提案立案59件，会后全部交办，9月底全部办结或答复。其中《关于加快推进金丽南宁高速公路建设前期工作的建议》等提案10件，经主席会议研究并商请县委、县政府同意，确定为年度重点提案。重点提案由县委、县政府和县政协分管领导共同督办，县政协相关委室实时监督提案办理单位落实情况。

【社情民意反映】 2020年，屏南县政协编发和上报社情民意30期。其中，《关于促进精致农业发展，助力乡村产业振兴的建议》《关于推动农药废弃包装物回收治理工作的建议》被省政协单篇采用；《关于建立健全基层一线疫情信息员机制和物资储备制度的建议》《关于提升国家电网服务水平，保障乡村振兴的建议》《关于向特定困难群体发放定额消费券的建议》《关于补齐农村“厕所革命”短板的建议》等25篇信息被市政协采用，部分意见建议被吸收。

【服务项目建设】　2020年，屏南县政协推动东区旅游生态城、国际家居建材城、瑞幸咖啡烘焙基地、中心片区、工业园区、招商引资、清理民间标会等重点项目和重点工作。组织政协委员在项目一线、产业一线调研考察，针对项目建设过程中存在的问题，提出意见建议。鼓励支持投身项目建设一线的机关干部和政协委员充分发挥模范带头作用，立足岗位，履职尽责，在重大项目建设中献计出力。助力招商引资，引导经济界委员推介屏南、宣传屏南，通过“回归招商”“以商招商”“以情招商”等方式，为引进资金、项目、技术、人才牵线搭桥，吸引在外乡贤和优秀企业到屏南洽谈项目、投资兴业。

【疫情防控】　2020年，屏南县政协响应县委、县政府的决策部署，成立应对新型冠状病毒感染肺炎疫情工作领导小组，组建疫情防控党员应急突击队。县政协班子成员靠前指挥，到乡村一线督导疫情防控工作，机关党员干部参与社区疫情防控志愿服务和百名干部下村服务等活动。引领政协委员捐款捐物价值50余万元。配合县委、县政府做好政策宣传和舆情引导，组织机关干部和政协委员协助做好保居民就业、保基本民生、保市场主体等工作，在社区、农村、企业、项目一线调查研究，就复工复产、农业生产、保障基本民生等方面提出意见建议。

【上级政协在屏调研视察】　2020年，屏南县政协配合上级政协到屏南调研视察7次。

1月14日，宁德市政协党组副书记、副主席章瑞进带领市级扶贫重点挂钩成员单位负责人在寿山乡梨后村、路下乡罗沙洋村和门里村开展扶贫工作和春节慰问活动。

3月31日，全国政协委员、民建中央常委、福建省委主委、省职教社主任吴志明带领省政协调研组，在宁德市政协副主席王代忠的陪同下，在屏南县棠口镇漈头村、仙山牧场、鸳鸯溪保护区调研。

7月2—3日，民盟福建省委会副主委、莆田市政协副主席、民盟莆田市委会主委赵爱红带领民盟莆田市委会21人，在屏南调研，视察龙潭古村、四坪古村、厦地古村、双溪古镇安泰艺术城等地古民居建设和乡村旅游开发建设情况。

7月7日，宁德市政协党组副书记、副主席章瑞进带领市政协机关党员，在屏南开展市政协机关第二支部“坚决维护核心、践行初心使命”主题党日暨基层党建共建活动。市政协机关第二支部全体党员在屏南县政协部分党员陪同下，前往寿山乡白玉村实地察看白玉村振兴情况并慰问老党员；同寿山乡、白玉村部分党员代表在白玉村村委楼学习《习近平在宁德》《摆脱贫困》部分篇章，听题为“现代农业与乡村振兴”的党课。随后，前往梨后村、前墘村察看发展现代农业工作情况并慰问老党员；前往降龙村察看传统村落保护工作情况。

8月18日，宁德市政协党组副书记、副主席章瑞进带领调研组，在屏南开展“四下基层”（领导干部信访接待下基层、现场办公下基层、调查研究下基层、宣传党的方针政策下基层）调研，察看衢宁铁路屏南站站前路及站前广场工程项目建设、棠口镇龙漈花海项目建设、熙岭乡塘后村乡村振兴等情况。

8月25日，福建省政协文化文史和学习委员会主任陈必滔带领省政协调研组，在市政协文化与学习委主任黄式斌陪同下，在屏南开展“我省红色文化遗产保护传承发展”调研活动。调研组先后考察棠口镇棠口村新四军六团北上抗日纪念碑遗址；路下乡闽东北特委、闽东北军分区驻地遗址等。

9月26日，福建省政协副主席刘献祥带领部分闽籍海外侨

2020年8月18日，宁德市政协党组副书记、副主席章瑞进（右一）在屏南开展“四下基层”调研（县政协办公室 供）

领在屏南开展“闽籍侨领故乡行”活动，考察屏南白水洋和熙岭乡龙潭村、四坪村新农村建设情况。

12月19日，宁德市政协党组成员、副主席陈美莺陪同在闽台籍创业青年到屏南交流考察暨参加“第三届张天福茶学思想与乡村振兴梦项论坛”活动。交流团先后在龙潭村、四坪村、北墘村等地考察乡村建设情况。

【文化教育旅游工作】 2020年，屏南县政协推进文化教育旅游等产业发展。

支持文创产业发展。通过开展专题调研视察、大会发言、召开专题协商会、重点提案督办等方式，委员献计出力，助推文创产业的巩固提升。开展“巩固提升传统村落文创产业发展”等课题调研。当屏南文创“宣传员”，向来屏调研考察团宣传推介龙潭、四坪、厦地、前洋、漈下等具有鲜明特色的文创示范乡村。

促进教育质量提升。开展“中小学教师‘县管校聘’管理体制改革工作”“基础教育改革发展和教师队伍管理情况”“全县小学英语学科教学情况”等专题调研，组织委员参加教育工作座谈会，分析研究屏南教育现状和突出问题，就加快补齐教育短板提出意见建议。助推屏南一中“浩德”奖教基金建设。“浩德”奖教基金向优秀教师、教育先进工作者和引进的优秀人才发放奖金120余万元。

凝聚社会共识。政协党组成员带头走访委员，宣传县委、县政府为推动高质量发展采取的措施和取得的成效，引导社会各界把握屏南发展的“时”与“势”。经常性开展主席会议成员与政协常委、政协委员谈心谈话，引导机关干部和委员在基层一线听群众意见，做好释疑解惑、化解矛盾、理顺情绪工作。以专委会为依托，建立健全委员联系界别群众制度，同党外知识分子、非公有制经济人士和新社会阶层人士联络联谊，畅通各界人士意见表达渠道。编写《屏南政协简报》12期，向《政协天地》《闽东政协》等杂志报送屏南特色工作。发挥文史资料“存史、资政、团结、育人”社会作用，编辑出版陈俊孙编撰的《屏南医林人物（第33辑）》。

【交流联谊工作】 2020年，屏南县政协推进与港澳台同胞、海外侨胞以及社会各界人士的联系交流。协助举办“龙脉相传、青春中华”2020年海峡两岸台胞青少年夏令营走进屏南活动。配合省市政协在白水洋、龙潭村开展“闽籍侨领故乡行”活动，推动海外闽籍华侨华人增强对屏南的了解认知。协助成立“台港澳同胞之家”，发挥台港澳同胞及亲属桥梁和纽带作用，深化对外联络联谊。接洽江西、浙江、上海等省、市、县政协在屏南调研考察，推介屏南的特色做法，扩大屏南在外影响力。

（韦晓芬）

纪检监察

综　述

【概况】　2020年，中国共产党屏南县纪律检查委员会（简称县纪委）是主管全县党的纪律检查工作的县委工作机构，屏南县监察委员会（简称县监察委）是监管全县公职人员行使公权力的反腐败工作机构，县纪委与县监察委合署办公。屏南县纪委、县监察委在县委、县政府和宁德市纪委、市监察委双重领导下进行工作。全县各级纪检监察机关按照“四位一体”监督机制（纪律监督、监察监督、派驻监督、巡察监督），推进纪律监督、监察监督、派驻监督、巡察监督协调贯通，统筹协调协作区、工作组力量，开展监督检查。统筹运用“四种形态”（一是党内关系要正常化，批评和自我批评要正常开展，让咬耳扯袖、红脸出汗成为常态；二是党纪轻处分和组织处理要成为大多数；三是对严重违纪的重处分，作出重大职务调查应当是少数；四是严重违纪涉嫌违法立案审查的只能是极少数），惩治腐败。综合运用信访受理、约谈提醒、谈话函询、提出纪检监察建议等方式，不断强化日常监督。全年立案100件103人；化解信访积案，参与接访618人次，带信下访85人次，筛查信访积案13件；开展监督检查，查处违反中共中央八项规定精神问题18起25人。

2020年1月22日，中国共产党屏南县第十二届纪律检查委员会第五次全体会议召开　　（县纪委监委　供）

【县纪委十二届五次全会】　2020年1月22日，中国共产党屏南县第十二届纪律检查委员会第五次全体会议召开。会议的主要议题是，以习近平新时代中国特色社会主义思想为指导，深入贯彻中共十九大和中共十九届二中、三中、四中全会精神，认真落实中共十九届中央纪委四次全会、省纪委十届五次全会、市纪委四届五次全会和县委十二届十次全会部署，回顾2019年纪检监察工作，部署2020年任务。县委高度重视这次会议，县委书记吴允明出席会议并发表讲话，县委常委、县纪委书记、县监委主任魏宏峰作题为“完善监督体系　强化从严治党为全面建成小康社会提供坚强保障”的工作报告。

【协助县委履行主体责任】2020年，屏南县通报年度落实全面从严治党主体责任检查情况，县委主要领导对落实情况较差的4个乡镇、4个县直单位党组织负责人进行约谈。县纪监委督促县委做好巡视整改工作落实。推动“凤凰城”项目烂尾楼整治，解决长期困扰群众的“买房不能办证”问题，办理不动产权分割证书81人。督促“一岗双责”（指国家各级政府机关党员干部在履行经济建设、本职岗位应有的管理职责的同时，还要对所在机关的党风廉政建设负责）落实，查处违反政治纪律案件2件2人，给予党内问责7人次（其中党纪处分3人）。执行《屏南县落实全面从严治党主体责任情况抄告办法（试行）》，发出抄告单27份，向县领导抄告扶贫、民生等领域问题5个，县领导约谈乡镇、县直部门主要负责人35人次。

【案件查处】　2020年，屏南县纪委监委立案100件103人。其中，自办案件44件47人；要案4件4人，同比下降20%；大案20件23人，同比增长81.80%；移送司法7人。查办长桥镇柏源溪流域污水处理工程系列腐败案，县公安局城关派出所原副所长充当黑恶势力保护伞案件等。整治群众身边的腐败问题。按照“四位一体”监督机制，统筹协调协作片区工作组力量，开展监督检查，查处违反中央八项规定精神问题18起25人（其中党纪处分15人）。坚持“1+X”督查机制，发挥部门职能作用，移送问题线索14条，查实12条，处理25人（其中党纪政务处分2人）。乡镇纪委立案47件，派驻纪检监察组立案7件。护航脱贫攻坚。围绕“两不愁三保障”（不愁吃、不愁穿，义务教育、基本医疗、住房安全有保障）、“四不摘”（摘帽不摘责任、摘帽不摘政策、摘帽不摘帮扶、摘帽不摘监管）等政策，入户访查贫困户1896户，实现入户访查全覆盖。发现扶贫领域问题线索3条，查处扶贫领域问题4起5人，给予党纪处分3人。监督抓好疫情防控工作。县纪委监委组成疫情防控督查组4个，县乡村监督全覆盖，开展督查71次，发出督查通报9期，报告发现问题159个，提出意见建议71条，启动责任追究干部9人，给予党纪政务处分5人。抓扫黑除恶，查处党员干部涉黑涉恶腐败和充当“保护伞”案件12件12人，已给予党纪处分7人，移送司法4人。

【纪检信访】　2020年，屏南县纪委监委每季度分析信访形势，剖析查找出村级小额投资项目、村级组织换届等重点工作，形成《信访分析报告》4份，受到县委、

2020年9月20日，省纪委监委主要领导在四坪村调研

（县纪委监委　供）

县政府关注。针对2021年村级组织换届，形成《屏南县村级组织换届选举工作信访形势及风险隐患分析》，排查出重点村、复杂村12个，问题4个，提供给县委作为决策参考。化解信访积案。纪检监察干部全年参与接访618人次，带信下访85人次；筛查信访积案13件作为省市县带信下访件，全部化解。化解棠口镇旺坑村村民张某信访举报件的做法得到省纪委监委带信下访检查组肯定。县纪委监委受理信访件207件，同比减25.54%。其中，本级纪委监委收件132件，同比减7.69%；检控类初次举报件63件，同比减46.15%。受理上级转送件75件，同比减44.03%。县纪委监委运用告知反馈和公开反馈两种办法，向实名举报人12人告知反馈办理情况；召开公开反馈会2场，为受到不实举报的党员干部澄清事实。

【政治监督】 2020年，屏南县纪委监委提早介入村级组织换届监督。印发《屏南县村级组织换届“清风护航”具体行动方案》，成立工作专班，明确工作责任和时间节点，对2015年以来村级组织信访举报情况进行分析研判；开展“新村民”参与基层治理情况调研；提早完成全县现任村“两委”成员预审把关。预先开展风险评估，确定“高、中、低”三级风险动态预警，全县159个村（居），分类列出高风险17个、中风险35个、低风险107个，相关材料同时提供给县委及各乡镇党委参考。做实案件查办后工作，发出纪律检查建议书9份、监察建议书16份，其中针对屏南县“套路贷”涉恶案件多发问题，向案件多发地、职能部门发出监察建议书12份，提出具体建议意见22条，督促乡镇和相关单位落实以案促改、以案促建。

【纪检队伍建设】 2020年，屏南县纪委监委组织深化学习培训，开展线下培训8期，线上培训4期，培训纪检监察干部700余人次。严格执行监督执纪工作规则等制度，推行纪检监察干部廉政家访、个人有关事项报告、廉政档案建设“三个全覆盖”，全系统干部96人填写个人有关事项报告，抽查报告9份。适时更新廉政档案。

（陆秋艳）

巡察

【概况】 2020年，屏南县开展常规巡察2轮5批次26个单位、县级交叉巡察3批次、专项巡察1批次。完成4个乡镇56个村巡察“回头看”的整改公开，村级巡察“回头看”反馈问题97个。其中，完成整改82个，基本完成13个。向县纪委监委移送村级巡察发现问题线索93条，办结56件64人，立案39件39人，给予党纪处分34人，诫勉谈话16人，给予批评15人，移送司法机关5人。开展巡察以来至2020年底，全县共开展巡察11轮21批111个对象。其中，乡镇11个、县直行政单位48个、县属事业单位40个、县属国有企业12个。巡察覆盖率为100%。完成对县林业局党组、县教育局党组、县人民政府教育督导室的巡察“回头看”。完成对159个村（社区）开展村级巡察全覆盖，对56个村开展村级巡察“回头看”。县纪委监委加大对巡察移交问题线索处置力度，巡察共移交问题线索232条，已完成核查170条，核查率达73.3%，累计立案69人，给予党内警告24人、严重警告7人，留党察看5人、免职3人，开除党籍7人，移送司法9人。

【巡察主体责任落实】 2020年，屏南县委常委会会议、县委“五人小组”会议、县委巡察工作领导小组会议定期研究部署巡察工作。先后召开县委常委（扩大）会议5次，传达学习上级关于巡视巡察工作新部署新精神、听取巡视整改和巡察情况汇报、研究部署巡视巡察工作；召开县委理论学习中心组学习会1次，县委“五人小组”听取县委巡察情况综合汇报6次，县委巡察工作领导小组听取巡察情况汇报6次。

【巡察监督】 2020年，屏南县委巡察办落实疫情防控要求，围绕“三个聚焦”（聚焦脱贫攻坚、聚焦特殊群体、聚焦群众关切）对26个单位开展2轮5批次常规巡察，县级交叉巡察3批次，专项巡察1批次，专项检查1批次；县委组织部、宣传部成立专项检查组，分别开展选人用人、意识形态责任制落实情况专项检查14个单位。年底，实现巡察覆盖率100%。对被巡察党委（党组）及其党员干部在落实全面从严治党主体责任等方面存在的问题，以书面抄告形式向县分管领导通报巡察发现问题27次。

【脱贫攻坚专项巡察】 2020年，屏南县委巡察办围绕新冠肺炎疫情对脱贫攻坚工作的影响、脱贫攻坚主体责任落实、扶贫政策兑现、扶贫项目建设实施、扶贫资金管理使用情况等方面部署开展脱贫攻坚专项巡察。发现台账信息统计有偏差、扶贫资金投资风险防范待加强、部分扶贫资金滞留、扶贫项目实施不规范等问题36个，向屏南县政府报送巡察建议2份。

【巡察整改专项检查】 2020年，屏南县贯彻中央巡视巡察工作新部署和省委、市委巡察工作新要求，落实巡察整改工作部署，抽调纪检监察干部和巡察干部20人，组成巡察整改专项检查小组5个。11—12月，对全县已巡察反馈整改的85个单位整改情况进行现场检查，通过查阅佐证材料、召开座谈会、听取汇报、个别谈话了解、走访调研等方式了解巡察整改情况。召开巡察反馈会26场次，县纪委监委、县委组织部分别派员参加巡察反馈会、巡察整改专题民主生活会92人次。完成巡察整改公开的有19个单位、4个乡镇和56个村。

【巡察成果运用】 2020年，屏南县巡察办针对被巡察单位存在选人用人、党费收缴、财务管理、发放津贴补贴等不规范问题，分别向县委组织部、县人社局、审计局等部门提出巡察建议11条，推动监督合力。县委组织部在考核调整领导班子、干部选拔任用前，巡察机构进行审核把关178人次。针对巡察发现劳务派遣工管理不规范的问题，提请县委在全县开展劳务派遣、退休返聘和其他临时人员的集中调查摸底，进一步促进临时人员聘用和规范管理；针对巡察发现的村级工程项目管理不规范问题，提请县政府专题研究部署，探索建立村级小额工程项目全县统筹管理新机制。7月份起，全县11个乡镇根据脱贫攻坚专项巡察发现部分建档材料不全面、项目资金使用不规范等问题，自查自纠，查缺补漏，举一反三，集中力量，进一步巩固脱贫攻坚成果。

【巡察队伍建设】 2020年，屏南县委重视巡察工作，调整充实巡察人才库，全年共抽调干部57人次参与巡察岗位锻炼，组织巡察业务培训5场次156人次；建立选人用人专项检查人才库15人，建立意识形态工作责任制专项检查人才库25人；县委全力保障办公和驻点场所，巡察组办公实行集中驻点管理，巡察工作专项经费调整为130万元。

（县委巡察办）

群众团体

屏南县总工会

【概况】 2020年，屏南县总工会下设屏南县职工服务中心1个，辖教育、卫生、金融系统工会3个、乡镇工会联合会11个、工业园区工会联合会1个。新建工会组织23家，新发展会员263人。全年重点做好职工帮扶、服务工作，组织劳动竞赛，培育典型，加强职工文化建设等工作。全县获福建省五一劳动奖章1人，福建省五一劳动奖状1人，福建省工人先锋号称号单位1个，宁德市劳动模范称号7人。

【职工帮扶】 2020年，屏南县总工会开展“两节”（元旦、春节）送温暖活动，慰问困难企业福建榕屏（屏南）有限公司职工40人，发放慰问金3万元。慰问一线职工和先进模范人物31人，发放慰问金3.10万元。组织参加第十期职工医疗互助单位186家（其中非公企业6家）8008人，为患病住院职工核查发放医疗互助金651例69.35万元。开展金秋助学活动，资助符合条件的助学对象3人（其中市总工会领导结对1人，县工会资助困难职工子女2人），发放助学金1.50万元。1月31日，慰问防疫一线医护人员49人，发放慰问金2万元。2月29日，联合县慈善总会慰问在一线工作的环卫工人161名，每人牛奶1箱、口罩20个。3月6日，慰问防疫一线卫生、公安路口执勤人员40人，发放慰问金4万元。6月23日，县总工会组织“八大群体”（货车司机、快递员、护工护理员、家政服务员、商场信息员、网约送餐员、房产中介员、保安员）一线女职工10人进行妇科专项免费健康检查。

【职工服务】 2020年，屏南县总工会围绕“遵法守法、携手筑梦”主题开展工会法律宣传活动，完成法律宣传10场，公益讲座1场，发放《福建省工会劳动法律监督条例》等法律宣传册1000余份。7月15日，开展“夏送清凉”活动，在衢宁铁路屏南站站前路、站前广场工程PPP项目施工工地、衢宁铁路屏南站通站路项目工地和县重点项目屏南县寿山白玉经岭下至东峰公路工程（寿山至双溪）B1标段、B2标段的施工现场，走访慰问一线职工，赠送矿泉水、绿豆、藿香正气水等防暑降温用品，折合人民币1.86万元。10月29日，开展“八大群体”职工入会送礼包活动，向快递员群体（中国邮政集团公司福建省屏南县分公司工会）和新成立的商场信息员群体（屏南县华宁超市有限责任公司工会）赠送入会爱心礼包40份。推进“会、站、家”一体化建设，建设完善户外劳动者驿站5个。

2020年8月13日，屏南县总工会在县医院开展感恩白衣天使活动

（张永捷 摄）

【劳动竞赛】 2020年，屏南县总工会协同相关单位做好"安康杯"竞赛活动，企业70家参赛，屏南县农村信用合作联社、屏南县中闽水务有限责任公司安全质量部被评为2019年省"安康杯"竞赛先进单位、先进班组。开展"五小"（小革新、小创造、小发明、小设计、小建议）竞赛活动，报送创新项目17个，获三等奖2人。9月3日，在县金融系统举办金融消费权益知识竞赛，宣传金融知识。

【典型培树与服务】 2020年，福建省（屏南）榕屏化工有限公司工会主席吴伟清获"福建省五一劳动奖章"，屏南县烟草专卖局专卖部获"福建省工人先锋号"称号，福建省惠泽龙酒业股份有限公司甘乾耀、屏南县农村信用合作联社陈海青、屏南县国有资产投资经营有限公司陈秀明、屏南县审计局吴广东、屏南县乙天生物科技有限公司张为露、屏南县岭下乡开源村民委员会陆成英、屏南县古峰镇城东社区居民委员会陈章岗等被评为宁德市劳动模范。选送各级劳模8人参加省市组织的赴外考察和疗休养，选送抗疫一线医务人员4人和一线在职职工5人参加省、市总工会组织的疗休养；组织省部级退休劳模13人参加健康体检，发放退休省、市劳模和原属地表彰的先进工作者津贴12.57万元，省部级以上退休劳模医疗补助8555.33元；发放省级劳模生活困难补助金3万元，特殊困难补助金1万元。

【职工文化建设】 2020年，屏南县总工会发挥"职工书屋""职工之家""职工小家"作用，开展"创建学习型组织、争做知识型职工"活动，屏南县检察院工会委员会获"福建省模范职工之家"称号，国家税务总局屏南县税务局工会委员会李梅获"福建省优秀工会工作者"称号，福建惠泽龙酒业股份有限公司工会委员会获"福建省非公企业党建带工建示范点"称号。新建屏南县总工会机关工会委员会、屏南县古峰镇城东社区工会委员会、屏南县善课堂社会工作服务中心工会委员会"共享职工之家"3家。在传统节日节先后开展"致敬医护·共抗疫情""中国梦·劳动美·战疫情""同庆建军佳节·共叙鱼水情深"等主题活动11场。

【自身建设】 2020年，屏南县总工会开展工会经费收缴及使用情况联审联查工作，审计基层工会19家，"1+X"督查基层工会40个，上报线索3条。11月20日，在实验小学多媒体教室举办工会经费收支管理业务培训，参加培训84人。与县税务局沟通工会经费收缴工作，完成全年经费税务代征任务135.99万元。11月30日，组织召开县政府与总工会联席会议，向县政府汇报总工会工作情况，研究解决存在的困难和问题，对做好工会工作提出具体意见和建议。

（郑新炜）

共青团屏南县委员会

【概况】 2020年，共青团屏南县委员会（简称团县委）下设县直机关团工委1个，金融团工委1个，乡镇团委11个，中学团委13个，机关单位团支部25个，两新组织团支部1个，村级团支部159个，小学少先队大队14个。全年组织开展全县青少年思想教育活动和青年志愿服务各10余次，组织青年志愿者参加就业创业活动，参与防疫一线、扶贫攻坚等工作。组织开展系列进校园宣传活动5场。

【思想教育】 2020年，屏南团县委在清明、“五四”青年节、“六一”国际儿童节等节点，先后组织全县小学生参加“童心纪‘疫’，雕刻每一种动人的力量”主题征文，网上祭英烈，阅读《习书记180余字寄语闽东大学生》《绽放的青春》“宁小团”云宣讲，观看“弘扬高谦精神”文化艺术节线上直播，观看“宁德市少先队纪念‘撤地设市’20周年暨‘迎接少代会 争做好队员’庆六一主题队日活动”线上直播等活动。建队日，组织全县少先队开展以“从小学先锋 长大做先锋”为主题的2020年纪念中国少年先锋队建队71周年系列活动。6月8日，在屏南一中新校区举行2020届18岁成人礼宣誓仪式。8月7日，联合县委宣传部、县直机关工委等单位，举办《习近平在宁德》系列采访实录宣讲会暨读者见面会。

【疫情防控】 2020年，屏南团县委组织青年志愿者参与防疫一线工作。招募社会各界青年志愿者91人，成立青年突击队，到县医院、长汾社区、城东社区、高速路口等疫情防控一线，重点参与疫情防控宣传、体温监测、入户随访、防疫物资保障、返屏南人员摸排登记等志愿服务工作。开展“同舟共济 青春偕进”志愿服务活动，组建心理危机干预志愿服务队，心理咨询师11人线上对心理求助者宣传疫情防控知识，疏解疫情带来的恐慌焦虑。针对防疫一线医务人员家庭开展贴心跑腿、用心辅导、暖心慰问、知心畅聊、诚心订制等“五心”志愿服务，召集青年志愿者走访慰问屏南籍支援湖北防控疫情医护人员和工作在屏南县防疫一线医务人员家庭37户，为他们送上大米、食用油等生活用品。参与“百名干部下村（社区）服务”活动，助力复工复产。抽调团县委副书记、干部各1人分赴古峰镇、岭下乡开展下村工作，重点落实联防联控群防群控措施，推动复工复产。选派干部职工4人到县医院、社区等疫情防控一线，整理分发口罩等防疫物资，摸排登记返屏南人员，宣传疫情防控知识。3月，联合县妇联在白水洋兰花基地开展志愿服务，助力复工复产；4月，向屏南一中等3所中学捐赠口罩1400个。

【青年志愿服务】 2020年，屏南团县委结合开展青年文明号、青年突击队、青年安全生产示范

2020年8月26日，屏南团县委联合多家单位开展“向不文明行为告别，预防未成年人犯罪”进校园宣传活动　　（团县委 供）

岗创建活动，组织青年志愿者参加2020年屏南县文化科技卫生“三下乡”活动，为群众文化游园、政策法规咨询、赠送春联等活动提供志愿服务保障。1月17日，组织青年文明号单位、团组织到屏南新汽车站开展“青春志愿行·温暖回家路”春运暖冬行动暨“青春自护·平安春节”青少年自护教育活动。1月21日，在福建国宝物流有限公司（申通快递）开展关爱“快递小哥”构建幸福屏南新春慰问活动，为全体快递员送去牛奶并慰问家庭困难快递员4人，向快递员14人赠送《习近平在宁德》等书籍。7月7—8日，组织志愿者50余人开展“爱心助考，为梦想护航”——共青团助力2020年高考志愿服务活动。9月，设立屏南县慈善爱心超市等关爱快递（外卖）小哥“小蜜蜂”青年驿站6个。

【青年就业创业】 2020年，屏南团县委发动优秀创业青年参加各类创业大赛，陈琛、胡文亮等3人获2020年福建省大中专毕业生创业省级项目资助11万元，组织返乡大学生10人参加第七届“创青春”福建省青年创新创业大赛暨福建省第二届返乡大学生创新创业大赛。运用新媒体做好返乡创业青年事迹宣传发挥优秀返乡创业大学生典型示范作用。

【青少年法治宣传教育】 2020年，屏南团县委通过法治讲座、普法展览、模拟法庭等方式开展青少年法治教育。联合县综治办、法院、检察院等，举办法治宣传、心理辅导、综治（平安建设）“三率”和禁毒宣传等系列进校园宣传活动5场。利用微信公众号、微博、抖音等新媒体平台宣传宪法、未成年人保护法、交通道路安全法和毒品危害、“平安三率”扫黑除恶等知识。

【从严治团】 2020年，屏南团县委按照团省委“2025年左右将全省团青比控制在30%”目标要求，结合各校学生、已有团员基数和团青比，以及对各学校发展团员和团员管理工作抽查督查及规范录入编号等情况，联合县教育局向各校下达2020年发展团员指标。严格按照年满14周岁这一硬性指标，重点对学生年龄进行审核把关。

（张经纬）

屏南县妇女联合会

【概况】 2020年，屏南县妇女联合会（简称县妇联）下设妇女儿童活动中心1个；有乡镇妇联11个，村级妇联152个，社区妇联7个，机关妇委会21个，上海（屏南）工商界妇联1个。屏南县妇联主动参与疫情防控，激励妇女创业，开展关爱妇女儿童公益活动和和谐家庭创建，以及妇女儿童普法与维权等活动。推进基层妇联改革。被宁德市妇联评为“关爱女性健康”活动工作先进单位。

【参与疫情防控】 2020年，屏南县妇联发挥“联”的优势、“合”的作用，组织发动各级妇联、巾帼志愿者开展疫情防控宣传、服务工作。疫情防控期间，全县各级妇联开展入户宣传、摸排登记等工作100余次；利用“屏南县妇联”微信公众号，向全县广大妇女姐妹发出倡议，指导家庭科学防控、居家防疫；发布防疫相关信息、宣传展示在疫情防控工作中的巾帼风采。指导巾帼示范基地做好复工复产工作，针对福建白水洋兰花有限公司鲜花滞销事件，县妇联与多部门沟通，通过线上线下发放倡议书、微信公众号宣传、志愿服务团队上门服务等多种方式，帮助企业打开销路。

【激励妇女建功】 2020年，屏南县妇联持续开展巾帼文明岗、巾帼示范基地创建活动，鼓励妇女岗位建功，县行政服务中心管委会被确定为市级巾帼文明岗；甘棠乡大棠李子种植合作社被确定为市级巾帼示范基地、市级妇女创业合作社。县农村信用合作联社被评为全国三八红旗集体，李锐被评为福建省三八红旗手，林清艳被评为宁德市三八红旗标兵，陈芳、徐倩、陆棉淑、郑丽英、陈章妍被评为宁德市三八红旗手，县财政局、卫生健康局被评为宁德市三八红旗集体，包晶晶、甘李清等41人被评为屏南县三八红旗手，中共屏南县委机要局等4个单位被评为屏南县三八红旗集体。

【关爱妇女儿童公益活动】 2020年，屏南县妇联开展关爱女性健康工作。联合人寿保险公司召开“关爱女性健康”工作会议，邀请福建省人民医院医师为妇女做关爱女性健康主题讲座；发动各级妇联组织开展母亲健康1+1募捐活动，募集善款1.36万余元。慰问贫困“两癌”（妇女宫颈癌和乳腺癌）妇女9人4.20万元；全县完成女性安康险投保6727例，完成目标比例的203.85%，被宁德市妇联评为“关爱女性健康”活动工作先进集体。开展关爱困难妇女儿童活动。以春节、三八国际妇女节、六一国际儿童节等节日为契机，开展“下基层、访妇情、办实事”活动，写好“妇情日记”，县妇联领导班子成员走访慰问计生户、困难老党员、困难老妇干、贫困妇女、困难留守儿童以及建档立卡户等困难群体107人，发放慰问金6.04万元。

【节庆活动】 2020年，屏南县妇联在寒假期间开展“鸿星助力·衣路有爱”——“把爱带回家”双百万结对寒假特别行动（指全国100万名妇联干部、家庭教育专家、大学生等各类志愿者，与100万名留守儿童、困境儿童结对过大年），为60多名留守儿童、困境儿童送去羽绒服等慰问物资。六一国际儿童节期间，在寿山学校、光华小学、善课堂社会服务中心开展关爱儿童活动，走访慰问困难儿童75人，赠送书包、文具等学习文娱物品。家风家教宣传月期间，开展微心愿征集活动，为屏城职专分校困难留守儿童21人送上微心愿；联合市妇联、市人民法院等爱心单位企业，为光华小学困难留守儿童45人送上微心愿。县妇联被县关工委评为关心下一代工作先进集体、五好关工委（领导班子建设好、“五老”队伍作用好、场地建设功能好、活动经常效果好、积极探索创新好）。

【和谐家庭创建】 2020年，屏南县妇联常态化开展寻找“最美家庭”活动。开展省、市抗疫最美家庭寻找活动，陈翔家庭获省级抗疫最美家庭称号；张元产、陆永福等9户家庭获市级抗疫最美家庭称号。县妇联在全县范围内开展县级抗疫最美家庭寻找活动，张庆妃等22户家庭获县级抗疫最美家庭。开展家风家教主题宣传月活动。以“小家传大爱，共筑家国梦”为主题，邀请宁德市家庭教育讲师团成员先后到光华小学、实验小学和新蕾幼儿园等地开展家庭教育公益讲座，引导家长为孩子讲好“人生第一课”，帮助孩子扣好人生第一粒扣子。联合多部门组织开展“辉煌七十年·奋进新时代”演讲比赛和留守流动儿童“自强之星”寻找活动，经评选，授予甘玲欣等19人为屏南县“2020年度留守流动儿童自强之星”称号。

2020年3月4日，屏南县妇联领导班子在巾帼示范基地——福建省白水洋兰花有限公司指导复工复产工作 （县妇联 供）

【妇女儿童普法与维权】 2020年，屏南县妇联系统以“建设法治福建·巾帼行动”为主题，利用三八维权月、禁毒宣传月等契机，进行妇女儿童法治宣传教育线下普法宣传20余场，发放宣传材料7000余份。在微信公众号开设普法专栏121期，发文208篇。做好妇女群众的来信来访工作，接待群众来信来访11件次，办结率100%。完善协调机制，预防化解婚姻纠纷。联合政法委召开婚姻家庭纠纷预防化解工作推进会，制定下发《关于建立屏南县婚姻家庭纠纷预防化解协调推进工作机制的通知》。

【基层妇联改革】 2020年，屏南县妇联按照改革方案确定的三年时限要求，巩固改革成果。加强各级妇联规范化建设，以“五亮”（亮妇联标识、亮组织架构、亮工作职能、亮干部身份、亮活动内容）为抓手，继续开展“四有（头脑有武装、肩上有担当、心中有职工、脚下有底线）五亮”创建活动，在全县各乡镇开展“四有五亮”检查，督促指导乡镇妇联做好创建工作。甘棠乡、代溪镇、屏城乡厦地村妇联被评为全省“三百四有”〔百个先进乡镇（街道）妇联、百个先进村（居）妇联和百名优秀妇联主席〕达标基层妇联；棠口镇朱丹、岭下乡开源村陆成英被评为福建省优秀妇联主席。落实妇联常委、执委、代表联系妇女群众制度，开展“我是执委，我为妇女群众办实事”活动，推选出一批优秀执委，并在公众号上展播优秀典型6人。推进妇联改革向基层延伸，实施“妇女微家”和“她代表工作室”项目建设，成立“百信·妇女微家”“善育家教·妇女微家”等妇女微家15个，成立“吴鸿珍代表工作室”和“张则妹代表工作室”。

（何小丽）

屏南县关心下一代工作委员会

【概况】 2020年，屏南县关心下一代工作委员会（简称县关工委）加强青少年思想道德建设，推进“党建带关建”工作，做好关爱帮教、帮困助学、“种子工程”、创建“五好”（领导班子建设好、“五老”队伍作用好、场地建设功能好、活动经常效果好、积极探索创新好）关工委，以及纪念屏南县关工委成立30周年等系列活动等工作。全县有关工委组织254个，其中达标“五好”关工委116个；参加关工委1720人，其中“五老”（老党员、老专家、老教师、老战士、老模范）610人。

【“五好”关工委创建】 2020年，屏南县关工委到调查走访、检查指导各拟评选“五好”关工委申报点，通过会议研究，授予19个村关工委和团县委、县妇联、县民政局、县总工会、县残联5个单位为“五好”关工委。

【助（奖）学金发放】 2020年，屏南县关工委发放助学金50.50万元，资助各类学生314人；为2020年高考后被大学录取的贫困生172人安排助学金40.90万元（领取一等助学金65人，每人3000元；二等助学金107人，每人2000元）；对失亲家庭的困难学生4人共发放助学金5000元；配合王氏基金会做好4位大一新生助学金发放工作。发放省关心下一代委员会福光助学金、禾和助学金，受助（奖）学生23人7.10万元，其中禾和助学金受助学生5人，每生每学年8000元，一助四年；发放省关心下一代助学金3万元、张菊芬助学金1万元。温州福建商会屏南籍爱心企业家高贵安、张家财、苏京居捐赠2.50万元，资助寿山学校和屏南二中部分困难学生。

【留守儿童关爱】 2020年，屏南县关工委在“六一”国际儿童节期间，驻会老干部和办公室主任到县光华小学慰问留守儿童，并与五、六年级留守儿童12人结对子帮扶，送上书包、课外读物等。

【“种子工程”示范基地资助】 2020年，屏南县关工委继续打造农村青年致富“种子工程”升级

2020年6月，屏南县关工委在光华小学开展结对帮扶活动

（县关工委 供）

版，与市关工委联合，在熙岭乡举办桃李管理技术培训班，受训“种子户”和有志于从事水果种植的农村青年农民50人。组织“种子工程”服务团到各“种子工程”示范基地调研和指导，帮助解决一些力所能及的事情。对各“种子工程”示范基地给予资金和农资扶持。扶持2019年被宁德市关工委列为市农村青年致富“种子工程”创业创新示范点的屏南县大棠李子种植专业合作社2万元，长桥镇半圳茶树菇专业合作社和屏南瑞恒农业发展有限公司各1.50万元，代溪镇北墘村吴爱国酿酒厂1万元，佳源棘胸蛙养殖有限公司0.50万元，岭下乡谢坑村毛竹示范基地复合肥料价值1.50万元，屏南县瑞农种植专业合作社1万元，屏南县嘉锭生态农业农民合作社1万元，双溪镇高安村毛竹丰产示范片和桃子种植基地1万元，屏城乡南湾阿碌家庭农场1万元，棠口镇西村蔬菜示范片0.60万元，双溪镇下七房锥栗示范点0.20万元。扶持2020年新增的县关工委农村青年致富“种子工程”示范点熙岭乡大圤水蜜桃农民专业合作社和屏南玉荣农业发展有限公司各2万元，屏南县新野果蔬农民专业合作社1万元。

【家风与爱国主义宣传教育】

2020年，屏南县关工委开展好家风家训家教名言、故事征集活动，收到老人及其子女撰写的家风家训和家教故事3篇并上报。县关工委和福建屏南耕读文化博物馆联合举办科普宣传、法治宣传进校园，在全县各中小学校巡回展。上半年，县关工委爱国主义报告团在清明节前开展网络祭奠英烈活动，上报宣讲稿《点赞中国共产党领导全国军民 合力抗击防控新冠肺炎病毒的人民战争》。下半年，爱国主义报告团先后到屏南职业中专、实验小学、光华小学、屏南一中初中部、棠口中心小学、屏南二中6所学校举办爱国主义教育报告会7场，受众（师生）近千人。

【关工委成立30周年系列活动】

2020年，屏南县关工委成立30周年，经县委同意，县关工委举办成立30周年系列纪念活动。刊出《一切为了下一代》纪念册800册，分发至各乡镇、村居和省市关工委，以及兄弟县关工委。12月31日，召开屏南县关工委成立30周年纪念大会，宁德市关工委主任李过渡、副主任张尊镇到会指导，县四套班子部分领导出席，相关县直部门负责人参加会议，县关工委名誉主任、顾问、委员，各乡镇关工委主任和办公室负责人，以及温州福建商会屏南籍爱心企业家代表80余人参会。宁德市关工委副主任张尊镇宣读市关工委贺信，团县委书记陆媛代表群团组织宣读贺信，县委常委、县政府副县长魏宏峰宣读屏南县获得宁德市关工委通报表扬的全市关心下一代先进集体和先进工作者荣誉的名单，县人大常委会副主任陈章萍宣读《关于授予屏南县屏城乡南峭村关工委等24个单位为“五好”关工委的决定》，向被授予“五好”关工委的县直单位5个和部分村关工委代表颁发命名牌，县政协副主席吴道安宣读《关于表扬2016—2020年全县关心下一代先进集体和荣誉个人的决定》，向先进集体27个、个人代表56人颁奖。

（柯永培）

屏南县计划生育协会

【概况】 2020年，屏南县计划生育协会（简称县计生协会）宣传有关计生法律法规、政策和优生优育、性与生殖健康等知识，教育引导群众负责任、有计划生育，倡导科学、文明、进步的婚育观念和健康的生活方式；开展困难计生家庭帮扶，协助落实计生政策。是年，全县有协会组织172个（其中流动人口企业协会2个），理事成员1323名，会员14687名，协会小组506个，先进乡镇计生协会6个，占乡镇总数54.50%，“六好”（组织建设好、制度规范好、村居务公开好、宣传服务好、计生诚信好、文明建设好）示范村居50个，达标率31.60%，合格村居计生协会46个，一流村居计生协会99个。全县计生协会会员5280名响应省计生协会号召参与“一元捐”活动，募集新冠疫情防疫捐款5280元。9月，出台《屏南县计划生育协会改革方案》，计生协会机构改革完成。

2020年6月15日，宁德市幸福工程助力代溪镇乡村振兴项目资金发放仪式举行

（县计生协会 供）

【计生宣传】 2020年，屏南县计生协会参与上级协会举办的相关主题活动，乡级协会工作者1人被评为全国幸福工程工作志愿之星；基层协会工作者4人和幸福工程受助母亲4人分别被市协会授予“最美协会人”和“幸福母亲”称号，并获通报表扬；家风家训故事1篇获家风家训大赛三等奖，格言1篇获优秀奖；12月，开始拍摄屏南县计生协会宣传片。开展生殖健康义诊和志愿者服务活动13场，服务300余人，发放幸福工程、青春期健康、流动人口服务、生殖健康、生育关怀行动、《0—3岁育儿宝典》等宣传材料、宣传品近1万份，提供政策法规咨询1000余人次。各级计生协会向《中国人口报》《计生协会小组》、省市“计生协会信息”及县级刊物、媒体投稿，宣传协会工作，全年刊登110篇。其中，国家级18篇，省级22篇，市级70余篇。

【项目帮扶】 2020年，屏南县计生协会融入全县精准扶贫大局，帮扶计生特困户。对计生困难户家庭进行调查摸底，分类造册，张榜公布符合条件的重点帮扶对象。计生困难家庭226户被列为2020年生育关怀重点帮扶户，争取帮扶对象准确率、干部挂钩结对帮扶、孤儿寡母救助、特困计生家庭子女升学奖励落实、特困计生家庭节日慰问、特困计生家庭意外伤害保险“六个100%”全覆盖。其中，发放小额贴息贷款12户13.50万元，发放幸福工程款20户40万元，发放就学帮扶款31户8万元，治病帮扶18户，救灾帮扶3户，民政救济5户，列为低保户102户，列入为精准扶贫户56户。

【小额贴息贷款】 2020年，屏南县继续以项目带动、一村一品、抱团致富、整村推进等方式开展小额贴息贷款工作，扶持对象为农村计生困难户，对计生二女户和独生子女困难户予以重点倾斜，优先帮扶失独家庭、特困家庭。全年为计生户发放小额贴息贷款545万元152户次，贴息35万元。全县历年累计发放计生小额贴息贷款1.40亿元，完成贴息资金660余万元，帮扶8239户次，产生经济效益6000余万元。

【幸福工程】 2020年，屏南县计生协会继续以救助计生贫困母亲为重点，以扶贫、扶智、扶助健康为载体，探索整合资源，扩大计生贫困母亲的救助面。全年投入幸福工程款253万元，救助计生贫困母亲113户。全县历年累计投入幸福工程款2154.30万元，帮扶计生贫困母亲2551户次，惠及9140人，受助户人均增收1060元，还款率100%。

【计生家庭帮扶】 2020年，屏南县计生协会开展金秋助学，投入县级助学补助金4.20万元，资助学生27人，争取到省级金秋助学名额3人，市级金秋助学名额3人。继续救助对农村计生二女户和独生子女户的父母双方或父亲去世家庭，每户每月发给生活补助费300元，直到最小孩子年满16周岁或重新组合家庭为止，救助52户次，发放补助金8.70万元。在路下乡路下村、长桥镇里高溪村、双溪镇后峭村落实省级安居工程3户，每户补助6万元。为全县计生家庭7287户投保计生意外险（生育关怀重点户、计生特殊家庭、低保独生子女户、低保二女结扎户、计生孤儿寡母户226户100%免费覆盖到位），其中农户4411户配套资金21.69万元。推动“生育关怀行动”向纵深发展，紧急救助遇到灾祸的计生困难家庭16户6.70万元。为全县失独家庭22户发放慰问金6.30万元，每户购买计生家庭意外伤害险100元，为49周岁以上的特殊家庭夫妇38人购买每户300元的住院护理补贴险。投入11万元巩固建设全县10个“亲子小屋”示范点，组织开展儿保知识普及、亲子活动55场，制作早教包、婴幼儿亲子阅读读本等近4000份，发放《育儿宝典》、早教包等宣传品3000余份。与县人社局联合举办育婴员培训班，受训52人。县乡两级计生协会依托屏南县职业中专青春期健康教育基地，联合卫健、妇联、教育等部门进农村、进社区、进校园，开展青春期健康知识普及活动6场，制作青春期健康知识宣传手册2000余本。全县设立计生协会法律援助工作站（点）9个，协调维护计生户合法权益案件1件，为受援人挽回经济损失2200元，举办宣传活动22场次，接受法律咨询153人次，惠及计生群众4800余人。新建流动人口企业计生协会2个，开展流动人口关怀关爱宣传服务活动10余场，服务近千人次。继续开展县副科级以上干部与农村计划生育困难家庭结对帮扶工作，每年每户慰问金不低于1000元。县乡科技、农业技术服务部门为农村计生“三户”（计生户、二女结扎户、独生子女户）举办各类种、养殖技术培训班20余期，受训1200余人次，发放材料3000余份，答复或实地解决技术问题450余个。

（王功楠）

屏南县科学技术协会

【概况】 2020年，屏南县科学技术协会（简称县科协）牵头举办科普日主场活动和系列活动共15场。动员干部职工群众参与2020年福建省全民科学素质网络竞赛，参赛人次排名全省区县第二十；组织全国农民科学素质网络知识竞赛答题，参赛人次排名全省第三。建成县级科普示范基地3个、校园科普活动室2个。举办科普宣传活动8场，接待中小学生等各类群众约1.03万人次。

【科普活动】 2020年，屏南县科协配合县委宣传部、县科技局等有关部门开展文化科技卫生

2020 年 7 月 31 日，屏南县召开第十一次中国公民科学素质抽样调查迎检工作暨福建省全民科学素质网络竞赛活动动员部署会

（魏明宝　摄）

“三下乡”“科技·人才活动周”科普活动和“全国科技工作者日”主题系列活动。牵头联合县委宣传部等 8 个部门举办屏南县全国科普日主场活动和系列活动 15 场。县科协被福建省科协评为 2020 年福建省全国科普日活动优秀组织单位；与县农技协联合举办“反邪教科普宣传活动”，被福建省科协评为 2020 年福建省全国科普日优秀活动。做好第十一次中国公民科学素质抽样调查迎检工作。动员干部职工群众参与 2020 年福建省全民科学素质网络竞赛，参赛 527167 人次，排名全省区县第二十；组织农民参与 2020 年全国农民科学素质网络知识竞赛答题，参赛人次排名全省第三。抓社区、校园及乡村科普中国 e 站工作，管理好县科普微信公众号、县广电网络互动云平台科协专区、电视台《科普新说》节目，以及科普宣传栏的科普传播工作。

【科普示范基地和校园科普活动室建设】 2020 年，屏南县科协推动科普惠农工作，建成县级科普示范基地 3 个、校园科普活动室 2 个。县科协在屏南一中开展科普进校园活动，举办中国科协·创新挑战赛培训活动。到社区开展青少年科普教育活动。

【科技服务】 2020 年，屏南县科协推进创新驱动助力工程，与福建省园艺学会联系对接签订战略合作协议，助力发展特色优势农业。帮助屏南玉荣农业发展有限公司对接福建省园艺学会，签订创新驱动协议。举办实用技术培训班 4 期。筹资为屏城乡后井村美化环境建设和建设科普小广场。

【科技馆建设】 2020 年，屏南县科协争取项目资金，做好县科技馆免费开放运行及到馆参观者的接待工作。结合传统文化节日举办科普宣传活动 8 场，接待中小学生及各类群众 1.03 万人次。

（郑晨璐）

屏南县文学艺术界联合会

【概况】 2020 年，屏南县文学艺术界联合会（简称县文联）履行文联“组织、管理、联络、协调、服务”职能，开展文学、书画、摄影、音乐、舞蹈等创作，举办表演活动 100 余场次，多位文艺创作者作品获省市级奖项或参与省市级展出。组织开展多种文艺惠民活动。建设文艺队伍，各协会会员发展至 400 余人，相关协会完成换届选举。

【文艺活动】 2020 年，屏南县文联动员和引导文艺家体验生活，创作文艺作品。组织开展“深入生活，扎根人民”系列文艺采风创作活动，开展文艺交流和文艺惠民活动。1 月，组织书法家开展“春联进万家，万家挂春联”活动，先后在潆头、龙潭、北墘村和城北、佳洋、长汾社区书写春联赠送群众5000余副；6月，举办抗击疫情书法作品展，展出作品50余幅。8月，白水洋合唱团参加中央电视台心连心艺术团文艺小分队在龙潭村的演出：与中央电视台《新闻联播》主播刚强、演员刘诗诗合唱《点赞新时代》《你笑起来真好看》。10月，民间文艺家协会推选会员作品参加第十届宁德市世界地质公园文化旅游节精品展示会。11月，推选作品参加中国国际（义乌）森林产品博览会；屏南县摄影家协会举办“庆祝宁德撤地建市20周年”摄影展，展出作品60余幅；合唱作品《红船》《乘胜进军》参加福建省第十四届音乐舞蹈节比赛，获第五名；独唱作品《爱在这方土》获福州市音乐舞蹈节铜奖；选取文艺节目参加宁德市撤地建市20周年文艺会演。12月，推选作品参加“闽东之光”宁德民间艺术展，中国（厦门）文化产业博览会工艺美术精品展。支持张长青在双溪镇创办“长青根艺馆”，展示根艺作品300余件。支持漈头平讲戏剧团，龙潭四平戏剧团到农村演出10余场。继续实施文艺精品激励机制，奖励2019年在市级以上发表、展览的文学作品161篇和书法、美术、摄影作品120幅的作者。组织文艺家参与古田、周宁、政和、福安等周边县市文艺采风创作交流活动。

2020年1月，屏南县书法家在佳洋社区义务写春联

（县文联 供）

【文艺创作成果】 2020年，屏南县文学、音乐、美术、书法、根雕等文艺创作取得一定的成果。

文学创作：禾源、唐戈、吴文胜、陈曼远、陈守溢、甘湖柳等作家在市级以上报刊发表文学作品180余篇，其中在《福建日报》《福建文学》发表30余篇。禾源散文《土木华章》获福建省第九届百花文艺奖三等奖，散文《流淌在时光中的土地》入围“华成杯”首届吴伯箫散文奖全国散文新作品大赛。陈曼远诗歌《请把真正的春天还给大地》获“2020年抗疫最美家书”征文活动优秀作品奖。陈守溢散文《防疫路上的志愿者》获宁德市“见字如面——最美家书”有奖征文优胜奖。

音乐创作：潘国旗创作抗疫歌曲《同舟共济》入选福建省“学习强国”平台，歌曲《同心协力》在相关平台推广宣传。

美术创作：高飞油画作品入选国展、省展、市展，张明玉国画作品入选省展、市展，林建东漆画、国画进入省展，徐立贵油画入选省市展览。

书法创作：张明玉、陈德陆作品入选省展，陈烨、胡廷彬、陆芳、张文金、胡国游等作品入选市展。

根雕创作：张长青根雕作品获市文联年度优秀文艺作品奖。

【文艺家队伍建设】 2020年，屏南县文艺家队伍持续壮大。文学、书法、美术、摄影、音乐、舞蹈、戏剧等协会均吸收新会员，会员总数400余人。张长青被评为宁德市文化名人。苏云加入福建省作家协会。作家、音乐家、美术家、书法家、舞蹈家会、摄影家等协会完成换届选举工作。

屏南县工商业联合会

【概况】 2020年，屏南县工商界联合会（简称县工商联）协调做好参政议政、商会建设、抗击疫情、调研服务、招商引资、助力精准扶贫、光彩助学等工作。企业家委员撰写提案7件，接收企业家捐赠新冠肺炎疫情防控物资价值200余万元。走访县内企业30余家，资助学生25.27万元。

【参政议政】 2020年，屏南县工商联做好非公有制经济代表人士政治安排，组织非公企业参加“两会”（人大、政协会议）和政协组织的各类调研。县“两会”期间，企业家委员撰写提案 7件。组织非公经济人士参加县检察院开展的“六稳”（稳就业、稳金融、稳外贸、稳外资、稳投资、稳预期工作）、“六保”（保居民就业、保基本民生、保市场主体、保粮食能源安全、保产业链供应链稳定、保基层运转）护航民企发展检察开放日活动和中国共产党第十九届中央委员会第五次全体会议主要精神学习。

【商会建设】 2020年，屏南县工商联加强与异地商会沟通工作，开展异地商会调研，在上海、嘉兴、温州、金华、厦门等地了解异地商会和企业发展状况，指导商会组织建设工作，推动厦门商会换届工作，指导并促进西安屏南商会开展工作，筹备乡镇商会成立工作。

【疫情抗击】 2020，屏南县工商联作为县应对新型冠状病毒感染肺炎疫情工作小组物资筹备和保障组成员，第一时间向县内外企业家发出《致县内外民营企业家的一封信》和《捐赠倡议书》，同时配合统战部做好机关防疫工作。全年收到县内外爱心企业家捐赠的医用口罩、消毒器械、消毒用品、防护服及捐款等折合人民币200余万元。

【调研服务】 2020年，屏南县工商联调研走访县内外非公企业。3月，组织人员到企业了解和指导企业复工复产。9—10月，统战部、工商联联合开展“访民企、帮纾困、助发展”为主题的大走访活动，邀请工信局、人行等县直相关部门参加，走访县内外民企30余家，收集信息40余条，并向相关部门反馈，组织排演“惠泽曲红”节目，参加市联组织的“民企文化会演”活动。

【招商引资】 2020年，屏南县工商联继续配合县政府做好招商引资工作，做好回归经济工作。8月，在上海举办屏南县·上海招商推介会；12月29日，在屏南召开县内外企业招商推介会。促进西安屏南商会企业家回乡投资创华地产项目，2月动工建设。金华市和家金属制品有限公司回乡投资办厂。

【助力精准扶贫】 2020年，屏南县工商联继续推进“百企帮百村”精准扶贫工作指导督促，签约企业继续履行帮扶责任。省、

2020年8月，屏南县在上海举办2020屏南县·上海招商推介会

（县工商联 供）

市、县先后发动商会、企业22家帮扶挂钩22个贫困村，开展产业扶贫、就业扶贫、济困助学、走访慰问等。榕屏化工等3家企业受到表彰。

【光彩助学】 2020年，屏南县工商联开展光彩助学活动。9月，推荐上报省光彩助学贫困学生5名。协助市工商联在屏南开展“同心·光彩助学”活动，发放助学金15万元，资助大学新生50人圆大学梦。福州市屏南商会长桥组筹集7.77万元资助贫困大学生33人，温州福建商会屏南籍企业家捐赠2.50万元资助中小学贫困学生。

（薛阿兰）

屏南县归国华侨联合会

【概况】 2020年，屏南县是福建省26个重点侨乡县之一，全县旅居海外的华侨华人8万余人，归侨113人，侨眷近2万人。有屏城、长桥、路下乡镇侨联3个；陆地村、城东社区、华侨中学等村居、学校侨联11个；村级侨联小组22个；侨资企业4个。屏南县归国华侨联合会（简称县侨联）重点做好服务侨民侨眷、联村助户、维护侨益等工作，被省侨联授予省级“侨胞之家示范点”称号。

2020年11月26日，屏南县路下乡凤林村归国华侨联合会揭牌仪式 （县侨联 供）

【为侨服务】 2020年，屏南县侨联为列入精准扶贫户、低保对象和特困人员的贫困归侨17人每人发放救助专项资金2299元。春节前夕，安排资金3万元慰问困难归侨侨眷、重点人士眷属、退休侨务工作者。11月16日，屏南县古峰镇城东社区成立“屏南县古峰镇城东社区涉侨纠纷人民调解委员会”，负责调解处理古峰镇城东社区中发生的各类涉侨纠纷，调委会成员由县侨联聘任。

【联村助户】 2020年，屏南县侨联结合省侨联十届二次全委会议精神，在全县范围内开展侨联系统“百侨帮百村——联村助户”精准帮扶工作，从资金、技术、就医、关心慰问等方面，帮扶贫困户10户。

【侨法宣传】 2020年10月19日，屏南县侨联联合县社科联、路下乡侨联、漈头村侨联和屏南耕读文化博物馆，在城区街心广场举行侨法巡回展活动启动仪式，进行为期15天的侨法进校园进社区巡回宣传展览活动。

【基层组织建设】 2020年，古峰镇城东社区和路下乡凤林村分别成立侨联。县侨联指导陆地、村头、漈头3个村侨联建成侨史文化馆。7月，完成侨联大厦对外招租工作，促进侨产保值增值。11月，争取到中央华侨事务预算专项经费30万元。12月，县侨联建成侨文化展示馆，面积300平方米。

【参与疫情防控】 2020年初，屏南县侨联发动海外侨胞支援家乡抗击新冠肺炎疫情。旅居马来西亚屏南侨团6个和旅居加拿大、新西兰侨胞捐赠一次性口罩54700个、医疗手套5900副、医疗护目镜210个、医疗防护服400套、KN95口罩3000个、澳大利亚P2口罩252个，捐赠资金11.02万元。4月，发动辖内各级侨联组织向海外侨胞捐赠防疫物资和资金。其中，县侨联捐资5万元，屏城乡村头村、长桥镇新桥村和官洋村侨联捐赠一次性口罩17000个，县慈善总会捐赠一次性口罩1000个。

（包久菊）

屏南县红十字会

【概况】 2020年，屏南县红十字会有团体会员16个，个人会员583人。全年重点做好红十字会改革、应急救护知识普及、人道救助、无偿献血、造血干细胞和遗体器官捐献等工作。

【落实改革方案】 2020年，屏南县红十字会贯彻落实中央、省、市以及县委党的群团改革工作会议精神，根据《中华人民共和国红十字会法》和《中共宁德市委关于加强和改进党的群团工作的意见》文件精神，按照《宁德市人民政府办公室关于印发市红十字会改革方案的通知》要求，制订《屏南县红十字会改革方案》，规划3年内完成改革。

【应急救护知识与技能普及】 2020年，屏南县红十字会按照省、市红十字会《关于开展应急救护“六进活动”的通知》精神，围绕“推广应急救护，建设健康福建”开展活动 。利用微信、微博、短信等媒介宣传，营造活动氛围。制定应急救护“六进”（进机关、进社区、进农村、进企业、进学校、进家庭）活动年度实施方案，并组织实施。根据需求，举办各类专场培训班，增设应急救护知识与技能课程，经常开展进校园进企业专项活动。全年举办救护员培训2期55人，应急救护知识普及培训10期2078人，超额完成市红十字会下达的计划任务。

【无偿献血】 2020年，屏南县红十字会成立无偿献血宣传队伍，发放无偿献血倡议书和献血知识宣传册各3800余份，发送无偿献血宣传短信12万条。组织发动各单位干部职工和广大群众参加献血活动7场次，无偿献血24.38万毫升，占临床用血的112%。利用多种宣传媒介，宣传人体器官、造血干细胞捐献工作。

【人道救助】 2020年，屏南县红十字会开展博爱物资送万家活动，发放博爱物资18份。助力精准扶贫，扶持路下乡精准扶贫户、甘棠乡计生户计8户1.60万元，慰问物资16份。组织捐款16.88万元，捐物折资26.34万元，用于全县新冠疫情防控。开展“精准扶贫光明行动”活动，筛查贫困人员白内障患者13人，给予手术免费治疗。做好帮扶义诊工作，组织志愿者医疗队义诊2场次，受益1230人。做好大病医疗救助，对屏南县重点优抚对象、城乡低保对象、农村“五保”

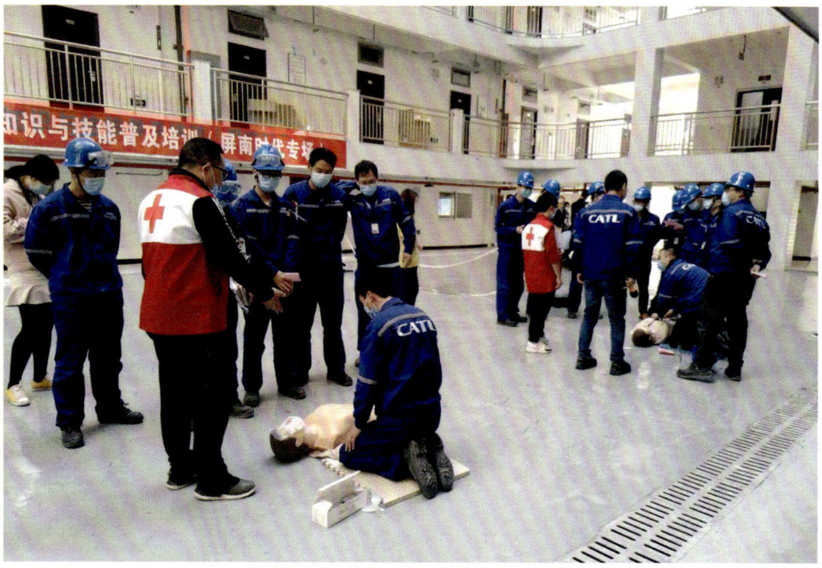

2020年4月27日，屏南县红十字会应急救护进企业普及培训活动现场

（县红十字会 供）

〔指农村中无劳动能力、无生活来源、无法定赡养扶养义务人或虽有法定赡养扶养义务人，但无赡养扶养能力的老年人、残疾人和未成年人，对其保吃、保穿、保医、保住、保葬（孤儿为保教）〕供养对象、重度残疾人、低收入家庭等，给予申报医疗救助45人，其中，市级28人、县级17人。落实筛查患有急性白血病、先天性心脏病或其他大病的困难儿童，申报小天使基金、阳光天使基金救助和福万通少儿救助4人，争取医疗救助金35.60万元。

【红十字项目建设】 2020年，屏南县红十字会按照省、市红十字会关于建设红十字博爱驿站的要求，筹建红十字博爱驿站，2020年底完工。做好幸福天使白水洋救护站建设项目，组织师资力量先后在白水洋景区举办重点工作人员应急救护培训班2期，受训69人。

（林辉航）

屏南县老年人体育协会

【概况】 2020年，屏南县老年人体育协会（简称县老体协）设置常务副主席1人，副主席兼秘书长1人，副主席4人，劳务派遣工1人，兼职财会人员、管理员3人。各乡（镇）、村（居）和行业系统老体协也相应配套调整充实老体协辅导站（点）的两套班子人选。全县有老年体育活动中心118个，设广场舞、门球、气排球，乒乓球、老年骑游、健身腰鼓、地掷球、柔力球、夕阳红艺术团、健身球（操）、持杖健步走（操）、太极拳（剑、棍、扇、舞）、健身气功、老年书画、中国象棋、中国台球16个专委会，实现县、乡（镇）、村（居）项目、辅导员队伍全覆盖。县老体协重点做好业务骨干培训、场馆建设、康乐家园创建、文体活动开展等工作。

【业务骨干培训】 2020年，屏南县老体协加强专委会业务骨干培训。先后在街心广场组织90余人参加太极拳（剑）培训，在县老年人活动中心组织100余人参加国家规定套路健身秧歌舞培训。7月8—10日，组织艺术团3人参加宁德市第八套健身秧歌培训；8月21日，组织人员到宁德市参加健身气功二级裁判员培训；8月22日，派人到长乐参加全省太极拳协会举办的太极推手培训；9月11—12日，选送12人参加宁德市门球协会举办的门球裁判员培训；10月底，选送4人参加宁德市气排球裁判员、教练员培训。各乡镇、村、社区也相应开展业务骨干培训工作，分别组织柔力球、持杖健步操、太极拳剑、气排球、广场舞等骨干业务培训。乡镇、社区老体协承办各自辖内相关老年人体育赛事。

【场馆建设】 2020年，屏南县、乡老体协争取各级党政领导的重视、支持和社会各界赞助，通过设施补助、改造利用、功能衔接、购买服务等形式，建设老年人体育设施。全县有室内门球场6个、地掷球场3个、气排球场8个、柔力球场8个、乒乓球室110个、棋艺室112个、图书阅览室55个、书画室14个、老年活动中心118座、健身路径126条，纳凉点、栈道、绿道、广场、绿地、公园等健身场地182处。

【康乐家园创建】 2020年，屏南县老体协采取创建“康乐家园”与辅导员业务骨干培训相结合方式，整合各村、社区资源，解决活动场所问题，利用撤销办学点的校舍、新建村委楼、老人公寓等，设置老人活动场所。发挥健身辅导员作用，在乡镇和村（社区）联办复训班，提高村、社区健身辅导员教学辅导能力。全县有康乐家园的村、社区75个都配备社会体育指导员1—3人，裁判员2—4人，辅导员3—6人。

【活动开展】 2020年，屏南县老体协开展多场赛事交流活动。太极拳剑专委会多次组队参加省、市及兄弟县（市）举办的各项赛事。6月，黄德勇获2020年首届金丝结“一带一路”中澳国际武术（网络）大赛（老年竞技组）银奖和优秀奖；7月6日，黄德勇等4人参加全球太极拳24

式竞赛；7月16日，组队参加2020全国网络视频健身气功系列大赛之八段锦赛事，获第二名。8月，代表宁德市老体协参加全省全民健身运动会（武夷山赛区）门球比赛，获团体第三名；组队参加全市康乐家园杯气排球比赛，男女队双双获金奖；组队参加2020年“鲁滨逊杯”全国老年人持杖健走网络视频交流活动，获手杖操、自编套路项目《健康做出来》参赛曲目一等奖；运动员章望妹、陈玉仙等12人分别获全国自编套路一等奖、全国持杖健步走第二名；县老体协副主席甘如冰被抽选代表宁德市队参加全省老年人持杖健走交流活动。9月12—13日，承办全省全民健身运动会老年人乒乓球邀请赛，屏南男女代表队均获团体金奖。10月，门球队代表宁德市在武夷山参加福建省全民健身运动会、门球交流活动和第四届全民老健会选拔赛，获团体第六名（优胜奖）；组队参加全省旗袍年会，表演的第八套健身秧歌《盛世秧歌》《新疆舞》场面壮观、动作优美，获得好评；柔力球专委会获全国老年人柔力球双拍双球网络视频展演优胜奖，参加闽浙两省边界十县（市）（霞浦站）比赛，获集体第三名。

屏南县老体协陆续开展一系列友谊赛。4月，棠口镇承办钓鱼活动；6月，地掷球专委会承办全县老年人“瑞恒杯”地掷球友谊赛；7月，老年骑游专委会承办全县老年人环城100千米骑行活动；9月，气排球专委会承办榕圣杯全县气排球公开赛和屏南、周宁、寿宁、古田四县交流赛；10月，门球专委会承办全县全民健身运动会老年人门球健身友谊赛、古峰镇老体协承办全县第三届老年人广场舞友谊赛；11月，夕阳红艺术团在永辉超市广场承办庆祝宁德撤地建市20周年旗袍秀汇报演出；11月8日，在龙源垂钓基地举办2020年第一届“宏宇杯”老年人钓鱼比赛；11月1—16日，由中华全国体育总会、中国门球协会、福建省体育总会主办，福建省社会体育指导中心、福建省门球协会、屏南县人民政府承办，宁德市门球协会、屏南县文体和旅游局、屏南县老年人体育协会具体执行赛事的“全民健身·活力中国”系列赛事活动——2020年“白水洋杯”美丽中国·全国门球大赛（屏南站）在屏南县华侨中学举办，屏南县获中国门球协会颁发的“优秀组织奖”；12月，夕阳红艺术团获“感动中国——第二届华艺杯舞蹈模特合唱网络大赛”金奖，并被组委会授予“全国十大华艺明星队”称号。

屏南县各乡镇和村、社区老体协根据年度活动计划，结合自身特点开展老年健身活动，在元宵节、劳动节、重阳节、国庆节期间分别组织柔力球、健身操、中国象棋、广场舞、钓鱼、老年人骑行、乒乓球等多项活动。全年举办有组织、上规模的活动80余项，参加人员1万余人次。代溪镇老体协举办广场舞春晚，棠口镇把太极气功展演送进社区，电力老体协组织30余人的“乒乓球工作战”，古峰镇老体协组织1000人参加全民健身日主题活动广场舞展演，双溪镇老体协举办全民健身元宵舞龙等系列活

2020年12月，屏南县老体协举办迎新年持杖健走（操）展示活动暨庆祝专委会成立三周年活动（县老体协 供）

动。柔力球专委会承办全县柔力球展演活动；太极拳专委会举办太极拳、广场舞表演赛；曳步舞协会组队参加国家教体局举办的“梦舞黄山”曳步舞大赛，获一等奖。10月，古峰、甘棠、路下、熙岭、路下、长桥、寿山等乡镇老体协组队参与全县曳步舞大赛，古厦社区代表队获团体第一名。

【舆论宣传】　2020年，屏南县老体协利用报纸、电台、网络传媒等多种宣传载体，传播科学健身知识，营造全民健身氛围。在国家级媒体发表稿件3篇，市级媒体发表稿件22篇，《今日屏南》发表30余篇。各乡镇、社区承办的老年人系列体育健身比赛均在屏南县电视台播出。自办的老年人赛事活动，均邀请相关部门领导参加，联系电视台、融媒体记者宣传报道老年健身活动情况。经常性维护更新“屏南县文体和旅游局网站群”老体协网页内容。老体协活动均同步在“工作动态”上报道。

（石芳丹）

屏南县退（离）休教育工作者协会

【概况】　2020年，屏南县退（离）休教育工作者协会（简称县退教协）有顾问2人，理事20人。协会下设分会30个，聘请退休老教师任分会长。8月4日，县退教协召开第九届选举大会，民主选举产生新一届理事和领导班子。年内，重点做好筹办教育系统老年学校，举办多场赛事及活动。

2020年9月，屏南县退教协开展庆祝第三十六个教师节园丁游园活动　（县退协　供）

【筹办教育系统老年学校】　2020年，屏南县教育局委托退教协筹办教育系统老年学校，向外租用教室1间，月租金2400元，新购置课桌椅、古筝、中阮、宣纸、笔墨等供会员活动。老年学校每周一至周六开课，在原有的科目（柔力球、广场舞、旗袍秀、民族舞、交谊舞、乐器、合唱、摄影、快板）上增设书法、国画、普通话、智能手机使用等课程，聘请专业老师任教。

【相关活动】　2020年，屏南县退教协坚持日常活动和比赛相结合，以活动促普及，每月举行1次体育赛事。全年举办象棋、麻将、乒乓球、地掷球、门球等多场比赛。组织门球队员参加全国门球赛，获第九名。教师节组织全体退休老师到“国宾郡”小区参加游园活动。重阳节举办大型猜谜活动。年底举办大型文艺会演暨年会活动，并给寿星和金婚、钻石婚、白金婚对象祝寿、贺婚。举办舞蹈、唱歌、乐器演奏等文艺会演。退教协创作屏南方言快板作品5篇，并编成舞台节目，在协会相关活动中展示，多次参加宁德市和屏南县的文化下乡活动演出。在疫情防控初期，响应政府号召，编排录制针对居家隔离和防疫措施的屏南方言快板节目《人人躲家最要紧》，在屏南电视台滚动播放，在中国网海峡频道转播，点击率60余万人次。

【团拜会】 2020年12月19日，屏南县退教协在天外天国际大酒店举办寿星及贺婚团拜会。其中，60岁寿星43人，70岁寿星34人，80岁寿星28人，90岁寿星5人；金婚夫妇21对，钻石婚夫妇2对。团拜会得到中国银行屏南分行和“善溪醇”酒业赞助。

【扶贫慰问】 2020年底，屏南县退教协慰问因重大疾病和其他原因导致的家庭生活特别困难的退休教师，慰问特困户16人，困难户19人。

（张丽端）

屏南县社会科学界联合会

【概况】 2020年，屏南县社会科学联合会（简称县社科联）重点做好社科普及、社科阵地建设、理论研究等工作，并参与文创工作，助力乡村振兴。开展社科普及活动10余场，新建社科阵地3个，完成乡村振兴调研课题3个。

【主体责任落实】 2020年，屏南县社科联加强学术活动和阵地管理。事前现场指导并参与屏南耕读文化博物馆开设屏南一中社科普及分馆建设及展出等活动，审查法治进校园社科巡回展的展板内容，参加福建省哲学社会科学教学科研骨干研修班。接受县委巡察组巡察，梳理、整改巡察发现的问题和提出的建议。

【社科普及】 2020年，屏南县社科联开展日常社科普及工作，联合县卫健局、民政局举办“与爱同行，欢孝春夏秋冬”新春公益晚会，弘扬中华民族尊老、孝老、爱老传统美德；联合县政协鸳鸯溪诗社、社区学院等举办“贺国庆庆中秋暨‘9·28’终身教育活动日诗歌吟诵会”；联合县文联、文化馆等单位，举办抗疫主题书法展；联合屏南一中、屏南耕读文化博物馆，编制非遗进校园校本教材《剪纸：指尖上的艺术》《拓片：传拓技艺入门》等，在屏南一中、熙岭中学等开展剪纸、传拓等“非遗”文化进课堂。开展社科普及宣传周活动。10月，联合县检察院、法院、公安、司法、教育、关工委等单位和部门16个，举办以“决胜全面小康 决战脱贫攻坚”为主题的2020年社科普及宣传周活动，开展社科普及宣传周启动仪式暨社科普及咨询日、巴地村畲族民俗文化节、屏南县社科普及基地（场馆）开放日、福建省网络社会科学普及知识竞答和屏南文化专题视频展播、优秀社科图书展销等系列活动。10—11月，组织开展法治进校园社科巡回展活动，在26所中小学巡回展出，该项目被省社科联列入2020年革命老苏区社科普及特色活动资助项目。开展社科百场报告会。10月，邀请福建师范大学廖福霖教授做题为“习近平生态文明思想及其在福建的实践”专题报告会。

【社科阵地建设】 2020年，屏南县社科联抓阵地建设。屏南耕读文化博物馆在屏南一中设立社科普及分馆，先后开展研学之旅实践活动20余场；双溪安泰艺术城承接各类学习、研学、调研考察3000余人次；前洋文创基地深化与复旦大学合作，开设复旦大学社会实践课程，全年完成文化艺术交流中心、古民居一期改造（38间师生公寓）、“三馆”（金石篆刻馆、笔汇馆、百草园影像馆）等建设项目，举办“四季屏南 乡村有约”前洋艺术季活动，邀请蒋金明、田金生、谭根雄等领导和艺术家10余人参与指导工作；复旦大学前洋村“古村落保护与开发”被教育部列为首批一流本科课程；漈下甘国宝展示馆完成修缮并对外开放。以“三农”（农业、农村、农民）专家温铁军为院长，重庆大学副教授、博士生导师潘家恩为执行院长的“屏南乡村振兴研究院”落户熙岭乡四坪村，研究院聘请中国人民大学副教授董筱丹为“两山”研究所所长，福建农林大学作物科学学院教授、博士生导师王松良为生态农业与生态文明转型研究中心主任，北京理工大学副教授杨帅为数字乡村与空间经济研究中心主任，成立由著名专家学者组成的学术委员会；在前期调

2020年11月15日，屏南县双溪镇前洋艺术季开幕　　（黄玉芳　摄）

研和研究院成立伊始，温铁军为屏南有关领导做《生态文明转型与屏南发展》《生态资源价值化案例分析与“重构新型集体经济”》专题讲座。

【助力乡村振兴】 2020年，屏南县社科联服务县委、县政府中心工作，社科联主席兼任县传统村落文化创意产业项目指挥部办公室主任，探索以文创助推乡村振兴。主动对接温铁军团队，配合做好调研工作，提供工作便利，促成温铁军团队落户屏南。工作推广取得成效，屏南县被住建部列为第一批全国美好环境与幸福生活共同缔造活动试点县，为福建省唯一上榜县；龙潭村“文创+旅游”模式入选世界旅游减贫案例，被列为中国乡村旅游重点村；北墘村被评为全国文明村；县文创工作参加宁德市机制创新评比中获山区县第一名。提升对外宣传，人民日报发表《走向我们的小康生活｜福建屏南县龙潭村着力发展文化创意产业　古村焕发新活力》，新华社发表《龙潭里：昔日“贫困村”成了“网红村”》，中央电视台心连心艺术团到龙潭村慰问演出，《光明日报》《经济日报》《中国青年报》《中国妇女报》《工人日报》《澎湃新闻》《福建日报》和福建电视台等多级主流媒体对屏南村落文创发展给予关注和报道。县文创指挥部官方新媒体“文创屏南”微信公众号、新浪微博、秒拍、抖音等累计浏览量突破1300万人次。

【理论研究】 2020年，屏南县社科联在2020年中宣部“百城千县万村”调研中，完成《文创推进乡村振兴的龙潭探索实践》《屏南县以文创助推乡村振兴工作的探索与思考》2篇论文，被列为省级优秀调研课题。完成市委宣传部年度调研课题《“弱鸟先飞”走闽东特色乡村振兴之路的实践研究》。结合工作和调研成果，县社科联向县政协第十届第四次会议提交《关于扶持屏南乡村民宿业发展的建议》提案。

（县社科联）

法　治

政法委及综治

【概况】　2020年，屏南县政法部门推动市域社会治理现代化在县级层面的落实。全县排查调处矛盾纠纷1237起，调处成功1235起，调处成功率99.84%；扫黑除恶侦办恶势力集团3个（其中改变定性1个）、恶势力团伙1个；开展防范邪教警示教育宣传活动5场，发放宣传单2.50万余份、《反对邪教倡议书》4万份、《致家长和学生们的一封信》1.80万份。群众安全感率99.274%。在宁德市对屏南县《党政领导平安建设（综治工作）责任书》落实情况考评中，屏南县连续七年获优秀等级。屏南通过第四轮第二批省级平安县验收。

【综合治理】　2020年，屏南县委政法委按照省、市平安建设（综治工作）部署要求，以扫黑除恶专项斗争和公共安全领域大排查大化解大整治攻坚行动为突破口，推动重点人群排查管控到位、重点场所治安防范处置到位、安全隐患排查到位、重点时段防范稳控到位。全县排查调处矛盾纠纷1237起（其中涉疫矛盾纠纷49件），调处成功1235起，调处成功率99.84%，涉及金额633.98万元。运用特殊疑难信访资金池资金110余万元，解决涉及道路交通、民房火灾、金融纠纷等领域疑难信访问题7起。全县呈现主要警情数、发案数量逐年下降，破案数、破案率逐年上升的态势，各类刑事案件破案率排名全市第一，全省第四。先后抓获潜逃20年的公安部命案积案目标在逃人员1人，在逃21年的故意伤害致人死亡案嫌疑人1人。按期完成2020年宁德市下达的新建一类视频监控，整合二、三类视频监控的重点支持城市项目建设任务，通过系统抓获在逃人员41人、失信人员8人，抓获人数位居全市前列。建成全市首个拥有独立办公大楼的县级综治中心，中心监控视频覆盖全县11个乡镇159个行政村（社区）。配齐配强11个乡镇政法委员，乡镇综治办专兼职工作人员35人，村级综治管理员159人，专兼职网格管理员577人，平安志愿者172支，群防群治工作队伍165支。创新社会治理机制，在寿山乡试点开展“积分制”乡村治理新模式，引导村民自我管理、自我教育、自我服务，增进农民群众获得感、幸福感、安全感；善·成长平安服务中心探索建立“互联网+青少年学习”平台，开启“1+N”平安服务模式，助力预防青少年违法犯罪。县公安局提升联勤联动“二元勤务”管理效能，查纠各类交通违法行为10万余起，酒醉驾、未戴安全头盔和超速查处量均达全市山区县第一、涉牌涉证查处量位居全市山区县第二，全县未发生较大以上交通安全事故，交通四项指标（交通事故的发生起数、死亡人数、受伤人数、直接财产损失）呈下降趋势，该做法得到中国人民公安大学的充分肯定。

【扫黑除恶专项斗争】 2020年，屏南县扫黑除恶专项斗争持续推进。以落实省级特派督导整改为契机，推进线索清仓、逃犯清零、案件清结、伞网清除、黑财清底、行业清源等“六清”行动。侦办恶势力集团3个（其中改变定性1个）、恶势力团伙1个，查封冻结扣押涉案资金1001.40万元；提起公诉6件28人，公诉保护伞1件1人；一审判决6件28人。立案审查调查12件12人，给予党纪处分7件7人，其他处理3人，移送司法4人。发出“三书一函”〔《监察建议》《司法建议书》《检察建议书》和公安机关的提示（建议）函〕35份，推动行业主管部门抓整改、堵漏洞、补短板。

【执法监督】 2020年，屏南县委政法委进一步规范国家司法救助机制，重新修订《屏南县国家司法救助资金管理办法》《屏南县国家司法救助分类标准》，将个案救助标准提高至上限为当地上一年度职工36个月的平均工资。发放国家司法救助资金64.40万元，司法救助案件15起，解决17个案件当事人的实际困难。贯彻落实防止干预司法“三个规定”（《领导干部干预司法活动、插手具体案件处理的记录、通报和责任追究规定》《司法机关内部人员过问案件的记录和责任追究规定》《关于进一步规范司法人员与当事人、律师、特殊关系人、中介组织接触交往行为的若干规定》）要求，依法处理涉法涉诉信访事项，开展执法检查和案件评查等工作。

【队伍管理】 2020年，屏南县委政法委贯彻落实《中国共产党政法工作条例》和省委《关于贯彻〈中国共产党政法工作条例〉实施办法》，推进政法领域全面深化改革，政法各部门内设机构改革总体完成。按照“五个过硬”（信念过硬、政治过硬、责任过硬、能力过硬、作风过硬）的要求，强化政法干警的教育培训，全年参加各类教育培训的政法干警1200余人次，辅警44人和综治协管员16人参加学历提升培训。坚持典型塑警，全县政法系统有7个集体和17人获得市厅级以上表彰，集体17个和99人获得县处级以上表彰。其中，县委政法委被评为全省政法委系统先进集体，双溪公安派出所被命名为全省首批“枫桥派出所”，城关派出所被评为全省抗疫先进集体，县检察院被评为全省文明接待室。

【人民防线】 2020年，屏南县防线办结合全民国家安全教育日、《中华人民共和国反间谍法》颁布实施纪念日等节点，综合利用多种宣传阵地、平台、媒体，组织反奸防谍宣传教育活动4场次。配合上级国安机关开展工作5次，开展专项调研2次。开辟“国家安全”微信专栏，定期推送宣传教育材料，将宣传工作规范化、常态化、制度化。

【社会稳定维护】 2020年，屏南县委政法委落实矛盾纠纷排查化解、情报信息研判、社会面动态管控等措施，在疫情防控期间、全国“两会”（人大会议、政协会议）和中共十九届五中全会等重点时期，主动推动积案和突出问题的化解。按照“去存量、控增量、防变量”总体思路，推进反邪教工作落实。开展防范邪教警示教育宣传活动5场，发放宣传单2.50万余份、《反对邪教倡议书》约4万份、《致家长和学生们的一封信》约1.80万份。在屏南新闻网反邪教专栏转发转载警示教育宣传文章13篇，组织学生参观反邪教宣传基地，受众1000余人次。张贴反邪教宣传海报800余套。

【法学会工作】 2020年，屏南县法学会组织召开学术研讨活动3场次，组织会员参与各级各类征文活动3次。法学研究文章被国家、省、市级刊物采用47篇。形成地市级以上人大代表提案9篇。联合相关部门开展青年普法

2020年11月30日，屏南县委政法委组织干部到城东社区开展屏南县中国法学会会员“走百乡进千村访万户”活动

（县委政法委 供）

志愿者法治文化基层行活动85场次，举办“双百”报告会（百名法学家、百场报告会）3场、“法治屏南讲坛”2场。上报工作信息22条，其中被国家、省、市级刊物采用4条。开展新型冠状肺炎疫情防控法律服务和“走百乡进千村访万户”活动，建立健全“访调对接”工作机制，持续推进“一县一品”建设，提升“企业法律服务部”“游客法律服务驿站”“社区法律诊所”“中国法学会会员工作室”的作用。2020年，屏南县法学会工作位列全市第一，得到宁德市法学会通报表扬。

【政法宣传】 2020年，屏南县委政法委采取线上线下相结合、集中宣传与入户宣传相结合方式，围绕疫情防控、优化营商环境、推动乡村振兴等部署，扣住平安建设、扫黑除恶专项斗争、社会治理现代化、全面深化改革等重点工作，开展政法综治宣传。利用网站、微信公众号等平台，宣传政法工作成效和先进典型人物，组织开展评论点赞。推送信息2050条。

（陈章科）

公　安

【概况】 2020年，屏南县公安机关立各类刑事案件442起、破289起，破案率全市第一；立涉恶类案件152起、侦破历年和现发案件132起；受理治安行政案件570起，结案569起；排查矛盾纠纷685起，调解685起，其中涉疫矛盾纠纷7起，全县未发生群体性事件。县公安局在全市公安机关执法质量考评得95分，位列全市第五名、B类县第二名，连续4年被福建省公安厅评定为全省公安机关执法质量优秀单位。公安局民警获二等功1人，集体3个、民警8人获三等功，集体7个、民警27人获县级以上表彰嘉奖。12月2日，中共宁德市委组织部同意屏南县人民政府副县长、县公安局党委书记、局长黄文挺和县公安局党委副书记、政委陈建波晋升二级高级警长。

【机构设置】 2020年，屏南县推进森林公安机关管理体制调整，4月18日，森林警察大队完成办公场所搬迁，5月30日挂牌成立。原森林分局机关民警暂时统一划转森林警察大队，所属森林派出所暂时成建制划转县公安局，原属人员暂时不作调整。7月，完成人员组织关系的转移，并理顺县财政经费渠道从农财股转移至行政政法股，队伍整体平稳过渡。9月27日，中共屏南县委批复同意设立中共屏南县公安局委员会，撤销中共屏南县公安局党组。

【疫情防控】 2020年，屏南县新冠肺炎疫情防控期间，县公安局成立疫情防控指挥部，制订《屏南县公安局应疫情防控应急处置预案》《全县公安机关防控新型冠状病毒感染的肺炎疫情应急预案》《全县公安机关防控新型冠状病毒感染的肺炎疫情工作领导小组工作方案》，组建工作小组10个，维护疫情防控期间社会治安。启动高等级勤务，投入警力2万余人次，全天候巡守入县检查点、社区（村）、定点收治医院和集中隔离点。强化人员密集场所管控，关停各类场所259家次，劝散临时聚集500余起。组建工作专班，发挥公安大数据精准赋能作用，24小时不间断与市公安局指挥情报中心互动，加强车辆、人员流动情况分析，加大有关人员、手机、车辆数据的核查力度。核查进入屏南县机动车300余辆、手机漫游数据3000余条，运用技术手段，协助各乡镇甄别电话打不通或无人接听等无法核实人员325名，核查并推送屏南县应对疫情工作领导小组外事组屏南籍出境未归人员1059名；协助检查车辆19780辆46043人。城关派出所获省“抗击新冠肺炎疫情先进集体”称号。

2020年2月5日晚，屏南县公安局出动警车12部、警力48名在屏南城区开展巡逻 （县公安局 供）

【刑事侦查工作】 2020年，屏南县公安机关做好侦查破案、“扫黑除恶”专项斗争和打击侵财类犯罪、开展打击毒品违法犯罪等工作。

侦查破案：立各类刑事案件442起，破289起，破案率65.38%，排名全省第四，全市第一；立现行八类暴力案件29起，破29起，破案率100%；立现行命案1起、破1起，破获命案积案2起，在全市率先完成年度任务目标，受到市公安局通报表扬。

扫黑除恶专项斗争：抓“六清行动”（线索清仓、逃犯清零、案件清结、伞网清除、黑财清底、行业清源），全县立涉恶类案件152起、侦破历年和现发案件132起，抓获犯罪嫌疑人283人，移送审查起诉201人，劝投部级目标在逃人员1人，抓获省厅、市局挂牌督捕逃犯2人；打掉“套路贷”团伙7个，抓获犯罪嫌疑人49人，破获相关案件109起，查封、扣押、冻结各类涉案资产2144.20万元；公安部、福建省、宁德市下发线索25条，办结率100%；针对行业监管漏洞发出提示函21份，发放举报奖励金5.10万元。

打击“盗抢骗”等侵财类专项行动：立现行传统“盗抢骗”案件76起，同比下降50.33%；破52起，破案率68.42%，同比上升20.71%。破获跨市“盗抢骗”案件3串40起，破获跨县“盗抢骗”案件1串4起。

打击电信网络诈骗专项行动：立电信网络诈骗案件80起，同比下降10.11%；破30起，同比上升30.43%，破案率37.50%，同比上升11.66%。捣毁“杀猪盘”诈骗犯罪团伙窝点1个，“洛漫宝”群呼窝点2个，破获帮助信息网络犯罪案件26起，抓获涉嫌诈骗嫌疑人58人。

打击黄赌毒违法犯罪：立赌博刑事案件12起，刑事拘留19人；查处赌博行政案件72起，行政拘留183人次；立涉黄刑事案件1起，刑事拘留2人；查处涉黄行政案件2起，行政拘留11人次，罚款9人次；立各类毒品刑事案件3起（其中省督目标案件1起），打掉涉毒犯罪团伙2个，抓获涉毒犯罪嫌疑人10人，查处吸毒人员29人次。

打击涉枪违法犯罪专项行动：立涉枪涉爆刑事案件10起，破获11起，抓获犯罪嫌疑人15人；查处涉爆行政案件4起，行政拘留2人，罚款5万元；收缴枪支11支，子弹1945发，猎弹12发，手榴弹7枚，炮弹1枚，雷管3个，疑似黑火药粉末3.90千克，鞭炮8箱，排炮72排，团炮97盘，烟花68个，其他枪支零配件3个。

【治安管理】 2020年，屏南县公安机关受理治安行政案件570起，结案569起，查处违法人员645人，治安处罚641人，拘留违法人员267人。

打击整治食药环专项行动：联合市场监管、农业、卫生、环保等行政执法部门，查打各类食品药品和破坏环境违法犯罪活动。省厅督办食药环案件3起，破获污染环境案1起，提请逮捕1人，取保2人，破获生产销售不符合安全标准食品案2起，移送起诉2人，核实集群战役线索5条。

开展“护校安园”专项行动：牵头制定《2020年全县中小学幼儿园“护校安园”专项工作方案》，经常性开展校园安全形势评估，通报校园及周边治安情况，建立约谈制度，对责任不落实、措施不到位的单位或个人进行通报。联合教育局落实《加快推动全省中小学幼儿园安全防范建设三年行动计划》，对未完成“四个100%”（城区中小学封闭化管理100%、一键式紧急报警与公安机关联网率100%、视频监控系统与公安机关联网率100%、城市中小学专职保安员配备率100%）的学校整改情况进行复查，对未整改或整改不到位的学校，按照相关规定处理。全县中小学幼儿园一键式紧急报警、视频监控系统达标率100%；城镇护学岗设置达到100%；各中心小学以上学校（含校区独立的中心幼儿园）完成防冲撞设施安装；农村教学点周界围墙均达到要求。全年检查全县中小学、幼儿园177家次，发现安全隐患296处，下发整改通知书56份，当场警告处罚民办幼儿园4家，对检查发现的问题，函告县教育局3次。

危爆物品安全监管：全县民爆仓库3个，爆破点8个，易制爆单位2家。公安机关结合辖区实际制定工作方案，推进一体化平台应用，盯住储存、运输、使用等重点易出问题环节，检查危爆企业93家次，发现安全隐患63处，下发整改通知书15份。

寄递、物流排查专项整治：督促辖区寄递物流企业落实寄递企业“3个100%”（收寄验视100%、实名收寄100%、过机安检100%）、物流企业“2个100%”〔实收交货物实名登记100%、开箱（包）验视100%〕，封堵违禁物品流通渠道，检查寄递物流企业90余家次。

打击“黄赌”专项行动：打击群众反映强烈，严重影响社会治安秩序的山头野外赌博及桑拿洗浴等行业场所存在的卖淫嫖娼现象。全县立赌博刑事案件12起，刑事拘留19人；查处赌博行政案件72起，行政拘留183人次；立涉黄刑事案件1起，刑事拘留2人；查处涉黄行政案件2起，行政拘留11人次，罚款9人次。

场所特行管理：治安管控全县84家旅馆、5家机动车维修点、8家娱乐场所。常态化组织开展旅馆业实名登记暗访检查，落实“黑名单”管理制度，重点对列入“黑名单”的问题旅馆“反复查、查反复”。督促旅馆业主和前台人员落实治安安全管理制度，依法查处违规经营行为，实现实名登记合格率80%以上。全县检查宾馆206家次，发现安全隐患145处，下发整改通知书49份，查处不按规定登记旅客住宿信息案件20起。

“一标三实”基础信息采集：联合县住建局制定《关于推广开展智慧安防小区建设的通知》，完成2020年交房启用的东湖观邸、东湖公馆、华庭世家、龙漈小区等4个小区智能门禁设备安装。结合“百万警进千万家”活动，智能化社会化采集流

2020 年 10 月 2 日，福建省副省长、公安厅厅长田湘利（右一）在屏南检查工作　　（县公安局 供）

动人口信息 18171 人，流动人口采集率 152.39%。实有人口变动数 1250 人，渠道汇聚实有人口数 1247 人，渠道汇聚变动率 99.76%。登记出租房屋 2344 家，落实自主申报 2338 家，自主申报率 99.74%；全县登记用工单位 130 家，落实自主申报 130 家，自主申报率 100%。

推动“枫桥式公安派出所”创建：在 2019 年创建的基础上，着力固根基、补短板、品牌引领，继续推进创建“枫桥式公安派出所”。2020 年 11 月，屏南县公安局申报创建的“枫桥式公安派出所”6 个（城关、屏城、代溪、路下、岭下、甘棠）全部通过宁德市公安局实地验收，总验收成绩全市排名第三，城关派出所验收成绩排名全市第三。双溪派出所被省公安厅授予首批省级“枫桥式公安派出所”称号。

【治安隐患排查】 2020 年，屏南县公安机关坚持和发展新时代“枫桥经验”，健全“公调对接”“警民联调”工作机制，开展风险隐患排查，排查矛盾纠纷 685 起，调解 685 起，其中涉疫矛盾纠纷 7 起，全县未发生群体性事件。开展房屋结构安全隐患大排查大整治百日攻坚专项行动，配合乡镇及住建、消防、工信、城管、市场监督等部门开展辖区内宾馆、酒店进行全面安全隐患大排查，排查旅馆 82 家，发现旅馆房屋结构一般安全隐患 19 处，相关安全隐患抄告住建局及属地政府。

【执法规范化建设】 2020 年，屏南县公安局在全市公安机关执法质量考评得 95 分，位列全市第 5、B 类县第 2 名，连续 4 年被福建省公安厅评定为全省公安机关执法质量优秀单位。

执法监督指导：先后制定《屏南县公安局执法办案积分管理办法》《屏南县公安局 2020 年执法考评奖惩规定》，运用绩效考评、评优评先、表彰奖励等杠杆手段推进执法质量的提升。以《全市公安机关深化推进执法规范化建设重点工作三年实施方案（2020—2022 年）》颁布为契机，制定《屏南县公安机关执法突出问题集中整治工作实施方案》，在全县公安机关范围内开展执法突出问题专项整治活动。开展县级个案质量考评 16 次，季度考评 4 次，半年度考评 2 次，专项考评 1 次。通过网上调卷、直接送卷等方式考评案件 314 件，发现问题 1100 余处。对存在较多扣分的执法办案单位下发整改通知书，督促落实整改，全年下发整改通知书 63 份，发送监督提醒短信 548 条。

执法业务培训：联合县检察院举办法制员培训座谈会，公检双方就当前刑事案件认罪认罚从宽制度实施工作、刑事案件侦查取证工作及执法办案程序重点沟通交流，检察机关对各单位提出的案件疑难问题及执法办案工作提出意见，提升全局法制员业务能力。组织开展 2020 年法制员大练兵讲座，解决执法办案工作中的薄弱环节，补齐执法办案能力短板，促进法制员运用法治思维和法治方式处置复杂事件、化解矛盾、维护社会稳定的能力增强。开展法治业务学习、培训等业务培训8次，每周二、四晚上开展政治业务学习，民警1人通过国家司法考试。在组队参加全市公安机关法律知识竞赛活动中，屏南县公安局获团体二等奖。

案件管理中心运作：案管中心审核刑事案件取保候审332人、监视居住案件26人、提请逮捕210人、移送起诉案件413人，完成刑事案件审核工作。

“放管服”改革：抓简政放权放管结合优化服务改革工作，深化行政管理体制改革，转变职能，提高行政效能和公共服务水平。深化政务平台建设，加快行政审批制度改革，推进“双随机一公”开工作。梳理抽查“双随机一公开”事项清单13项，完成跨部门联合抽查事项2项；开展“双随机一公开”检查12次，检查企业66家；定期梳理公安机关服务经济社会发展服务群众64项措施责任分工进展情况；梳理调整屏南县公安机关权责清409项，9月，在门户网站公开；完善“互联网+监管”系统，完成录入监管事项222条，关联行政处罚133条，关联其他行为2条，录入检查行为64条，录入行政执法人员164人，监管行为主项覆盖率上升至90.91%。

执法管理监督：全年开展县级个案质量考评16次，季度考评4次，半年度考评2次，专项考评1次。通过网上调卷、直接送卷等方式考评案件314件，发现问题1100余处，将考评情况挂网通报，对存在的问题下发整改通知书，督促各单位落实整改，下发整改通知书57份。

“智慧执法办案管理中心”项目建设：按照“实用、好用、易用”原则，将案件管理中心、受案（立案）中心、执法办案中心、涉案财物管理中心、诉讼服务中心、合成作战等六大执法功能场所融合，投入371万元在城关派出所建成智慧执法办案管理中心，增强一体化执法办案质效。组织人员开展“智慧执法办案管理中心”岗前技术培训，到周宁县参观学习考察，结合屏南实际制定《屏南县公安局智慧执法办案管理中心管理使用规定（试行）》。

法制基础建设：落实公安部《公安机关执法办案场所设置规范》和省政府办公厅《关于印发福建省公安机关执法场所设置规范实施方案的通知》要求，做好执法安全隐患定期排查和整改活动，贯彻落实“四个一律”（违法犯罪嫌疑人被带至公安机关后，一律直接带入办案区，严禁违反规定带出办案区讯问询问；进入办案区后，一律先进行人身检查和信息采集；违法犯罪嫌疑人在办案区内，一律要有人负责看管；在办案区内开展执法活动，一律要有视频监控并记录）。

法制宣传：以县依法治县办牵头的“谁执法、谁普法”工作为主线，开展法律进机关、进乡村、进社区、进学校、进单位等主题活动，组织开展法制专题宣传90余次，举办法制讲座20余场，发放宣传单10000余份。

落实信访工作制度：开展信访积案化解工作，接收信访事项39件，同比下降9%。其中，来信14件，来访9批16人次。办结35件，办结率89%。办理网上信访16件。化解公安部交办21年信访积案1起，办结市公安局交办的屏南县2019年群众进京到部信访件共11件，办结率100%，其中涉警信访3件全部息诉。

行政诉讼复议及国家赔偿案件办理：开展应诉案件阅卷、研究，制定出庭应诉对策及行政复议答复对策，办理行政复议案件1件，维持决定1件；答复行政复议案件3件，维持决定3件；办理刑事复议案件1件，维持决定1件，未受理国家赔偿案件。

【岗位练兵】 2020年，屏南县公安局制定《2019年至2022年屏南县公安局全警实战大练兵实施方案》《屏南县公安局全警实战大练兵2020年工作计划》；开展专项训练考核，突出实战实用实效，培训民警、辅警1137人次。公安机关实战大练兵比武全市第二；档案综合业务比武全市第一名，参赛队员4人包揽个人成绩前四；禁毒比武练兵活动全市 B类区第一名；法律知识竞赛全市第二；危爆物品安全监管比武竞赛全市第二；全市指挥情报部门练兵比武综合成绩第三名；选送的民警2人代表参加全省民爆大比武获团体全省第三名，民警1人远程比武项目单项成绩全省第一；民警1人参加全市公安机关“我的警察故事”主题演讲比赛获第二名；教官2人获“宁德市机关警务实战教官培训班成绩突出学员”称号，2人被评为全市公安系统成绩突出教官；民警2人被评定为中级教官，5人被评定为初级教官，1人被评为全市公安系统教育训练工作成绩突出个人，叶巧红被评为部级“标兵个人”。

【公安宣传】 2020年，屏南县公安机关围绕“枫桥式公安机关”创建工作，策划枫桥主题系列宣传片，从交通、信访、刑侦、暖警、服务乡村振兴等5个方面工作入手，展现屏南县社会治安环境的提升、公安局各项指标的提升、公安队伍的锻造、民众幸福感的增强等，以打造屏南公安“年度精品短视频”定位，展示屏南公安工作成绩。完成摄制《践行新时代“枫桥经验”公安派出所——宁德市屏南县公安局城关派出所、屏城派出所》专题宣传片，先后在省、市、县三级主流媒体展播20余次。

【典型培树】 2020年，屏南县公安机关充实交警大队城区中队警力，并调整警务职能，整合成由女民警3人、男女辅警12人组成的中队。7月，省市县三级媒体报道交警大队城区中队用好“加减乘除法”打造小县大交通格局典型事迹。挖掘培树一线优秀民警，推出叶巧红、柯永代、陈翔、吴荣利、陈绍文、张书屏等7个警察故事和刑侦大队先进典型，在全县予以推广。

【安全保卫】 2020年，屏南县公安机关做好安全保卫工作。

警卫基础工作：强化警卫基层基础信息采集，采集更新天外天大酒店住地、漈下村现场、白水洋地质公园现场、棠口镇千乘桥现场、长桥镇万安桥现场、中国木拱桥传统营造技艺展示馆现场的基础信息和影像资料，增补更新警卫基层基础信息，完善警卫二三维地理信息指挥平台基础数据采集录入。树立“安全第一”的指导思想，完成各级领导在屏调研安保10场，央视心连心艺术团节目录制、“白水洋杯”美丽中国全国门球大赛、福建省全民健身运动会等体育、文化活动安保6场，中高考、中职学业考试安保3场，实现“零差错率”工作目标。

安检查控：在全国“两会”（政协、人大会议）、全省“两会”、“五一”国际劳动节、清明、端午节、心连心艺术团、中共十九届五中全会等重大活动安保期间，落实堵卡盘查机制，出动警力2700余人次，武警500人次，辅警4000余人次，盘查可疑人员290人，可疑车辆175辆，处置各类警情1251起。

群体性事件预防与处置：完善处置突发群体性事件工作应急预案，成立120人的应急处突队伍，组织开展反恐防暴现场处置演练，提高应急处置水平；实行24小时全天候巡逻执勤，围绕辖

2020年12月3日，屏南县公安局组织开展应急处突实战演练活动（县公安局 供）

区内易发案区段，结合“135”快速反应作战圈，划分合理定点巡逻圈，每天派出接处警组和武装巡逻组，秉承“有警出警，无警巡逻”原则，采取徒步巡逻、乘车巡逻和定点执勤相结合方式，重点在车站、中心广场等人口密集场所实施巡逻防控和武装震慑，构建辖区网格动态治安巡逻防控网，增强人民的安全感和满意度。

【户政管理】 2020年，屏南县公安机关按照上级公安机关部署要求，做好户政管理工作。

解决无户口人员登记问题：开展无户口人员摸排清理，解决无户口人员30人的户口问题。其中，外地妇女婚嫁屏南无户口人员26人，长期滞留无户口人员1人，被捡拾抚养无户口人员3人。

落实户籍管理制度改革：办理户籍管理1892人。其中，三投靠人员249人，有合法固定住处的进城务工人员188人，购房迁入1452人，科技管理人才3人。

身份证管理：受理二代身份证10074人（16周岁以上人员累计受理148849人，受理率98.11%）。其中，上门采集制作二代身份证98人，送证上门430张，为重病卧床、行动不便、重性精神病、长期居住在外等特殊人员办理居民身份证上门采集制作二代身份证56人；为急需用证群众办理加急办理二代身份证7282张；办理临时身份证744张，开设“绿色通道”为参加高考人员办理二代身份证80张；办理异地居民身份证845件（外省92件、省内其他地市753件）。

户口清理整顿工作：根据第七次全国人口普查工作部署，开展前期户口整顿工作。核实人像比对疑似错误问题线索656条，注销重复户口48人，更正身份被冒用3人，纠正照片采集错误80人，清理注销死亡人员户口1773人。

居住证管理：配备县级公安机关集中制证设备1台，11个派出所窗口擦写设备11台，办理居住证26张、签注30张。在全县11个派出所均设立港澳台居民居住证受理点1个，办理港澳台居民居住证13张。

规范户籍窗口建设：推动户籍窗口规范化建设，推行“延时服务”“预约服务”“假日服务”、一次性告补、公开指南等措施，落实“一趟不用跑”和“最多跑一趟”办事清单制度。

征兵政治考核：按照政治考核规定，实行逐级考核和区域联审，落实“谁考核、谁签字、谁负责”制度，依法、依规政考。政治考核应征青年政审保持13年无政治考核退兵成绩。

【道路交通管理】 2020年，屏南县公安机关完善“所队联勤交通管理常态化机制”，将保安全与保畅通结合，推进智能交通管理体系和农村公安交通管理“三位一体”远程执法系统建设应用，全县道路交通总体安全，非法改装、无牌无证机动车上路行驶，三轮摩托车、三轮自行车安装遮阳伞，二轮摩托车、电动车非法加装燕尾伞等显见性交通违法行为减少。全年查纠各类交通违法行为109228起，其中严重交通违法行为25027起。全年查纠酒驾291起、醉驾96起、超员699起、货车超载63起、现场超速364起、涉牌1608起、涉证1303起、未系安全带7346起、未戴安全头盔13241起，现场查处量16369起，骑乘摩托车未戴安全头盔查处量创历史新高，酒醉驾、未戴安全头盔和超速查处量均为全市山区县第一，涉牌涉证查处量位居全市山区县第二。全县发生一般道路交通事故38起，同比上升40.74%；死亡11人，同比下降8.33%；受伤56人，同比上升124%；财产损失20570元，同比上升23.17%。全县道路交通安全形势总体平稳，未出现严重交通拥堵和较大恶性交通事故。8月3—5日，中国人民公安大学交通管理学院副院长、教授马骏带队在屏南就公安机构改革新政策“交所合一”“联勤联动”等在不同地区实施的实际情况开展调研，为公安大学课程体系设置、公安专业队伍设置提供依据。

道路隐患排查整治：联合道安成员单位开展道路交通安全生

2020 年 8 月 3 日，中国人民公安大学交通管理学院副院长、教授马骏（中）带队调研屏南交通管理“联勤联动”模式 （县公安局 供）

产大排查大整治，排查存在隐患路段 24 处，整改完成 24 处；完成全县被列入省委、省政府 2020 年为民办实事项目的 15 处道路安全隐患整改。检查重点客货运、危化品运输企业 18 家次；排查逾期未检验重型货车 15 部；针对未开启或安装卫星定位系统的重点车辆开展动态监管，对违法车辆所属公司寄送违法未处理抄告函 26 份。

事故救援机制建设：与消防、医疗、保险等部门健全快速发现、及时救援、有效救治、妥善救助“四位一体”联动工作机制；与卫生部门联合制定《屏南县公安局交通警察大队 屏南县卫生健康委员会关于加强道路交通事故救援“绿色通道”工作的通知》，协调屏南县医院建立交通事故救援“绿色通道”；7 月 30 日，联合古田县交警开展 2020 年道路交通事故跨区域危化品车辆交通事故应急处置演练活动。进一步规范道路交通社会救助基金管理机制，垫付救助基金 1 次 9 万元。

机动车管理：办理业务 9527 件。其中，注册登记 2587 件，转移登记 585 件，变更登记 291 件，抵押登记 238 件，注销登记 115 件，转入业务 431 件，档案更正 9 件，车辆年检 4802 件，补牌证件 274 件，查封机动车 195 辆。

驾驶人管理：办理业务 4931 件。其中，本地初领 371 件，外地初领 12 件，增驾申领 330 件，驾证转入 242 件，驾证转出 31 件，换证 2980 件，补证 167 件，满分学习 243 人，注销登记 8 人，档案更正 2 人，异地审验 41 件，其他 504 件。

【“110”警务】 2020 年，屏南县公安机关接有效报警 2760 起。其中，违法犯罪类警情 438 起，交通事故类警情 200 起，消防类警情 28 起，治安求助类警情 852 起，其他类警情 1242 起。

【社会治安防控体系建设】

2020 年，屏南县公安机关加强社会治安防控体系建设，统筹推进“雪亮”工程建设，完成户籍人口 1000 人以上农村地区全覆盖，户籍人口 1000 人以下的农村地区补点建设，通过公安人像识别指挥系统累计抓获在逃人员 41 人。

【森林公安工作】 2020 年，屏南县公安机关先后组织开展“打击森林火灾违法犯罪”“破坏阔叶林资源专项治理整顿”、打击破坏野生动物资源违法犯罪“春季行动”“昆仑 2020”5 号等系列专项行动，立各类涉林刑事案件 20 起，破 25 起，刑事拘留 7 人，取保候审 30 人，移送起诉 27 起 32 人。

【监所管理】 2020 年，屏南县公安机关收押犯罪嫌疑人 210 人，出所 195 人。投送监狱 84 人，刑满释放 33 人。收拘违法人员 148 人。连续 11 年未发生安全责任事故和病亡事件。

拘留所工作：完成视频会议电视终端建设和被拘留人员出所就医需配备的电子脚扣系统建设。受新型冠状肺炎疫情影响，经上级公安机关批准，2 月 24 日，暂停收拘业务，全部警力支援看守所。

看守所工作：排查整治监所各类安全隐患，开展安全大检查 23 次、专项（房屋设施、水电、消防等）检查 11 次，排查整改隐患 5 处。探索协助破案战术战法，健全完善协助破案工作规定，移送各类线索 8 条，协助破获涉枪涉爆案件 2 起，抓获嫌疑人 2 名，缴获非法枪支 1 把。加强疫情防控期间监所管理，实现监所人员“零感染”，完成远程开庭庭审 70 次 58 起，其中涉恶团伙案件 2 起。

【出入境及往来港澳台管理】 2020 年，屏南县公安机关审批办理因私出国出境及往来港澳台的各种证照 944 件。其中，护照 578 件，港澳通行证及签注 281 件，单程证 8 件，台湾通行证及签注 77 件。法定不准出境人员备案新增 711 人，撤销 10 人，国家工作人员备案新增 35 人，修改 95 人，撤销 95 人。

一站式服务窗口建设：在县行政服务中心办证窗口配置自助签注机和自助填表机，落实“首问责任制”和“一次性告知制”及“限时办结制”，采取周末轮班、电话预约、特事特办等措施，缩短办证时限。

法定不批准出境人员通报备案专项清理：报备法定不批准出境人员 717 人，其中限制电信诈骗高危人员 354 人，涉境外赌博 9 人，其他 354 人。打防并举，加大源头管控，协助刑侦大队落实防控措施，限制电信诈骗高危人员再次出国境作案。

外国人管理：登记临时境外人员 785 人次，及时率、准确率和登记率均为 99.10%；将“外籍新娘”696 人纳入实有人口管理，建立“一人一档”。

打击外国人“三非”（非法入境、非法居留、非法就业）违法犯罪活动，查处非法居留行政案件 7 起，未发生因管控不到位而引发的涉外案（事）件。

【监察和督察】 2020 年，屏南县公安机关强化党委主体责任，推进全面从严治党治警，落实民主评议、谈话提醒、个人重大事项报告、述责述廉等措施，完善制度体系建设，强化监督检查，落实责任追究，查处个别民警轻微违规违纪问题。

落实纪检监督责任：加大执法监督、执纪问责和查办案件力度。批评教育 1 人，通报批评 3 人，约谈 1 人，廉政提醒谈话 27 人次。被县纪委监委立案 1 人，收到县纪委转来的问题线索 1 条，局信访室转来的信访件 1 件，均核查反馈。畅通群众信访举报渠道，加强对“12389”举报电话的核查回复。

督察检查：开展内部安全隐患大排查大整治、公务用枪、岗位大练兵、境外输入疫情防控摸排、队伍纪律作风、“两会”安保维稳、“创四优窗口、提服务效能”、刑事案件受立案突出问题、行政拘留裁决未执行等专项督察工作，对重大警务部署落实全过程的监督检查。出动督察警力 496 人次，通过网上视频巡察提出问题 409 个，发出督察通报 4 份。

队伍教育整顿：在全县公安机关部署开展“坚持政治建警全面从严治警”教育整顿活动，开展廉政层级谈话，组织全警面对面谈话 157 人，收集建议意见 5 条，新发现掌握民警离异（8 人）、夫妻两地分居（15 人）、家庭较困难（4 人）、身患较严重疾病（1 人）等情况，未发现民警有违反“三个规定”（指禁止领导干部干预司法活动、插手具体案件处理的记录、通报和责任追究规定）、违规经商办企业等行为。

警示学习教育：分 3 批次在全县公安机关组织观看系列警示教育片《警钟》，收听收看并撰写心得体会 176 人；开展集体廉政谈话 25 次；分批次组织全体党员干部到县廉政教育基地参观学习。

审计监督工作：完成禁毒大队负责人的经济责任审计和 2019 年度禁毒专项经费和刑侦大队执法活动财物审计。对屏南县公安机关 2018 年以来项目工程及物资装备采购情况开展全面自查自纠工作，自查信息化建设项目 6 个，项目工程建设 11 个，装备物资采购项目9个，提出问题5个、整改措施5条。

移风易俗专项整治行动：制止全局党员干部大操大办婚丧喜庆事宜，严格请示报告制度，报备党员干部操办婚丧喜庆事宜2人；查处党员干部“带彩打牌”37人次，向县纪委移送党员和公职人员涉嫌违法犯罪问题线索61人次。

民警维权：督察部门配合治安大队跟踪查办民警维权案件2起。

【经济犯罪侦破】 2020年，屏南县公安机关做好侦查破案、打击经济犯罪宣传活动和民间“标会”专项整治等工作。

侦查破案：立各类经济违法犯罪案件42起，破25起，抓获犯罪嫌疑人48人（其中历年逃犯2人，境外“猎狐”对象1人），扣押奥迪Q3等机动车7辆，没收成品油4.40吨，为群众挽回经济损失1800余万元。

打击金融犯罪专项行动：立洗钱案3起，妨害信用卡管理案3起，信用卡诈骗案1起，骗取借贷案1起；破获骗取贷款案1起，涉案金额470万元。取保候审2人次，刑事拘留3人次，监视居住1人次，移送起诉3人次。

打击经济犯罪宣传：走访各乡镇、县治会办、各社区治会小组以及社会各界群众，宣传公安机关打击经济犯罪工作的信心和决心。发放《防范经济犯罪 保障经济安全》《打击非法集资 共创社会和谐》宣传册等材料500余份，展出展板10块，悬挂条幅2条，接待群众咨询500余人次。制作微动漫微视频1个，联合人行，信用社等部门，分期通过广电、微信公众号，全景屏南等新闻媒体发布宣传链接5条。

民间“标会”专项整治：持续打击查处民间标会案，立非法集资案件11起，破案12起（其中历年积案2起），抓获非法集资犯罪嫌疑人23人，刑事拘留3人，提请逮捕3人，取保候审19人，监视居住1人，移送起诉9起11人，挽回经济损失1800余万元。

（包美琴）

检 察

【概况】 2020年，屏南县检察院推进刑事检察、民事检察、行政检察和公益诉讼检察全面协调充分发展。批准各类刑事犯罪案件72件102人，提起公诉195件279人；办理民事检察案件4件、行政检察案件4件、公益诉讼案件29件。4个集体和18人次获得各级表彰。

【服务中心工作】 2020年，屏南县检察院参与防范化解金融风险工作，办理危害金融安全犯罪案件15件17人，起诉涉众型非法吸收公众存款案件13件14人，会同县法院、公安、人行等单位制定《打击金融犯罪协作机制》。服务脱贫攻坚，推动产业薄弱村甘棠乡瑞云村和省级乡村振兴示范村新田村连片开发山苍子种植育苗示范基地20公顷；向符合条件的刑事被害人及近亲属发放司法救助金5万元。参与生态环境保护，起诉破坏环境资源犯罪28人，促成补植复绿、土地复垦约17.23公顷。服务保障营商环境建设，持续做精“驻企检务”“流动检务”“检企联防”工作模式，联合县工商联举办“服务‘六稳’（稳就业、稳金融、稳外贸、稳外资、稳投资、稳预期工作）‘六保’（保居民就业、保基本民生、保市场主体、保粮食能源安全、保产业链供应链稳定、保基层运转）护航民企发展”主题检察开放日活动。服务疫情防控，选派科级党员干部3人驻乡联村，帮助企业复工复产，组织检察干警16人参与高速卡口和社区一线防疫；提前介入涉疫案件2件，起诉7件12人，运用远程讯问、视频出庭等方式批捕、起诉疫情防控期间刑事犯罪案件134件；开展“废弃口罩”专项监督，发出磋商函2份，推动规范处置废弃口罩等医疗废物；依托新媒体平台推送各类疫情防控信息784条。

【扫黑除恶专项斗争】 2020年，屏南县检察院开展扫黑除恶专项

2020年9月18日，屏南县检察院召开宁德首例行政争议实质性化解公开听证会（林洁洁 摄）

斗争。受理审查起诉涉恶案件6件31人、“保护伞”案件1件1人，依法改变涉恶定性4人，提起公诉6件27人。推进“打伞破网”“打财断血”，提出涉案财产处置意见4件。制定《关于推进重点行业领域突出问题专项整治彻底铲除黑恶势力滋生土壤的工作方案》，发出检察建议7份。

【维护稳定】 2020年，屏南县检察院投入平安屏南、法治屏南建设。批准逮捕各类刑事犯罪案件72件102人，提起公诉195件279人。依法办理“黄赌毒”、电信网络诈骗等破坏群众安全感、幸福感的犯罪案件18件40人，起诉强奸、抢劫、敲诈勒索等重大案件25件45人。落实“群众信访件件有回复”要求，受理群众信访56件，对首次实名信访件39件全部落实“7日内程序性回复，3个月内实体性答复”要求。落实“谁执法谁普法”要求，开展普法宣传活动29场。

【公益诉讼】 2020年，屏南县检察院办理公益诉讼案件29件，发出诉前检察建议17份，建立公益诉讼诉前磋商机制，首创“检察公益告示”机制，提起生态环境和资源保护领域刑事附带民事公益诉讼案件3件，追偿生态环境、野生动物资源损失费55.85万元，督促追缴世行项目林转让费218万元。开展“销售仿人民币冥币损害伟人形象公益诉讼”专项监督，首次采用公开宣告形式发出诉前检察建议。探索党建与军地协作、英烈保护公益诉讼融合，开展“英烈保护公益诉讼”专项监督，推动省退役军人事务厅开展集中整治。

【法律监督】 2020年，屏南县检察院加强刑事立案、侦查、审判、执行全过程监督。设立驻执法办案管理中心检察室，前移监督关口。依法不批准逮捕13人，不起诉32人，纠正漏捕6人，纠正漏诉3人，提出刑事抗诉1

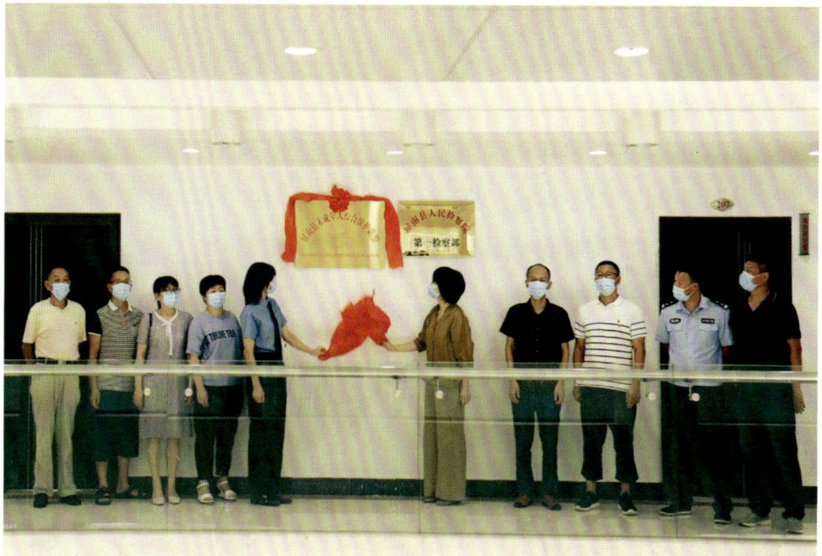

2020年8月18日，屏南县未成年人综合保护联盟在屏南县人民检察院揭牌（林洁洁 摄）

件。开展羁押必要性审查，变更强制措施4人。加强刑事执行监督，提出书面纠正意见3件。规范社区矫正工作，提出书面纠正意见4件，促成清查社区矫正档案172册，建议收监1人。受理民事执行监督、审判违法情况监督4件，移送涉嫌虚假诉讼线索1件，发出检察建议2份，均获采纳，办理行政检察案件4件。以公开听证形式办理全市首例行政争议实质性化解案。

【未成年人检察】 2020年，屏南县检察院起诉侵害未成年人犯罪5人，对涉罪未成年人开展社会调查6人，委托法律援助9人，提起公诉15人，附条件不起诉17人。县委政法委牵头，联合多家单位成立未成年人综合保护联盟，开展护校安园活动，建立教职员工准入查询制度，构建未成年人综合保护长效机制。与城东社区联合设立“青少年心理健康教育基地——善·成长平安服务中心”，开展心理疏导、儿童预防性侵犯安全教育等心理健康服务。

【检察队伍建设】 2020年，屏南县检察院落实全面从严治党主体责任，修订党组工作规则和检察长办公会议规则，加强“三重一大”事项监督，开展专项检务督察16次，落实“三个规定”（指《领导干部干预司法活动、插手具体案件处理的记录、通报和责任追究规定》《司法机关内部人员过问案件的记录和责任追究规定》《关于进一步规范司法人员与当事人、律师、特殊关系人、中介组织接触交往行为的若干规定》）有关要求，记录报告有关事项29件。接受外部监督，公开法律文书226份、案件程序性信息365条，重要案件信息10条，举办检察开放日、公开听证会等检务活动7场。

（周珠莲）

法 院

【概况】 2020年，屏南县人民法院（简称县法院）受理各类案件3851件（含旧存272件），其中受理涉新冠疫情案件4件，审结3585件，审执结率93.09%，收、结案同比分别下降8.65%和下降7.36%，员额法官人均办案210件。组织干警参加各类培训491人次，组织开展纪律作风督察和审务督察16次。干警获县级以上表彰14人。

【刑事审判】 2020年，屏南县法院受理刑事案件245件357人，审结231件311人，其中判处被告人有期徒刑以上刑罚226人。保持对严重刑事犯罪的高压态势，审结故意杀人、故意伤害、强奸等案件16件19人；审结黄赌毒类犯罪案件14件34人；依法惩处危害社会公共安全类犯罪，审结交通肇事、危险驾驶等犯罪79件79人；惩处职务犯罪，审结贪污犯罪案件1件1人；打击涉众型经济犯罪，审结集资诈骗、非法吸收公众存款、网络电信诈骗等案件25件29人；依法惩治破坏生态环境等犯罪20件28人，其中审结检察机关提起的环境公益诉讼案件3件；执行未

2020年6月8日，屏南法院公开审理首例刑事附带民事公益诉讼案件 （林宗瑜 摄）

成年人刑事审判特别程序规定，打击与“教育、感化、挽救”并重，审结未成年人刑事案件7件。

【扫黑除恶专项斗争】 2020年，屏南县法院推进扫黑除恶专项斗争，加强与县纪委监委、检察、公安、司法的协调联动，受理并审结恶势力犯罪集团案件4件22人，审结恶势力犯罪团伙案件2件5人；运用追缴、罚金、没收财产等手段，一审判决追缴违法所得1440.08万元，判处财产刑121.70万元；开展扫黑除恶宣传19次，发送普法短信20万条，发放宣传品1300余份。

【民商事审判】 2020年，屏南县法院受理各类民商事案件2058件（受理2031件，新收协助案件19件，旧存协助案件7件，新收财保案件1件），审结1903件（审结1896件，协助案件6件，财保案件1件），结案率92.47%。审结劳动就业、人身损害等与群众生产生活密切相关的案件261件；审结民间借贷和买卖、租赁、承揽等合同案件1265件；审慎处理婚姻家庭纠纷，避免引发民转刑恶性事件，审结离婚家庭、继承纠纷等家事案件223件。推进案件繁简分流，实行“简案快审、繁案精审”，一审民商事案件适用简易程序结案1409件，简易程序适用率74.31%。出台《屏南县人民法院企业破产案件审理预案》等文件，通过优化营商环境办公室、屏南县新能源项目司法行政多元调处中心、涉企审判“绿色通道”、员额法官联系企业制度等方式为企业提供司法服务。

【判决执行】 2020年，屏南县法院巩固“基本解决执行难”成果，受理各类执行案件1540件，执结1444件，执行到位金额1.11亿元。强化执行威慑，与公安机关配合协作，惩处抗拒、规避执行行为，实施拘留2人，以拒不执行判决、裁定罪对被执行人追究刑事责任4人；实行信用惩戒，发布失信被执行人名单710人次，发出限制消费令1544人次，限制出境11人次；开展执行会战，集中时间、人力开展“大干三百天，攻坚一整年”“发挥执行职能、做好‘六稳’（稳就业、稳金融、稳外贸、稳外资、稳投资、稳预期工作）工作落实‘六保’（保居民就业、保基本民生、保市场主体、保粮食能源安全、保产业链供应链稳定、保基层运转）任务”等集中执行专项行动，执结一批“骨头”案、“钉子”案。全面推行网络司法拍卖制度，拍卖164次，成交55件，成交额3721.58万元。推广信用修复激励机制，对被执行人26人进行信用修复，促进履行还款义务15人，达成还款意向15人，金额153.50万元。

【便民工作】 2020年，屏南县法院推进“一站式诉讼服务中心”建设，推动“最多跑一次”改革，整合包括集约送达、网上阅卷、网上交退费、材料收转等审判辅助工作，通过福建移动微法院、“12368”诉讼服务热线、自助立案设备等网上平台，推进网上立案、跨域立案，初步形成多样化的司法服务格局，网上立案

2020年6月5日，屏南法院开展“6·5”世界环境日普法宣传活动
（林宗瑜 摄）

1241 件、跨域立案 25 件，网上开庭 133 件、调解 46 件。推进新时代“枫桥经验”，制订出台《屏南县人民法院关于推进诉非联动中心建设的实施方案》，成立诉非联动中心。搭建人民调解平台，强化与县司法局、人民调解委员会沟通协作，推行“互联网 + 诉调对接”模式，抓在线诉前矛盾纠纷化解；聘请退休法官、律师、人民调解员、人大代表等 20 人为特邀调解员，形成多元纠纷化解合力。诉前调解各类民商事案件 92 件，调解成功 92 件，成功率 100%。

【普法与司法扶贫】 2020 年，屏南县法院落实“谁执法谁普法”要求，开展食品安全、交通安全等涉民生法律法规宣传活动。成立《中华人民共和国民法典》宣传小分队，组织干警参加县民法典普法宣讲团，到机关、学校、社区、企业等开展普法宣传 16 场次，发放普法宣传材料 8700 余份；利用微博、微信、官网等宣传阵地，讲法院故事。注重未成年保护，依托“尚·法｜未成年人法律服务基地”，开展法律宣传、法律咨询等活动；深化“院校共建”，加强校园欺凌预防普法。助力脱贫攻坚，科级干部 17 人挂钩帮扶贫困户 47 户 179 人，发放扶贫资金 26.20 万元；选派干警 1 人担任驻村第一书记、2 人担任村支书助理；为困难当事人减免缓交诉讼费 6.79 万元，发放司法救助金 23.40 万元。

【办案改革】 2020 年，屏南县法院坚持“让审理者裁判、由裁判者负责”，完善权责明晰、人岗相适的分类管理制度，落实员额法官办案主体地位，争取职业保障政策落实。完善内部制约监督机制，明确院庭长权力责任清单。壮大员额法官队伍，新增员额法官 1 人。落实院庭长办案制度，发挥率先垂范作用，带头办理疑难复杂案件，院庭长办理案件 2237 件，占全院结案总数的 62.50%。落实《中华人民共和国人民陪审员法》，配合县司法局完成新一届人民陪审员随机抽选和资格审查工作，依法保障人民陪审员履行审判职责，一审案件陪审率 93.76%。

【科技应用】 2020 年，屏南县法院继续构建网络化、智能化、信息化诉讼服务平台，建设全流程网上办案体系。加强新媒体建设，强化法院官方微博、微信公众号等平台建设，发布典型案例和工作动态。推进司法公开，上网公开裁判文书 3464 份，直播庭审 554 场。

【审判监督】 2020 年，屏南县法院定期开展质效分析及质量评查，构筑监督“防火墙”。开展优秀庭审、优秀文书等评比活动，实行案件、庭审、文书质量交叉评查。

（叶福弟）

司法行政

【概况】 2020 年，屏南县司法行政机构改革后，承接原政府法制办划入的法制监督、规范性文件审查、行政复议与应诉等职能。审查各类合同、协议 26 份，审查涉法文件 45 件；收到行政复议申请 16 件，依法受理 12 件，不予受理 4 件，审结行政复议案件 11 件；接收社区矫正对象 180 人，解除社区矫正 154 人，变更居住地（迁出）3 人；开展法治宣传活动 579 次，发放法律法规宣传资料及宣传品近 12 万份；审批、指派、承办各类法律援助案件 79 件；办理各类公证 496 件，公证法律援助案件 43 件。人民调解、社区矫正等工作考评位列宁德市前列。

【法制监督与规范性文件审查】 2020 年，屏南县推进规范性文件审查备案工作，对县政府（含县政府办）规范性文件 15 件进行合法性审核并出具审核意见；出台规范性文件 10 件，按时报送宁德市政府和屏南县人大常委会备案，并向社会公布。落实规范性文件专项清理工作，组织开展涉及民法典、食品药品安全、野生动物保护等领域行政规范性文件专项清理工作，废止因阶段性工作已经完成或已被新的文件替代的涉及《中华人民共和国民法典》相关内容的文件3件。开展涉法性文件审核工作，对县政府常务会议议题材料以及各类合同协议进行合法性审核，共审查各类合同、协议26份，审查涉法文件45件。组织开展行政执法“三项制度”（指行政执法的公示制度、全过程记录制度、重大执法决定法制审核制度）落实情况的监督检查，在县政府门户网站设立“行政执法信息”公示专栏，各执法主体公开行政执法相关信息，并进行动态调整，接受群众监督。组织各乡镇、县直有关单位梳理行政裁决事项13项。梳理形成县级行政执法主体清单目录，报县政府确认并向社会公布。组织各乡镇、县直有关单位梳理保留的证明事项清单，推广证明事项告知承诺制。

【行政复议与应诉】 2020年，屏南县司法局开展行政复议与应诉工作，收到行政复议申请16件，依法受理12件，不予受理4件，审结行政复议案件11件。其中，调解结案1件，作出维持决定2件，驳回复议申请1件，确认违法6件，复议终止1件。办理县政府作为被告的一审行政诉讼案件4件。其中，胜诉2件，败诉2件（判决给予补偿1件、确认违法1件）；办理县政府作为被告的二审行政诉讼案件2件，均胜诉，县本级行政机关负责人出庭应诉率100%。

【司法所规范化建设】 2020年，屏南县司法局根据省司法厅《关于进一步开展司法所建设查问题、补短板专项活动的通知》文件精神，对照省厅下发的司法所自查情况登记表组织开展司法所“查问题、补短板”自查整改专项活动。规范司法所业务用房布局，根据《福建省司法厅关于印发全面加强新时代司法所工作的若干意见的通知》文件精神，对各乡镇司法所的业务用房功能布局进行统一，设置人民调解室、社区矫正室、安置帮教室、档案资料室、宣告室、所长室、办公室等功能区。制定《乡镇司法所规范化建设量化考核评分标准》，通过查看档案资料、实际走访等方式，考评各乡镇司法所，行文通报考评得分情况。

【社区矫正】 2020年，屏南县成立屏南县社区矫正委员会、屏南县社区矫正管理局，落实社区矫正工作要求，开展《中华人民共和国社区矫正法》（简称《社矫法》）学习宣传和贯彻落实，印发《社矫法》宣传手册2000份，开展《社矫法》公共场所宣传活动41次，拉挂横幅14条，发放宣传单页5000余份，张贴海报157张，更新专题宣传栏12个；开展社区矫正安全隐患大排查大整治活动，电话、视频核查4002人次，走访见面核查279人次；联合县检察院刑事执行检察部门对11个司法所开展社区矫正执法督察；慰问帮扶困难社区矫正对象2人，SYB创业培训1期2人，参加“种子工程”培训1期3人，社区矫正对象1人在司法所的帮助下获得“五保”〔保吃、保穿、保医、保住、保葬（孤儿为保教）〕供养，获法律援助3人；接收法院、检察院、公安、监狱等社会调查委托函249份，依法出具审前、假释等社会调查评估报告234份；接收社区矫正对象180人，解除社区矫正154人，变更居住地（迁出）3人；对违反规定的社区矫正对象给予警告处分16人，训诫处分13人，提请撤销缓刑2人，年底常态化在册180余人。

【人民调解】 2020年，屏南县司法局持续开展人民调解工作，根据中华全国人民调解员协会《关于开展人民调解员等级评定工作的意见》文件精神，10月20日，成立宁德市首个县级人民调解员协会——屏南县人民调解员协会，在册会员52人。在公安、民政、自然资源、生态环境、交通运输、卫生健康、市场监管7个重点部门成立行政调解组织；指导成立屏南县知识产权、退役军人纠纷人民调解委员会等专业性行业性人民调解组织2个，在县国家电网（百人以上企业）成立国网屏南县人民调解委员会。开展诉调对接工作，通过“互联网＋诉调对接”多元调解举措，化解劳动争议纠纷1起，为46个工人讨回劳动报酬70余万元；推进公安110报警服务台与12348法律服务平台联动处置纠纷工作，制定印发工作机制，落实人员、经费，并将该工作纳入县平安建设（综治工作）考评。全县各级各类人民调解组织全年排查矛盾纠纷1237起，调处1237起，调处率100%；调处成功1235起，成功率99.84%；签订人民调解协议涉及金额633.98万元，无因民间纠纷调解不及时或调处不当而引发的民转刑案件和群体性事件。

【法治宣传】 2020年，屏南县司法局宣传习近平总书记全面依法治国新理念、新思想、新战略。印发《2020年屏南县县直机关普法责任清单》，将普法责任清单履职情况纳入县绩效考核指标体系；巩固提升“善课堂”和“善成长”法治教育基地建设，建成翠屏公园、人民公园、环城法治小广场等法治阵地，建成代溪镇北墘村、屏城乡村头村等特色法治乡村，完成民主法治示范村的复核工作；建设宣传队伍，全县有普法讲师团2支29人，普法志愿者队伍12支135人；开展脱贫攻坚、扫黑除恶、疫情防控、民法典等宣传活动，落实媒体公益普法责任，“法治屏南”微信公众号发布普法信息820条，拓展普法新形式，通过抖音App线上直播实时普法宣教；制作全县“七五”普法宣传片；开展法治宣传活动579次，发放法律法规宣传资料及宣传品近12万份，其中较大型宣传活动156次，发放各类宣传资料近3万份，参与普法宣传活动5000余人次；推动实施乡村“法律明白人”培养工程，开展法治进乡村活动257次；在中小学设立法治副校长，开展法治进校园宣传活动19次；开展干部任前宪法法律知识考试3次，参与52人，将法治工作纳入干部年终述职报告中；成立《中华人民共和国民法典》普法宣讲团，开展《中华人民共和国民法典》宣讲活动38场，组织各类型《中华人民共和国民法典》宣传活动53场次；印制疫情防控公民应尽法律责任，复工复产法律法规等宣传材料1万余份；8月，通过省市“七五”普法总结检查验收。

2020年12月4日，屏南县司法局在街心广场开展普法宣传活动

（县司法局 供）

【公共法律服务】 2020年，屏南县司法局完成年度律师事务所、基层法律服务所，以及从业人员的年检考核工作；组织法律顾问参与疫情防控和助力复工复产，在9家民营企业开展“法治体检”工作，开展政策宣讲23次，法律咨询39场，实地走访27次，召开与民营企业家座谈会6次，帮助企业梳理法律风险点21个，出具法律意见27条，协助企业化解矛盾纠纷1件，帮助企业审查完善规章制度6项，出具法治体检报告9份；针对管理对象开展双随机抽查2次，同时，开展律师队伍违规兼职等行为专项清理活动。做好律师参与化解和代理涉法涉诉信访案件工作，指派律师参与涉法涉诉值班工作；督促律师做好涉黑涉恶案件的代理工作，全县律师代理涉黑涉恶案件10件。推进公共法

律服务体系建设，印发《屏南县基本公共法律服务实施标准2020年—2022年和屏南县公共法律服务发展指标2020年—2022年》文件，在统筹完善县级公共法律服务中心建设的基础上，全县11个乡镇实现公共法律服务实体平台全覆盖，按照以人为本、因地制宜原则，设立村居公共法律服务室10个；做好“一村一法律顾问”工作，法律顾问进村开展宣传活动270次，提供法律咨询647次，开展法律讲座53次，协助调解案件184件，发放宣传材料15000余份。

【法律援助】 2020年，屏南县法律援助中心创新援助服务形式，推广“12348”福建法律服务网、“12348”法律服务热线、福建网上办事大厅和闽政通App，引导群众利用“网上办”“预约办”“掌上办”进行法律咨询和申请法律援助。对涉及疫情防控和复工复产的法律援助申请事项，开通绿色通道，优先受理、优先指派，针对疫情产生的劳动争议纠纷、劳务合同纠纷，引导受援群众优先采取和解、调解等方式结案，降低受援群众诉讼成本，缓解民营企业生存压力。通过电话回访援助案件当事人满意度和定期开展案卷评查工作，提高法律援助办案质量，加强对法律援助案件的监管力度。开展“法援惠民生”系列品牌建设活动，组织法律援助人员、律师、基层法律工作者开展送法进社区、进乡村、进学校、进企业、进工地、进军营等活动。依托公共法律服务工作站、法律援助工作站，发放宣传资料，提供法律援助服务，全年开展宣传活动9次，发放各类宣传资料2000余份，审批、指派、承办各类法律援助案件79件，为受援人免收法律服务费用31.26万元，办理认罪认罚案件266件，接待群众来信来访1697人次。

【公证】 2020年，屏南县加强县公证处建设，发挥公证职能作用，办理各类公证496件、公证法律援助案件43件，减免公证收费1.30余万元。全省公证质量检查评比，办证质量居宁德市第二（并列）。开设网上缴费系统，疫情防控期间推行电话预约、网上申请等公证服务，下半年，开通公证业务网上申请、受理平台，方便当事人办证。在为地方政府和重点项目服务中，公证处配合有关部门开展长汾中路棚户区改造、西环路等重点项目建设，协助路下乡政府解决违章难题，帮助双溪镇政府完善房屋征收程序及实施违章建筑拆除等。

（县司法局）

军 事

人民武装

【概况】 2020年，屏南县人民武装部（简称县人武部）突出思想政治引领，完善党支部建设，调整组建党支部14个，开展作风纪律整顿；聚焦备战动员核心，开展国防动员潜力调查；抓全面从严治军，组织多种战备演练和军事训练；开展国防教育，筑安全发展基础。县人武部被省军区评为全面建设先进单位。

【思想政治建设】 2020年，屏南县人武部深化巩固基干民兵分队预建党组织建设试点成果，按照“连建支部、排建党小组、班有党员”要求，根据队伍编制变化，调整组建党支部14个、党小组36个，基干民兵党员比例为40%。抓乡镇党管武装工作，细化落实乡镇党管武装绩效考评细则，推行“平时工作考评＋年终综合评定”制度，照规定查实绩，按细则抓建设。与地方融媒体中心、法院、教育局等相关单位及心理协会等专业组织联系，编齐编实政治动员专项队伍，做好备战打仗准备。强化思想政治教育，落实教育制度化，采取“一季一专题”方式，配套穿插开展政治教育，突出疫情防控、形势战备，加强党史国史军史、作风纪律、安全保密等学习。1月，组织乡镇党委小组党管武装述职。4月，开展“学法规、学条令、正秩序、强作风”为主题的作风纪律整顿活动，领导班子讲党课。将“四涉”（涉毒、涉枪、涉黑、涉黄）清理整治工作与年度政治审核、社团专项清理整治计划统筹实施，组织干部职工逐人填写个人事项报告表，健全军地协调联查机制。7月，组织中国共产党建党99周年党日系列活动，组织党员干部到棠口镇新四军六团北上抗日纪念碑处重温入党宣誓仪式。

【机关人民工作】 2020年，屏南县直机关武装部按照上级部署要求，加强国防后备力量建设。完成机关民兵组织整顿、政治教育、战争潜力动员调查、民兵军事训练、抢险救灾、优抚等工作。

【国防动员潜力调查】 2020年，屏南县人武部建立健全动员潜力调查责任制，按照争取“一季一专题”方式开展重点潜力核查。对7种类型的动员潜力进行调查核实统计，对动员潜力“有多少、在哪里”摸清底数。根据动员潜力变化调整，修订相关动员预案，完成国防动员“1+13”方案修订。

【战备演练】 2020年，屏南县人武部常态化落实作战值班“日抽查、月讲评、月通报”制度，培训值班业务，规范值班运行。结合重大节日战备演练，组织应急分队和部分专业分队开展“一个过程”战备演练。1月20日，县人武部组织森林防火演练。9月29日，组织开展国庆节前应急拉动演练。12月21日，召集国家动员委员会各办参加全市保交护路演练。全年会同县应急、防汛等部门开展防汛、消防等训练演练230人次。

【民兵整组】 2020年，屏南县人武部按照“应急分队全域编兵、专业分队行业编组”思路，落实普通民兵和基干民兵编组。根据专项任务要求，抽组编成专项行动分队，形成普通民兵覆盖村、基干民兵覆盖乡镇和应急分队全域有兵的编组态势。针对基础民兵营连部建设标准不统一，质量不高等问题，细化建设标准，明确建设方法，采取“有条件的单建，偏远、人口少的合建，硬件缺失的挂靠建”等方式，推动基层规范化建设，硬件软件两手抓，明确基层工作制度、登记统计、组织活动等基本规范，确保建有标准、实用管用。全县159个村（居）完成基础标准建设，做到有场所、有装备。着眼疫情防控，实行线上兵员核查、网上教育点验与各类兵员现地核查相结合的方式展开整组，遴选典型乡镇村居，组织整组工作规范试点，规范落实整组工作。6月8日，县人武部组织开展全县民兵整组点验。10月26日，县人武部迎接省军区深化民兵调整改革检查，成绩列全省第八名。11月13日，军分区司令员带队到屏南检查深化民兵调整改革检查反馈问题整改情况。

【军事训练】 2020年，屏南县人武部以实战练兵为出发点，组织应急分队轮训备勤，全员参训、全要素组训，按纲组织共同基础、专业技能和任务行动课题训练，训练优良率98%。采取县人武部统一计划、统一教学、各级施训的方式，组织应急排和专业分队岗位自训，选派民兵训练骨干参加上级集训培训。利用学生军训、役前训练时机，组织教练员培训。1月6日，县人武部召集全县专武干部开展开训动员会议。推行专武干部“每月一乡镇、普遍轮训、以工带训”制度，先后组织专武干部参加上级集中培训3期。11月8日，县人武部组织开展民兵应急连轮训。11月18日，县人武部组织保交护路分队开展无人机集训。

2020年6月8日，屏南县人武部开展民兵应急连整组点验

（县人武部 供）

【兵员征集】 2020年上半年，屏南县人武部针对因受新冠疫情影响、高考报考时间延后等实际情况，摸排各乡镇大学生情况，提前交流动员。网上发布《给全县应征青年的一封信》，引导激励适龄青年爱军参军热情。利用专武干部、基层干部在一线开展疫情防控等时机，采取面对面宣传、电话宣传等形式，重点发动大学生应征登记报名。制定征兵利好政策，提高一次性奖励金，每年拿出15%的事业单位招聘岗位面向退役士兵。9月2日，屏南县征兵办组织召开2020年定兵会。9月中旬，组织预定新兵役前训练及新兵欢送大会。全县兵役登记率100%。

【军民共建】 2020年1月7日，屏南县委召开议军会。1月16日，县长柳岳春节前慰问县人武部。3月16日，县人武部组织干部职工参加植树造林活动。4月26日，宁德市军分区副司令员到屏南县调研军队扶贫工作开展情况。5月13日，人武部组织干部、职工参与地方公益献血活动。6月30日，屏南县组织开展烈士陈祥榕骨灰安放仪式，军分区副司令员参加仪式。9 月 18 日，屏南县人武部组织召开 2020 年度“八一助学金”发放仪式，落实帮扶本科贫困学生 3 人，每人 5000 元。全年组织民兵参加疫情防控 16 次；参加防抗台风、扑灭山火等非战争军事行动出动民兵 5 次。

【国防教育】 2020 年，屏南县人武部贯彻落实《中华人民共和国国防教育法》和《关于加强新形势下国防教育工作的意见》，以党政领导干部为重点、以强化拥军责任为根本、以夯实社会基础为目标，组织地方干部、中小学生、普通群众开展针对性国防教育。开展“军事日”活动。8 月 4 日，邀请省军区退役大校杨基穆为全县主要干部举办国防形势讲座，组织县处级领导干部和乡镇主要领导参加军事技能训练。8 月 27 日，组织全县专武干部集中观看电影《八佰》。9 月 3 日，统筹组织民兵参与中学军训工作，组织实训中学 11 所，参训学生 2500 余名。利用国防教育周、抗日战争胜利 75 周年、抗美援朝出国作战 70 周年等时机，开展国防教育宣传，在城市广场和中小学开展抗战主题图片展，开展“国防教育进校园”活动。12 月 18 日，县人武部组织县人武机关人员和全县专武干部开展军事技能素质考评。

【后勤装备】 2020 年，屏南县人武部集中财力、物力保障全县民兵分队战备、训练任务。落实民兵训练个人保险、训练补助直接入卡等制度。依托空闲营房，采取人武部提需求、政府搞建设、完工“交钥匙”的方式完成民兵训练基地建设，协调地方政府整修公寓楼、水电线路、门岗等设施，改善干部职工工作生活条件，提升营院正规化管理水平。

（黄儒祯）

2020 年 11 月 9 日，屏南县人防法律法规宣传现场

（县人防办 供）

人民防空

【概况】 2020 年，屏南县人民防空办公室（简称县人防办）投资完成人防机动指挥信息系统建设；开展人防警报试鸣和人防宣传教育。

【人防行政执法】 2020 年，屏南县人防办受理人防结建项目，征缴人防易地建设费，加强竣工验收人防地下工程监督检查。

【人防“准军事化”建设】 2020 年，屏南县投入资金完成人防机动指挥信息系统建设；调整充实人防专业队伍，依托县人武部民兵编组训练，集训人防专业队伍；全县警报器储能电池配置率 100%，保证警报器设备异常情况下可使用，警报覆盖率 95%。9 月 18 日上午 9 点 30 分至 10 点，在城区开展人防警报试鸣活动，并联合古峰镇二小开展应急疏散演练。

【人防宣传教育】 2020 年，屏南县人防办利用文化科技卫生“三下乡”、“11·9”全国消防日、宪法宣传日等特殊时间，开展人防法律法规宣传，在“9·18”警报试鸣期间，在县广播电视台播放人防相关知识，通过电信、移动群发短信，普及应对空袭和自然灾害自救知识。

（陆长伟）

应急管理

综 述

【概况】 2020年，屏南县安全生产委员会办公室、屏南县减灾委员会办公室、屏南县森林防灭火指挥部办公室、屏南县防汛抗旱指挥部办公室等，都设在屏南县应急管理局，统筹全县各项应急管理工作。屏南县应急管理局（简称县应急局）重点做好安全生产综合监督管理工作，应急管理体系和能力建设，森林防火灭火，防汛抗旱，防震减灾等工作，同时，负责工矿、商贸、烟花爆竹行业安全生产监督管理，以及危险化学品安全监督管理综合工作，依法组织一般生产安全事故调查处理等。全年组织执法检查216次，发现隐患505条，下达责令限期整改指令书64份。

【安全生产综合监管】 2020年，屏南县应急局开展安全生产宣传教育，防范化解安全风险。每季度召开防范重特大生产安全事故分析会1次，适时召开常委会、常务会、专题会，研究解决安全生产领域重点、难点问题，制定加强安全生产工作措施办法。全年发生生产安全事故1起，死亡1人，未发生较大以上生产安全事故。

【执法检查与行政审批】 2020年，屏南县应急局根据监管工作实际，编制安全生产执法计划并报县人民政府批准。将日常监管与“安全生产隐患大排查大整治”“安全生产专项整治三年行动”相结合，对区域内非煤矿山3家、尾矿库1座、危险化学品生产经营企业18家（生产企业1家、加油站10家、氧气经营点3家、贸易开单企业4家）、烟花爆竹批发企业2家、烟花爆竹零售经营点29家和工贸企业30家开展监督检查。全年组织执法检查216次，发现隐患505条，下达责令限期整改指令书64份，整改复查意见书64份，整改率100%；下达安全生产行政执法文书342份。其中，整改指令64份，复查64份。责令停产停业整顿生产经营单位1个，组织生产安全事故调查1起，行政处罚21.20万元。换发烟花爆竹经营（零售）许可证28本、危险化学品经营许可证6本，应急预案备案5件。

【安全生产宣教】 2020年，屏南县围绕“消除事故隐患，筑牢安全防线”主题，开展“安全生产月”系列活动，发放宣传材料5000余份，悬挂横幅250余条，短信平台发送短信2万余条，LED屏滚动宣传标语1.5万余次，电视台播放宣传标语和视频2500余次。6月23日，屏南县委召开理论学习中心组学习会，邀请福建省安全生产科学研究院高级经济师郑燕华作安全生产法律法规专题讲座。组织干部职工、企业员工参加“安全生产大家谈”云课堂学习182人次；组织安全生产“公开课”“微课堂”“公益讲座”等线上直播活动4场，参与活动51人次。培训班复审危险化学品主要负责人和安全管理人员26人，培训其他生产经营单位主要负责人及安全管理人员100人，开设特种作业培训班3期，受训201人。

（郑文豪）

2020年11月9日，屏南县应急局参与开展全国消防日宣传

（陈如月 摄）

应急管理体系和能力建设

【概况】 2020年，屏南县按照机构改革要求，县政府办公室应急职能移交至应急局，相关工作由应急局负责。应急局根据有关文件精神，对全县急预案体系建设工作进行摸底调查，规范预案管理、充分发挥预案应急处突作用。3月，按照省减灾委员会办公室文件部署，要求各乡镇制订本级及村（居）级灾害应急预案，乡（镇）、村（居）对相应预案进行修订。7月，印发《屏南县防汛防台风应急预案》。

【保险服务工作推进】 2020年3月，屏南县政府出台《屏南县政策性农村住房保险实施方案》。根据文件精神，组织农村住房参保，当年参保52290户，支付保费156870元，其中县级财政支付55714元（根据协议，每户最高可获2.50万元理赔）。全年理赔农房71户，赔付64.06万元。7月，县应急局与屏南财产保险公司签订《自然灾害公众责任险协议书》，参保191244人，每人保险费1.50元，保险期限自2020年7月19日至2021年7月18日，完成上级下达的参保任务。

【防灾减灾宣传与应急演练】 2020年5月12日，屏南县应急局联合县消防大队等单位围绕“提升基层应急能力，筑牢防灾减灾救灾的人民防线”主题，在各乡镇向群众分发宣传册、水杯、购物袋等防灾减灾宣传品700余件、咨询宣传单3000余张，宣传应对洪涝灾害、地质灾害、农业生物灾害、气象灾害、地震灾害、森林火灾等应急知识。6月和8月，县医院、县精神病院分别开展消防应急演练1次；11月初，全县举行应对秋冬季新冠肺炎疫情防控应急演练1次；各中小学和幼儿园每月、每季度分别举行消防、地震、疫情应急演练1次；县蓝天救援中心开展各项应急救援演练6次；7月，县人武部会同县防汛抗旱指挥部开展防汛抢险救援演练1次。

【自然灾害避灾点建设】 2020年，屏南县应急局获财政补贴15万元，完成坑头、岑洋和新田3个自然灾害避灾点提升建设任务。8月，全县增设自然村级避灾点27个。至年底，全县有自然灾害避灾点200个。其中，县级避灾点3个，乡镇级11个，村级159个，自然村27个。对双溪社区和葛畲、王林、周佳山、淦山、东峰、岑洋、新田、坑头9个村避灾点进行提升建设，有城东、城北、溪坪、棠口4个全国综合减灾示范社区。

2020 年 8 月 12 日，屏南县召开 2020 年第三季度防范重特大生产安全事故会议　　（方藤　摄）

【应急队伍体系建设】　2020 年，屏南县有各类救援队伍 26 支 745 人。其中，专职救援队伍 1 支（县消防救援大队）16 人；社会化救援队伍 1 支（县蓝天救援中心）30 人；兼职救援队伍 24 支 699 人。全县建立覆盖全县所有村（居）的灾害信息员队伍，每个行政村（社区）有灾害信息员 1 名。全年开展灾害信息员培训会议 2 场。

（郑文豪）

森林防火灭火

【概况】　2020 年，屏南县森林防灭火指挥部办公室设在县应急局，重点指导协调相关部门做好森林和草原火灾防治、森林和草原火情监测预警、森林和草原火险火灾信息发布等工作。全年出动执法人员 19 人，派出检查组 40 个，参与 164 人，查处、制止违法用火 59 起；排查森林火灾风险隐患 996 处，出动 1502 人次，查出一般风险隐患 101 条。

【野外火源专项治理】　2020 年，屏南县森林防灭火指挥部重点要求各级各部门要按照“因险而防、因险而动”要求，推动森林防灭火责任落实，要求各级各部门力量前置、关口前移、力量下沉。3 月 15 日至 6 月 15 日，部署全县野外火源专项治理行动。开展打击林区违法用火专项行动，出动执法人员 19 人，派出检查组 40 个，参与 164 人，查处、制止违法用火 59 起。

【森林火灾风险隐患排查】　2020 年，屏南县应急局联合县林业局，在全县范围内摸排森林防灭火重点部位，建立屏南县森林防灭火重点部位基础底数摸排表。防灭火重点部位涵盖风景名胜区、森林公园、宗教场所、国有林场、林区输配电、通信铁塔等 227 处。组织各乡（镇）和县林业局、民政局、农业农村局等单位，以及国网供电有限公司、中国铁塔股份有限公司宁德市分公司屏南办事处等，在各自领域开展森林火灾风险隐患大排查大整治，排查森林火灾风险隐患 996 处，出动 1502 人次，查出一般风险隐患 101 条，全部整改完毕。

【森林防灭火宣教】　2020 年，屏南县应急局在电视台连续播放森林防灭火短视频及宣传警句，发送防火短信 40000 条，出动宣传车 113 车次，制作 LED 标语 114 条，发放宣传单 7100 余张，发动全县护林员 289 人开展入户宣传及野外巡查。组织收听收看全国、全省、全市森林草原防灭火工作电视电话会议 8 次，收听收看全国、省、市森林灭火安全培训 4 次。

（郑文豪）

防汛抗旱

【概况】　2020 年，屏南县人民政府防汛抗旱指挥部（简称县防指）为全县防汛抗灾突发事件专项应急指挥机构，下设办公室（简称县防汛办）。根据4月16日召开的全省防汛抗旱工作视频会议中的防汛机构改革相关要求，县防汛办由挂靠水利局调整为挂靠应急局。经县政府第14次常务会议（11月26日）同意，县防指制定《屏南县人民政府防汛抗旱指挥部工作规则（试行）》，明确防汛办日常工作实行应急局、水利局合署办公。7月，完成防汛工作指挥体系改革，防汛办职能由水利局划转移交至应急局。全县有中型水库5座，小(1)型水库11座，小(2)型水库43座。

【汛情旱情】 2020年，屏南县汛情总体较为平稳，台风、暴雨影响小，未发生严重洪涝等灾害。入汛后降雨主要分布在3月12—13日（降雨量53.90毫米）、3月28—31日（降雨量135.40毫米）、5月21—22日（降雨量53.90毫米）、6月4—8日（降雨量124.30毫米），影响较大的主要是6月上旬的降雨，具有范围广、持续时间长、降雨集中等特点，主要集中在西南部的长桥、路下等乡镇，降雨量最大为路下乡中秋村，6月4日20时至8日20时过程降雨量159.50毫米。县防指启动防暴雨应急响应1次，防台风应急响应2次。7—8月，屏南县降雨严重偏少，较上年同期少78%，较多年平均少75%，持续晴热天气使辖区内发生干旱气象。9月中下旬，迎来多轮降雨补充，旱情得到缓解，10月之后降雨依旧偏少。下半年，城乡生活用水基本正常。截至年底，建成一套由水雨情站点41个、雷达水情站点10个和视频监控水情站点14个组成的监测网络，提升防汛监测能力。

【防汛备汛】 2020年，屏南县防指汛前督促各乡镇修订和完善乡村两级防汛应急预案，并上传至省级预案管理平台；6月11日，组织力量修编《屏南县防汛防台风应急预案》，并印发试行。完成各小型水库调度运用计划和防汛应急抢险预案的审查、审批；重新摸排辖区内危险区域需转移人员，并将数据上传至省级相关数据平台。全县危险区域人员转移建档立卡1758人。配合气象部门发布预警信号，发布雷电预警信号155次、暴雨预警信号46次、短时强天气7份。会同人武部组织开展人员营救、河堤加固等防汛抢险救灾演练。

【防汛物资储备和抢险队伍建设】 2020年，屏南县防指清点与补充防汛物资储备仓库防汛物资，新增购编织袋、橡皮艇、雨衣、救生衣等物资。储备冲锋舟5艘，橡皮艇5艘，救生衣370件，雨衣雨鞋400余套、编织袋8万条。全县有防汛应急抢险队伍46支983人。其中，县防指成员单位35支502人，乡镇11支481人。

（郑文豪）

消防救援

【概况】 2020年，屏南消防救援大队开展“五个不发生”（不发生政治性问题、不发生亡人责任事故、不发生酒驾案件、不发生严重违法违纪案件、不发生自杀事件）创建活动，提高队伍战斗力标准。全年接警74起，出动车辆126辆次，指战员585余人次，抢救被困人员6人，疏散人员265人，抢救财产价值515.30万元。辖区未发生亡人及较大火灾事故。

【火灾防控】 2020年，屏南消防救援大队以大排查大整治、三年专项行动、打通“生命通道”等专项工作为主线，开展防火工作。开展突出火灾隐患整治工作，多次向县政府报告2处突出火灾隐患问题，并借助省、市等督导检查机会通报。根据实际制订《屏南县中心市场火灾隐患整治工作方案》，并上报县政府。开展打通“生命通道”专项行动。联合住建、交通、公安等部门，排查辖区住宅小区、公共建筑等主要场所52个，规划停车位15处，全部完成消防车道画线任务。推广简易消防设施。在以屏南县熙岭乡龙潭村运用现代科技手段为试点的基础上，探索指挥消防管理系统建设，在各乡镇弱势群体聚集场所推广安装简易消防设施以及无线联网电气、火灾延误探测警报器，通过网络平台实现各区域24小时监控，以点带面，逐步推动农村消防工作开展，全县安装独立感烟设备2100余个，安装简易喷淋系统100余套。开展电动自行车消防安全综合治理工作。组织住建局、公安局、应急局、市场管理局、工信局、物业服务企业等开展电动自行车专项整治，清理一批电动自行车乱停、乱放和电气线路撕拉乱接等突出问题，并召开综合治理现场会。全县建成电动车集中充电点52处、充电桩42个。开展社会单位监督检查1112家，发现或督促整改火灾隐患754处，下发行政处罚决定书28份，临时查封决定书12份，责令“三停”（停职、停工、停薪）单位6家，罚款17.75万元。

【消防队伍建设】 2020年，屏南消防救援大队结合“训战安全百日行动”，制定系列安全防事故措施，强化人员八小时以外的时间管理，强化探亲休假规章制度，预防和遏制各类事故的发生。加强指战员理论知识学习，包括应知应会、《消防救援队伍作战训练安全行动手册》、水域救援“五个绝不允许”（绝不允许安排不会游泳的指战员在一线参与水域救援任务，绝不允许安排无证人员驾驶救援舟船艇或潜水作业，绝不允许水域情况不清盲目下水救援，绝不允许穿着非专用救援救生衣下水救援，绝不允许穿着灭火防护服执行水域救援任务，尽可能大限度地避免消防指战员伤亡事故的发生）等内容，以授课学习、日常讲解、理论测试、快问快答的形式加强指战员的业务理论学习；将理论融入实际，在日常训练过程中，加强指战员的实操能力，大队授课学习50余次，开展理论测试10余次，快问快答9次。开展熟悉演练活动，大队每周定期熟悉辖区，实地讲解，熟悉单位100余家，实战演练70余家，完善更新数字化预案60余份。参加支队开展的各项队伍轮训和比武工作，落实指战员体能与操法掌握情况，加强队伍灭火救援能力。

2020年6月29日，屏南县消防救援大队在石溪往长桥方向车祸现场实施救援（黄志聪 摄）

【廉政建设】 2020年，屏南消防救援大队强化廉政教育。抓警示教育，开展警示教育周活动，汲取周志忠案件教训，推进警示教育常态化、制度化，先后开展党风廉政和警示教育活动40余次。强化队伍管理，执行中央八项规定，抓元旦、春节、中秋、国庆等节假日期间队伍纪律作风建设，定期发布廉政提示，从开会、发文、用车、用餐等细节方面加强管理。每月分析研判队伍形势，加强大队考勤管理，强化指战员八小时以外管理。强化廉政建设。依托屏南县耕读博物馆挂牌成立廉政教育基地，在营区廉政教育宣传栏制作安装室外廉政文化宣传展板5块。建设楼梯廉政文化，把三楼消防廉政文化长廊作为大队廉政文化学习基地。全年大队未发生任何违法违纪问题。

2020年11月17日，屏南县消防救援大队在棠口镇开展“关注消防、生命至上”主题宣传活动 （陆文婷 摄）

【消防宣传】 2020年，屏南消防救援大队组织重点单位、中小学、幼儿园、易燃易爆危险化学品企业等负责人，以及公众聚集场所、乡镇、社区、物业等部门人员约谈、实地操作培训，直接受益群众3000余人次。在重点单位、宾馆、学校、企业等场所开展消防安全培训10余场次；在相关场所张贴各类挂图等2000余份；通过“三大运营商”（电信、移动、联通）发送消防安全提示短信10万余条；依托商场、市场、饭店、KTV等人员密集场所的大屏幕、宣传橱窗等设施，张贴宣传海报、疏散示意图，摆放安全小手册；发动社区“消防宣传大使”“网格员”开展消防宣传活动，督促社会单位利用LED屏幕和户外大屏等滚动播发公益广告、知识短片和安全提示字幕。

（县消防救援大队）

防震减灾

2020年底，屏南县有县级地震应急避难场所10个，地震预警终端105台，省级地震烈度台1个，GPS台站1个，北斗基准站1个，省级地震科普示范学校1个，省级宏观观测点1个。县防震减灾科普馆对外开放，接待群众、学生参观。开展防震减灾科普宣传，向群众发放地震科普宣传材料。

（李随沁）

农业农村

农　业

【概况】　2020年，屏南县农林牧渔业总产值28.78亿元，增长6.4%，增幅居全市第一名。粮食作物种植面积7865.07公顷，比上年增加120公顷；农民人均可支配收入17201元，增长6.50%，增幅排名全市第八名。

【粮食生产】　2020年，屏南县粮播面积7865.07公顷，粮食总产量4.62万吨。其中，水稻6800.73公顷，产量4.20万吨；甘薯249.60公顷，产量1405吨；马铃薯463.27公顷，产量1493吨；玉米235.07公顷，产量859吨；豆类116.40公顷，产量461吨。

【食用菌生产】　2020年，屏南县食用菌干鲜混合产量2.27万吨，产值8.84亿元。其中，香菇（干品）3068吨，黑木耳（干品）1668吨，银耳（干品）4900吨，茶树菇（干品）5418吨，杏鲍菇（干品）691吨，猴头菌（干品）117吨，灵芝（干品）93吨，金针菇（鲜品）132吨，鸡腿蘑（干品）96吨，竹荪（干品）71吨，草菇（鲜品）17吨，其他菇（干品）4055吨。

2020年屏南县食用菌生产情况表

表12

种类（每生产1个重量单位干品与所需要的鲜品的比）	生产情况			
	产　量（吨）		折合鲜品（吨）	产　值（万元）
	干　品	鲜　品		
香　菇（1∶9）	3068	—	27612	15956
黑木耳（1∶0）	1668	—	16680	4960
银　耳（1∶10）	4900	—	49000	26407
茶树菇（1∶10）	5418	—	54180	25417
灵　芝（1∶3.5）	93	—	325.5	1107
金针菇	—	132	132	71
鸡腿蘑（1∶9）	96	—	864	462
杏鲍菇（1∶9）	691	—	6219	1349
竹　荪（1∶10）	71	—	710	1385

续表 12

种类（每生产 1 个重量单位干品与所需要的鲜品的比）	生产情况			
	产　量（吨）		折合鲜品（吨）	产　值（万元）
	干　品	鲜　品		
草　菇	—	17	17	31
猴头菌（1 ∶ 8）	117	—	936	515
其他菇干鲜混合	4055	2350	42900	10730
合　计	20177	2499	199575.5	88390

【水果蔬菜】　2020 年，屏南县果蔬种植面积 6520 公顷。其中，果树种植面积 2220 公顷，产量 1.31 万吨，产值 0.78 亿元；高山蔬菜播种面积 4300 公顷，产量 6.91 万吨，产值 2.76 亿元。

【设施农业】　2020 年，屏南县建设温室大棚面积 22 公顷。累计建设组装式冷藏库 92 座，容积 42250 立方米，库容量 8450 吨。新增蔬果产后商品化处理中心 1 个，100 吨冷藏库 4 个，50 吨冷藏库 2 个。

【品牌农业】　2020 年，屏南县有国家地理证明商标 4 个；18 家企业的 26 个产品获得“三品一标”（无公害农产品、绿色食品、有机农产品和农产品地理标志）认证。其中，无公害农产品 21 个、绿色食品 4 个、有机食品 1 个。新增农产品“三品一标”认证产品 11 个，“屏南李”申报农产品地理标志，通过农业农村部专家评审，“屏南高山花菜”“屏南李”获得全国名特优新农产品认证，新增省级“一村一品”示范村 4 个。

【生态农业】　2020 年，屏南县实施化肥零增长行动。建立示范片 3 个，示范推广商品有机肥 200 公顷，辐射带动商品有机肥推广 1666.67 公顷，推广有机肥 8666.67 公顷，推广测土配方施肥技术面积 16666.67 公顷（次）。全县可收集秸秆 34850 吨，综合利用率 95.30%。农用化肥使用量同比减少 2% 以上。实施农药零增长行动。推广农作物病虫害绿色防控技术 24600 公顷（次），绿色防控覆盖率 30%，统防统治面积 14200 公顷（次），统防统治覆盖率 40%，农药使用量同比减少 2%。

【智慧农业】　2020 年，屏南县推进国家电子商务进农村综合示范县创建工作，快递产业园、电商物流产业园动工建设。建立县域农村电子商务平台、仓储配送中心，村服务点覆盖率 100%，农产品电商交易额 2.30 亿元。举

2020 年 4 月 9 日，屏南县棠口镇西村村万亩蔬菜基地

（汤郭彬　摄）

办“县长天团”直播助农活动，电商线上交易额20.20亿元，网络零售额5.40亿元。

【龙头企业】 2020年，屏南县新增市级农业产业化龙头企业（简称龙头企业）8家。全县有市级以上龙头企业29家。其中，省级龙头企业5家，市级龙头企业24家。发展各类农民专业合作社454家，联合社4家。其中，县级以上示范社41家，市级精准扶贫示范社13家。发展家庭农场228家，其中县级以上家庭农场示范场38家。

【农村集体产权制度改革】 2020年，屏南县完成经营性资产股份合作制改革的村157个（其中组级经济合作社1个），完成股份经济合作社赋码登记的村157个，完成率100%；完成股份经济合作社公章刻制156个，银行开户156个；完成牌匾上墙等各项工作。7月31日，股份经济合作社通过市级评估总结验收，发放股权证书38905本。

【农产品质量安全监管】 2020年，屏南县创建省级农产品质量安全示范县，完成部、省级例行监督抽查任务50个，完成县级农产品质量安全抽样检测任务100个，推进实施食用农产品合格证与“一品一码”追溯并行制度，共注册省追溯监管信息在产生产主体186家，正常生产140家，赋码准出5619批次，推动23家散户开具合格证418张。

【农业科技与服务】 2020年，屏南县建设市级蔬菜标准化示范基地2个，实施省级现代蔬菜产业技术体系屏南综合试验推广站新品种新技术新模式示范与集成项目，引种果蔬新品种13个，带动示范推广66.67公顷。

【新型职业农民培育】 2020年，屏南县将高素质农民培训作为实施乡村振兴战略和促进农业农村可持续发展的人力资源培育基础工程，依照上级有关精神，立足实际，抓高素质农民培育对象摸底遴选、师资选聘、课程选择、跟踪服务等关键环节，推进高素质农民培育，完成培训370人。

【农业执法】 2020年，屏南县坚持“有案必查，查必彻底”的原则，开展农业投入品生产经营和农产品生产、收购、储运、屠宰等重点环节执法检查，开展农产品生产主体的生产记录专项执法检查，依法办理农资违法案件4起。

（苏 琴）

畜牧水产业

【概况】 2020年，屏南县生猪存栏13.93万头，出栏18.47万头；牛存栏491头，出栏296头；山羊存栏1.32万只，出栏10.36只；禽存栏48.92万羽，出栏72.86万羽；兔存栏1.2万只，出栏1.63万只。肉蛋奶总产量18565吨，比上年增长29.30%。肉量总产量16079吨，增长34.40%。

【畜牧保险】 2020年，屏南县福建宏源农业科技有限公司、屏南县康盛农牧有限公司和屏南县禾丰农牧农民专业合作社等养殖场13家参加能繁母猪、育肥猪保险。其中，能繁母猪承保数量12423头、育肥猪承保数量63529头，总保费约391.33万元。金誉林蛋鸡专业合作社参加设施蛋鸡保险，承保数量10万羽，总保费15万元。

【畜禽养殖污染治理】 2020年，屏南县在甘棠乡和屏城乡实施沼液还田示范项目，新增种养结合消纳土地578.23公顷、铺设施肥管网10千米，田间储液池14个12400立方米。全县畜禽粪污资源化利用率94.94%，规模化养殖场粪污处理设施装备配套率100%。新建有机肥车间面积1000平方米，安装有机肥生产设备发酵罐3台，打包机1台。按照《屏南县畜禽粪污资源化利用整县推实施方案》要求，编制“一场一策”实施方案，各养殖场按照方案填平补齐粪污资源化利用处理设施设备。

【动物疫病防控】 2020年，屏南县高致病性禽流感（病种）群体免疫密度96.40%，口蹄疫（病种）群体免疫密度94.80%，小反刍兽疫（病种）群体免疫密度90.50%，应免畜禽免疫密度均达到100%。抽样检测血清学样品2672头份。其中，高致病性禽流感免疫抗体合格率90.59%，口蹄疫（病种）免疫抗体合格率86.2%，小反刍兽疫（病种）免疫抗体合格率88.0%。

【动物卫生监督】 2020年，屏南县养殖场无害化处理病死猪9005头，动物检疫检出染疫动物及动物产品7头，无害化处理100%；生猪“瘦肉精”年度监测1334头份，检测结果均为阴性。

【水产养殖】 2020年，屏南县水产品总产量3068吨，比上年同期增长3.82%。其中淡水产品产量3016吨，增长2.10%。

【现代渔业】 2020年，屏南县棘胸蛙养殖发展至5家，新增建设工厂化养殖车间2000余平方米，设施渔业工厂化养殖车间65000余平方米，新增“水乡渔村”1家（共3家）。稻（莲、茭）田综合种养等生态渔业初显成效。

【渔业技术与服务】 2020年，屏南县引进光唇鱼、湘云鲫、“中科3号”、倒刺鲃、福瑞鲤、小龙虾等新品种80余万尾；推广草鱼免疫技术、池塘健康养殖技术，提高养殖单产15%以上；推广使用增氧机、投饵机400台（套）；在标准化池塘、设施渔业基地以及山塘水库等养殖水域推广使用膨化饲料1000余吨。

【水产养殖整治】 2020年，全面完成符合规划的水域滩涂养殖登记，发证面积510.66公顷，发证率100%。推进水产养殖尾水处理设施建设，完成鳗场养殖尾水末端处理池14口2.30公顷，新增一体化溶药去除氨氮剂设备3组，一体化溶药除磷剂设备3组。

（苏　琴）

脱贫攻坚

【概况】 2020年，屏南县执行中央、省、市关于脱贫攻坚工作的系列决策部署，巩固提升脱贫成果。全县建档立卡农村脱贫人口1896户6962人，人均纯收入15287元，同比增长12.40%，贫困发生率为零；扶贫开发重点村39个，集体经济收入均在10万元以上；全县农民人均可支配收入17201元，增长6.50%，高于全省平均水平；九年义务教育巩固率111.72%；城乡居民医保参保率97.70%；城乡居民基本养老保险参保率98.95%；农村集中式供水覆盖率98.5%；城乡居民低保标准7152元。

【扶贫主体责任落实】 2020年，屏南县建立健全“三级书记”（县、乡镇、村居党组织书记）抓扶贫工作责任制，层层签订责任书，全面落实“六个百分百责任制”（即政策落实、资金管理、扶贫经过三个环节百分百跟进；不落实、不作为、不廉洁、不到位四类问题百分百了解；扶贫资金八个领域百分百覆盖；危房改造、低保、五保三类对象百分百入户；帮扶村组百分百核查；牵头单位百分百参与）。落实“四个不摘”（摘帽不摘责任、摘帽不摘政策、摘帽不摘帮扶、摘帽不摘监管）要求，推行领导干部带头走访贫困户工作制度。调整充实县扶贫开发领导小组，完善扶贫领域精准监督“1+X”工作机制，制定主体责任清单，明确各部门、各乡镇的主体责任和“一把手”责任，确保脱贫攻坚工作落实到位到人。县委常委会、县政府常务会议、扶贫工作领导小组联席会定期研究脱贫攻坚工作，每季度召开脱贫攻坚工作推进会1次，每月召开工作例会1次。出台脱贫攻坚系列政策文件。全县投入县级财政扶贫专项资金1780万元，同比增长10%。下派驻村任职、蹲点干部214名，实现建档立卡贫困村全覆盖；安排副科级以上干部703人挂钩帮扶贫困户，明确每月17日为“干部帮扶日”，做到贫困对象家底、致贫原因、

2020年8月，屏南县举办2020年第3期精准扶贫茶叶加工培训班 （县扶贫办 供）

帮扶措施、投入产出、帮扶责任、脱贫时序“六清”。强化山海协作，厦门海沧、宁德蕉城与屏南党政主要领导多次带队互访。海沧区落实帮扶资金1600万元，引进屏南时代新材料、米艾西（福建）测控、德茂无纺科技和瑞幸咖啡烘焙（屏南）等公司入驻共建产业园区。

【稳定增收】 2020年，屏南县为应对新冠疫情对脱贫户增收的影响，制定出台关于统筹做好新冠疫情防控和脱贫攻坚工作的系列政策。组织乡村干部、包户干部帮扶救助和入户慰问建档立卡对象，调整充实帮扶计划，每户发放慰问金1000元。综合调查摸底贫困户家庭收入，对受疫情影响易返贫人口39户130人实行单列管理，强化帮扶措施。引导安排就业21户24人，安排公益岗位就业17户17人，扶持发展产业22户，纳入低保兜底保障6户。针对疫情影响出台加强就业、产业扶持等20条措施。发放“水电煤气”生活补助1896户94.80万元，发放产业再补助资金1144户171.60万元；通过推送用工岗位、奖补招收贫困人口就业企业、设立公益岗位、鼓励转产等措施，实现就业2214人，转产53人，纳入公益岗位225人。

【政策保障机制落实】 2020年，屏南县基本实现建档立卡农村脱贫人口不愁吃、不愁穿，教育、医疗、住房安全、饮用水安全有保障。住房安全保障：投入258.88万元，实施住房改造128户482人（新建29户108人，修缮43户169人，质量提升56户205人）；针对全县贫困人口老旧住房内存在的电线裸露、线路老旧等安全隐患，安排专项资金592.10万元，对全县817户贫困人口住房线路进行全面改造（其中建档立卡贫困户372户，低保户269户，五保户176户）。医疗保障：1—12月，全县享受医疗叠加保险的扶贫开发对象1250人，产生医疗总费用1410.39万元，基本医保及各道补助报销1292.54万元，自负医疗费117.85万元，实际医保报销率91.64%；建立县级健康扶贫基金，落实“第三道”保障，防止贫困户因病返贫，全县开通医保定点村所151个，贫困村39个全部实现医保结算“村村通”。教育保障：发放教育资助973人69.01万元（学前教育162人16.20万元，义务教育671人34.26万元，高中93人13.72万元，中职47人4.83万元），未发现义务教育阶段因贫辍学问题。饮水安全保障：全县1896户贫困户均实现集中式供水，全部达到农村饮水安全评价标准。

【防贫监测和帮扶机制】 2020年，屏南县按照省、市部署，建立防止返贫监测强化帮扶机制，启动解决农村相对贫困综合治理工作试点。制订出台《屏南县扶贫开发领导小组办公室关于建立返贫监测和帮扶机制的实施方案》，在政府网站上发布公告、发动干部进村入户，宣传解读政策，推进“一键报贫”“微信扫码”

防贫监测机制。全县通过“一键报贫”信息平台受理农户申请91户，全部完成情况核实，未出现核实超时情况。强化监测对象帮扶，在原有的医疗、教育扶贫等帮扶措施基础上，重点从扶持产业、引导就业、公益岗位、资产收益扶贫、小额信贷、住房安全、医疗保障等方面采取强化稳定脱贫措施，确保监测对象66户稳定脱贫。年底，监测对象均消除返贫风险，并在国扶系统中标识风险消除。引入太平洋保险公司建立农村相对贫困防贫综合保险机制，创新“政府主导、社会经办、框定人数、总额投保、政保联审、激励相容、保障底线”综合治理模式，对农村相对贫困群体个人自付医疗费实行分段补偿，对年收入在8080元以下的差额部分予以50%补偿。

【资金项目管理】 2020年，屏南县使用财政专项扶贫资金8768.09万元。其中，中央2202.31万元，省级3852.20万元，市级933.58万元，县级1780万元。实施脱贫攻坚项目208个。其中，产业扶贫项目59个，基础设施与公共服务项目93个，金融扶贫项目4个，能力建设及就业扶贫项目41个，其他项目11个。

【工作机制创新】 2020年，屏南县在脱贫攻坚实践中，瞄准“精准”文章，探索创新，推行强化统领、精准管理、健全保障、体系创新的“强精健体”工作法。金融扶贫、医疗扶贫、文创扶贫、旅游扶贫情况入编国家部级优秀案例，扶贫资金股权化管理试点创新成果转化为国务院扶贫办和省扶贫办政策措施，探索建立农村相对贫困长效机制的做法和经验在10月召开的全国农村改革试验区干部培训和交流会上作典型交流发言。

（柯其烨）

乡村振兴

【概况】 2020年，屏南县落实“三级书记”（县、乡镇、村居党组织书记）抓乡村振兴工作机制，建立“领导小组+办公室+五个专班+12个专项小组”组织架构。完成熙岭乡特色乡（镇）规划编制，完成各乡镇乡村振兴工作计划（2020—2022年）和152个行政村实施乡村振兴战略方案（2020—2022年）的制定。推进熙岭乡特色乡镇、省级试点村10个、县级试点村10个的建设，市级产业薄弱村22个推进项目49个，屏南县创建乡村振兴示范线10条。四坪村、厦地村入选省级乡村振兴实绩突出村。选派县级乡村振兴指导员13人、驻村第一书记59人、科技特派员115人助力乡村振兴，实现乡村振兴试点村、软弱涣散村、产业薄弱村选派干部全覆盖。

【农村人居环境整治】 2020年，屏南县获福建省“村庄清洁行动先进县”称号。路下乡、代溪镇获“国家级卫生乡镇”称号。屏南县农村人居环境整治三年行动通过省、市考核验收，在市级评估中获全市第二名，在市对县考

2020年11月，屏南县甘棠乡新田村一角　　（甘棠乡 供）

核验收中排名全市第三。

【生态系统保护与修复】 2020年，屏南县新增“绿盈乡村”81个；龙潭村入选福建省乡村振兴案例选编，并被推广；新田、小梨洋村通过高级版“绿盈乡村”复核验收。北墘、岭里、北村、柏源村获“福建省森林村庄”称号。

【水域保护】 2020年，落实河湖长制，完成河湖管理范围线、主要流域河道岸线及河岸生态保护蓝线划定，主要流域水质稳定Ⅲ类以上。

【文创产业】 2020年，屏南县弘扬传统节日文化，组织开展甘国宝武术文化节、北墘黄酒文化节、巴地畲族文化节等活动。

本土文化带动乡村旅游。发展以“旅游＋文创”为主线的乡村旅游，举办“四季屏南·乡村有约”乡村文化创意活动。出台民宿产业扶持政策。龙潭村入选全国乡村旅游重点村，漈下村被评定国家AAA级旅游景区，北墘村获评全国文明村入选省级金牌旅游村，村头村获评省级侨乡文化名村。代溪黄酒特色小镇、甘国宝文旅小镇入选宁德市第二批旅游小镇。

文创产业活化古村。成立由教授温铁军担任院长的屏南乡村振兴研究院；建成新时代乡村影视文化产业园，引进影视文化公司35家、拍摄剧组6个。龙潭村“文创＋旅游”减贫模式入选世界旅游联盟旅游减贫案例，中央广播电视总台“心连心”艺术团小分队在龙潭村拍摄录制。

【法治乡村建设】 2020年，屏南县“五星”标准村党组织达标率40%，基本消除村集体经济年经营性收入在10万元以下的“相对薄弱村”。群众信访处理答复率100%，人民调解工作经验在全省推广。寿山乡获评省级乡村治理示范乡镇。

【乡村公共服务】 2020年，屏南县开展解决相对贫困长效机制试点工作，建立相对贫困防贫综合保险机制。探索建立农村相对贫困长效机制的做法和经验在全国农村改革试验区干部培训和交流会上作典型交流发言。构建覆盖城乡的社会养老服务体系，城乡居民养老保险参保率98.40%，城乡居民医疗保险参保率99.90%。

（苏 琴）

茶 业

【概况】 2020年，屏南县茶园总面积2122公顷，茶叶毛茶总产量1998吨，产值1.26亿元。其中，红茶590吨、绿茶700吨、闽北乌龙茶308吨、白茶400吨。闽北乌龙茶价格小幅度提升。新增乌龙茶品种茶园53.33公顷。完成茶树品种改造33.33公顷，改造低产低质茶园22公顷。建成两个省级优质茶叶标准化示范基地。3月10日，开始采摘福云6号；3月22日，开始采摘梅占、菜茶。清明过后茶青增多，茶青价格升高，市场活跃。白茶、乌龙茶生产较上年增加；红茶、绿茶生产情况与往年持平；高档茶继续走俏。

【产业服务】 2020年，屏南县茶业局推进落实茶叶保险工作。根据《福建省农业厅 福建省财政厅 福建保监局关于印发葡萄、莲籽、食用菌、肉牛、兔、枇杷、茶叶保险实施方案的通知》精神，与保险公司探讨茶叶低温气象指数保险方案，为茶产业提供风险保障，投保33.33公顷，贫困户免费投保。做好疫情防控与茶叶复工复产工作，慰问县内主要茶企、合作社，并进行疫情防控指导和业务指导。与县人力资源和社会保障局联合举办茶叶种植技术培训班5期，培训茶农300余人次。选派张陈勇参加全国茶叶加工职业技能竞赛福建省初赛暨2020年福建省首届茶叶（红茶）加工职业技能竞赛，获“优秀选手”称号。张陈勇被宁德市农业农村局评为宁德市乡土人才（种植能手）。

【品牌建设】 2020年，屏南县

2020年5月21日，屏南县举办首个国际茶日暨屏南小种名优茶展示活动（王振丰　摄）

茶业局继续做好“屏南小种”地理标志证明商标和“岩头云雾”区域公共品牌宣传推广工作。打造屏南特色茶产品，以生态有机茶和高山云雾茶为主要推介产品，在省内外宣传。组织茶叶企业参加全国性大型茶业博览会或推介会，制作相关茶叶伴手礼。鼓励优秀茶叶企业选送优质产品参加全国和省市举办的茶叶评比活动，拓展屏南茶叶知名度；以屏南茶叶特色优势为基础，实施屏南茶叶品牌打造、龙头企业培育工程。整合茶叶品牌资源，促进品牌创建；培育屏南金福顶茶叶有限公司和屏南县九仙高山茶叶发展有限公司成为市级茶叶龙头企业。5月21日，县茶业局和茶业协会在街心广场举办首个“国际茶日暨屏南小种名优茶展示展销活动”，展销“岩头云雾”和“屏南小种”。7月24日，县茶业局和茶业协会联合举办屏南县第二届“屏南小种”杯斗茶赛评选，12个茶样得奖，屏南县聚合隆茶叶农民专业合作社和屏南县华进茶叶种植园获红茶类金奖。8月29日至9月1日，组织茶业协会和茶艺协会参加在上海召开的招商项目推荐会。9月16—18日，组织茶艺协会参加2020年第一届宁德市茶艺职业技能竞赛。11月29日，由屏南县茶艺协会表演的《古道情思太平蛋茶》在“四季屏南乡村有约”寿山乡茶盐古道文化节中表现突出，用屏南矽器冲泡的蛋茶受到嘉宾的好评。在中国茶叶学会举办的全国茶叶品质评价活动中，经中国农业科学院茶叶研究所评价，白茶类获五星评价2个（由茶叶技术推广站选送的岩头云雾牌“屏南白茶”、福建省白水岩茶业有限公司和福建省农业科学院茶叶研究所共同选送的白水岩牌白毫银针）。宁德爱乐美生态农业开发有限公司选送的屏南小种红茶获红茶类五星评价。

（王振丰）

林　业

【概况】　2020年，屏南县土地总面积148734.27公顷，其中林地保有量122437公顷，森林蓄积量893.80万立方米，森林覆盖率76.82%，林木绿化率77.16%。省级以上重点生态公益林34023公顷；毛竹林10179公顷，约3410万根。自然保护小区（点）98个，面积3088公顷，古树名木1978株。各类受保护地区面积占国土面积的23.63%。已鉴定的野生植物种类1647种，野生动物181种；拥有国家级天星山森林公园1861.90公顷、省级宜洋鸳鸯猕猴自然保护区1043公顷、市级仙山自然保护区2000公顷、闽东鸳鸯猕猴保护区6725.04公顷，拥有全国现存面积最大的天然连片水松林等。

【造林绿化】　2020年，屏南县完成植树造林绿化面积868.80公顷（总任务724.60公顷），占任务数的120%。其中，“三沿一环”（沿路、沿江、沿海、环城）森林景观带78.80公顷，乡村绿化30公顷，生物防火林带

2020年12月17日，云南省农业科学院花卉专家服务团在屏南考察 （县林业局 供）

119.50公顷，珍贵用材树种造林138.20公顷，林分修复23.30公顷，其他造林更新475公顷，木本油料示范基地4公顷。完成森林抚育2356.50公顷，占任务数的107%。其中，完成省级森林抚育109.80公顷，古峰林场省级森林抚育73.30公顷。完成封山育林2568.90公顷，占任务数的101.40%。造林绿化在全市排名前列，在全市林业工作视频会上作典型发言。

【林业开发】 2020年，屏南县林业局协助企业和林农申报林农小额林业贷款595万元，项目涉及新造工业原料林、果树种植、毛竹垦复和板栗种植等。全县完成竹业示范基地1个19.10公顷，竹山便道修复114千米。

【花卉苗木产业】 2020年，屏南县完成省级财政花卉产业项目资金400万元，建设智能温室大棚21085平方米，完成市级乡村振兴产业发展奖补资金项目300万元，建设智能温室10760平方米，建设文心兰组培研发大楼1700平方米；完成县级财政花卉产业发展资金652万元，建设智能温室27000平方米，建设连拱大棚7000平方米；改造旧大棚种植花卉2.35公顷；露天种植观赏（食用）花卉面积7.26公顷；露天种植乡土珍贵彩化苗木基地面积13.27公顷。在漈头村上村举办屏南县第四届花卉展暨龙漈花海首届菊花博览会。开展花卉种业研发推广，多家企业与省内外院校对接开展花卉研究项目，引进菊花品种629个，多肉植物品种800多个，欧洲水仙花品种10个，以及台湾文心兰品种等。组织花卉企业参加福建省第二届花卉苗木电商产品、作品评选，获金奖2个、银奖1个、铜奖2个、优秀奖4个，获奖数居全市第一。建设棠口千亩高山花卉产业园区项目，建设规模106.67公顷，规划总投资2.10亿元，一期（2020年）20公顷，投资2000万元，建设入园道路1千米、停车场1200平方米、生态河道800米、智能温室大棚3.33公顷。建设熙岭塘后大马士革玫瑰精油项目基地，种植大马士革玫瑰面积33.33公顷。完成全县林木种质资源普查市级查验。

【林业制度改革】 2020年，屏南县林业局指导、服务和管理集体林权流转工作，鼓励林农采取转包、出租、入股等方式流转集体林地经营权和林木所有权，发展林业适度规模经营；支持工商资本参与森林资源开发利用、基础设施建设等项目，引导多种生产经营主体开展联合、合作经营，形成“企业+基地+林农”合作模式，发展林业专业合作社120家，家庭农场20家，新增森林景观旅游休闲基地1家；林下经济新增补助项目17个，落实项目补助资金277万元。组织申报省级新型林业经营主体标准化建设项目2个，申请补助资金20万元。

【资源利用】 2020年，屏南县林业局完成集体林主伐林木采伐申报小班778个，会审通过小班

743 个，审核通过林木采伐申请 303 份，合计采伐面积 730.42 公顷，采伐蓄积量 70929 立方米。其中，杉木 38788.70 立方米，松木 29577.90 立方米，阔叶树 2503.90 立方米，其他珍贵树种 58.50 立方米。编制完成《屏南县“十四五”期间森林采伐限额编制方案》，拟定屏南县“十四五”期间年森林采伐限额建议指标 211566 立方米。其中，屏南县集体林 204116 立方米，屏南古峰国有林场 7450 立方米。聘请专职护林员 257 名、护林监管员 11 名，其中精准扶贫对象 63 人。经《福建省人民政府关于同意屏南县调整部分生态公益林的批复》同意，屏南县调出城区周边省级生态公益林 312.22 公顷，划定重点生态区位内商品林 312.31 公顷，作为补进的生态公益林，完成城区周边国有林场林地置换面积 295.80 公顷，为实施“东进、西扩、南优、北展、提中心”城市战略提供林业要素保障。

【森林防火】 2020 年，屏南县发生森林火灾 1 起，受害面积 12.59 公顷。在主要路口、重点林区设置防火宣传牌 260 块，到乡（镇）、村及偏远地区巡回宣传森林防火法律法规及典型案例，在电视台黄金时段播放森林防火专题片，发送专题彩信 12 万余条；专业、半专业森林消防队伍 12 支在岗待命，保持 24 小时值班；利用省林业局护林员巡护管理系统，给护林员 289 人配备北斗采集终端，开展“互联网+”护林工作。

【林业安全生产】 2020 年，屏南县林业局开展安全大检查活动及林业安全生产隐患排查治理专项行动，检查木竹加工企业等 24 家。其中，森林旅游单位 1 家，国有林场 1 家，涉林加工企业 22 家。发现一般安全生产隐患 132 项，并提出相应的整改措施，督促企业整改。涉林企业 6 家通过安全生产标准化建设评定并取得证书；涉林企业 6 家完成安全生产事故应急预案的编制。

【林业有害生物监测与防治】 2020 年，屏南县林业有害生物成灾率为零，无公害防治率 90%、测报准确率达到 95%，种苗产地检疫率 100%。完成 58609 公顷松林监测，完成率 100%。全县松材线虫病零发生，发生松墨天牛危害 897 公顷、松针金龟危害 635 公顷、刚竹毒蛾危害 43 公顷，均属轻度危害，成灾率为零。防治面积 1576 公顷，有效防治率 100%。完成松枯死木清理 729 株，完成率 100%。完成松墨天牛诱捕器挂设 30 个，完成率 100%。完成松林优化改造 880 公顷，占任务数的 100.8%。完成圃地检疫 112 公顷，产地检疫率 100%。

【林业行政执法】 2020 年，屏南县林业局开展“森林督查”“阔叶林整治”“双随机一公开执法检查工作”“松材线虫病疫木检疫执法专项行动”“安全生产隐患排查治理专项行动”等专项行动，立案件 104 起（移交法院 6 起，待移交法院 3 起，移交森林公安 5 起，待移送森林公安 1 起），办结案件 89 起。其中，擅自改变林地用途案件 37 起，改变用

2020 年 10 月 28 日，屏南县野生动植物保护签名活动现场

（县林业局 供）

途林地88069.21平方米；盗、滥伐林木案件30起，盗、滥伐林木蓄积量165.80立方米；非法收购林木案件7起；非法开垦林地案件3起；擅自开垦，尚未毁林案件2起；擅自在森林防火区野外用火案件3起；未按规定调运应施检疫的森林植物及其产品的行为1起；无证运输案件4起，运输木材蓄积量12.67立方米；无许可证经营加工野生动物案件2起。各项罚款金额133.33万元。

【林政法治】 2020年，屏南县林业局办理行政审批服务事项1916件。林地审批已批永久用地项目31个，面积约126.21公顷；临时用地项目2个，面积约2.55公顷；内部用地项目6个，面积7.77公顷。森林督查工作完成图斑核实551个，建立"一张图"数据库。开展第三十八届"爱鸟周"和第三十届保护野生动物宣传月活动。

【林业疫情防控】 2020年，屏南县林业局在全县范围组织开展野生动物交易严查严打活动和野生动物疫情疫病监测工作，组织人员巡护候鸟迁飞通道和野生动物集群活动区等，制止和打击各种网鸟、毒鸟、捕鸟及非法收购珍稀鸟类等野生动物违法犯罪行为；检查野生动物驯养繁殖经营加工单位，督促野生动物驯养繁殖单位做好驯养繁殖场的日常消毒、卫生防疫，以及驯养动物的隔离，加强禽流感、野猪非洲猪瘟、新冠肺炎疫情防控。在全市率先完成野生动物养殖场退养转产转岗工作。

【自然保护地整合优化预案编制】 2020年，屏南县林业局完成《屏南县自然保护地整合优化预案》编制工作，通过县、市、省三级专家评审并上报自然资源部、国家林业和草原局审核审批。

【林业科普】 2020年，屏南县林业局组织开展林业科普宣传和林业科技下乡活动，其中林业科普宣传活动4场，发放林业科技（普）宣传资料2000余份，林业科普人数1万余人次。

（韦彩霞）

水利水电

【概况】 2020年，屏南县防汛防台工作总体平稳，实现年度防汛"不死人、少损失"目标；推进防洪工程建设、安全生态水系治理、水库除险加固、农村饮水安全巩固提升、水库电站扩容增效改造等水利项目；依法治水，深化河长制创新，加强内河水生态治理；综合治理水土流失；规范水利水电工程监督管理，办理行政审批212件，办结212件。

【水利工程建设】 2020年，屏南县完成长桥溪屏城乡防洪工程项目建设，项目总投资2600万元，综合治理河道6.04千米。完成长桥溪长桥镇防洪工程，项目概算总投资2682.70万元，综合治理河道5.65千米。推进安全生态水系项目建设。柏源溪路下河段安全生态水系项目总投资1379.01万元，综合治理河道长度14.01千米。推进城区堤防修复。完成县城区防洪堤修复及后龙溪污水处理厂下游防洪工程建设，项目总投资100万元，修复拦河坝3座、堤防0.80千米。完成全县公益性小型水库维修养护28座。完成上南坑水库、前溪水库等3个水库的防汛通道道路平整及硬化。

【城乡供水保障】 2020年，屏南县水利局推进城乡供水一体化建设，完成《屏南县水资源配置规划》《屏南县城乡供水一体化规划报告》编制，项目规划总投资8.44亿元。成立屏南县城乡供水一体化项目建设指挥部。推进屏南县应急备用水源龙虎岔水库引水建设工程前期工作。龙虎岔水库引水工程是城区供水的应急备用水源工程，引水规模设计日供水3万吨，引水线路约15千米，其中隧洞10千米，工程估算投资1.81亿元。完成项目初步设计，开展林地报批及征地工作。完成全县贫困户1896户饮水安全排查复核，建立贫困户"一户一档"，贫困户安全饮水现状100%排查复核，问题100%整改落实，用水100%安全保障。完成所有水厂水质检测工作，检测结果全部合格。巩固提升农村饮水安全，开展贫困村饮水安全巩固提升工程，下达资金208万元，巩固提升7个贫困村饮水安全水平，受益6795人。

【河湖水治理】 2020年，屏南县各级河长、河道专管员巡河5.40万余人次，发现和妥善处理涉水问题1179个。成立四大流域河长办，落实各流域河长制工作。在河湖长公示牌上统一标注监督举报电话；河道专管员全面使用手机App开展“掌上巡河”，熙岭乡、屏城乡创新河道专管员管理机制，推行第三方市场化管理。建立河长制宣传平台，开展“十县百乡共建幸福河湖”活动，动员社会各方力量共同推进河湖水环境治理保护。加强水资源保护，落实最严格水资源管理制度，强化水资源“三条红线”（确立水资源开发利用控制红线，到2030年全国用水总量控制在7000亿立方米以内；确立用水效率控制红线，到2030年用水效率达到或接近世界先进水平，万元工业增加值用水量降低到40立方米以下，农田灌溉水有效利用系数提高到0.6以上；确立水功能区限制纳污红线，到2030年主要污染物入河湖总量控制在水功能区纳污能力范围之内，水功能区水质达标率提高到95%以上）刚性约束。开展入河排污口整治，现场核查、监测全县218个入河排水口，完成整治销号214个，占总数的98.70%。加强水环境治理，开展环境执法大练兵等专项执法行动，打击非法采砂等违法犯罪行为。开展河湖“四乱”（乱占、乱采、乱堆、乱建）整治，完成整改销号“四乱”问题12个。加强水生态修复，落实水电站生态下泄流量整改。开展安全生态水系建设项目，推进柏源溪（路下段）安全生态水系工程建设，总投资1419.56万元，综合治理河道长度14.01千米。

【水资源强监管】 2020年，屏南县完成境内50平方千米以上河道岸线及河岸生态保护蓝线规划，河道管理和水利工程管理范围划定与岸线功能区划分工作规划报告，完成水资源配置规划。做好取水工程核查工作，完成全县85个发证取水户及361个农村饮用水和农田灌溉用水户的取水核查。推进节水型机关建设，完成水利局办公楼节水型机关示范单位建设，办公楼实现分层计量，完成全部节水器具改造，11月，通过市水利局组织的专家组的验收。做好取水年报统计分析工作，完成全县农业、工业、生活用水典型调查直报工作，统计分析全年用水量，完成最严格水资源管理的各项目标任务。

【水电开发】 2020年，屏南县完成年度汛期高度运用计划及预案审查的发电水库31座；农村水电站98座生态下泄整改任务全部完成；完成上培水电站7号机增效扩容改造项目河流生态改造工程和溪里水电站技改。

【水土流失综合治理】 2020年，屏南县完成代溪镇后章村、熙岭乡塘后村省级水土保持生态村建设2个，项目总投资128.38万元，治理水土流失面积250公顷。

（胡国慨）

库区移民开发

【概况】 2020年，屏南县库区移民开发工作坚持以移民政策为导向，推进库区移民后期扶持扶助工作，改善库区移民生产生活条件，维护库区社会安定、稳定。发放大中型水库后期扶持直补资金70.92万元，争取后期扶持项目资金303.10万元。历年累计完成项目10个（其中2020年度项目3个）。

【移民直补】 2020年，屏南县按规定发放大中型水库后期扶持直补资金70.92万元，惠及直补移民1182人。直补资金发放数据上传到福建省扶贫资金在线监管系统。与县公安、人社、编办等部门数据比对，做好年度资金直补对象的核减、核增工作，上报核减12人，核增0人。

【后扶项目】 2020年，屏南县围绕改善库区民生，推进库区的经济、政治、文化、社会事业、生态建设，增加移民收入这一目标，规范项目实施管理，加快项目实施进度。争取年度大中型水库后期扶持项目6个，后期扶持项目资金179.10万元；争取年度小型水库扶助项目3个，扶助基金124万元。推进往年项目的建设进度，上报批复结余及变更资金659.75万元，变更成新项目12个。历年完成项目10个，受益移民村9个移民 1041人。

【移民创业园建设】 2020年1月15日，屏南县移民旅游创业园项目主体工程竣工验收。5月，创业园配电工程完工验收。备用电源（柴油发电机组）完成公开采购；附属工程中的大门、挡墙（东面）、围墙、景观标志牌，绿化、加压水泵房等完成设计，预算报送财审。7月，移民旅游创业园的公开招租方案按照省发展中心的指导意见完成修订。11月17日，举行第一次移民旅游创业园公开拍卖会。

【平安库区建设】 2020年，屏南县贯彻落实省、市平安库区工作决策部署，抓好平安库区创建工作，维护库区安定稳定。库区移民全年无上京越级上访事项，未发生重大群体性事件。

（胡国慨）

农机管理

【概况】 2020年，屏南县农业机械原值1.10亿元，总动力10.34万千瓦，农机户1980户（其中农机专业户750户），农机合作社5家。各种农业机械1.21万台（套），其中耕整机4000余台，保鲜设备500余套，拖拉机保有量92台，联合收割机和插秧机分别为4台和1台。机耕作业面积10666.67公顷。农机作业收入1.40亿余元，农机服务增加值0.20亿余元。农机结构由原来的以种植业耕作机械、运输业机械为主，逐步发展为以农田作业为主，耕、种、收、运、加工等多种经营机械并存的发展格局。

【新型机具推广】 2020年，屏南县农业机械局根据山区农业县地形、地貌特征，推广微耕机等各种小型机具，争取和组织实施中央和省级财政农机补贴395万元，补贴机具1173台（套），受益农户696户，拉动农民购机资金1500余万元。推广和使用耕作机械、收获机械、植保机械、冷库、烘干设备、果园轨道等。

【农机安全监理】 2020年，屏南县农业机械局加强农机安全监理。农机“三率”（挂牌率、年检率、持证率）均在90%以上，全年未发生农机安全生产事故。做好宣传、教育、服务等工作，打击拖拉机非法载人、超速超载、人货混装等违法行为。利用节假日和农忙季节，在乡间小道及田间地头进行纠正违章，降低拖拉机违章率。新创建甘棠乡为市级“平安农机”示范乡镇。

（黄德灿）

2020年8月20日，屏南县举办农业“五新”蔬菜农机新机具现场展示会

（县农机局 供）

工　业

综　述

【概况】　2020年，屏南县规模以上工业企业22家，完成规模以上工业产值9.30亿元，同比增长-31.30%；规模以上工业增加值同比增长-52%；规模以上工业企业实现利润-0.21亿元，实现税收0.43亿元，经济效益综合指数146.32。产值1亿元以上企业数2家。工业技改扩建项目累计完成投资额5.26亿元，同比增长76.40%。

2020年屏南县规模以上工业产业结构表

表13

行　业	企业数（家）	总产值（亿元）	比重（%）
电　力	8	1.81	19.46
化　工	1	1.67	17.96
新材料	1	0.30	3.23
食品加工业	2	1.06	11.40
竹木加工业	6	2.06	22.15
建材加工业	3	1.98	21.29
纺织业	1	0.42	4.52
合　计	22	9.30	

【重点企业】　2020年，屏南县重点企业有福建惠泽龙酒业股份有限公司和福清德贸无纺布科技有限公司。

福建惠泽龙酒业股份有限公司位于屏南县甘棠乡下山登村会溪76号，是一家集黄酒研发、生产、销售和技艺传承、保护于一体的股份制公司；惠泽龙酒业成立于2005年，设有会溪厂区和玉洋酿造基地两处生产基地，总用地面积5.67公顷，员工98人，其中专业技术人员20人；惠泽龙酒业系福建省农业产业化重点龙头企业、福建省科技小巨人领军企业、福建省山海协作重点骨干项目企业，是福建省红曲酒商会会长单位、福建省酒业协会常务副会长单位。2020年实现总产值0.86亿元。

福清德贸无纺布科技有限公司于2019年7月在屏成立公司，位于溪角洋工业园区。于2020年7月投产，2020年实现总产值

0.42 亿元。

【重点特色产业】 2020 年，屏南县重点特色产业有水电行业、食品加工业、竹木加工业、建材加工业等。水电行业规上企业 8 家，分别为裕衡水电、衡利水电、金造桥水电、万顺水电、旺坑水电、通达水电、后垄溪水电、园坪水电公司。电力业完成产值 1.81 亿元，占规上工业总产值的 19.50%。食品加工业主要以黄酒酿造、茶叶加工为主，实现产值 1.06 亿元，占规上工业总产值的 11.40%。竹木加工规上企业 6 家，分别为碧全工艺、百诚工艺、泰华工艺、谊邦家具、佳禾木业、宝鑫工艺。产值 2.06 亿元，占规上工业总产值的 22.20%。建材加工规上企业为永锋混凝土搅拌有限公司等 3 家，完成产值 1.98 亿元，占规上工业总产值的 21.3%。

（彭维佳）

发 电

【概况】 2020 年，福建闽东电力股份有限公司屏南发电分公司（简称屏南发电分公司）重视安全教育和技术培训，做好安全生产和经营管理工作。全年发电 5815 万千瓦时，售电 5649 万千瓦时。11 月，完成争创第十四届省级“文明单位”届终总评工作。

【经济指标】 2020 年，屏南发电分公司发电 5815 万千瓦时，售电 5649 万千瓦时；售电收入 1836 万元；实现利润 628 万元。

【安全生产】 2020 年，屏南发电分公司实现累计连续 5279 天安全生产无事故记录。“两票”（操作票、工作票）合格率 100%。其中，操作票 51 份，合格 46 份、作废 5 份；工作票 12 份，合格 12 份。全年投入安全生产专项经费 64160.70 元，用于安全宣传、特种设备检验、安全设施、应急管理、职业健康体检、职业危害因素检测、防洪器具、消防费用等。制定 2020 年分公司各部门、班组、个人安全目标及保证措施和“预案演练计划”“防汛工作目标、计划、措施，以及大坝安全年度工作计划”等。分解细化安全责任。年初，分公司经理与分公司班子成员、各职能部门、上培水电站负责人签订《2020 年安全生产责任书》，逐级签订《安全生产责任书》，全员签订《安全承诺书》。根据人事变动情况，调整分公司安全组织机构人员。每月定期召开安全生产分析会及安全生产监督网络会，传达上级文件精神，总结、通报每月安全生产工作，分析、解决安全生产问题，部署阶段安全生产工作。组织员工开展“健康中国，职业健康先行”主题系列宣传活动；邀请专家做题为《生产经营单位职业卫生管理》知识讲座，为分公司班子成员、各部门负责人及安监专责开展生产经营单位应急管理培训；组织分公司班子成员、各部门负责人及安监专责学习《生产安全事故应急条例》；完成新员工三级安全教育；组织相关部门人员开展两期《操作票、工作票实施细则》《电力安全规程》研讨会，组织《电力安全规程》考试 2 次。围绕“消除事故隐患，筑牢安全防线”活动主题，开展安全月活动，在分公司办公楼、上培水电厂（站）挂出横幅 2 条，现场安全标语、警言警句等 30 条，安全宣传挂图 16 份，法律法规、消防安全、触电急救、反“三违”宣传展板 10 块；通过微信发送安全信息 12 条；参加《电力安全规程》培训考试 54 人；开展“两票”研讨会，参与 20 人；观看《痛思》安全警示宣教片及学习习近平总书记关于安全生产重要论述视频 26 人，发放宣传手册 40 份；结合大泽溪“6·3”一般设备事故通报开展警示教育，发放安全生产相关的书籍 17 份；开展安全专项检查 1 场，现场处置方案《屏南发电分公司电力安全文化建设年活动实施方案》演练 1 场（参加人数 14 人）。先后制订出台《屏南发电分公司安全生产隐患排查治理专项行动方案》《国庆 70 周年加强电力安全生产有关工作的通知》《加强安全生产反恐怖防范实施方案》等，开展隐患排查治理，汛前、汛中、汛后安全检查，“两会”期间安全大检查，水库大坝隐患排查活动和房屋安全隐患排查治理专项行动，年中安全生产大检查暨电力安全生产管理诊断督查，国庆70周年电力行业网络安全自查、节前检查，年终安全文明生产大检查暨安全生产目标责任考核自查等21次，发现安全隐患(问题)39项，整改39项，整改率100%。

【平安国企建设】 2020年，屏南发电分公司成立综治维稳和创建平安国企工作领导小组，签订综治、维稳和创建平安国企责任状，制定“平安国企”建设工作方案。按照闽东电力党委和县综治、维稳办的要求，贯彻学习有关文件和会议精神，落实工作重点，改进工作措施。做好节假日和重点时段的综治维稳工作。公司设立门卫，并制定相关制度，节假日安排工作人员值班，按时报送相关报表材料，协调配合有关部门开展综治维稳工作，落实每月安全检查及各类专项治理活动。在公司大门口设立公安全球眼。

（屏南发电分公司）

供 电

【概况】 2020年，中国电网屏南县供电公司（简称县供电公司）为福建省电力有限公司全资子公司，担负屏南县域供电任务。公司资产总额约1.90亿元，年售电量3.73亿千瓦时；全民用工136人，供电服务分公司64人；国网屏南县供电公司电网拥有110千伏变电站3座，主变压器总容量181.50兆伏安；110千伏馈出线路7条，长125.45千米；35千伏馈出线路17条，长209.50千米；10千伏馈出线路75条，长1093.64千米；0.40千伏馈出线路829条，长916.70千米；配电变压器1503台，容量54.69万千伏安（其中公用变压器832台，容量29.55万千伏安）；拥有3个营业网点，供电营业面1472平方千米，全县用电客户6.80万户。通过福建省第十四届文明单位复评。

【政策落实】 2020年，屏南县供电公司落实国家电价优惠政策，阶段性降低电价，受益用户0.85万户优惠365.98万元；执行“支持性两部制电价政策”，完成用户两部制追溯暂停，退还14家15.71万元；率先联合市场监管局、发改委推广“转供电费码”，配合清理加价141户；开展“无欠薪项目部”建设、“治欠保支”及各项保供电工作。落实防疫部署，构建网格化管控体系，网格 “入网入格”201人，实行“日摸排”“零报告”全覆盖，实现全员核酸检测。

【电网建设】 2020年，屏南县供电公司结合2020年配电网发展诊断分析，完成屏南县“十四五”配电网规划，对接政府总体规划，同步开展电力设施布局规划。完成220千伏清水输变电工程、衢宁铁路屏南牵引站220千伏外部供电工程等重点工程属地协调工作；完成投产110千伏佳洋变#2主变增容、下牛山至路下35千伏线路等工程，

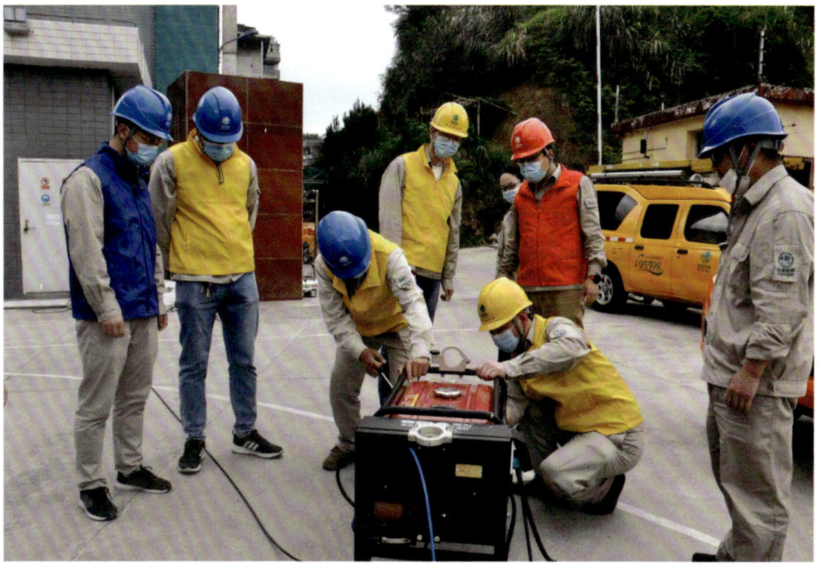

2020年5月，屏南县供电公司开展防汛抗台事故演习

（县供电公司 供）

解决单线单变、主网架局部薄弱问题；按目标网架建设要求推进2020年配网工程项目，全年实施配改项目54个，竣工36个。

【营商环境优化】 2020年，屏南县供电公司完成“百千万”客户大走访（“百家机关联百镇、千名干部进千村、万名党员入万户”大走访活动）36户，解决突出问题3条；实现公司供电服务指挥中心实体化运作，强化工单主动预警和闭环管控；推行低压网格化综合服务，完善“五率”（访问成交率、盈利率、市场开拓率、客户流失率、贷款回收率）绩效评价体系，服务投诉管控率指标提升，受理投诉5件，同比下降62%，未发生群体性和重复性投诉；深化频繁停电整治，完成3个单电源小区改造；实施停电“预算式”管理，计划停电数量同比下降30%，不停电作业同比增长28.30%，频停配电变压器台次同比下降69%。优化营商环境，强化业扩报装管控，全流程平均时长27.73天，同比下降28.70%，业扩平均接电时长达标率100%。

（游水长）

城区供水和污水处理

【概况】 2020年，屏南县中闽水务有限责任公司（简称屏南中闽水务公司）经营屏南城区供水、污水处理和乡镇污水处理业务，县城区供水量468.50万吨，售水量392.34万吨。污水处理量355.50万吨，污水处理达标排放率99.97%。

【城区供水】 2020年，屏南县城区供水量468.50万吨，售水量392.34万吨；用水户33875户，用水人口5万余人；供水水质合格率99.50%，水费回收率93%。城区供水主要由2座制水厂供应。以汤坑、甲地为水源的制水一厂于1983年投产，设计日供水能力0.40万吨；以岭下梅溪、前溪、南峭溪为水源的制水二厂于1996年投产，2011年完成改扩建，设计日供水能力2万吨。两个制水厂运行均属重力式供水，执行国家《生活饮用水卫生标准》（GB 5749—2006）标准供水。按照省、市、县水质提升三年行动方案，确保供水安全。加强出厂水水质日常检测，委托第三方分别进行42项、106项水质检测；结合市政道路改造，淘汰老旧水泥管网，新建华庭世家小区供水管网，新用户安装1945户。新建弘祥天玺城、东湖公馆小区、中心片区等楼盘管网。完成官厝巷、花亭街管网改造项目，二厂出厂水管网改造项目完成厂区内工程量，完成翠屏路及东环路人行道支管对接、达顺新村管网改造，管网信息化探测完成75千米；花亭街一弄（东环北路至花亭街）管道改造项目投资13万元，官厝巷（公园路至南洋路）管道改造项目投资55万元；达顺新村供水管网改造项目投资10万元，翠屏路及东环路沿线管道改造项目投资40万元；制水一厂提升改造项目投资36.50万元，制水二厂提升改造项目投资9.60万元，供水水质监测信息系统在线监测建设工程投资66.50万元，

2020年，屏南中闽水务公司制水厂消毒间

（屏南中闽水务公司　供）

制水二厂出厂水新建 DN600 钢管 137 米、DN400 钢管约 47 米、DN100 钢管 7 米，翠园巷（东环北路至翠园小区）管道改造项目投资 30 万元。由于 2020 年入秋后持续干旱，12 月，从仕洋泵站抽水补充 0.80 万吨每日，气象部门开展人工增雨作业 2 次。

【城区污水处理】 2020 年，屏南县城区污水厂污水处理量 355.50 万吨，污水处理达标排放率 99.97%。县城区污水处理厂位于古锋镇东环南路酒釉厂一巷 10 号，占地面积约 2.10 公顷（项目于 2009 年 6 月建设；2010 年 10 月建成运行；2018 年 3 月提标改造，7 月出水水质达一级 A 标准）。处理工艺采用“改良型 Carrousel 2000 氧化沟＋高密度沉淀池＋纤维滤布滤池＋紫外线消毒”工艺，污泥处理采用“调理＋板框机械压滤机”，出水执行《城镇污水处理厂污染物排放标准》GB 18918—2002 的一级 A 标准，达标尾水就近排入长汾溪，脱水后污泥含水率不大于 60%，污泥外运填埋场无害化处置。出水安装 COD、NH3-N、TP、TN、PH、流量计等在线检测设备，设计规模 1 万吨每日。

【乡镇污水处理】 2020 年，屏南县长桥镇、棠口镇、甘棠乡、熙岭乡、代溪镇、路下乡 6 个污水处理量 116.82 万吨，出水达标排放率 100%。6 个乡镇污水处理站于 2018 年动工建设，2019 年 5 月、6 月运行。各污水处理站设计规模分别为长桥镇站 1200 立方米每日，占地 0.46 公顷；棠口站 800 立方米每日，占地 0.28 公顷；甘棠站 500 立方米每日，占地 0.23 公顷；熙岭站 400 立方米每日，占地 0.25 公顷；代溪站 400 立方米每日，占地 0.23 公顷；路下站设 600 立方米每日，占地 0.18 公顷。

（屏南中闽水务公司）

2020 年，屏南县长桥镇污水处理站　（屏南中闽水务公司 供）

工业园区

【概况】 2020 年，屏南县完成屏南工业园区“一区五园”（屏南工业园区，溪角洋、溪坪、漈头园区和甘棠工业园区、洋中精细化工园区）整合提升工作，将“五园”整合纳入屏南工业园区扩展区，由屏南工业园区管委会统一管理。

【溪角洋工业园区】 2020 年，屏南溪角洋工业园区位于棠口镇，规划面积约 446.80 公顷，其中省级开发区约 69.25 公顷，由 3 个区块组成。区块一规划面积 26.06 公顷，四至范围为东至上洋头、南至变电站、西至古峰镇、北至省道 202；区块二，规划面积 1.99 公顷，东至凤林村村道、南至凤林村、西至园区主道、北至凤林村村道；区块三，规划面积 41.19 公顷，东至溪角洋、南至高速互通口、西至上洋头、北至凤林村。县级开发区约 377.53 公顷，四至范围为东至凤林村、南至高速互通口、西至上洋头、北至棠口镇。县级开发区重点布局新能源新材料、高端制造业、高新技术产业项目，以屏南时代为核心，发展动力锂电池、新能源汽车产业链及配套或附属产业。

【溪坪工业集中区】 2020年，屏南溪坪工业园区位于屏城乡南部，规划面积约为100公顷（其中上源工业集中区13.33公顷），四至范围为东至古政高速、南至古政高速、西至上源工业集中区、北至溪坪村。该园区是屏南县最早开发的园区，园区工业用地与居民区用地毗邻，结合上源工业集中区发展规划，逐步引导园区转型升级，重点建设用于承载其他园区所需要配套的电商、金融、物流、商务服务等生产性服务业，打造产城融合发展新高地。

【漈头工业集中区】 2020年，屏南漈头工业园区位于城关至火车站主干道两侧，规划面积约51.73公顷，四至范围为东至漈头村、南至S303、西至屏南锦辉木业有限公司、北至清水变电站。该园区利用“全国民间药膳示范县”和“福建药膳美食名城”牌子，结合药膳小镇开发建设，重点发展特色食品加工基地及配套或附属产业。

【甘棠（新型）工业园区】 2020年，屏南甘棠（新型）工业园区位于甘棠乡南侧，规划面积约66.67公顷，四至范围为东至S202、南至S202、西至高速互通、北至甘棠镇区。该园区结合旱兴亭组团发展规划，利用屏南森林资源，重点发展竹木加工上下游产业链及配套或附属产业，形成集群效应。

【洋中精细化工园区】 2020年，屏南洋中精细化工园区位于屏城乡南部，规划面积约为96.13公顷，四至范围为东至岭兜村山体、南至芹山村山体、西至中村山体、北至G237（国道237）。该园区在开发建设中，拟布局低能耗、高品质、高效益的环保新型精细化工及配套或附属产业。

（工业园区管委会）

2020年8月，屏南县甘棠工业园区 （甘棠乡 供）

交通运输

综 述

【概况】 2020年，屏南县交通运输局重点做好公路建设与养护、公路运输和路政、运政管理和交通执法等工作。8月，屏南县公交枢纽应急指挥中心项目完工投入使用，项目总投资6134万元。年末，全县公路通车里程1046.38千米。其中，等级公路824.72千米，高速公路43.32千米，其他公路178.34千米。全年公路新改建里程28.04千米。

【客运市场】 2020年，屏南县有旅客运输企业1家，客运车辆77辆（其中村村通客车24辆），各类客运班线29条；公交车22台（均为新能源纯电动公交车）；出租车70辆，其中新能源车辆15辆。二级客运站1个，实现乡镇100%通客车，建制村152个100%通客车。

2020年8月，屏南县公交枢纽应急指挥中心

（县交通运输局 供）

【货运市场】 2020年，屏南县有货运企业6家（其中危险货物运输企业1家），个体货运业户127家，货车286辆4163吨。

【机动车维修和驾培】 2020年，屏南县有机动车维修企业6家，其中二类机动车维修企业5家。驾驶员培训机构2家。其中，小车培训1家，教学车辆30台；摩托车培训1家，教学车辆20辆。

（彭珠眉 郑百余 吴巧玲）

公路建设与养护

【概况】 2020年，屏南县抓国省干线和“四好农村路”建设，境内普通国省干线公路建设任务全线提前一年完成。抓农村公路

2020 年，在建中的双寿公路　　（县交通运输局 供）

养护，完成县道养护 179.90 千米，乡道养护 419.97 千米，村道养护 155.10 千米。

【公路项目建设】　2020 年，屏南县交通运输局抓国省干线和“四好”（建设好、管理好、养护好、运营好）农村路建设，以及农村公路养护等工作。

G237（国道 237）屏南路下至屏西段公路全长 20.74 千米，总投资 2.79 亿元。3 月 24 日，A7、A8 标段完成交工验收。屏南境内普通国省干线公路建设任务全线提前一年完成。

继续建设“四好”农村路。2020 年宁德市对县考核中，屏南县计划完成农村公路提级改造 7.50 千米，完成投资 1620 万元；实际完成建设 46.72 千米（含上年度未核销里程），完成投资 38760.50 万元。

县道 922 屏南双溪—寿山段，全长 17.70 千米，总投资 2.50 亿元，2018 年 12 月动工建设，2020 年计划投资 1.50 亿元，项目完工，实际完成投资 1.50 亿元，占年度计划的 100%。

红色旅游公路（岭下、路下）项目 2 个，全长 15.18 千米，项目计划投资 1.12 亿万元。2020 年项目完工，实际完成投资 1.12 亿元，占年度计划的 100%。

衢宁铁路屏南站通站路工程项目全长 2.62 千米，项目总投资 1.01 亿元。2020 年计划投资 9000 万元，项目完工，实际完成投资 9127 万元，占年度投资任务的 101.4%。

【农村公路养护】　2020 年，屏南县交通运输局县道养护 179.90 千米，乡道养护 419.97 千米，村道养护 155.10 千米，完成投资 307 万元，完成全年日常养护工作。完成 X922 线白玉至寿山路域整治、X902 线 K65+800—K65+835 右侧边坡隐患整治，以及棠口镇 Y384、C120 线，熙岭乡 Y350 线，屏城乡 Y342 线，代溪镇 Y360 线，寿山乡 Y372、Y376、C141 线，岭下乡 Y301、Y346 线，长桥镇 Y323 线等乡村道路养护提升工程。11 月底，完成全年养护提升工程任务，总投资 600 余万元。投资 94.50 万元，完成农村公路安全生命防护工程及道路交通安全隐患整治工程并验收；危桥改造计划投资 750 万元，实际完成投资 525 万元。

（彭珠眉　郑百余　吴巧玲）

运输市场管理

【概况】　2020 年，屏南县完成公路运输客运量 155.76 万人次，客运周转量 6818.36 万人千米；货运量 178.44 万吨，货物周转量 15056.95 万吨千米；公路运输总周转量 15738.79，同比上升约 3.96%，全市排名第二位。开展路域环境整治 275 人次，拆除非公路标志 320 面 950 平方米，清除违章堆积物 31 处 150 立方米，纠正制止违章行为 163 起，开展农村公路执法巡查 56 次，开展联合治超 66 次，治超检测货运车辆 3595 辆次，卸载货物 625 吨，联合查处超限案件 49 件，查处滴洒漏路政案件 5 件，开展集镇整治 2 次；交通执法检查 225 次，出动执法车辆 295 辆次，参加执法人员 1750 人次，检查车辆 6100 辆，查处违法案件 66 件，检查运输企业 55 家，发出改正通知书15份，查处非法营运26件。

【公路运输管理】 2020年，屏南县交通运输部门强化道路运输安全监管，督促落实企业安全生产主体责任。在抓新冠疫情防控基础上，开展“平安春运”“安全生产月”“安全生产隐患大排查大整治专项行动”“安全生产专项整治三年行动”“道路交通安全综合治理百日会战”等活动；持续开展“道路运输安全提升行动落实交通安全综合整治三年专项行动”“道路运输安全生产集中整治”等一系列安全生产专项活动，强化源头管理，加大监督检查力度，完成重点节假日及重大会议期间运输保障任务。

加强道路运输市场管理。按照“便民利民”指导原则，做好春运及节假日旅客运输工作。加强道路运输及相关企业经营行为监管，督促客运站规范经营行为，提高服务质量，防止客运站不按规定售票、乱收费等违规行为。加强农村客运、城市公交、出租汽车油补贴等数据审核把关。强化“两客一危”（指从事旅游的包车、三类以上班线客车和运输危险化学品、烟花爆竹、民用爆炸物品的道路专用车辆）车辆卫星定位系统监控管理，督促企业加强车辆、人员管理。发展农村客运事业，推进城乡客运一体化建设。督促企业落实安全责任制和各项安全管理制度，加强对管理人员、从业人员的安全教育。健全突发事件应急救援预案，强化应急演练，落实安全生产责任。贯彻落实国家优先发展公共交通的政策，发展城市公交，开通公交线路7条（其中5路公交线延伸至际头村、6路公交线延伸至棠口村、7路公交线为新能源厂区专线、8路公交线为火车站专线），基本覆盖了城区主要街道、居民小区、城区周边的工业园区和火车站，满足市民出行需要。推行出租车行业“服务质量承诺制”，通过对企业和驾驶员的质量信誉考核，提高服务质量。宣传贯彻机动车驾驶培训两项新国标，落实新申请驾培机构准入条件，强化驾培机构学时管理系统的应用。通过企业质量信誉考核、行业专项整治、安全检查等，规范维修企业经营行为。

【路政管理】 2020年，屏南县交通运输局推进车辆超限超载治理体系和治理能力现代化建设，公路货运车辆超限超载行为得到控制。强化公路路政执法监管。开展“农村公路”路域环境整治专项行动，联合乡镇、公路局、路长办等开展农村公路排查，与公安交警部门开展联合治超。公路路政稽查中队负责辖区内国省干线路政管理工作，安排每月路政巡查不少于18次，路域整治不少于3次。以整治非公路标志、平交道口、路域管线、加水点及国道沿线集镇路段无序堆放等现象为重点，开展G235、G237公路沿线未经审批的非公路标志、平交道口、路域管线、加水点，以及国道沿线集镇路段无序堆放现象摸排和登记。开展路域环境整治275人次，拆除非公路标志320面950平方米，清除违章

2020年2月，屏南县交通运输执法大队执法人员对渣土运输车进行检查

（甘张烨 摄）

2020 年 7 月，屏南县交通运输执法大队执法人员对旅游大巴车进行安全检查（甘张烨 摄）

堆积物 31 处 150 立方米，纠正制止违章行为 163 起，开展农村公路执法巡查 56 次，开展联合治超 66 次，治超检测货运车辆 3595 辆次，卸载货物 625 吨，联合查处超限案件 49 件，查处滴洒漏路政案件 5 件，开展集镇整治 2 次。

【运政管理】 2020 年，屏南县交通运输局强化交通执法安全监管，抓好交通执法规范化建设和标准化建设工作。加强对客运公司、危货公司和维修等运输企业的执法检查。组织实施春运安全、打击非法营运、危货运输整治、旅游客车整治、出租车违法行为整治、非洲猪瘟防控、安全生产专项整治三年行动、路域环境整治月活动、维修物流企业安全监管等专项执法行动。推进安全生产风险防控和安全生产隐患大排查大整治，开展打击通村非法营运客运专项行动。运政稽查中队以“两客一危”为重点，持续开展道路运输执法专项活动，打击各类非法违法道路运输行为。加大客运站、旅游景点等客流集散地的执法力度，维护道路运输市场环境秩序。加强对危险货物集散地等重点部位的监督检查，重点查处未经许可擅自从事危险货物运输等违法行为。屏南交通执法大队开展交通执法检查 225 次，出动执法车辆 295 辆次，参加执法人员 1750 人次，检查车辆 6100 辆，查处违法案件 66 件，检查运输企业 55 家，发出改正通知书 15 份，查处非法营运 26 件。2 月，结合疫情防控工作开展打击非法营运行动；4—5 月，开展多部门（屏南交通执法、高速执法、高速交警、屏南交警）联合打击非法营运专项行动，大队全体在岗执法人员 19 人分成四组，以三班倒方式，在县城、甘棠、双溪等高速口开展大型活动路面监控执法，期间出动执法车辆 35 辆次，执法人员 120 人次，检查车辆 650 辆次，查处违法案件 13 件。参加新冠疫情防控工作。县交通执法大队参与疫情工作 24 人，参与疫情防控工作 690 人次，参加一线疫情防控检查 289 人次。结合危险品运输安全整治，开展反走私执法工作，查处小货车无经营许可运输柴油案件 1 件。

（彭珠眉 郑百余 吴巧玲）

信息业

邮 政

【概况】 2020年，中国邮政屏南县分公司（简称屏南邮政），承担全县党政军机要通信职责和全县乡镇11个、社区8个、建制村152个，共14.23万人（常住人口）的邮政普遍服务。全年实现业务总收入2889万元，完成预算的99.90%，列全市第四位；收入增幅8.90%，列全市第三位；完成利差收入727.80万元，占全年预算的112.80%，列全市第一。

【普遍服务】 2020年，屏南邮政抓普服达标专项整治，以阶段性专项活动为抓手，督促普服网点问题逐一整改，获全市“一巩固四提升”专项活动第三名。全年新增加普服资金投入8万元，购置生产、安防设备，实现网点服务能力提升。全县乡镇网点覆盖率、建制村直接通邮率均保持100%；《人民日报》乡镇当日见报率100%。推进三级物流体系建设，在双溪、熙岭、寿山开展邮快合作试点运营。加强机要安全管理，恪守“党管保密”原则，改进管理思维、严密管理制度、完善管理手段、强化监督管控。

【企业作风建设】 2020年，屏南邮政聚焦疫情防控，助力打赢防疫阻击战。春节期间，全县其他物流停运时期，采取无接触投递。响应市、县复产复工要求，为电商企业提供服务。疫情防控期间，屏南邮政峰值出口1.50万件，日均1万件左右。开展“教材配送”“同城日用品配送”等

2020年10月，屏南县邮政大楼　　（陈京 摄）

便民服务。配合县第一中学，在全市率先开展“停课不停学”助学活动，通过邮政渠道寄递课本4279本。成立党员突击队，按照口党委的安排，前往社区参加疫情防控27人次。响应屏南县委组织部关于组织党员自愿捐款支持新冠肺炎疫情防控工作的号召，支部党员100%参加捐款，募集2941元。严格按照疫情防控要求督促落实投递人员、营业员定期核酸检测工作，组织支局、网点开展防控预案演练工作。关心关爱女工，新建“妈妈小屋”，为全公司女职工79人购买妇女“两癌”（乳腺癌、宫颈癌）重疾险；组织开展干部男职工每两年、女职工每一年健康体检。

（陆　婷）

电　信

【概况】　2020年，中国电信股份有限公司屏南分公司（简称屏南电信）下属城关分局和代溪、长桥、双溪3个支局。2020年，推进“智慧屏南”建设，在新冠疫情防控、网络保障、信息化建设、扶贫攻坚等工作中发挥作用。全年主营业务收入3785万元，列全市第二。公司在全市绩效考核中获一等奖，连续七届被评为省级文明单位。屏南电信支部获中国电信宁德分公司党委授予的“先进基层党组织”称号、中国电信福建公司党委授予的“先进基层党组织”称号和“省级示范党支部”称号。

【经营服务】　2020年，屏南电信服务用户8.52万户。其中，天翼移动用户4.24万户，宽带用户2.77万户，固定电话用户1.51万户。构建以客户为中心的服务体系和“客户说了算”的服务评价体系，开展“服务全员传播”主题活动，强化责任意识和将服务融于经营的意识。实施管理层跟班制度，开展“支部书记讲服务党课、总经理抓服务、总经理接待日、全员服务大体验”等活动。

【信息化业务】　2020年，屏南电信持续贯彻落实“数字宁德”战略，推动“数字屏南”发展，推进服务能力升级。发挥云网融合优势，助力政务、企业“上云”。整合资源，发挥云网融合能力，承建屏南县农业农村局县级运营中心项目建设、屏南县工业和信息化局“政企直通车”项目建设。完成县公安局大数据人工智能平台、一中旧校区中考考场及新校区校园监控设施、一中450兆宽带专线数据服务类等建设项目。在全县44个行政村建设开通天翼智能音箱132台，用以支撑政府部门在农村地区开展新冠疫情防控宣传。

【网络建设】　2020年，屏南电信公司投资超过1300万元，持续推进“数字宁德”网络建设工作。7月17日，提前两个月完成5G二期工程建设任务，历年累计建成并开通5G网络载扇89个，

2020年1月24日，电信屏南分公司员工除夕夜抢修光缆线路

（电信屏南分公司　供）

实现屏南城区重点区域5G网络连续覆盖；完成溪角洋时代新能源工业园区5G覆盖。持续推动提速提质，提升4G网络覆盖能力和网络健壮性，围绕高铁、高速、高校以及高流量、高密度区域，提升移动网络覆盖的深度和广度；全网试商用VoLTE业务，为用户提供边打电话边上网、来电不掉线等体验。加快推进千兆网络升级，推动宽带迈入千兆时代，城市区域具备千兆接入能力，农村区域具备百兆接入能力。城市光网覆盖率99.92%，乡镇光网覆盖率99.75%，行政村光网覆盖率97.50%。参与“两会”、中高考、县长直播带货和心连心慰问演出等活动通信保障，完成台风、“两会”保障等应急演练3次。

【电信扶贫】 2020年，屏南电信公司实施网络、通信业务、信息应用与产业、公益扶贫、党建等扶贫攻坚“五大行动”。网络扶贫：实现全县152个行政村光宽及4G网络100%覆盖，建立起通达各乡村的信息通信网络。通信业务扶贫：推出扶贫专用套餐，针对贫困户及扶贫干部建立资料台账162户，办理扶贫套餐92户。信息应用与产业扶贫：推广精准扶贫信息化应用，承建益农社项目。公益扶贫：发动食堂、工会、员工等采购集团公司对口扶贫点、电信驻村干部所在扶贫村、分公司对口贫困村或贫困户农副产品价值5万余元。

（谢茂务）

移 动

【概况】 2020年，中国移动通信集团福建有限公司屏南分公司（简称屏南移动公司）全年业务收入超5500万元，移动手机客户超8万户，向地方政府上缴各类税收142万元。

【业务发展】 2020年，屏南移动公司加快政企四轮驱动，推进政企业务发展，打造国内领先云业务服务商，建设智慧校园、智慧小区等云化大单，提升中国移动行业主导地位、社会影响力。宣传品牌，提升社会影响力，打造5G专属套餐、智慧家庭产品等业务。

【客户服务】 2020年，屏南移动公司秉承“客户为根，服务为本”服务理念，关注客户诉求和权益保护，提升服务水平，推进服务转型，为客户提供携号转网服务。

【通信能力建设】 2020年，屏南移动公司完成5G基站建设30个。2020年底，全县历年累计建设完成基站348个，4G信号实现主城区、各乡镇、农村网络全面覆盖。

（王 曼）

联 通

【概况】 2020年，中国联合网络通信有限公司屏南县分公司（简称屏南联通公司）综合办公楼（古峰镇上洋头676号）占地

2020年7月，屏南移动公司员工调试检修设备　（姜鸿羽 供）

面积2826平方米，拥有会议室、职工之家活动室、党员活动室、职工食堂等设施。下属城区营业厅1个（古峰镇公园1号购物广场2号入口处）。年内，新建5G基站32座，实现城区5G SA网络全覆盖。

【网络建设】 2020年，联通屏南分公司加快4G网络共建共享，共享4G载频40块，实现城区5G SA网络全覆盖。新建基站64个，实现衢宁铁路网络全线覆盖。新建5G基站32座，实现整体网络速率大幅提升。承接屏南风能发电互联网业务，完成传输线路新建8千米、附挂6千米、穿管道1.50千米的建设，调通网络组网。

2020年11月25日，联通屏南分公司员工在下山登村开展扶贫工作 （屏南联通公司 供）

【价值转型】 2020年，联通屏南分公司推进营业厅在当地区域的结构配置，将学府营业厅合并至翠屏营业厅，并迁厅至核心商超地段，节省租金28万元，实现营业厅毛利转正。出租一、二层闲置办公场所659平方米。与广电部门合作，“沃爱家”产品服务用户450户。

（屏南联通公司）

城乡建设与管理

城乡建设

【概况】 2020年，屏南县住房和城乡建设局（简称县住建局）做好县城、村镇和美丽乡村建设，提升人居环境，推进城镇住房保障，以及加强建筑业管理。新建（改造）县城供水管网8千米，完成农村厕改15223户，完成中国传统村落保护规划专家评审15个，排查房屋38338幢，完成建筑业产值7.14亿元，完成房地产投资14.52亿元。

【县城建设】 2020年，屏南县城完成新建改造供水管网约8千米。完成城市停车位建设150个。新增城区市政雨水管网铺设7千米。完成污水管网铺设及改造7千米。

【村镇建设】 2020年，屏南县完成农户改厕15223户，152个行政村全面完成改厕，新增污水处理设施228个，新增农村污水管网377.68千米，农村生活污水治理应受益32952户，实受益农户32828户，受益率、处理率均为99.62%。6月，完成农村改厕改水县级验收，9月16日，通过市级农村改厕改水验收现场核查核验。全县9个乡镇污水处理站设施均建设投入使用。6月底，岭下、双溪、棠口、甘棠、熙岭、代溪、路下、寿山等8个乡镇污水处理站进出水计量设备全部安装。

【美丽乡村建设】 2020年，屏南县北墘、四坪、前洋村被列入省级“十镇百村”传统村落改善提升项目，项目总投资2887万元，完成投资2947万元，占年度投资的102.07%。完成龙潭、四坪、芳院、前塘、里汾溪、罗沙洋、康里、恩洋、谢坑、前洋等省级历史文化名村和传统村落保护规划的编制，完成中国传统村落保护规划专家评审15个。

【人居环境提升】 2020年，屏南县新建城市公厕6座，开工建设麓山园南区老旧小区改造项目，完成古峰镇住宅小区改造，城区污水处理厂进水BOD（生化需氧量）平均值提升至73。

【城镇住房保障】 2020年，屏南县排查房屋38338幢。其中，城市房屋10965幢，农村房屋27373幢。排查出重大安全隐患房屋339幢，其中，封房处置20幢、加固137幢、拆除182幢，拆除建筑面积约10758平方米，重大隐患房屋处置率100%，完成有效处置率94.10%。7月，通过宁德市房屋结构安全隐患排查整治“百日攻坚”专项行动验收。

【市政建设与管理】 2020年，屏南县完成佳垅环岛和新一中路口交通提升改造项目，总投资210万元；基本完成衢宁铁路屏

2020 年，衢宁铁路屏南站站前路及站前广场建设项目

（县住建局 供）

销售额 11.38 亿元，同比增长 14.2%。12 月，全县商品房住宅销售均价 5289 元每平方米。全县商品房累计可售面积 33.31 万平方米，去化周期 20.90 个月，其中商品住房累计可售面积 29.59 万平方米，去化周期 20.40 个月，商业用房累计可售面积 3.72 万平方米，去化周期 26.60 个月。存量房交易 556 套面积 5.22 万平方米，同比增长 23.62%；交易金额 1.84 亿元，同比增长 18.77%。

（陈　帆）

南站站前路及站前广场PPP项目，完成投资 3.22 亿元；开工建设屏南县东棠大道（一期）工程，完成投资额 1.30 亿元；完成屏南县校园周边道路交通标识和衢宁铁路屏南站交通标识设置。其中，设置限速标志 20 块，解除限制速度标志 19 块、让行标牌 2 块、禁止停车 4 块、学校标志 1 块，指示标志牌更换版面 4 面，版面增加火车站标识 33 套。增设城区市政道路中央隔离栏约 1400 米，增设调头和禁止调头指示标牌 8 块，增加斑马线、直行、调头、停止线划线约 162 平方米，增设斑马线栏杆 35 米，警示标 21 根。

【建筑业管理】　2020 年，屏南县建筑施工企业 22 家（一级 1 家、二级 1 家、三级 20 家）。招投标项目 11 个（施工标 6 个，监理标 5 个），应公开招标项目招标率 100%；竣工备案项目 9 个；核发施工许可证 51 份；完成建筑业产值约 7.14 亿元，较 2019 年减少 5%。散装水泥用量 84333 吨，同比增长 43.80%；预拌混凝土生产量 255562 立方米，同比增长 48.80%。

【房地产业】　2020 年，屏南县房地产完成投资 14.52 亿元，同比增长 24.22%；各类商品房施工面积 121.22 万平方米，同比增长 24.59%；批准商品房预售面积 31.57 万平方米，同比增长 21.78%，其中商品住房 2695 套 28.87 万平方米，同比增长 19.79%。全县商品房合同销售登记面积 20.68 万平方米，同比增长 6.02%；销售总额 11.96 亿元，同比增长 6.12%。其中，商品住房登记 1900 套，面积 19.95 万平方米，同比增长 12.77%；

城市管理

【概况】　2020 年，屏南县城市管理局重点加强城市范围内市政道路（桥梁）主次干道路面维护管理、园林绿化、城市道路照明、市容环卫、户外广告、城市夜景等城市管理工作。

【助力复商复市】　2020 年，屏南县城市管理局适应常态化新型冠状病毒感染肺炎（简称新冠疫情）防控形势，促进“稳就业、保民生”，助力复商复市，在不影响市容市貌和安全的前提下，征求市民意见建议，规划流动摊点临时摆放点，促进地摊经济发展。在城区设置流动摊点集中地 2 处，可容纳流动摊贩 200 余户。屏南县城市管理局按照上级工作

2020 年 5 月 13 日，屏南城市管理局执法人员在宁屏二级路定点巡查（周润 摄）

部署要求，投身抗击疫情一线。成立“屏南县城市管理局新型冠状病毒感染肺炎防治工作领导小组”，具体负责统筹协调全局新型冠状病毒感染的肺炎疫情防控工作。在全县范围内开展市容环境卫生专项整治。疫情防控期间，屏南县城市管理局出动执法人员 5476 人次，开展执法行动 109 次，取缔占道摊点 228 个、活禽及野生动物交易占道摊点 22 起；每日出动一线环卫工人 161 人，垃圾转运车 4 辆。疫情严控期间（农历正月），进厂垃圾（含乡镇）1586 车次，填埋垃圾 3635 吨；发放过氧化氢 100 余吨。

【城市园林绿化】 2020 年底，屏南县建成区面积 601.10 公顷，绿化覆盖面积 254.10 公顷，绿化覆盖率 43.66%；绿地面积 239.60 公顷，绿地率 39.86%；公园绿地面积 78.34 公顷，人均公园绿地面积 14.24 平方米。城市公园绿地、绿道绿廊等建设和改造提升项目有：前汾溪到路下绿道，总长 13 千米，投资 130 万元，12 月完工；东城广场公园，面积 1.50 公顷，总投资 1100 万元，10 月完工；塔山公园，绿化种植面积 5.50 公顷，总投资 300 万元，12 月完工。

【“两违”治理】 2020 年，屏南县“两违”（违法用地和违法建设）处置面积 27.27 万平方米，拆除面积 24.56 万平方米，补办手续 2.13 万平方米，完成年度拆违任务的 160.43%，腾出土地 22.41 万平方米，媒体公示 12 批次 53 宗。在宁德市对县“两违”综合考评中，屏南县居全市第二名。

【渣土运输车辆管控】 2020 年，屏南县有渣土运输企业 5 家纳入“屏南县工程渣土运输车辆安全管控平台”目录，纳入监管平台的车辆 121 辆；审批核准项目 10 个，核准量 114.20 万立方米；开展联合执法 12 次，联合处罚车辆 40 辆，警告、禁行车辆 20 辆；检查渣土运输企业 4 次。

【户外门头牌匾整治】 2020 年，屏南县清理整治城区主次干道两侧陈旧破损且存在安全隐患的户外广告和招牌设施 375 面，面积约 7002 平方米；清理户外条幅 50 余条；整治占道灯箱 30 余个。

（陆青青）

城市投资建设

【概况】 2020 年，屏南县天宇城市建设投资有限责任公司（简称天宇城投）被政府国有资产改革领导小组确定为屏南县国有一级企业，主要经营政府授权的国有资产、城市基本建设、公路建设、旧城改造建设、土地资源开发、旅游资源开发、水力资源开发、房地产开发、商品房销售等建设等投资业务（公司成立于 2005 年 8 月 17 日，注册资本金 7100 万元）。

【项目投资】 2020 年，屏南县城市建设在建、已建项目包括：屏南县东区旅游集散中心景观湖公园（一期）、甘棠（新型）工业园区配套用房、麓山园老区改造（二期）、衢宁铁路屏南站自来水厂、衢宁铁路屏南站污水处理厂、衢宁铁路屏南站备用水源管道工程等，完成总投资29719.27万元。年度主要竣工交付的城市建设基础配套投资竣工项目有屏南县东区旅游集散中心景观湖公园（一期），项目位于屏南东区生态城一期规划地块内，东临高速收费站，南侧为国宝大道，西临屏古高速路，北临山体。总投资5994.10万元，建筑面积1930平方米，项目规划用地面积75410.60平方米，其中水景面积29735.20平方米。公园划分为综合服务、水景、绿化过渡、滨水观景、花海观赏五大功能区。建设内容包括综合服务楼、公厕、公园道路、广场、景观工程、临水工程、绿化工程、管网工程、照明工程、护岸及配套设施。项目于2019年5月动工建设，2020年5月竣工验收交付使用。

（天宇城投）

住房公积金管理

【概况】 2020年，宁德市住房公积金管理中心屏南办事处（简称公积金屏南办事处）执行、完成宁德市住房公积金管理中心制定的归集、使用计划，编制计划执行情况的报告；具体承办住房公积金政策咨询、缴存、提取和住房公积金贷款、档案管理等相关业务；按规定管理和使用固定资产；负责所在办事处的网络信息安全管理工作；承办市管理中心授权的其他事项。全县发放住房公积金贷款4679.50万元，归集金额3400.25万元。全县271个缴存单位办理基数调整。

【住房公积金归集】 2020年，屏南县建立住房公积金归集单位341个、缴存职工10424人，封存职工1010人。历年累计归集11.32亿元，归集余额5.06亿元；2020年归集1.78亿元，同比增长36.92%，占当年归集计划的148.33%。新增非公企业开户数32个，社区1个，完成年度计划330%。

【住房公积金基数调整】 2020年，屏南县公积金缴存职工基数为职工本人上一年度（2019年7月1日至2020年6月30日）的月平均工资，最高月缴存额限额4978元（单位和个人各2489元），最低月缴存额1420元（单位和个人各710元）。住房公积金基数调整资金得到配套，全县缴存单位271个办理基数调整，归集金额3400.25万元，同比增长103.79%。

【个人住房公积金提取使用】 2020年，屏南县住房公积金提取总额1.02亿元，同比增长22.66%，占当年归集总额的64.61%。其中，购买、建造、翻建、大修自住房提取3158.14万元，同比增长59.88%；偿还购房贷款4435.57万元，同比增加8.44%；房租提取212.95万元，同比增长39.80%；退休、离职等非住房消费提取2349.87万元，同比增长13.91%。历年累计提取6.26亿元。

【个人住房公积金贷款】 2020年，屏南县发放住房公积金贷款4679.50万元，同比减少57.07%，占年度个贷计划的99.56%。发放149户，户数同比减少184户。其中，发放住房公积金购房按揭贷款118户3760.50万元，发放现房抵押贷款31户919万元。历年累计发放贷款7.56亿元，个贷余额3.07亿元，同比减少1.29%。

（马彬彬）

自然资源和生态环境管理

自然资源管理

【概况】 2020年，屏南县自然资源局为县人民政府工作部门，全年确保全县耕地不低于14346.67公顷，基本农田不低于12220公顷；基本完成第三次全国国土调查工作；开展屏南县国土空间规划编制工作；做好要素保障各项工作。打击非法采矿行为，加强地质灾害防御，完成耕地补充41.23公顷，立案查处自然资源违法案件7宗，收储各类用地51.23公顷。

【耕地保护】 2020年，屏南县自然资源局坚守耕地红线，落实耕地保护，实施耕地保护目标考核，强化县乡两级人民政府保护耕地责任，争取全县耕地面积不低于14346.67公顷。落实基本农田保护“五不准”（不准非农建设占用基本农田，法律规定的除外；不准以退耕还林为名违反土地利用总体规划减少基本农田面积；不准占用基本农田进行植树造林，发展林果业；不准在基本农田内挖塘养鱼和进行畜禽养殖，以及其他严重破坏耕作层的生产经营活动；不准占用基本农田进行绿色通道和绿化隔离带建设），争取基本农田保护面积不低于12220公顷。

【国土空间与城乡规划】 2020年，屏南县自然资源局启动屏南县国土空间总体规划编制工作，完成屏南县国土空间总体规划前期资料收集和9个重大专题初稿的草拟；组织指导村庄规划编制，完成长桥镇柏源和屏城乡村头、后井、陆地等12个村庄规划初核及技术论证工作；完成屏南县“多规合一”底图搭建，调入、调出分析，形成统一的屏南县空间利用的“一张蓝图”；完成生态保护红线评估调整，上报调整后面积为47957.96公顷，经自然资源部审核后确定面积为47859.88公顷；管理规划审批，全年核发建设项目用地预审和选址意见书19件，建设工程规划许可证54件，建设工程竣工规划条件核实意见7件，召开方案技术审查会44场。

【建设用地保障】 2020年，屏南县自然资源局服务项目用地，保证项目落地建设，批准建设用地总面积57.70公顷。其中经省人民政府批准农用地转用和土地征收面积57.70公顷。办理土地供地手续29宗71.66公顷，其中，以招拍挂方式出让土地16宗（含划拨转出让4宗，拍卖出让未签合同1宗），出让面积51.24公顷，出让价款59898.07万元；划拨供地13宗，用地面积20.39公顷。办理农村村民建房整体供地2宗，用地面积4.45公顷。临时用地2宗，面积39.42公顷。

【耕地开发土地整理】 2020年，

宁德市级下达屏南县补充耕地任务20公顷（7.80公顷由农业农村部门通过高标准农田建设等项目落实），其中水田10公顷（3.90公顷由农业农村部门通过高标准农田建设等项目落实）。自然资源部门承担补充耕地任务12.20公顷。其中，水田6.10公顷。完成旱地改水田提质改造5公顷。屏南县自然资源局完成补充耕地41.23公顷，其中水田31.43公顷。完成旱地改水田提质改造9.27公顷。

【自然资源执法监察】 2020年，屏南县自然资源局依法立案查处自然资源违法案件7宗，违法用地0.89公顷，涉及拆除违法建筑2150.54平方米，罚款14.08万元；处理信访件11件（不受理9件，受理2件）。

【土地收购储备管理】 2020年，屏南县自然资源局做好土地收购储备工作，全县收储商服、住宅用地约15.96公顷、工业用地约35.25公顷、公共管理与公共服务用地约0.02公顷。

【不动产登记】 2020年，屏南县自然资源局不动产登记中心共办理不动产权证书4771本；出具抵押、预告证明7723份；办结查封、解封登记465件；办结注销登记809件，开具不动产信息查询证明约5800份。将水、电过户纳入原有的不动产登记、房屋交易、税收征缴“一窗受理”业务范畴，减少群众跑腿次数。新冠疫情防控期间，实施“互联网+不动产登记”模式，引导群众预约、网上办理，分流办事群众。开通绿色通道，为有儿童落户上学需求的群众加快审批速度，解决适龄儿童上学落户问题。

【矿产开发与管理】 2020年，屏南县自然资源局编制《屏南县废弃矿山地质环境恢复治理方案》，开展废弃矿山生态恢复治理，监督持证矿山开展地质环境治理恢复。定期组织人员检查辖区内持证矿山3个，规范矿山依法开采，督促履行“边开采、边治理”治理义务。规范矿业权市场管理，开展“打非治违”专项行动，参与检查151人次。打击非法违法采矿，系统显示乡镇巡查签到749次。其中，重点区域巡查366次，一般区域巡查383次，未发现非法违法采矿行为。

【地质灾害防御】 2020年，屏南县自然资源局以政府购买服务形式委托福建省第四地质大队对辖内所有地质灾害隐患点进行汛前巡查，并形成报告，整改隐患点。全县完成古峰镇达顺新村经济适用房旁边坡治理工程和棠口镇上培村张明铨等房后边坡治理工程地质灾害治理项目2个。发放防灾工作明白卡690份、防灾避险明白卡50份，制订应急预案50份。调整充实突发地质灾害应急成员分队，设立标准化地质灾害警示标志牌89个，落实村级地灾点监测人50人、村级防灾责任人50人。与县气象局联合，通过县电视台、手机短信、微信公众号发布地灾气象风险等级预警信息，为地灾防治提供预警预报。

（周 琨）

2020年6月11日，屏南县开展地质灾害群测群防人员业务培训

（林忠灵 摄）

生态环境

【概况】 2020年，宁德市屏南生态环境局（简称屏南生态环境局）下辖宁德市屏南环境监测站、宁德市屏南生态环境保护综合执法大队〔按照《中共宁德市委机构编制委员会关于宁德市环保体制改革编制事项调整的通知》精神，2019年，屏南县环境保护局完成机构改革，正式更名为宁德市屏南生态环境局，属宁德市生态环境局派出机构，正科级〕。年内，屏南县启动生态文明建设示范县创建工作；办结信访件5件、“12369”平台投诉26件、“12345”平台诉求件43件，皆息访息诉；推进空气、土壤、水环境等综合整治。屏南县党政领导生态环境保护目标责任书考核排名山区县前列。

【环境质量】 2020年，屏南县环境质量持续向好，全县空气质量优良天数比例为100%，PM_{10}（可吸入颗粒物）、$PM_{2.5}$（细颗粒物）、SO_2（二氧化硫）、NO_2（二氧化氮）、CO（一氧化碳）平均浓度和臭氧最大8小时平时浓度均值等6项污染物指标均达到国家二级标准，COD（化学需氧量）、氨氮、二氧化硫、氮氧化物4项污染物指标均达到年度减排任务要求。县级以上集中式生活饮用水源地水质达标率保持100%，9个乡镇饮用水水质监测达标率100%，主要流域水质功能达标率100%，主要流域及小流域Ⅰ至Ⅲ类水质比例均达到省定目标要求。屏南县党政领导生态环境保护目标责任书在全市考核中排名居宁德市山区县前列。

【生态保护与建设】 2020年，屏南县持续巩固第一轮、第二轮中央生态环境保护督察反馈问题整改成效。启动生态文明建设示范县创建工作，完成《屏南县国家生态文明建设示范县规划（2020—2025）年》和《屏南县农村生活污水治理规划（2020—2030）》编制。历年累计完成创建“绿盈乡村”119个，占全县行政村总数78.80%，其中，龙潭村入选福建省乡村振兴案例选编并被推广；新田村、小梨洋村入选福建省第一批高级版“绿盈乡村”。全年审批项目90个，备案项目72个。完成全国第二次污染源普查工作。

【环境监察管理】 2020年，坚持服务“六稳六保”（稳就业、稳金融、稳外贸、稳外资、稳投资、稳预期，保居民就业、保基本民生、保市场主体、保粮食能源安全、保产业链供应链稳定、保基层运转），落实环评审批、监督执法两个正面清单，支持企业复工复产。开展“清水蓝天”“突出生态环境问题集中排查”“环境执法大练兵”等专项行动，打击环境违法行为。办结信访件5件、“12369”平台投诉26件、“12345”平台诉求件43件，皆息访息诉。环境监管落实“双随机、一公开”制度，全年未发生环境安全事件。

2020年11月15日，屏南生态环境局开展“保护饮水资源，共建生态文明”志愿服务实践活动　（屏南生态环境局 供）

【空气污染整治】 2020年，屏南县划定高污染燃料禁燃区和高排放非道路移动机械禁用区，制定污染天气应急管控措施，完成大气污染物精准减排项目7个，完成碳排放履约工作。印发实施《屏南县烟花爆竹销售和燃放管理规定》，淘汰燃油公交车，全县新能源公交车比例100%。开展挥发性有机物整治、工业炉窑和燃煤锅炉综合整治工作，开展柴油货车污染治理攻坚战。

2020年11月28日，屏南生态环境局举办“揭开污水处理的秘密”活动现场 （屏南生态环境局 供）

【水环境整治】 2020年，屏南县推进水质不稳定流域整治，下达柏源溪小流域“以奖促治”专项资金966万元，将柏源溪及后墘溪整治工作纳入2020年为民办实事项目。编制县级饮用水源环境状况评估报告和县域水环境承载能力现状评估报告，开展县级水源地和7个乡镇级水源地电子地图边界核定和勘界定标工作。完成城区污水管网新建改造7.02千米。

【土壤污染防治】 2020年，屏南县编制《屏南县耕地土壤质量类别划分技术报告》《屏南县受污染耕地安全利用实施方案》，完成安全利用类耕地160公顷、严格管控类耕地30公顷，受污染耕地安全利用率91%，污染地块安全利用率100%。二级以上医疗机构纳入省固废管理系统监管，实现医疗废物转运、处置信息化管理。开展棠口村、浙洋村2个省控地下水监测点位信息采集和水质监测工作，水质符合要求。盯住定点医院、集中隔离点、污水处理厂等敏感目标，安全规范处置医疗垃圾、污水。

【环境监测】 2020年，屏南县大气环境质量通过空气自动监测站2个24小时自动监测，完成全年大气环境自动监测任务。县级以上城区集中式饮用水源地水质实现24小时在线监测，完成集中式水源地水质全分析工作。

（郑玉平）

商业贸易

商贸流通和成品油经营

【概况】 2020年，屏南县完成社会消费品零售总额38.86亿元，同比增长1.20%，排名全市第三，山区县第二，其中限额以上社会消费品零售总额完成4.51亿元，增幅-3.50%。全年新增入库企业（含大个体）12家。其中，企业3家，大个体9家。

【保供稳价】 2020年，屏南县加强副食品基地建设，全县3家市级以上生猪养殖基地至2020年末存栏生猪39910头，全年出栏75582头，母猪存栏3941头；市级以上肉羊养殖基地1家，年末存栏肉羊1900头，全年出栏900头，母羊存栏1950头；市级蔬菜基地1家，种植面积66.67公顷，上市蔬菜7500吨；市级以上蛋禽养殖基地1家，年末存栏12.60万羽，供应蛋品2170吨。完成政府储备冻猪肉任务15吨。

【成品油经营】 2020年，屏南县有加油站10家，销售汽油14530.29吨，同比增长16.80%；柴油6248.95吨，同比增长18.20%。

（彭维佳）

对外经济贸易

【概况】 2020年，屏南县1—7月外贸进出口17710万元，同比增长-69%，外贸进出口排名山区县靠后。引进外资3425万元，同比增幅22.85%，外企项目招商成效排名山区县第二，全市第三。

【招商引资】 2020年，屏南县签约项目16项，总投资37.40亿元。其中，签约农业、服务业类招商项目8个，投资额22.20亿元；工业产业类招商项目8个，投资额15.20亿元。

（彭维佳）

供销合作

【概况】 2020年，屏南县供销合作社联合社（简称县供销社）以建设社会主义新农村、服务“三农”（农业、农村、农民）为宗旨，推进全县供销社系统“新网工程”建设，发展农民专业合作社，构建现代农业社会化服务体系，服务乡村振兴战略，做好统筹疫情防控和经济社会发展工作，推进综合改革。全年实现商品购进9.25亿元，同比增长28.39%，其中农副产品购进总额2.35亿元。商品销售10.15亿元，同比增长29.57%。其中，农业生产资料销售0.89亿元，日用消费品零售额5.16亿万元，全系统实现

2020 年 6 月 19 日，屏南县供销社与县农村信用合作联社签订战略合作协议　（县供销社 供）

利润 10.50 万元。

【服务“三农”】 2020 年，屏南县供销社发动全系统干部职工捐款捐物支援新冠疫情防控。抓春耕农资供应工作，指导农资企业优化货源结构，组织适销对路农资品种；组织企业开展电话、网络预约等经营创新；协调各方关系，争取农资供应车辆优先上路进村。其间，供应各类化肥 3755 吨。其中，优质肥 1960 吨，小化肥 1795 吨。

【重点项目建设】 2020 年，屏南县供销社加快实体性合作经济组织体系建设，领办农民专业合作社 2 家（全县供销系统历年发展农民专业合作社 41 家，农民专业合作社联合社 4 家）。抓现代农业规模化服务工作，依托社有企业和基层供销社，建设县、镇两级集农资供应、农机服务、信息咨询、技术指导于一体的为农服务综合平台。全县供销社系统内有村级综合服务社 52 个，县、乡级庄稼医院 7 个，农村综合服务中心 1 个，村级供销社 1 个。7 月，草拟《屏南县供销社 2020 年农村综合服务社网点建设计划》，综合服务社 7 个建设进入收尾阶段。发展电子商务，注册成立屏南农友供销电子商务有限公司，推进乡镇农村电商发展，依托县电商企业、物流配送中心，打造县、乡（镇）、村三级电商运营网络；升级改造乡镇电商服务站，发展村级电商服务点，培育农村电子商务创业人员，推进农村电商“一张网”，融入全国供销总社“供销 e 家”电商综合平台。筹建乡镇电商网点、村级网点铺设，为电商平台推广运营打基础。抓金融服务。相继与屏南县信用合作联合、刺桐红村镇银行签订战略合作协议，探索为农民专业合作社提供包括资金担保等方式的金融服务。

【“新网工程”与“惠农工程”】 2020 年，屏南县供销社向省市供销社申请“新网工程”“惠农工程”建设项目补助资金，在县财政的支持下，做好乡镇供销社及经营服务网点的提升改造。使用新网工程专项资金，建设改造棠口村供销服务网点，预计总投资 20 万元；建设综合服务社 7 个，预计投资 5 万元。同岭下乡政府合作，联合建成岭下乡农贸市场。投资 100 万元，用于熙岭供销社农贸市场联建和电子商务运营中心资本金投入。

【供销系统安全维稳】 2020 年，屏南县供销系统组织开展春季、汛前安全生产大检查、“安全生产月”及安全生产对话谈心等活动，县社组织安全检查 5 次，基层单位组织安全自查多次，整改和消除相关安全隐患。通过烟花爆竹仓库标准化建设及零售网络监管，加强从业人员安全知识培训和安全管理，加强烟花爆竹市场管理和安全管理。开展安全生产知识宣传。处理基层社改制遗留问题，掌握事态发展，了解信访当事人诉求，做好政策宣传解释，把矛盾化解在基层。

（周　丽）

粮油贸易

【概况】　2020年，屏南县粮食和物资储备局（简称县粮储局），属县发改局挂牌单位，下属企业有屏南县粮食购销有限责任公司和屏南县粮油工贸总公司。12月，屏南县中心粮食储备库竣工验收。2020年，完成年度储备粮轮换和军粮供应任务，并在新冠肺炎疫情防控期间做好稳供保价工作。

【储备粮管理与轮换】　2020年，屏南县粮储局完成宁德市人民政府下达的县级地方储备粮储备任务，督促储存企业完成储备粮储存、管理任务，完成2020年度储备粮轮换任务。

【粮食质量安全】　2020年，屏南县粮储局扦取市场供应、库存、军供和年度收获的粮油样品48个，送宁德市粮油质量监测站进行检测，质量都符合国家粮油质量标准。没有发现不合格口粮流入市场。

【军粮供应】　2020年，屏南县粮储局落实军粮供应全国统筹政策，开展军粮供应联席会议工作机制和军粮服务进军营工作，完成年度军粮供应工作。

【粮油应急体系】　2020年，屏南县粮储局按照《国家粮食局关于进一步健全和落实应急网点的通知》要求，本着“总体规划、各自投资、平时自营、急时应急”原则，在全县11个乡镇设立粮油应急供应点16个、应急粮食加工点1个，并组织相关人员进行业务培训。

【稳供保价】　2020年年初，屏南县受新冠疫情的影响，粮油供应市场发生哄抢大米现象，为保证市场粮油供应稳定，县粮储系统全体干部职工取消2020年春节假期，沟通、协调县政府和交通局、市场监管局、工信局、防控办等相关部门，为县内粮油应急配送企业和应急大米代储企业从外地调入大米400余吨。同时，加强县级储备粮管理，发布县内粮油供应市场信息，随时做好启动县级储备粮的应急需要，保证疫情防控期间粮油供应稳定。

（陈正森）

烟草专卖

【概况】　2020年，屏南县烟草专卖局、宁德市烟草公司屏南分公司（简称县烟草专卖局）负责全县烟草市场专卖管理和卷烟经营业务，全年销售卷烟6738.80箱，实现税利4820万元，同比增加194万元，增长4.20%。专卖部门获省级“工人先锋号”称号。

【烟草综合业务】　2020年，屏南县卷烟零售客户1000户。其中，城关417户，农村853户。配备客户经理5人、内勤1人，送货员4人，设置送货线路10条，专卖管理员3人，稽查员2人。客户经理“大走访”覆盖100%，管理层走访覆盖所有乡镇和70个行政村。推进文明吸烟环境建设，累计在全县人流密集区域安放烟蒂收集器108个，在白水洋景区建设室外吸烟亭1个。

【专卖管理】　2020年，屏南县烟草专卖局加强专卖管理工作，坚持日常监督与突击检查相结合净化市场。全年查处案件71起，案值24.80万元，查获卷烟23.32件；万元案件7起；物流寄递环节案件20起。开展卷烟防制假扩散宣传4次，分发宣传材料300余份。

【文明创建】　2020年，屏南县烟草专卖局推进文明创建工作，做好精准扶贫挂钩帮扶工作，深化“金叶映党旗·岗位当先锋”党建品牌创建，做好“金叶服务”，开展志愿服务10次，对外捐赠7笔5.34万元。县烟草专卖局获“屏南县平安单位”“屏南县五四红旗团支部”称号，连续四届被授予“省级文明单位”称号。

（郭　忠）

特色产品

【屏南岩茶】　屏南岩茶是乌龙茶类，属半发酵茶，系选用屏南当地原生群体种（俗称菜茶）、肉桂、水仙和矮脚乌龙等品种制作而成。

屏南县介于北纬26°44′—27°10′和东经118°41′—119°13′之间，具有明显的高山和亚热带季风气候特点，四季分明，冬无严寒，夏无酷暑，昼夜温差大；气候温和湿润，年平均气温13—18℃，年平均日照约1457.10小时；常年云雾缭绕，年平均雾日80余天；境内雨量充沛，大多数年份平均降雨日200多天，年平均相对湿度80%。土壤主要以红黄壤为主，疏松肥沃，有机质含量丰富，pH值在4.5—5.3之间，属酸性土壤。屏南气候土壤最适宜屏南岩茶茶树生长，全县各乡镇都有种植生产屏南岩茶。

屏南岩茶生产历史悠久。清乾隆五年（1740年）版《屏南县志·物产》记载：“茶之属，各山皆有，或似武夷，或似松萝，惟产于岩头云雾中者佳。”说明屏南在清代就制作岩茶。屏南岩茶在谷雨节气后采摘，产量逐年增加，年产量300余吨。屏南岩茶香气馥郁，胜似花香而深沉持久。滋味浓醇爽口，生津回甘，虽浓饮而不见苦涩。屏南岩茶含有人体必需的维生素、肌醇、多种氨基酸和多种矿物质等，可以补充很多营养物质。有清凉解毒、消减疲劳、消炎杀菌、抑制病毒、抗辐射等功效。经常喝屏南岩茶可以提高免疫力、提高抗病性、抗衰老、防治心血管病降脂抗血栓、利尿促排泄、保护肠胃、护齿健齿、防止眼病、减肥等作用。屏南岩茶基本工艺过程是晒青、晾青、摇青、杀青、揉捻、干燥。

屏南岩茶因得天独厚的高山生态环境而形成独特的高山韵味。当地原生群体种（俗称菜茶）制成的成品岩茶香气浓郁幽长，滋味浓厚甘鲜。成品茶外形紧结匀整，色泽铁青，较油润，有天然花香。茶汤细而含蓄，滋味醇厚甘爽，喉韵较显。肉桂制成的成品岩茶除了具有岩茶的滋味特色外，更以其香气辛锐持久的高品种香备受人们的喜爱。肉桂的桂皮香明显，佳者带乳味，香气久泡犹存，冲泡六七次仍有余香，入口醇厚回甘，咽后齿颊留香，汤色橙黄清澈，叶底黄亮，呈绿叶红镶边状；条索匀整，紧结卷曲，色泽褐绿，油润有光。水仙茶种制作岩茶做青阶段与一般乌龙茶基本相似，制成的成品岩茶条索紧结沉重，叶端扭曲，色泽油润暗沙绿，呈“蜻蜓头，青蛙腿”状，香气浓郁，具兰花清香，滋味醇厚回甘，汤色清澈橙黄，叶底厚软黄亮，叶缘朱砂红边或红点，即“三红七青”。

（王振丰）

【屏南白茶】　屏南白茶属微发酵茶类白茶。屏南县位于福建省东北部，受东南季风和屏南山地地形的影响，具有明显的高山气候特点及亚热带季风气候特点，气候温和湿润，雨量充沛，常年云雾缭绕。土壤疏松肥沃，有机

2020年，屏南县路下乡九仙山茶园　　（路下乡　供）

质含量丰富，为酸性土壤，适合屏南白茶生长，全县各乡镇都有种植生产屏南白茶。

屏南白茶选用当地原生群体种（俗称菜茶）、“梅占”“大白”等为原料制作而成。菜茶由当地野生茶有性繁殖演变而来，其品种仍然保持用茶籽播种的有性繁殖，是有性系群体种，茶树活力强；茶树个体间性状差异较大，在成分组成上有着互补性。菜茶茶树品种的多样性和复合型鲜叶原料组合，造就了其品质内容十分丰富，更加富有层次感。具有外形芽毫完整，毫香清鲜，汤色杏黄清澈明亮，滋味清甜爽口耐冲泡的品质特点。大白制成的白茶芽更壮毫显，香味更鲜更醇，外形全芽披毫、肥嫩、色泽微白，汤色浅亮清澈，毫香显，滋味鲜醇、清甜鲜爽、具有豆浆韵，叶底匀亮、色绿带黄脉。2020年8月，根据《中国茶叶学会茶叶品质评价办法》及国家标准（GB/T 23776—2018）茶叶感官审评办法，专家评价屏南白茶工艺精湛，品质优异，特色突出，达到五星名茶品质标准。

屏南白茶在清明节气前后采摘，年产量400余吨。根据采摘芽叶的不同，白茶可分为白毫银针、白牡丹、贡眉、寿眉。白毫银针鲜叶采摘标准为单芽，白牡丹鲜叶采摘标准为一芽一、二叶。白茶制作基本工艺流程是：鲜叶→萎凋→烘焙→毛茶→拣别→复焙→成品茶。屏南白茶成品具有外形芽毫完整、毫香清鲜、汤色杏黄清澈明亮，滋味清甜爽口和耐冲泡等品质特点。屏南白茶除具有其他茶类具有的功效外，其黄酮、氨基酸含量平均值高于其他茶类，更有清热祛火和保健的功效。

（王振丰）

【屏南蛋茶】 屏南蛋茶是独具屏南地方特色冲泡而成的茶水，品质十分优良，富有层次感，香气馥郁，深沉持久，滋味浓醇，生津回甘，香远悠长，虽浓饮而不见苦涩。屏南蛋茶冲泡历史久远，并由屏南县逐步流传到周边各县。

屏南蛋茶选用在谷雨节前后所采摘的屏南原生群体种（俗称菜茶）冲泡。菜茶叶含有茶多酚、茶氨酸等多种调节人体机能的成分和人体必需的多种维生素，富含多种矿物质和微量元素，钾、锌、硒的含量较多，具有提高免疫力、抗衰老、保健、减肥和美容等作用。屏南蛋茶用料的茶叶在谷雨节气前后采摘冲泡，辖区内年产量600余吨。冲泡屏南蛋茶时，把茶先投入水中煮，然后选择新鲜的鸡蛋，把蛋洗净在碗沿轻轻一磕，蛋清蛋黄放入碗里，而后用筷子划开蛋黄轻轻捣碎，越细致越均匀越好，接着把捣好的蛋液连碗放在热水上温热，等茶水煮开，趁热均匀浇在捣好的蛋上，用筷子轻轻搅动让蛋花均匀受热，放入适量的冰糖即可。泡好的蛋茶闻起来有茶的浓香和蛋的清香。以茶入蛋，作为民间小食飘香闾里巷中，用来迎宾待客，备受青睐，蕴含着浓郁的屏南特色茶文化。屏南蛋茶表示一种礼数、一种隆重、一份关爱。来客人，主人泡碗蛋茶热情接待；办喜事，主人泡碗蛋茶敬客人；干重活，主人泡碗蛋茶补充营养。

（县茶艺协会）

2020年，屏南蛋茶　（县茶艺协会 供）

【屏南菊花】　屏南先民善用各种中草药，各家各户房前屋后均有种植，屏南菊花作为清肝、降火、明目的传统中药材，更是被广泛种植。随着屏南县政府对花卉产业的扶持力度加大，种植面积逐渐扩大。2020年年底，屏南菊花种植面积37公顷，在古峰、棠口、双溪、岭下、长桥、熙岭、代溪、路下等乡镇均有分布。种植品种主要有小百菊、皇菊和甜叶菊等。甜叶菊有明显的降血压和降血糖的功效，皇菊有增强人体免疫力的功效，增强体质，对易得流感、鼻炎人群效果明显。屏南先民将这两种菊花按一定的比例烹煮或炮制成茶品，用于日常饮用或接待客人。还有的将皇菊和甜叶菊作为原料，酿菊花酒、做菊花粿、做菊花饼等。屏南平均海拔800余米，属亚热带海洋性季风气候，冬无严寒，夏无酷暑，年平均气温13—18℃，具有明显的高山气候。据检测，屏南菊花相比于低海拔平原地区的菊花在氨基酸含量和黄酮素含量上均高出不少，汤色浓、香味足、耐泡、口感好。屏南种植的切花小菊花瓣厚、花色艳、花期长，广受消费者喜欢，是县政府重点扶持的高山花卉品种之一。经过多年的发展，屏南建立多个育苗、种植、深加工和销售一条龙的菊花种植基地，同时与南京农业大学、福建省农科院、福建农林大学等科研院校对接合作，培育高品质的抗病菊新品种。

（县花卉协会）

【屏南山苍子】　屏南山苍子中药名荜澄茄，学名山鸡椒，又名山姜子、木香子、木姜子。樟科、属落叶灌木或小乔木。

屏南县位于福建省东北部，属亚热带海洋性季风气候，平均海拔830米，冬无严寒，夏无酷暑，降水量充沛。独特的气候条件使得屏南山苍子不仅香气足，而且柠檬醛含量高达82.3%。屏南山苍子幼树树皮黄绿色，光滑，老树树皮灰褐色。山苍子为中国特有的香料植物资源之一，被国家林草局列入中国主要的林业生物质能源树种、二十大经济林树种之一。山苍子的果实、花、叶、木材及根均有用途，其中主要利用价值是果皮中含有芳香油，俗称“山苍子油”。屏南苍山子药用价值颇高，祛风散寒、活血理气、杀虫解毒，可治疗胃及十二指肠溃疡、胃肠炎、中暑腹痛、感冒、急性乳腺炎、疥疮、皮肤瘙痒、风湿骨痛、四肢麻木、腰腿痛、跌打损伤、肋间神经痛、胸痛等并能预防蚊虫叮咬。

屏南县政府与福建省中医药科学院签订战略合作协议，加强山苍子在医药领域的应用，加快发展民族药业。福建澄新生物科技有限公司等企业应用中国林业科学院亚热带林业研究所优良家系选育技术，建设宁德市屏南县澄新山苍子林下经济示范基地，成功申报国家林下经济示范基地。2000年，屏南县寿山乡、屏城乡、甘棠乡均建有种植基地，面积200余公顷。在双溪镇流转土地100余公顷建设山苍子高效丰产栽培示范基地。福建澄新生物科技有限公司研发生产出山苍子深度应用衍生产品——“澄新博士”牌洗发水、沐浴乳、护发素、洗手液等居家用品，同时还开发了具有提神、消炎、抑菌、驱蚊的山苍子防护油，深受大众喜爱。

（澄新山苍子志愿者服务队）

财政 税务

财 政

【概况】 2020年，屏南县一般公共预算收入6.67亿元，比上年下降8.67%，其中地方一般公共预算收入3.94亿元，比上年下降8.92%。一般公共预算支出20.10亿元，比上年下降6.11%。

【助力乡村振兴】 2020年，屏南县落实强农惠农政策。农林水支出4.45亿元，主要用于深入实施“三农”发展大规划，落实农业支持保护补贴1570万元，兑现政策性农业保险保费补贴178.41万元，支持粮食生产、畜牧等主导产业发展；安排水利资金5197.92万元，支持“五小水利”（小水窖、小水池、小泵站、小塘坝、小水渠）、农村饮水安全工程等项目；投入财政扶贫资金6350.08万元，用于巩固脱贫攻坚工作；实施“一事一议”财政奖补工程建设1012.50万元；用于“十镇百村”建设800万元，历史文化名村保护600万元；美丽乡村建设260万元，乡村振兴资金1600万元。

【发展社会事业】 2020年，屏南县财政支持教育事业优先发展，全县教育事业支出4.42亿元，落实教育优先发展战略地位和贯彻国家教育发展决策所制定的配套设施措施，推进“全面改薄”（全面改善贫困地区义务教育薄弱学校基本办学条件，即义务教育全面改薄工程）、校舍长效机制、国宝小学、公办幼儿园等建设项目；推进智能化校园、“两香”（墨香、书香）校园建设，提高教育公共服务能力；推进城乡义务教育均衡发展，加强基础教育内涵建设提升，建设名师名校长工作室，推广家庭教育，落实各项教育补助、学生资助、学生营养改善工程等。提高城乡社会保障水平。全县社会保障和就业支出2.62亿元，主要用于落实各项社会保险缴费政策，实现城乡居民养老保险制度并轨，推进机关事业单位养老保险改革；实施保障性住房、农村危房改造等项目；提高城乡低保、孤儿生活费、重点优抚对象等困难人群补助标准。提高医疗卫生保障水平，全县卫生健康支出1.43亿元，主要用于推进医改工作，加快基本医疗保障体系和基层医疗卫生体系建设。促进文化事业发展，全县文化旅游体育与传媒支出3311万元，主要用于完善公共文化设施，推进体育中心项目建设，创建全域旅游示范区，引进影视产业，深化文创推进乡村振兴；实施文化资源共享，农村“2131”电影放映工程，广播电视“村村通”等公共服务工程；支持传统文化传承保护，文物保护，非物质文化遗产保护；支持开展全民健身，推进群众体育发展。

【财政管理】 2020年，屏南县财政清理整合各类财政资金，收回盘活存量资金1.26亿元，主要用于补短板、惠民生等项目建设。持续推进全面预算绩效管理工作，建立健全预算绩效监管体系，坚持“花钱必问效，无效必问责”原则，提高财政资金使用效益。加强财政投资评审，收到预算送审项目36个，审核并出具财政批复项目32个，预算出具批复项目的送审工程造价约8.96亿元，净审减金额约1.56亿元，净审减率17.45%；收到结算送审项目17个，出具审核结论37个，结算出具报告项目的送审金额约3.80亿元，净审减约2500万元，净审减率6.59%。开展会计信息质量检查及“1+X”专项督查，完成2家单位的会计信息质量检查工作，查出财政其他违规问题金额0.43万元，依法依规责令被检查单位整改，追缴财政资金0.43万元。完成30家单位的“1+X”专项督查，查出财政其他违规问题金额19.67万元，依法依规责令被检查单位整改。其中，追缴财政资金0.45万元，补齐报销手续17.89万元，线索移送纪委1.33万元。规范政府采购行为，加强对政府采购的监督，推行政府采购资金国库直接支付，凡是使用财政性资金及需财政性资金配合的项目，都必须对照政府集中采购目录，科学编制单位年度政府采购计划和预算，报给同级财政部门审核并经县政府同意、人大常委会审议批准后按照批准的计划和预算执行，不得组织实施无政府采购预算的采购活动。全县政府采购预算总金额9668.36万元，实际政府采购总额9245.60万元，节约资金422.76万元，节约率4.37%。

（江海欣）

2020年8月，屏南县财政局举办中华人民共和国政府采购法培训班 （县财政局 供）

税 务

【概况】 2020年，国家税务总局屏南县税务局（简称县税务局）组织入库全口径税收收入5.05亿元，同比减收2714万元，下降5.10%。完成减税降费6846.20万元，实现业务事项精减50%，完成数据清理6000余条。

【税收收入】 2020年，屏南县税务局组织入库财政总收入口径的税性收入4.76亿元，同比减收3710万元，下降7.20%，完成县政府下达预算收入计划的100.60%；组织入库县级财政收入口径的税收收入2.64亿元，同比减收1334万元，下降4.80%，完成县政府下达预算收入计划的102.60%。

【社保非税收入】 2020年，屏南县税务局征收社保非税收入2.54亿元。其中，城镇职工基本养老保险3669万元，失业保险费116万元，职工基本医疗保险6181万元，机关单位养老保险8090万元，城乡居民基本养老保险1094万元，城乡居民基本医疗保险3390万元，残疾人就业保障金177万元，工会经费136万元，其他2.28万元。

【减税降费】 2020年，屏南县税务局实现减税降费总额

6846.20万元，其中税收减免4066.66万元，全县纳税人应享尽享受惠面100%。全县享受阶段性减免增值税小规模纳税人优惠政策180户，免征增值税额187.34万元，提高增值税小规模纳税人免税标准政策享受优惠政策户数486户，免征增值税额548.28万元；延续实施普惠金融有关税收优惠政策享受优惠政策户数2户，减免增值税265.18万元。

【税收法治】 2020年，屏南县税务局在行政执法信息公示平台公示准予行政许可信息194条，行政处罚信息216条，执法人员信息78条。核查疑点数据36条，风险处置涉及税款2.80万元，在内控系统录入风险点13个、防控措施13条。

【纳税服务】 2020年，屏南县税务局实现业务事项精简50%，报送资料精简48%，纸质表证单书精简幅度26%，办税时间整体减少30%，实现纳税时间压缩至130小时以内，年纳税次数不超过6次的目标。自助终端办理涉税业务1.30万余次，邮政网上申领寄递发票2421户次，寄递发票7.50万份，微电子税务局总访问量129.34万户次。其中，申报缴税56.58万户次，发票使用16.12万户次。屏南县税务局举办纳税人“云学堂”3期，开展各类税法宣传进基层50余次。

2020年7月，屏南县税务局干部到企业开展纳税服务

（县税务局 供）

【税收征管】 2020年，屏南县税务局按上级局布置做好开展5C质量评价指标清理，根据5C质量指标中的未办理税费种认定户数占正常户比例、新增欠税余额占比、非正常户法人担任“五类人员”（个人独资企业的投资者；合伙制的律师事务所、注册会计师事务所、注册税务师事务所、咨询公司等中介机构的合伙人；规模较大、效益较好的个体工商户业主；股份制企业的大股东；演艺人员以及其他较高收入的自由职业者）户数占比3个时点指标进行清理，全年完成数据清理6000余条，数据清理完成率100%，补录管户信息6000余条。

（巩巧萍）

金 融

金融管理

【概况】 2020年，中国人民银行屏南县支行（简称人行屏南支行）发挥中央银行的组织、协调、督促等管理职能，引导县辖各金融机构贯彻落实稳健的货币政策，维护辖区金融稳定，提升金融服务水平，促进地方经济发展。2020年，全县金融运行平稳，没有发生风险和事故。年底，全县金融机构本外币各项存款余额83.67亿元，比年初增4.80亿元，增幅6.17%；金融机构本外币各项贷款余额83.67亿元，比年初增2.72亿元，增幅3.36%。

【货币信贷】 2020年，人行屏南支行通过召开经济金融运行情况分析会、行长联席会、走访金融机构和相关企业等措施，向政府相关部门、企业、金融机构介绍金融形势和宣传相关金融政策。贯彻落实宏观审慎评估体系，加强存款准备金管理和利率管理，引导金融机构落实稳健的货币政策，加大对实体经济的信贷扶持力度，做好疫情防控、复工复产、“六稳六保”等辖内重点领域和关键环节的信贷支持，保持辖内货币信贷合理增长。至12月底，全县金融机构本外币各项存款余额83.67亿元，比年初增4.80亿元，增幅6.17%；金融机构本外币各项贷款余额83.67亿元，比年初增2.72亿元，增幅3.36%。

【金融稳企业保就业】 2020年，人行屏南支行做好金融稳企业保就业工作。

用好用足货币政策工具。印发《关于金融支持打赢新型冠状病毒感染肺炎疫情防控阻击战的贯彻意见》，成立金融支持稳企业保就业工作领导小组，出台《推动落实金融支持稳企业保就业工作专项行动计划》，召开落实稳企业保就业政策工作会议，组织法人机构学习领会政策意图，加强工作督导，加大再贷款、再贴现和普惠小微企业贷款延期支持、信用贷款支持计划等直达实体经济的货币政策工具的应用，要求金融机构落实“应延尽延”政策要求，加大信用贷款投放力度，降低小微企业融资成本。全年向信用社、村镇银行净发放再贷款12850万元。

为企业注入流动性资金。指导银行业金融机构通过借新还旧、无还本续贷、展期等方式，减轻小微企业转贷款资金压力。通过利率优惠，压降企业融资成本。通过“无间贷”等无还本续贷产品转贷，降低企业融资成本。推动县辖银行业金融机构对符合普惠政策的小微企业实行优惠利率。至年底，新增贷款（含个体工商户和小微企业主贷款）5.59亿元，转贷、无还本续贷3.63亿元。向受新冠疫情影响到期贷款资金周转有困难的企业和个人办理展期贷款13笔共591.02万元。发放优惠利率的小微企业贷款 1200 笔，优惠贷款金额 3.05 亿元。

引导银企精准对接。全年组织辖内县银行、企业参加市政府召开的“稳企业保就业”政银企对接电视电话会议 4 次，现场签约 4.94 亿元；推进服务乡村振兴战略合作整村授信 7 个，金额 3.26 亿元。推动“税务贷”落地，全年授信 956 万元。推广“信易贷”产品，引导中小企业在“全国中小企业融资综合信用服务平台宁德站”上注册数 283 家，成功授信 32 笔，授信 1.49 亿元。

【“普惠金融改革试验区”创建】 2020 年，人行屏南支行推进“普惠金融改革试验区”创建工作。

对接宁德市“普惠金融改革试验区”创建工作，完善工作配套。成立以县委书记为组长的屏南县普惠金融改革试验区工作领导小组，制定《屏南县 2020 年国家级普惠金融改革试验区工作要点及责任分工》，设立“普惠金融服务中心”，推进“一中心五平台建设”（综合服务组、数字普惠组、普惠信贷组、普惠保险组、普惠普法组）。普惠金融服务中心为客户 171 人推介贷款 2417.10 万元；处理投诉 8 笔，接受客户业务咨询和金融知识宣传 800 余人次。

发挥保险保障作用，助力产业发展。联合银保监等相关部门组织人员多次走访保险公司，探讨推动辖内生猪、高山蔬菜、高山花卉、葡萄等特色农业保险发展思路，推动“三农”综合保险增长。疫情防控期间，县财险公司向县内从事养蛇的精准扶贫户余某恩发放福建首份扑杀野生动物养殖理赔款 30 万元（全省首份扑杀野生动物养殖理赔款）。推出“防贫保”产品，保险覆盖约 5000 人，“防贫保”产品涵盖医疗补偿保险和收入补偿保险，其中“收入补偿保险”责任为全国首创试点。

推进普惠金融信用创建。以普惠金融服务农村经济主体为切入点，持续推进普惠金融信用创建工作，人行屏南支行联合县扶贫办开展建档立卡贫困户信用修复工作，发挥“信息+信用+信贷”正向激励作用。至年底，建档立卡贫困户信用修复 12 户，获得贷款 51 万元。持续推进普惠金融信用村、信用乡镇创建工作，全年创建里高溪、下牛山等信用村 12 个，引导涉农金融机构加大对普惠金融信用村信贷投放力度，督促法人金融机构 2 家落实再贷款、两项创新工具等优惠政策。探索开展普惠金融信用企业创建工作，对信用企业 6 家信贷支持 3072 万元。

普及金融知识。在厦地打造首个县域“普惠金融乡村教育基地”，将宣传阵地从城关延伸到山区、农村等金融知识普及薄弱地区。组建屏南县金融宣讲团，整合屏南县金融系统志愿者，将全县 152 个行政村纳入金融网格服务。创新宣传手段，实施金融知识“云”宣传。推出“屏南县金融服务指南二维码”，在全景屏南微信公众号设立“普惠金融”专栏，介绍央行金融政策、县辖金融机构各类惠农信贷产品。联合县委宣传部、县总工会举办全市首场“金融消费权益知识竞

2020 年 9 月 3 日，屏南县举办金融消费权益知识竞赛

（王小炜 摄）

赛”，并通过微信平台进行网络直播，在线直播期间，观看3.49万人次。针对“外籍媳妇”人群和农村老年人口，分别打造播出越南语版和屏南方言版《新版人民币解读》宣传视频。

【金融稳定】 2020年，人行屏南支行持续关注信贷风险，配合县金融办，推动法院涉金融案件“快审、快判、快执”，加大法院涉诉金融借款案件联动执行力度。强化预警监测和风险提示，关注县域重点风险企业“福建省（屏南）榕屏化工有限公司”，报告其信贷风险变化情况，协调各方做好风险防控和不良处置工作。年底，全县银行业金融机构人民币不良贷款余额3.25亿元，不良贷款率3.30%。处置可能影响金融稳定事件。关注辖区经济和金融出现的新热点、新问题，处置因疫情影响保安公司申请暂停现钞押运服务的紧急事件，保障疫情防控期间全县现金供应。关注疫情防控期间可能风险领域，推动县政府召开金融风险分析会1次。关注地方法人金融机构风险，召开专题见面会2次。开展“扫黑除恶”专项斗争。开展摸排工作，在做好内部员工及其家属管理，防止内部风险的同时，强化金融监测，部署辖区各金融机构做好反洗钱资金监测，深挖涉黑涉恶洗钱线索，配合县扫黑办、金融办、公检法等成员单位，履行行业主管责任。

【金融服务】 2020年，人行屏南支行强化人民币流通管理。督促辖内金融机构严格落实流通环节全面消毒，严格实行“收支两线”，确保群众疫情防控期间用上“放心钱”。推进现金服务示范区建设，确保2020年版第五套人民币5元纸币发行平稳有序，组织开展宣传，优化现金流通环境。收缴假币959张金额76175元。整顿非法使用人民币图样行为，开出全省首张罚单。

2020年5月15日，人行屏南支行联合县公安局在城区祭祀用品店开展非法使用人民币图样整治活动　　（王小炜　摄）

【反洗钱】 2020年，人行屏南支行推进反洗钱工作，推动洗钱案判决2起，立案2起，是全省2020年最早宣判洗钱罪的县（市、区）和宁德市宣判洗钱案最多的县（市、区）。

【银行账户管理】 2020年，人行屏南支行推动银行业金融机构开展企业银行账户及个人银行账户排查工作，向公安机关报送可疑账户信息279户。强化监督问责，约谈账户排查工作不到位的银行业4家金融机构的高管，送达提示函3份。

【国库服务】 2020年，人行屏南支行提升国库水平，开辟疫情拨付“绿色通道”，做好防控资金拨付和减税降费工作。提高财税资金周转使用效率，支持地方经济和社会发展，完成中央级收入20367万元，省级收入7180万元，县级收入137356万元，库款支拨396572万元。

【外汇管理和服务】 2020年，人行屏南支行履行外汇管理和服务职责。新冠疫情防控期间，坚持“急事急办、马上就办”紧急办理重点疫情物资保障榕屏化工有限公司大额外债展期申请，缓释该企业流动性风险。该服务案例被省外管局《助力实现疫情防控和复工复产“双胜利”》报道采用，2月26日，刊登于《今日头条》的“人民日报数字福建”栏目。

【金融调研】 2020年，人行屏南支行在做好调查统计日常工作的同时，结合经济金融热点和难点，到基层开展调查研究，发挥调查统计监测功能，为地方政府和上级部门决策服务。多篇调研文章被《宁德金融调研报告》《福建金融调研与分析》和《三都港论丛》等刊物采用。参与编译的多篇信息被人行福州中心支行《福建金融专报件》和省政府《政讯专报》采用。其中，7篇被总行《动态信息》采用，2篇被国办《动态・总行》采用，1篇被中办《动态・总行》采用。

（李家云）

银行保险监管

【概况】 2020年底，屏南县银行业机构7家，各项存款余额83.67亿元，比年初增加4.80亿元，增长6.17%；各项贷款余额83.67亿元，比年初增加2.72亿元，增长3.36%；不良贷款余额3.25亿元，比年初增加2.26亿元；不良贷款率3.88%，比年初上升2.66%。保险机构8家。其中，支公司4家，营销部4家，保险从业人员581人，正式员工51人，营销员工530人（比上年末减少410人）。全年实现寿险保费收入8928.17万元，比2019年同期增加286.83万元；财险保费收入5854.76万元，比2019年同期增加855.41万元。

【风险管控】 2020年，中国银行保险监督管理委员会宁德监管分局屏南监管组成立（简称银保监管组）督促银行业机构贯彻宁德监管分局、屏南县政府金融风险防范工作会议精神，强化不良贷款处置措施，落实不良贷款防控责任。突出建行不良贷款防控。至2020年末，建行屏南支行不良贷款余额4810.77万元，不良贷款率5.84%，占全县不良贷款比例48.60%。将建行屏南支行列入监管重点，通过定期走访，了解经营情况，向政府有关部门呼吁，传达监管政策，督促强化不良贷款处置。紧盯屏南县榕屏化工厂信贷风险。至3月底，该公司在屏南县境内银行机构贷款余额24812.59万元。其中，建行13186万元，中行11626.59万元。4月30日，该公司因厂区存在重大安全隐患问题被屏南县应急局责令停厂。屏南银保监管组到银行机构了解屏南县榕屏化工厂经营情况和信贷风险情况，指导风险化解工作。

【农村中小金融机构风险监管】 2020年，屏南银保监管组除借助报表系统监测分析辖内法人机构2个外，还通过走访座谈，列席会议，召开审慎监管会谈等形式，了解和掌握屏南信用联社、屏南刺桐红村镇银行运行情况及存在问题，参加两家机构金融运行情况分析会，下发年度监管意见书，开展年度风险监管评级、风险评估、年度高管人员履职评价等工作。召开屏南信用联社、屏南刺桐红村镇银行审慎监管会谈各2次，分别向两家机构提出多条监管意见或建议。按照有关文件精神要求，对屏南信用联社、屏南刺桐红村镇银行“合规审慎文化”建设、金融乱象整治等工作进行督查督导。

【银行业机构督促】 2020年，屏南银保监管组督促辖内银行业机构做好普惠金融工作，引导银行业机构加大对小微企业和“三农”信贷支持力度，落实扶持小微企业发展政策措施，与县政府重点扶持小微企业的对接，加大小企业信贷投入，促进银行与企业相互对接，解决企业融资难、融资贵问题。推进金融精准扶贫工作，督促各银行业机构落实精准扶贫、精准脱贫相关政策措施，改进扶贫金融服务，推进扶贫小额信贷。开展市场乱象整治工作，推进“合规审慎文化”建设。

【保险业监管】 2020年，屏南

2020 年 9 月 9 日，屏南县银行保险业机构召开扫黑除恶专项斗争推进会　　（银保监管组 供）

银保监管组强化保险业监管。走访人保财险、人保寿险等县域保险公司 8 家，传达 2020 年宁德银行业保险业监督管理工作会议精神，了解企业经营情况和疫情防控情况。对拟任泰康人寿支公司经理人选进行任职资格考察谈话，对平安财险屏南营销部营业场所的搬迁进行初审；参加 2020 年警保合作农村交通安全劝导站建设协调会，指导财险公司开展农村交通安全劝导站建设。

【金融市场监管】　2020 年，屏南银保监管组开展非法集资打击和电信网络诈骗违法犯罪行为治理。根据屏南县打击和处置非法集资领导小组办公室转发省、市处非办《关于印发福建省非法集资监测预警工作暂行办法》的通知要求，做好非法集资监测预警，按时向县金防办报送非法集资行政案件处置情况统计表、涉嫌非法集资案件分行业监测情况统计表、新发非法集资行政案件统计表。开展银行保险机构扫黑除恶专项斗争。根据宁德监管分局《扫黑除恶专项整治行动工作方案》和屏南县委《关于推进“套路贷”等涉恶犯罪综合整治的监察建议》，联合人行召开银行保险业机构扫黑除恶专项会议，部署相关工作，通过监管、走访等方式，对辖内银行机构 7 家和保险机构 8 家的宣传情况和线索排查情况进行督查督导。

（县银保监管组）

农业银行屏南县支行

【概况】　中国农业银行股份有限公司屏南县支行（简称农行屏南县支行）位于古峰镇公园路 36 号，内设综合管理部、客户部，下辖支行营业部和屏南白水洋支行网点，各附设有行式自助银行 1 个。支行党委下属综合管理部、客户部、营业部、白水洋支行和离退休支部等 5 个。年末，本外币各项存款余额 9.61 亿元，各项贷款余额 19.71 亿元。8 月 28 日，农行宁德分行与屏南县人民政府签订全面战略合作协议。

【主要经济指标】　2020 年，农行屏南县支行本外币各项存款余额 9.61 亿元。其中，对公存款余额 3.17 亿元；个人存款余额 6.44 亿元，比上年增 6499 万元。各项贷款余额 19.71 亿元，比上年增加 3.47 亿元。其中，公司类贷款余额 5.25 亿元，比年初增 1.53 亿元；个人贷款余额 14.46 亿元，比年初增加 1.94 亿元。全年实现中间业务收入 845 万元，拨备前利润 5242 万元，拨备后利润 5432 万元。

【信贷风险管控】　2020 年，农行屏南县支行不良贷款余额比年初减少 205 万元，不良率下降 0.24%，连续五年实现不良贷款余额、不良率“双下降”。

【普惠金融】　2020 年年末，农行屏南县支行涉农贷款余额 13.66 亿元，比上年增加 1.48 亿元。普惠贷款余额（银保监口径）比年初增加2319万元，其中普惠小微企业法人贷款增量192万元；普惠型个人贷款增量1445万元；普惠型农户贷款增量682万元。探索深化老区金融服务、金融助力乡村振兴新路子，落实省分行“一县一快农贷款、一特色产业一快农贷”政策，推动“快农贷”扩大产业、区域、客户、模式4个覆盖面。先后推广上线食用菌、屏南高山蔬菜、屏南水果3个特色产业“快农贷”模式。年末“快农贷”贷款户数1700户，贷款金额1.60亿元，覆盖全县11个乡镇主要行政村。

【生猪养殖贷款】 2020年，农行屏南县支行响应政府和监管部门要求，支持生猪产业发展，对生猪养殖法人客户和农户养殖户发放贷款3260万元，支持当地生猪市场稳产保供。

（农行屏南支行）

工商银行屏南支行

【概况】 2020年，中国工商银行股份有限公司屏南支行（简称工行屏南支行），位于屏南县公园路66号。年底，各项存款余额7.65亿元，比年初增加1.39亿元；各项贷款余额13.89亿元，比年初增加3.13亿元。获2020年度全县外汇考评B+级、屏南县金融消费权益保护知识竞赛一等奖、宁德分行网点突破奖。

【主要经济指标】 2020年年底，工行屏南支行各项存款余额7.65亿元，比年初增加1.39亿元；各项贷款余额13.89亿元，比年初增加3.13亿元；不良贷款余额42万元，比年初减少304万元，不良率0.03%，比年初下降0.29个百分点；中间业务收入837万元，比上年同期增收237万元。全年实现拨备前利润3357万元，较上年增长25.42%，拨备后利润3341万元，较上年增长144.06%；净利润2511万元，较上年增长83.44%。

【特色服务】 2020年，工行屏南支行按照三年振兴发展规划的总体战略部署，以改进金融服务与加快创新为手段，强化党建，合规文化建设，支持新冠疫情防控、复工复产及普惠金融重点工作。为受新冠疫情的困难重点企业办理还款计划调整，帮助其渡过难关，加速复工复产；推广产品创新加线上经营快贷，帮助小微企业渡难关。投放普惠口径融资3394万元，余额4558万元，较年初增长2919万元，增幅178%；新增小企业授信客户15家，授信总额5700万元；投放经营性信用贷款915万元，涉及客户12家，余额较年初增长735万元，增幅508%；投放抒困贷款580万元；新增创新集群融资方案一个，投放贷款金额1300万元。企业贷款整体利率水平较上年下降0.90个百分点，降幅约为17%，为企业降低融资成本约550万元。支持能源、文化旅游等领域优质项目的信贷，推广小额线上信用贷款，满足符合条件的乡镇小微企业主资金需求；发挥创新主体作用，结合屏南当地实际探索采用“银行＋农业龙头企业”“银行＋政府／优质担保机构＋小微企业”等融资模式，推动屏南当地产业发展，带动贫困人口脱贫；推进县企业入驻融e购，对符合条件的相关企业实施免保证金免手续费等优惠政策。实现涉农贷款、精准扶贫、数字金融、乡村金融服务全面提升。

【信贷支持】 2020年，工行屏南支行在特色农业、全域旅游、新能源等领域加大投放与扶持力度，聚焦医疗、教育、民生、三农、政务等领域，通过重点项目贷款投放带动就业人口新增，通过促进项目建设推动县域经济发展，助力构建完善的产业布局。截至年末，贷款增量3.13亿元。在公司贷款投放方面，持续加大对屏南重点项目、制造业、小微企业、民营经济等重点领域金融支持，新增公司贷款2.16亿元。在个人贷款投放方面，提升工作效率，重点抓好个人住房贷款发展，历年累计发放个人住房贷款405笔1.73亿元，2020年新增个人贷款9670万元。

【企业文化建设】 2020年，工行屏南支行践行“以人为本、以客为尊”服务理念，加强员工培训，提升专业技能，以优质服务促进各项业务发展。通过典型案例学习、言传身教，加强“责任重于泰山”的思想教育，培养责任意识观念。加强政治建设、党风廉政建设和安全保卫、金融消费者宣教、企业文化建设和内控案防等工作。

（张美洁）

建设银行屏南支行

【概况】 2020年，中国建设银行股份有限公司屏南支行（简称建设银行屏南支行）办公楼位于古峰镇文化东路181号东方明珠大厦。下设翠屏路自助银行和宝洋壹号广场智能银行。年末，存款余额91379万元，贷款余额84827万元。全年处置不良贷款3018万元。

【主要经济指标】 2020年底，建设银行屏南支行存款余额91379万元，较年初增8322万元。其中，对公存款时点余额27191万元，储蓄存款时点余额64188万元。贷款余额84827万元（含信用卡），较年初增2464万元，其中公司类贷款余额28344万元，比年初减少1535万元（主要原因是不良贷款处置以及部分客户的压缩退出）。

【存款业务开展】 2020年底，建设银行屏南支行通过强化综合考核，旺季时机营销，开展“拓客增存”活动等，争取交通、土地、财政、住建等机构客户，争取专项债、土地拍卖保证金、维修资金以及各类建设资金存款。结合屏南县区域情况及特色产业，依托大数据，以特色产品税易贷、比例担保贷、抵押快贷等为抓手，落实“以小为主，以微为重”的客户定位，培育优质小微企业客户。关注政府机构改革，强化长尾客户营销力度，营销村集体经济合作社。

【化解不良贷款】 2020年，建设银行屏南支行加大化解处置力度，制定化解处置的目标措施，加大与省市分行、政府、法院的沟通联系，采取上门催收、再融资转贷、司法清收、终本核销等方式化解和管控不良资产，处置不良贷款3018万元。落实资产质量控制计划，控制新暴露不良贷款。落实风险管理进党委会议制度，每月召开信贷风险管控专题会议，开展信贷合规文化大讨论和信贷典型案件风险警示教育，将合规信贷文化建设融入贷前、贷中、贷后的业务办理全过程。

【金融知识宣传】 2020年，建设银行屏南支行借助“3·15”金融消费者权益日、学雷锋志愿服务月、“金融知识万里行”等大型公益宣传时机，分别以“履行反洗钱义务，维护金融秩序”“警惕网络洗钱陷阱，增加反洗钱意识”和“普及金融知识，守住钱袋子”“远离非法金融普法宣传”等为主题，将“金融知识进万家”活动作为一项支持服务民营企业发展的重要举措，持续开展人民币知识、反假币知识以及反洗钱知识的普及。

（甘湖柳）

屏南县农村信用合作联社

【概况】 2020年，屏南县农村信用合作联社（简称县联社）在城区有营业部、城关社、城东社、古厦社4个网点，乡镇有双溪社、棠口社、长桥社、代溪社、甘棠社、熙岭社、路下社、岭下社、寿山社9个网点。2020年，县联社围绕打造“家银行、暖银行、快银行、做屏南人自己的好银行”理念，开展六项“百信行动”，打造“百信”系列品牌，助力乡村振兴。助力复工复产，向微小企业投放低息再贷款1.34亿元。年末，各项存款余额32.86亿元，较年初增加3.22亿元；贷款余额22.32亿元，比年初净增3.02亿元。联社获2019年度“全国三八红旗集体”称号，获福建农信系统特别鼓励奖，连续13年成为屏南县纳税大户。

【综合业务指标】 2020年年末，屏南县联社各项存款32.86亿元，较年初增加3.22亿元，增幅10.88%，存款市场占有率39.86%，较年初上升0.39个百分点，全县排名第一。各项贷款余额22.32亿元，比年初净增3.02亿元，增幅15.68%。贷款覆盖面51.80%，较年初增0.89个百分点。涉农贷款21.14亿元，较年初增加2.80亿元，增幅15.25%，占各项贷款余额的94.72%，涉农贷款增速及增量均高于上年，面向1016户贫困户投放“防贫贷”6790.39万元，发放精准扶贫贷款占全县金融机构的90%以上。持续开展生源地助学贷款工作，历年累计发放助学贷款3420户，金额6631.90万元。突出支持小微企业金融服务工作，投放普惠型小微企业贷款余额6.06亿元，较年初增加1.51亿元，增幅33.08%，高于各项贷款平均增幅17.40个百分点。

【普惠金融服务】 2020年，屏南县联社开展“985”（90%的建档面、80%的授信面、50%的用信面）行动助力乡村振兴，实现普惠金融服务全覆盖。推广“信用贷”，满足贫困户信贷需求。推动整村授信工作，制定《整村授信、社群营销工作方案》，邀请专业的培训机构对整村授信工作进行专门辅导培训，明确整村授信工作流程、具体责任分工、实施步骤及考核细则，推动信用工程建设。至年底，全县有信用乡镇5个、信用社区2个、信用村115个。开展贫困户建档立卡工作，与县扶贫办、乡镇等部门合作，实现全县贫困户精准建档全覆盖。丰富场景化应用，提升普惠金融质效，配合县人社局完成精准建档贫困户400户的社保卡制卡；配合县卫健局完成医保读卡器采购57个，实现155个村所医保全覆盖；与屏南二中合作，增加学校食堂一卡通应用场景布设；与全县21所中小学合作，增设学费代收系统，开展学费代收工作；与屏南职业中专学校合作，建立“智慧食堂”；与屏南县知进公司对接，打造“智慧租金代收”平台；对接当地企业，推动特色产品在“福农e购”平台上架，合作企业16家。

【助力复工复产】 2020年，屏南县联社加强与政府对接，利用央行扶贫再贷款政策红利以及纾困贷款等政策，向特定对象发放低利率政策贷款，向人民银行借入再贷款1.34亿元，2020年新增投放低息再贷款1.34亿元，支持小微企业发展开源。加强银企对接，通过开展“百行进万企”工程，主动走访对接纾困企业，以低利率资金支持纾困解困，投放纾困贷款26笔1270万元。提高复工复产、小微企业贷款考核力度，将考核指标纳入月度、年度绩效考核，引导客户经理支持特色农业产业发展，扶持县内龙头农业企业、专业合作社、家庭农场等新型农业经营主体及个体工商户，助推当地黄酒、食用菌、花卉、芙蓉李等屏南县特色产业复工复产。推出“战疫·同心贷”“普惠小微信用贷”“地摊贷”等产品重点支持引导受疫情影响

2020年7月2日，屏南县信用联社金融助理在代溪镇玉洋村普及金融知识 （张书桐 摄）

的企业、人群复工复产，降低疫情防控领域相关企业、个体工商户融资成本，落实“稳保”工作。借助“福农e购”电商平台，发挥“互联网+金融+电商”优势，为本土企业特色产品免费通过平台销售，拓宽小微企业销售渠道，解决销售难题。

2020年6月19日，屏南县联社与屏城乡召开“践行普惠金融，助力乡村振兴”普惠金融改革试验区建设启动会　（张书桐　摄）

【助力乡村振兴】　2020年，屏南县联社制定《驻村（社区）金融助理管理办法（试行）》，派驻金融助理45人到乡村振兴示范村、扶贫重点村、集体经济薄弱村驻点，建立驻点办公制度，实行“定人、定点、定时”开展驻村服务。制定《乡村振兴联络员暂行管理办法》，聘请乡村振兴联络员20人为金融助理助手，共同为乡村振兴发展出谋划策。深化“党建+金融助理+多社融合”机制，加强政银联动建设，制定《屏南县联社普惠金融改革试验区建设工作实施方案》，与屏城乡党委、政府联合召开“践行普惠金融，助力乡村振兴”暨普惠金融改革试验区试点联动会议，签订战略协议，为屏城乡乡村振兴授信及村头村乡村振兴产业示范基地、厦地文创示范基地和普惠金融学校授牌完善普惠金融服务体系，推进宁德普惠金融改革试验区建设。制定《打造绿色农信·创新林业金融实施方案》，与县林业局联合召开“林业金融、多社融合业务”推进会，创新“合作社+林农”“林企+林农”合作模式，为林农、林企客户代表“益林贷”“福林贷”“兴林贷”授信。与益农信息社14家开展共建合作，以“益农信息社”为桥梁，推动其成为惠农利农的电商角、便民角，共同搭建为农民和新型农业经营主体服务新平台。围绕“一特色产业、一信贷模式”工作思路，创新个性化、差异化信贷产品，创新推出“文创贷”“民宿贷”“码上贷”等产品，支持当地特色文创旅游产业发展，做好巩固脱贫攻坚成果和乡村振兴的有效衔接。

【企业文化建设】　2020年，屏南县联社围绕打造“家银行、暖银行、快银行”理念，加强党群工作统筹，推动各项工作转型发展。联社党委组织纪委、工会、妇联、团委等群团组织，联动开展“战疫同心、奉献爱心”学雷锋志愿服务活动、“绽放战疫青春、坚定制度自信”五四系列主题宣传教育实践和“小小银行家，未来我当家”六一系列、“践初心、铭党恩”庆祝中国共产党建党99周年“七一”系列、“战疫同心、爱心助力”等慈善捐助系列和“喜迎双节、情满中秋”中秋DIY月饼活动等主题活动。

（周盛梃）

邮储银行屏南支行

【概况】　2020年，中国邮政储蓄银行屏南县支行（简称邮储银行屏南支行）有城关邮储网点4个、附行式自助银行4个和长桥、双溪、甘棠、代溪等乡镇邮储网点4个，汇兑网点14个（含非联网网点5个），存取款一体机11台，所有网点均与全国邮政储

2020 年，邮储银行屏南支行网点大厅

（邮政储蓄银行屏南支行 供）

蓄网点 38000 个实现通存通取。年末，各项存款余额 14.45 亿元，贷款结余 4.10 亿元。

【存贷款业务】 2020 年末，邮储银行屏南支行各项存款余额 14.45 亿元，贷款结余 4.10 亿元。其中，个人贷款结余 3.80 亿元，小企业贷款结余 0.30 亿元，涉及全县乡镇面 100%。

（余民勇）

屏南刺桐红村镇银行

【概况】 2020 年，屏南刺桐红村镇银行有限公司（简称屏南村镇银行），位于屏南县古峰镇翠屏南路 2 号，注册资本 5382 万元，内设综合管理部、财务运营部、风险管理部，下设营业网点 1 个。年底，各项存款余额 22025.17 万元，贷款余额 24894.35 万元。

【主要经营指标完成情况】 2020 年年底，屏南村镇银行各项存款余额 22025.17 万元。其中，储蓄存款 13586.37 万元，对公存款 8438.80 万元。各项贷款余额 24894.35 万元。其中，涉农贷款余额 22499.54 万元，小微企业贷款余额 8369.89 万元。贷款户均余额 10.67 万元。实现营业利润 734.72 万元，不良占比 1.09%。

【全员管理】 2020 年，屏南村镇银行完善公司法人治理，强化组织领导，加强内控管理，部署落实疫情防控，开展反洗钱和防范电信诈骗工作和扫黑除恶专项斗争。继续坚持“小、特、精、美”经营理念，坚持小额、分散经营，围绕屏南食用菌、蔬菜、高山花卉、百香果及文创等产业，加强农业重点领域金融服务、产品创新和减费让利，支持实体经济，开展普惠金融，支持乡村振兴。

【企业建设】 2020 年，屏南村镇银行加强员工行为管理，不定期组织员工开展“案防”座谈会，组织开展业务培训，提升员工整体综合能力。开展“金融知识普及月金融知识进万家”“扫黑除恶专项斗争”“防范非法集资宣传教育”“反假币宣传”“云闪付”等工作。抓安全保卫工作，将安全保卫贯穿于日常业务工作，增强安全防范意识。

（张春莲）

人保财险屏南支公司

【概况】 2020 年，中国人民财产保险股份有限公司屏南支公司（简称人保财险屏南支公司）保费收入 3554.07 万元，占全县产险市场的 61.12%；支付赔款 1684.21 万元。上缴地方性税收 76.69 万元，代扣代缴税收 227.13 万元。

【保险业务】 2020 年，人保财险屏南支公司主营机动车辆保险、企业财产保险、家庭财产保险、货物运输保险、意外伤害及健康保险，以及各种责任险及政策性农业保险等。承保校园方责任保险、自然灾害公众责任保险等与公众利益密切相关的责任保险发展，参与多层次社会保障体系建设。响应屏南县委、县政府提出的到2020年全县贫困人口全部脱贫“摘帽”的号召，把保险扶贫作为重要支点，对接脱贫攻坚多元化需求，2019年起，开办“产业扶贫保险”，对全县所有贫困人员产业实现全覆盖风险保障，两年来累计为全县贫困户提供风险保障4261.22万元，赔款47.50万元。从2006年起，连续15年为全县政策性业务提供保险保障，涵盖农村住房、森林综合、水稻种植、能繁母猪、育肥猪、蛋鸡等业务。2020年，为全县政策性农业保险提供11.10亿风险保障。其中，水稻保额从每亩400元提高到500元，育肥猪从每头500元提高到800元，能繁母猪保额从每头1000元提高到1500元，做到“应保尽保”。为双寿线工程B1标段工程、衢宁铁路屏南站站前广场、通站路建设、大创傲农生态农业公司建设工程等项目建设提供风险保障；承接公共服务，先后推出社会综合治理、交通救助、校园方、自然灾害、安全生产等与公众利益密切相关的责任保险项目，介入城乡居民保险、城镇职工补充医疗等业务领域，参与多层次医疗保障体系建设。推动“警保联动”向基层延伸，并实现与公安交警“12123”系统无缝对接，形成集车驾管、心服务、两站两员、快处快赔等为一体的特色服务新模式。

【理赔服务】 2020年，人保财险屏南支公司支付赔款1684.21万元。运用信息技术手段加强理赔流程监控，对理赔全流程进行实时监控，调度和分配查勘定损人员，提高查勘速度。从理赔员工绩效考核着手，建立相应考核体系，强化理赔队伍专业能力建设，加强案件的理赔时效性、规范性和服务创新等“软实力”的提升；引入无人机勘查，直升机救援，提升理赔时效。6月，产业扶贫保险赔付全省首份扑杀野生动物养殖理赔款30万元，被福建日报App——“新福建”刊登。11月，棠口镇小章村发生农房火灾，受损房屋5幢13户，赔款25.10万元。

【风险管控】 2020年，人保财险屏南支公司加强承保、核保风险控制能力和展业秩序规范能力建设，规范制度平台、业务流程、管理权限等，细化硬化各业务险种和客户群体承保条件。

（人保财险屏南支公司）

人寿保险屏南县支公司

【概况】 2020年，中国人寿保险股份有限公司屏南县支公司（简称人寿屏南支公司）优化客户服务，加强风险管控。全年实现保费6951.22万元，赔款支出511.62万元，赔付1238件。

【业务发展】 2020年，人寿屏南支公司执行财务预算制度，加强销售成本效益观念，提升费用管控能力。实现保费6951.22万元，其中长险首年期交保费收入1141.11万元。股份公司寿险首年期交保费占首年保费比重100%；续期保费占总保费比重71.92%，上升7个百分点；10年期交及以上期交保费占首年期交保费比重58.04%，下降6个百分点。赔款总支出511.62万元，同比下降23%；赔付1238件，同比下降28%。

【客户服务】 2020年，人寿屏南支公司树立“服务销售为先、服务客户为重”客户服务理念，持续开展柜面服务升级达标活动，以“我服务、您满意”为主题，围绕“固基础、提技能、求创新、促升级、塑品牌”5个方面开展柜面服务升级达标活动。

【保险宣传】 2020年，人寿屏南支公司坚守“以信用为基础，以法律为保障”的承诺，开展全体销售人员“诚信我为先”主题教育。通过晨会、培训、评比诚信营销员等，将诚信融入日常经

2020 年 6 月 15 日，人寿保险屏南支公司开展保险进社区宣传

（人寿屏南支公司 供）

营和展业过程中；做好保险从业人员教育培训，保护消费者知情权、索赔权、投诉监督权，搭建保险知识普及传播平台、保险消费理念互动平台、保险文化融入共享平台。

【内控管理】 2020 年，人寿屏南支公司开展打击非法集资“承诺书”签订工作，完成专项治理宣导培训、签订承诺书、自查整改。完成内控标准手册分解、执行、反馈和 2020 年内控测试各项工作任务；开展个险渠道、团险渠道、银保渠道、理赔岗、收付费岗关键岗位人员专项自查工作；根据 KMIS 系统数据开展日常风险排查工作，发现、整改问题；围绕营销员风险预警、风险防控、信用经营、违规查处 4 个模块开展销售督察日常工作和销售误导治理工作，防范风险。

（人寿屏南支公司）

平安人寿屏南营销服务部

【概况】 2020 年，中国平安人寿保险股份有限公司屏南营销服务部（简称平安人寿屏南服务部）有保险营销员 142 人，同比增长 32.71%；内勤员工 2 人。全年保费收入 1918.82 万元，赔款支出 268.84 万元。

【业务经营】 2020 年，平安人寿屏南服务部保费 1918.82 万元，同比增长 2.32%；赔款支出 268.84 万元，同比增长 21.10%；赔付件数 224 件，同比下降 7.44%。

【保险文化建设】 2020 年，平安人寿屏南服务部开展“金融知识普及月”活动，围绕“普及金融知识”“诚信保险保障”“打击代理退保”等主题，宣传基础金融知识和风险防范技能，引导消费者和投资者理性选择、正确使用金融产品和服务。

（平安人寿屏南服务部）

综合经济管理与监督

宏观经济管理

【概况】　2020年，屏南县发展和改革局（简称县发改局）做好项目规划编制、经济指标制定、科技成果对接、投资审批和物价管理等工作，编制屏南县"十四五"和2035年远景目标的建议和目标纲要；征集各种技术需求25项，完成录入新对接合同项目40项；审批文件82件，备案43件。

【规划编制】　2020年，屏南县发改局牵头开展"十四五"规划编制实地调研4轮、资料搜集3轮，调研和资料搜集范围覆盖县直各主要部门、所有乡镇和重点企业。贯彻习近平总书记把"加强顶层设计和坚持问计于民统一起来"的"十四五"规划编制理念，开启公众建言献策活动征求意见。12月中旬，形成《屏南县关于制定国民经济和社会发展第十四个五年规划和二〇三五年远景目标的建议》和《屏南县国民经济和社会发展第十四个五年规划纲要和二〇三五年远景目标纲要》送审稿，12月29日，在屏南县十七届人大第五次会议上审议通过。

【经济指标】　2020年1—12月，屏南县地区生产总值完成91.84亿元，同比增长约0.50%；服务业增加值完成51.87亿元，负增长0.50%；固定资产投资同比增长9.40%；城镇居民人均可支配收入30976元，增长3.20%。

【重点项目建设】　2020年，屏南县省市在建重点项目25个，总投资58.20亿元，年度计划投资29.60亿元，实际完成投资31.40亿元，占年度计划比例的106%，超序时进度6个百分点。围绕"开工15个，竣工21个"年度目标任务，全年开工市重点项目8个，占年计划的53.3%；竣工市重点项目22个，占年计划的104.7%。1—7月，新增"五个一批"（谋划一批、签约一批、开工一批、投产一批，增资一批）项目78个，总投资116亿元，占年计划的51.90%，超序时进度1.90个百分点。

【科技成果对接】　2020年，屏南县发改局筹备第十八届中国·海峡项目成果交易会工作，完成上级下达的各项任务。征集各种技术需求25项，完成录入新对接合同项目40项，总投资18191万元。根据市发改委《宁德市发展和改革委员会关于提前下达2020年部分项目省级预算内投资计划的通知》文件精神，经请示县领导，安排屏南县"6·18"项目成果转化扶持项目1个，补助资金60万元。

【投资审批】　2020年，屏南县发改局贯彻落实中央以及省市的有关"放管服"部署要求，依据

《宁德市发展和改革委员会关于公布调整后权责清单的通知》（宁发改法规〔2019〕13号）文件精神，公布屏南县发改局2019年权责清单，并将所有事项全部纳入全国统一的投资项目在线审批监管平台。全年审批文件82件、备案类43件。

【信息中心】 2020年，屏南县发改局配合建设企业做好5G网络建设工作；组织相关部门上报符合数字经济、“互联网+”等相关条件的项目，做好“十四五”期间数字经济重大项目的谋划、储备工作。征集2020年涉及政务服务、商事服务、民生服务的群众办事堵点难点问题14条；做好“互联网+政务服务”电子证照的生成和应用、闽政通App和i宁德App的推广工作。

（陈 璐）

物价管理

【概况】 2020年，屏南县根据机构改革相关精神，发展和改革局完成职能划转，原屏南县物价局正式摘牌并入屏南县发改局，设置商品价格管理股、行政事业收费管理股和成本监审股等3个股室和参照公务员管理事业单位屏南县价格认证中心（加挂“屏南县价格监测中心”牌子）。6月底，单位办公室地点搬迁至屏南县中心城市广场2号楼9层。全年重点做好价费、资源性产品价格管理，价格认定，价格监测、信息发布和稳价控价等工作。办理价格认定案件43件，涉案金额55万余元，复核率0%。

【价费管理】 2020年，屏南县物价管理工作执行《福建省成本监审目录》，完成屏南县巡游出租车运价成本监审工作，为政府制定价格政策提供成本依据。依照《政府制定价格行为规则》《政府制定价格行为实施细则（试行）》《福建省定价目录》和《政府制定价格听证办法》进行定价批费，制定《关于屏南县汽车站至火车站公交票价的通知》；制订屏南县巡游出租车运价调整听证方案，发布屏南县巡游出租运价听证会的公告（第1号）。落实收费单位年度报告制度，推进阳光收费开展。梳理公布县本级行政事业性收费单位名单和项目清单（含涉企收费）、县本级定价管理的经营服务性收费目录清单，规定未列入清单的项目不得收费。

【资源性产品价格管理】 2020年，屏南县延续福建省（屏南）榕屏化工有限公司、屏南县中闽水务有限责任公司污水处理厂和6个乡（镇）污水处理站执行峰谷分时电价；落实国家降低和延长阶段性企业用电有关政策，为企业降低成本、减轻负担360余万元；联合电网企业加强转供电环节收费管理，指导转供电主体单位规范收费行为；摸底登记全县水电站上网运行情况和上网电价，规范电价管理。

【价格认定】 2020年，屏南县依法依规开展价格认定工作，开拓价格认定工作领域，办理价格认定案件43件，涉案金额55万余元，复核率0%。委托第三方评估案件2件。指导价格争议调解处理工作站开展价格争议调解工作，未发现价格争议事件。

【价格监测稳控】 2020年，屏南县围绕政府决策和市场价格稳定开展价格监测工作。设置监测点7家。其中，农副产品3家，药品3家，农资1家。聘请采价人员进行定点定人负责采报价，对关系民生的农副产品、药品和农资产品进行价格监测。春节、中秋节和国庆、新冠肺炎疫情防控期间，依托平价商店启动城区控价稳价补贴方案，开展平价商店稳价销售补贴活动2次，涉及肉、蛋、菜、粮油等品种24个，发放补贴40万余元。加强平价商店建设，增设福建永辉超市有限公司宁德屏南中心城市广场店为屏南县政府定点平价商店，全县平价商店数量恢复到原有3家。组织各监测点报价员开展规范价格监测行为和及时准确报送数据等业务培训，培训2期7人。利用政府网站、LED、有线电视等平台发布民生价格信息50余期、价格政策信息10余次。落实国家、省、市发改等6个部门《关于启动联动机制发放临时价格的通知》精神，1—9月，全县给予城乡低保对象、特困供养人员、享受国家定期抚恤的优抚对象、革命“五老”（老地下党员、老游击队员、老接头户、老交通员、老苏区乡干部）人员、领取失业保险金人员，以及阶段性纳入保障范围内的孤儿、事实无人抚养儿童、领取失业补助金人员等，发放临时价格补贴257.66万元。

（陈　璐）

市场监督管理

【概况】　2020年，屏南县市场监管局（简称市场监管局）做好市场主体登记，新增各类市场主体2350户；加强企业信用监督，落实企业信用、知识产权、标准计量、网络市场、食品、药品、特种设备、产品质量等监管工作，整治广告市场，查处无照经营，深化消费维权，强化市场法治建设。

【市场主体登记】　2020年，屏南县市场监管局优化登记审批流程，推行“银政邮”联动、寄递办、网上办、预约办等服务，对登记审批和服务事项清单119项全面公开统一办事指南，推进电子营业执照跨区域跨部门跨领域应用；推行开办企业“一窗通办”，整合开办企业涉及的市场监管、公安、税务、人社、医保等相关部门业务集中到一个综合窗口办理的“一站式服务”；实行企业名称自主申报和设立登记合并办理，企业开办时间压缩至1个工作日。新增各类市场主体2350户（全县有各类市场主体总数13531户，注册资本213.61亿元。其中，内资市场主体3034户，注册资本166.45亿元，与上年同期相比分别增长21.21%、15.75%。个体工商户10477户，注册资本11.71亿元，与上年同期相比分别增长23.35%、40.17%）。

【企业信用监管】　2020年，屏南县市场监管局绕深化商事制度改革，构建新型企业信用监管体系，提升事中事后监管力度。推进年报公示。加大清理吊销力度，吊销长期停业未经营企业107户，清理未年报企业132户，简易注销企业、个体户284户，依据规定程序将企业170家列入严重违法失信名单。提升企业年报率。截至6月30日，企业年报率93.50%，同上一年相比增长3.42%，农民专业合作社年报率96.15%，与上一年相比增长3.29%。推进信用归集。完善企业信用信息公示，推动38个部门参与建立企业协同监管和联合惩戒信息公示，信息公示总量3541条，被列入经营异常的企业718户。牵头推行“双随机一公开”（随机抽取检查对象，随机选派执法检查人员，抽查情况及查处结果及时向社会公开）监督抽查。健全“两单”（双随机抽查事项清单和多部门监管责任事项清单）、“两库”（双随机抽查对名录库和执法人员名录库），完善“一细则、一平台”〔双随机抽查工作细则和国家企业信用

2020年，屏南县市场监管局执法人员执法检查市场肉制品

（谢玲燕　摄）

信息公示平台（福建）〕，推行部门联合双随机抽查，开展双随机抽查4次，抽查市场主体298户，列入经营异常名录64户。开展“1+X”专项督查。将“1+X”专项督查与双随机抽查、市场主体年报工作结合，与中秋国庆节等节前市场监管相结合，把专项督查融入长效监督检查机制中，检查相关单位22家，出动执法人员62人次，移交疑似线索14条。

【知识产权监管】 2020年，屏南县市场监管局走访、指导、扶持企业争创品牌，优化实施专利商标品牌战略举措，挖掘当地农字号土特产业，培育地理标志商标示范单位1个。截至年底，全县有各类有效注册商标2096件、地理标准证明商标4件、集体商标16、驰名商标1件，专利申请量43件，授权量104件。立案查处涉嫌销售侵犯注册商标专用权案件6件，罚没款6.40万元，查处专利不规范案件14件。

【标准计量监管】 2020年，屏南县市场监管局完成可燃气体检测报警检定装置、卡尺量具检定装置、测微量具检定装置、烘干法水分测定检定装置4项社会公用计量标准建设，强制检定各类计量器具1772台（件），检查能效水效标识238件。指导19家企业产品标准自我声明公开45项，涵盖106种产品，指导惠泽龙酒业股份有限公司对福建省地方标准《屏南老酒》的修订，完善辖内口罩生产企业标准制定。

【网络市场监管】 2020年，屏南县市场监管局营造公平竞争的网络市场环境和安全放心的网络消费环境，开展线上线下一体化监管，规范网络经营主体，落实网店实名制，强化平台责任，集中整治网络交易平台问题，重点监测本地区网络销售食用菌、木制品材料、服装、花卉等特色商品，查处网络销售假冒伪劣商品、虚假宣传、刷单炒信等突出违法问题。登记网络主体经营135户，微信公众号70户，网络营销监测30家，网店（网站）77个次，行政指导1家。

【公平竞争管理】 2020年，屏南县市场监管局加强反不正当竞争执法，保护商业秘密，维护企业正当权益，检查市场主体150户次，排查各类广告宣传32条次。对辖区内主要以会销方式开展经营活动的市场主体3户建立清单，并签订承诺书，查获会议营销商无照从事厨具产品现场销售1个，责令其停止违法经营活动。实施公平竞争审查制度，制定《屏南县市场监督管理局关于落实公平竞争审查制度的实施意见》，要求局机关各股室进行进一步清理自查。在社区、乡镇开展防范传销宣传活动3场次，发放“五封信”（致村居民的一封信、致房屋出租户的一封信、致家长的一封信、致商家的一封信、致学生的一封信）和“共同防范传销共建和谐社会”“谨防会议营销的十种非法营销手段”等宣传材料，指导古峰镇长汾社区创建无传销示范社区。

【食品安全监管】 2020年，屏南县市场监管局持续开展“两超一非”（超范围、超限量使用食品添加剂，在食品中违法添加非食用物质）、餐桌污染、学校及其周边食品安全、网络餐饮服务食品安全、冷冻食品安全、食盐安全、农村假冒伪劣食品安全等各类食品安全专项整治，立案查处食品安全案件16起，罚没12.15万元。加强食品安全风险防控，制定食品安全监督抽检计划，实施完成食品抽样检测555批次，合格率98.02%。深化食品安全“一品一码”（指同一品种批次的食品和食用农产品要按照规定的追溯编码规则，赋予特定的识别追溯码）全过程追溯体系建设，全县注册各类经营主体51家，累计录入数据42.65万条。开展省级“一证通”试点工作，注册各类经营主体303户，上传台账数据36万余条，较2019年同期相比分别增长200%、120.80%，试点工作通过了省验收，做法成效得到省市场监管局的肯定表扬，并获省局奖励经费30万元。持续推进“明厨亮灶”建设，全县餐饮单位明厨亮灶557个，覆盖率68.43%，申报福

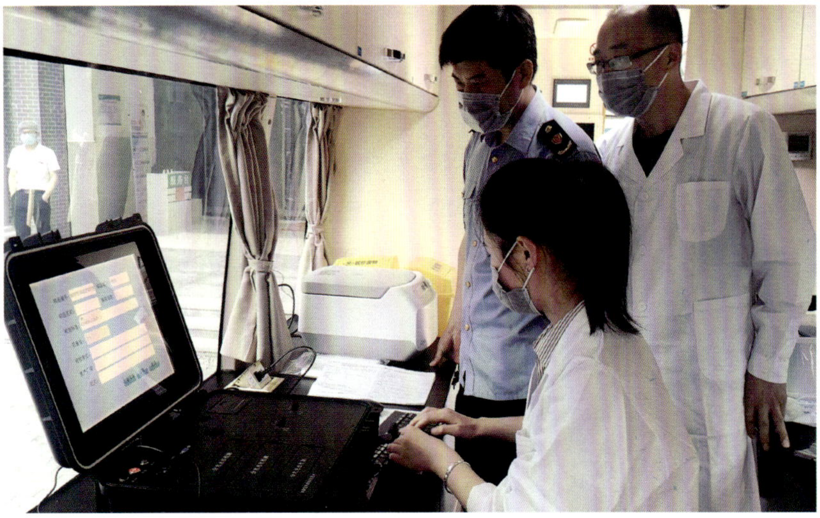

2020 年 5 月 29 日，屏南县市场监管局执法人员在屏南一中快速检测食品安全（陈子凤 摄）

建省屏南县第一中学为省级“明厨亮灶”示范单位，学校食堂“互联网＋明厨亮灶”覆盖率 100%。根据最新全市食品生产加工小作坊食品目录，发放小作坊核准证 11 本，创建市级食品生产加工小作坊示范点 1 个。构建“一老一小”机构（养老机构和幼儿园）建档管理。对无主体资质敬（养）老机构 2 家和无主体资质民办幼儿园 3 家食品安全实行建档管理。落实食品安全责任险，与中国人寿财产保险股份有限公司宁德市中心支公司签订《屏南县 2020 年度农村集体聚餐食品安全责任保险》，为全县人口统一购买食品安全责任险。参加宁德市开展的较大级别食品安全应急演练。

【药品安全监管】 2020 年，屏南县市场监管局开展中药饮片、药品网络销售、无菌和植入性医疗器械、医疗器械“清网”行动、化妆品安全和打击非法体验式营销医疗器械行为等安全专项检查，检查药品经营使用单位 52 家，医疗器械使用单位 169 家，化妆品经营单位 7 家，立案查处药械案件 10 起，罚没 2.60 万元。开展药械疫情防控，保障疫情防控相关医疗器械质量，上报购药登记信息 2990 条。开展药品医疗器械化妆品不良反应监测，上报药品不良反应事件 136 例，其中严重的 16 例；上报医疗器械不良事件 30 例，化妆品不良反应 15 例。

【特种设备安全监管】 2020 年，屏南县市场监管局落实安全生产责任制，抓民生民用特种设备和高风险设备安全监管，开展安全生产隐患大排查大整治和压力容器、电梯、起重机械等专项整治，检查特种设备使用单位 112 家次，发出安全监察指令书 6 份，排查安全隐患 23 件，办结特种设备举报件 3 件。

【产品质量安全监管】 2020 年，屏南县市场监管局组织协调相关部门完成 2019 年政府质量考核工作，屏南县政府质量工作居全市第四、山区县第一。县市场监管局新培训民营企业首席质量官 5 人，组织企业 5 家参加市局组织的“服务企业高质量发展”讲座，引导民营企业 1 家争创市政府质量奖。开展防疫物资产品质量和市场秩序专项整治行动，检查防疫物资生产企业 10 家次，对福建省祥兴电子科技有限公司生产的口罩进行监督抽检，结果合格。对辖区内检验检测机构 5 家进行现场资质认定监督检查，并督促其完成自查工作；对工业产品生产许可证获证企业进行后续监管，检查企业 58 家次；排查危险化学品及其包装物和车载罐体产品质量安全隐患；围绕儿童和学生用品质量安全、CCC 认证产品等重点，开展儿童和学生用品安全守护行动。

【疫情防控】 2020 年，屏南县市场监管局开展防疫物资产品质量和市场秩序专项整治，打击哄抬物价、产品质量不合格等违法行为；禁止野生动物违法违规交易。引导大型商超 4 家参与“三保”（保价格、保质量、保供应）行动，出动执法人员 1821 人次，检查经营户 5013 户次，发放宣传材料 2500 余份，粘贴公告 200 余份；

立案查处涉嫌销售未明码标价商品案5起，未经检验检疫冻品案1起，罚没6.34万元。督促全县电梯使用维保单位16家落实安全生产主体责任，新冠疫情期间，督促全县547台电梯每日进行消毒作业，并加强应急值守。对全县涉冷链食品的生产经营者14户进行全覆盖检查，严禁无合法来源的走私冷冻肉及肉制品流入市场，督促涉进口冷链食品经营者落实预防性全面消毒主体责任。抽取中心农贸市场、永辉超市、华宁超市等大型超市6家的从业人员276人，中心农贸市场、永辉超市物表（含水产和肉）和污水557份，各类食品486份进行新冠病毒核酸检测，检测结果均为阴性。

【广告市场整治】 2020年，屏南县市场监管局组织开展网络直播、食品行业广告、军服广告、金融放贷行业广告、市场流通行业广告、电子烟广告、使用领导人形象进行商业营销活动广告导向监管以及医疗机构内外勾结骗取医保基金行为等专项整治，检查各类主体235户，检查广告内容92条（块）次，责令撕毁拆除广告25张，检查广告宣传单60张，责令整改1户；检查景区广告牌28个，拆除整改1个；处理利用军人形象做广告举报1件，现场责令整改店招1户，现场责令撕毁有军人图像的广告2张，立案查处涉嫌违法广告2起。

【无照经营查处】 2020年，屏南县市场监管局履行查处无照经营职责，推动开展“打非治违”专项整治和电动车生产经营者、生产经营单位、农村食品经营者和校园周边食品经营者、校外培训机构等各类主体无证无照专项整治。检查经营单位700余户次，发出责令整改书55份，督促经营者办理执照100余户，立案查处无照经营8起，罚没0.12万元。全年没有发生因无证无照经营造成重大安全事故、重大环境污染事故和造成一定社会影响的群体性事件；没有因无证无照经营被国家部委督查通报或者被中央主要媒体曝光通报的经营主体，辖区亮证照率95%以上。

【经营秩序规范】 2020年，屏南县市场监管局对市场流通行业存在的突出问题和乱象开展专项整治，打击行业乱象，规范经营秩序。立案查处违法案件41件，案值22.71万元，罚没21.55万元。重视“三书一函”（监察建议书、检察建议书、司法建议书公安提示函）办理，收到监察建议书1件、公安提示函2件，检察建议书1件。县市场监管局研究并部署对应的整改措施。重点开展“套路贷”综合整治工作，检查广告42条，发现违规广告23张，其中涉及贷款小广告5张，均移送公安机关。对涉及“一址多照”、批量注册、法定代表人（负责人）年龄明显偏大或偏小的企业进行梳理，摸排994户次，并报送县扫黑办。

【市场法治建设】 2020年，屏南县市场监管局推进市场监督管理法治建设工作第一责任人职责落实，健全党组中心组学法制度。完善法制审核，推进重大执法决定法制审核工作规范化。全年审核案件41件。提升行政复议应诉水平，落实行政机关负责人依法出庭应诉制度，规范复议审查，强化行政复议案后监督和指导，办理复议答复件6件，行政诉讼案件1件。

【消费维权】 2020年，屏南县市场监管局完善“12315”执法体系，规范投诉举报处理业务流程，使用全国“12315”平台，实现线上线下一体化管理。加强“12315”投诉举报数据的运用，加强动态的风险监测预警和常态的趋势研判，开展疫情防控期间投诉举报处置工作，畅通投诉举报渠道，化解消费纠纷，受理投诉举报298起（投诉115起、举报183起）。

（陈子凤）

审计监督

【概况】 2020年，屏南县审计局完成审计和审计调查项目30个，其中政策落实跟踪审计项目

6个、预算执行和决算草案审计项目9个、经济责任审计项目6个、领导干部自然资源资产离任（任中）审计项目1个、政府投资审计项目2个、其他审计项目6个。出具审计报告和专项审计调查报告38篇，提出建议52条，提交审计信息8篇。单位被评为第三届屏南青年五四奖章集体，评为2020年宁德市劳动模范1人。

【重大项目跟踪审计】 2020年，屏南县审计局完成政策落实跟踪情况审计项目6个，分别为2020年第一、二季度贯彻落实国家重大政策措施情况跟踪审计、2019年度屏南县国有资产和资本运营管理情况审计调查、屏南县土地收储和存量专项审计调查、屏南县2019年度农村人居环境整治和生态环境治理相关政策及资金审计、第四季度贯彻落实国家重大政策措施情况跟踪审计（含屏南县新增财政资金直达市县基层直接惠企利民情况专项审计）。审计提出要盘活闲置资产，让闲置的资产重新发挥应有的效益；健全土地收储管理体制；加强前期施工管理，监督管理各指挥部土地开发成本；规范美丽乡村建设程序和垃圾清扫清运服务购买程序等。

【预算执行及决算草案审计】 2020年，屏南县审计局完成预算执行情况及决算草案审计项目9个，分别为县本级财政、教育局、自然资源局、人社局、县委党校2019年度预算执行情况和决算草案审计，县一级预算单位审计数据分析全覆盖，应对新冠肺炎疫情防控资金和捐赠款物专项审计，地方政府债券专项审计，“210公共卫生”“215支持中小企业发展”“205职业教育”“220自然资源”“208社保就业”科目资金审计。向上级审计机关和屏南县人民政府报送《2019年本级预算执行和其他财政收支情况审计结果报告》和相关专项审计报告。提出增强预算执行力，严格各项经费开支；加强决算编制管理，确保各项数据真实准确完整等审计整改意见和建议。

2020年6月10日，宁德市审计局驻屏南审计组召开“两不愁三保障”专项审计调查进点会 （张建业 摄）

【经济责任审计】 2020年，屏南县审计局完成经济责任审计项目6个，分别为县委党校、县教育局、人社局、自然资源局、原县公安局森林分局和长桥镇党政主要负责人任中经济责任审计。审计重点关注贯彻执行重大经济方针政策、决策部署，本地区经济社会发展规划、部门重要发展规划和政策措施的制定、执行及效果，重大经济事项决策、执行及效果，财政财务管理和经济风险防范，遵守财经法纪制度，提升依法治理能力，落实党风廉政建设责任和遵守廉洁从政（从业）规定等方面情况。

【领导干部自然资源资产离任审计】 2020年，屏南县审计局以促进加快推进生态文明建设，践行绿色发展理念，促进自然资源资产节约利用和生态环境安全为目标，对长桥镇领导干部2人开展自然资源资产任中审计。

【政府投资审计】 2020年，屏南县审计局完成东区旅游生态城建设项目管理和财务收支审计、衢宁铁路屏南站站前路和站前广场工程跟踪审计 2 个项目。从加强资金管理，提高资金使用效益，规范物资采购，规范资产管理，加强建设项目管理，规范工程竣工结算等方面，提出针对性、可行性意见和建议。

【其他审计】 2020 年，屏南县审计局完成上级审计机关和县委、县政府，以及县委巡察办交办事项 6 项，分别为县粮食购销公司财务收支审计、县电力附加费征收所财务收支审计、2015 年电子商务进农村示范专项资金审计、公务支出和公款消费情况审计、中央八项规定及其实施细则精神落实情况“1+X”专项审计、网络安全情况等审计。

【审计整改落实】 2020 年，屏南县审计局根据中共屏南县委会议纪要精神，制定《屏南县 2020 年度审计整改落实情况考评办法》，将审计发现问题整改落实情况列入年度绩效考评工作，推进审计发现问题整改工作开展。

（张建业）

统计调查

【概况】 2020 年，屏南县统计局完成相关统计资料编写，加强统计基础和统计法治建设，开展统计调查，开展辖区内第七次全国人口普查工作。

【统计服务】 2020 年，屏南县统计局在完成各项统计报表任务的基础上，撰写经济情况分析，分析辖区内经济运行中存在的问题、难点。形成“月初预测分析、月中综合分析、月末预警分析”模式，做好经济指标的预警监测工作，把握全县经济形势变化和最新走向，营造经济“晴雨表”；配合相关部门做好市对县绩效考评、生态文明体制改革、国土空间现状评估等工作；提供屏南县政府工作报告、“十三五”规划等征求意见工作咨询服务。挖掘统计数据资料，完成《统计月报》《统计公报》《屏南统计年鉴 2020》等统计资料。通过屏南县政府网站，向社会发布统计信息和经济运行情况；编印统计月报、统计公报等统计资料，方便政府部门和公众对统计数据的获取，扩大信息公开范围和内容。

【统计基础建设】 2020 年，屏南县统计局执行国家各项统计报表制度，更新维护基本单位名录库。根据《宁德市基层统计基础建设考核办法》，完善乡镇基层基础建设考评办法，对照做好考评目标任务分解、指导各乡镇、各相关部门、各企业抓好统计基层基础建设。加强与行业主管部门紧密联系和沟通交流，强化部门在生产总值核算、企业入库、投资项目报送、项目调查核实、全面把握行业情况方面的作用，提高各专业统计数据质量，努力做到不重不漏、应统尽统。全年新增入库一套表企业 25 家，在审批中 6 家，退库 35 家。通过工作微信群、QQ 群，组织专业人员下乡镇、社区、企业以及各专业报表布置会等方式，畅通信息

2020 年 10 月 31 日，屏南县人普办在乡镇开展人普登记业务培训

（县统计局 供）

交流与业务联系渠道，加大对基层统计工作的指导力度，促进基层统计工作规范化建设。

【统计法治建设】 2020年，屏南县统计局开展统计法“六进”（进机关、进乡村、进社区、进学校、进企业、进单位）活动，结合统计督查和“七五”普法，深化习近平总书记在两会上关于统计工作的重要指示批示精神和《关于深化统计管理体制改革提高统计数据真实性的意见》《统计违纪违法责任人处分处理建议办法》《防范和惩治统计造假、弄虚作假督察工作规定》的学习。7月9日、8月27日，县政府常务会议先后传达学习《防范和惩治统计造假弄虚作假重要文件选编》等文件精神；11月19日，召开县委理论学习中心组学习会，邀请市统计局局长林顺影作“坚持依法统计，提升统计能力，努力为全方位推动高质量发展超越提供统计保障”专题辅导报告；11月25日，在县委党校2020年科干班组织学习统计相关法律制度。持续利用科技卫生文化“三下乡”活动、统计开放日、宪法宣传周等时机开展统计法宣传，抓好领导干部、政府统计工作人员和统计调查对象的学习宣传教育。开展统计日常监督，执行“双随机”（随机抽取检查对象，随机选派执法检查人员）统计监督检查制度，完成企事业单位统计监督检查4家。推进诚信统计，公示企业和统计从业人员失信信息。

2020年10月27日，屏南县第七次全国人口普查工作再动员再部署会议召开 （县统计局 供）

【统计调查】 2020年，屏南县统计局做好工业、农业、房地产及固投、建筑业、批零住餐业、服务业等常规统计专业年报及定报工作。完成住户收支、粮食播种面积、畜禽、工业生产者价格、大宗特色农产品观测等调查等工作。

【第七次全国人口普查】 2020年，屏南县统计局依法普查，推进人口普查进程，准时完成人口普查正式登记与比对复查工作，完成屏南县第七次人口普查2020年度各阶段工作任务。按照国家统计法和统计法实施条例、人口普查条例等规定要求开展普查工作，坚持数据质量放首位，把普查摸底和登记工作责任落实到位。做好组织领导。成立普查领导小组，完成11个乡（镇）普查机构及159个村级普查领导小组组建。按照“两员”（指导员与普查员）标准，选聘普查指导员与普查员1010人。签订保密承诺书，履行保密义务。保障物资经费，下拨前期工作经费到11个乡镇；由县人普办、财政局、人社局联合下文明确“两员”补助标准并按时足额拨付；确保普查物资、宣传物资发放到位。做好宣传。联合县委宣传部制定、实施全国人口普查宣传工作方案。“督”“导”结合，建立通报制度，成立应急专班2组，督促乡镇盯紧时间节点，周密部署、统筹协调人、财、物等要素保障。

（县统计局）

社会 民生

人力资源和社会保障

【概况】 2020年，屏南县人力资源和社会保障局（简称县人社局）为县人民政府工作部门，下属屏南县就业和人事人才服务中心、屏南县养老保险中心、县劳动人事争议仲裁院、县劳动保障监察大队、退休干部管理中心5个事业单位。2020年，认定“天湖人才”22人次，招募“三支一扶”（指大学生在毕业后到农村基层从事支农、支教、支医和扶贫工作）人员15名；实现城镇就业1030人；就业补助支出663.18万元；城镇职工基本养老保险参保14129人，城乡居民基本养老保险累计参保85537人；实现三类贫困对象养老保险应保尽保；指导建立“无欠薪项目部”36家。

【人事人才】 2020年，屏南县人社局全力推动市“1+5”人才新政落地落实，认定“天湖人才”22人次，申报高层次C类人才1人，认定市“百人计划”技能大师人选2人次、创业能手1人次，申报人才驿站5家。其中，屏南县茶旭空间人才驿站、棠口镇人才驿站、漈下村研学游学人才驿站为联谊型人才驿站，屏南县（甘棠）新型工业园区人才驿站为专业型人才驿站，创客人才驿站为创业型人才驿站。开展“三支一扶”招募工作，全年招募“三支一扶”人员15名。开展事业单位公开招聘工作，公开招聘工作人员168人，岗位涉及畜牧、乡村文化、乡村企业、乡村农业、农村经济、村建、水利、卫生等多个乡村领域，其中教育系统教师82人。组织开展全县3500多名专业技术人员公共课线上培训，完成高、中初级专业技术人员继续教育学分验证3500多人次。取得各类专业技术职务任职资格226人。其中，高级43人，中级64人，初级119人。聘任各类专业技术人员194人。其中，高级40人，中级70人，初级84人。

【就业创业】 2020年，屏南县人社系统贯彻落实就业创业政策，把稳就业摆在重要位置，推动城乡劳动力就业。实现城镇新增就业805人、城镇失业人员再就业198人、就业困难人员再就业26人，城镇登记失业率3.62%，登记失业率同比上升1.63个百分点。落实新形势下就业创业、惠民惠企政策，推进就业创业帮扶政策、资金、服务落实到位，全年就业补助资金支出663.18万元，支出比例100%。优化就业招聘服务，促进就业。以高校毕业生、就业困难人员为重点，持续开展厦门市海沧区—宁德市屏南县对口帮扶就业现场招聘会等系列大型招聘会，为求职者和用工企业搭建供需对接平台。把电子商务产业园

2020 年，屏南县举办就业扶贫日现场招聘会　　（县人社局　供）

区作为资助创业项目载体，以创业带动就业。全年为符合条件的人员 306 人推荐创业担保贷款 4513 万元。组织高校毕业生省市资助评选申报工作，3 家高校毕业生创业项目获 2020 年大中专毕业生创业省级资助，获省级补助 13 万元；大学生创业项目 3 个获宁德市首届“工行杯”创新创业大赛资助项目，资助金额 16 万元。

【社会保障】　2020 年，屏南县人社局推进全员参保登记计划。全县城镇职工基本养老保险参保 14129 人，工伤保险参保 17197 人，机关事业养老保险参保 7372 人，失业保险参保 5490 人，城乡居民基本养老保险累计参保 85537 人。上调城乡居民养老保险基础养老金最低标准，完成待遇调整并全部补发到位 28806 人。根据福建省《关于做好我省部分退役士兵社会保险接续工作的实施意见》，为符合补缴条件的退役士兵接续社保。开展城乡居民基本养老保险待遇领取资格认证工作，2020 年认证 28078 人，认证完成率 97.68%。按时完成机关事业单位退休“中人”待遇重算工作，全县需待遇重算的“中人”退休 870 人，完成待遇重算 837 人，完成率 96%。

【精准扶贫】　2020 年，屏南县人社系统通过安排公益岗位、担保就业贷款等开展扶贫工作。2017—2020 年，公益性岗位安置各类就业困难人员 148 人，其中建档立卡贫困家庭劳动力 113 人，发放公益性岗位补贴金额 398.29 万元；2020 年发放就业创业证 705 本，为就业困难人员 278 人申报灵活就业社保补贴，按时足额发放失业保险金 110 人共 63.82 万元。2020 年，累计推荐建档立卡贫困户享受个人创业担保贷款 19 笔 395 万元。推动符合参保条件的三类人员（低保户、特困户、建档立卡贫困户）参保，做到应保尽保。截至年底，全县贫困人员 14040 人（建档立卡贫困户 9054 人、低保户 4145 人、特困人员 841 人），不符合参保条件的 4496 人，纳入社保范围 9544 人。其中，参加企业保 888 人，参加机关保 22 人，参加城乡居民保 8633 人。纳入城乡居民保 8634 人中，缴费 5530 人，全部代缴城乡居民养老保险费；贫困老人 3078 人享受城乡居民养老保险待遇。实现三类贫困对象基本养老保险应保尽保，应代缴尽代缴，应发尽发。

【劳动关系】　2020 年，屏南县人社局落实企业日常巡查、专项检查和书面审查 123 家，指导督促在建项目建立“无欠薪项目部”36 家，涉及农民工 2367 人，涉及农民工保证金 36 家。协调处理欠薪案件 6 起，讨回农民工工资 24.89 万元，结案率 100%。受理劳动人事争议 29 件 43 人，涉案金额 155.64 万元；受理工伤认定案件 52 件 52 人。通过“12345”平台、屏南县人民政府门户网站等网络媒体平台回复网上咨询、投诉、举报和问政 13 条；受理信访件 6 件，及时受理率、按期办结率、群众满意率皆 100%。

（黄造琴　吴陈霖）

医疗保障

【概况】 2020年，宁德市屏南医疗保障局（简称屏南医保局）做好辖区内基本医疗保险、生育保险、医疗救助等医疗保障等工作，保障全县居民医疗需求。截至年底，全县参保单位413个，参保16309人。其中，在职职工11397人（包括灵活就业426人，失业52人），退休4912人（社会性退休1399人），在职职工与退休人员为2.32∶1。城乡居民医疗保险参保总数151463人，医保综合参保率97.7%。年底，参加生育保险（2014年1月启动）企事业单位411个，参保10924人。2020年1月，生育保险并入职工基本医疗保险管理。

【参保及基金运行】 2020年，屏南县年度城镇职工基本医疗保险本期基本医疗保险费收入6433.77万元，支出5612.34万元。城乡居民基本医疗保险本期缴费收入12063.52万元，其中个人缴费收入3773.90万元；支出11659万元。生育保险基金本期待遇支出324.12万元。2020年，因疫情影响减税降费职工医保收入减少，支出也因疫情相应减少。实行基金运行分析季报制度，分析每季度县域内外，统筹区内外基金收支余情况及总医院运行指标情况，防控基金出险风险，确保基金安全运行。

【医保报销补偿】 2020年，屏南县城镇职工医保报销补偿2803人次，支付医疗费用3380.53万元（其中基金支付2109.29万元），人均医疗费用12060.39元（其中基金支付7525.11元）。特殊门诊治疗24664人次，支付医疗费用1020.32万元（其中基金支付651.77万元），人均医疗费用413.69元（其中基金支付264.26元）。生育保险住院379人次，支付238.01万元（其中基金支付238.01万元）。其中，支付医疗费用85.25万元，生育津贴152.76万元。城乡居民医保住院18157人次，支付医疗费用17031.92万元（其中基金支付6734.6万元），人均医疗费用9380元（其中基金支付3709元）。特殊门诊治疗96364人次，支付医疗费用3159.09万元（其中基金支付1909.5万元），人均医疗费用327元（其中基金支付198元）。

【医保扶贫】 2020年，屏南县精准扶贫对象9768人，其中扶贫开发对象6962人（省定标准2069人，国定标准4893人），省定扶贫线下低保3878人，重复身份人员1072人。精准扶贫对象9768人中，排除2名退出低保但继续享受精准扶贫待遇的对象因服刑未满未参加城乡医保（核实2人，2020年无法出狱），其余9766人均参保。核对贫困人员，特别是建档立卡贫困人口、新增贫困人口等对象的参保情况，与屏南县民政局、扶贫办建立信息共享机制，县民政局每月5日前向屏南医保局管理部报送上月人员增减变动情况，县扶贫办每季度报送季度人员增减变动情况。根据两部门报送的人员增

2020年8月6日，屏南县举办基本医保及扶贫医保政策培训会（屏南医保局 供）

减情况明细表，标识并增减更新医保信息系统，保障建档立卡贫困人口信息准确无误。建档立卡贫困户全年叠加保险享受16492人次，医疗费用2451.95万元。其中，范围内费用2214.42万元，范围外费用237.53万元。城乡医保补偿1223.94万元，医疗救助补助346.91万元，叠加保险第一道补助44.56万元，叠加保险第二道补助154.51万元，大病补偿341.80万元，大病个人补助91.56万元，个人负担补助64.93万元，实际报销比例92.51%。同时，对叠加保险、医疗救助、补充保险政策的落实情况进行全面排查核实，确保待遇及时发放到位，应补尽补。按照屏南医保局扶贫工作台账整改专班小组的要求，梳理医保扶贫台账信息，补缺补漏。整理医保扶贫台账44册。其中，保障对象基本情况台账6册，参保缴费情况台账5册，就医待遇保障情况台账9册，建立信息共享机制情况台账7册，落实资助参保情况台账3册、无身份证人员就医结算专项台账1册、“村村通”台账3册、扶贫资金使用情况台账2册、宣传类台账4册、2017—2019年医保扶贫相关政策文件台账4册。落实扶贫、民政等部门的往来凭证，盖章存档。开展医疗保险扶贫政策宣传。3月，向贫困户发放扶贫宣传材料17336份。7月，补充制作一批政策宣传海报和宣传手册，发放至各个乡镇卫生院，由乡镇卫生院发放，并督促各个医保定点村卫生所将医保部门分发的海报上墙展示。成立“流动医保扶贫政策咨询点”，走访屏城乡、路下乡和城东社区、双溪镇乾源村、岩后村等，解决医保政策宣传“没听到”“听不懂”问题。

【“村村通”“就近通”建设】2020年，屏南医保局完成全县151个村所医保系统与实际刷卡“双开通”。刷卡就诊人次数在10次以上的村所148家。按照“先纳入，后规范”原则，屏南医保局对卫健部门报送需开通医保定点的村所名单进行备案并开通相应权限。8月中旬，村所151家（其中一体化村所147家）医保定点协议签订工作完成，全部纳入医保定点协议管理。对全县各定点医疗机构医保业务分管、经办，村所村医代表等进行培训，提升村医医保刷卡报销等业务经办能力；组织信息科人员下村所进行“村村通”刷卡报销业务现场培训，手把手操作指导。

【骗保行为打击】 2020年，屏南医保局根据宁德市医疗保障基金监管集中宣传月工作要求，开展多种形式的打击骗保行为宣传：医保行政服务大厅和定点医疗机构16家、定点零售药店25家LED屏滚动播放宣传标语，在宣传栏粘贴打击欺诈骗保宣传海报，在人流密集处悬挂宣传横幅，向参保群众发放打击骗保宣传折页，组织辖区内2家定点医药机构的分管领导及经办人参加打击欺诈骗保培训会。在各定点医疗机构、零售药店、街道社区、乡镇宣传医保政策，为群众答疑解惑。结合县纪委打击民生领域损害群众利益问题集中整治工作，出台《关于2020年民生领域损害群众利益问题集中整治工作方

2020年1月27日，屏南医保局工作人员稽查医保定点药店

（屏南医保局 供）

案》；4—6月，组织人员集中检查稽核县域内定点医疗机构、定点零售药店、参保人员报销情况。通过线上智能稽核系统，对县域内的所有医药机构进行数据筛查。全年医疗保障日常稽核扣款14.93万元。其中，门诊金额5.41万元，住院金额9.52万元。配合市局打击欺诈骗保基金专项检查，核定交叉检查违规金额59.10万元。11月，对省局检查中的关于屏南县医院的可疑违规数据进行分析并排查。11月30日至12月1日，组织稽核队伍在县医院进行现场检查，稽核扣款金额2.58万元。针对交叉检查结果通报的问题开展“回头看”，进一步核实整改情况。

【医共体建设】 2020年，屏南医保局成立总额打包日常考评工作领导小组，对县总医院开展日常考评，针对考评各项指标与总医院沟通交流，将存在的风险点及时反馈给总医院。部署管理部财务科按季度对基金运行情况及总院运行指标完成情况进行分析，与医院沟通对接，解决存在的问题；指导督促县域各医共体改进管理水平，提升医疗服务能力。开展2020年县域紧密型医共体医保总额打包政策宣传解读工作，与县总医院签订2020年总额打包协议。

【医保窗口建设】 2020年，屏南县继续推进“一窗受理，全市通办、全程网办”工作，争取实现参保群众和企业“最多跑一趟”“一次不用跑”改革目标。新冠疫情期间，坚持“停班不停岗”，并推出“防疫期间医保窗口办事指南”，建议单位及个人通过省网办大厅、医保微信公众号、E点通平台、闽政通App、邮寄等“非接触式”途径办理相关事务。持续提升窗口经办服务质效。陆续开展屏南医保局岗位练兵、干部职工业务学习会、一次性重特大救助专题培训会等干部业务培训。以“巾帼心向党·建功新时代”活动为动力，屏南医保局驻行政服务中心窗口推行服务态度优、服务技能优、服务效率优、服务举止优、服务环境优的“五优”文明服务活动。增设党员先锋岗、绿色通道、政策咨询台等特殊服务窗口。其中绿色通道专门为现役军人、残障人士、70岁以上的老人、高层次人才（三都澳英才卡持卡人）等人群提供专门便捷服务。贯彻落实“放管服”改革，根据《宁德市医疗保障局 宁德市财政局 国家税务总局宁德市税务局关于阶段性减征职工基本医疗保险费的实施意见》，屏南县减征453.11万元，涉及单位214家职工5393人，其中做退费的企业189家，退保费87.60万元。申请缓交企业1家，缓交28.35万元。

【医保政策宣传】 2020年，屏南医保局按照《屏南县医保局城乡居民基本医疗保险宣传工作实施方案》，以城乡居民为重点，通过录制《屏南县城乡医保政策宣传快板》《2021年度屏南县城乡居民医保缴费宣传》视频投放公交车站台、集散中心的LED屏、屏南电视台、全景屏南微信公众号等平台滚动播放宣传，在行政服务中心窗口设置立式展架悬挂大幅海报，联合税务局通过手机短信平台向城乡居民发送参保缴费有关事项，通过教育局部署学校在家长微信联络群通知参保缴费有关事项，借助金融机构宣传资源宣传参保缴费有关事项。结合党日活动，发挥“屏南医保政策流动宣传点”优势，在中心城区、乡镇人流密集处，点对点、面对面为群众提供政策咨询，宣讲普及医疗保险政策；印制医保宣传围裙、环保袋等纪念品，分发给群众。

（县医保局）

民政工作

【概况】 2020年，屏南县民政局投入资金420余万元用于21个农村幸福院建设，投入300万元用于养老服务中心建设和改造，发放事实无人抚养的儿童和孤儿基本生活保障补助68.75万元；支出低保金、特困供养补助金3251.46万元；火化遗体1112具，100%实行火化；整治和绿化全县违法违规私建硬化大墓150穴；投资3200万元将县经营性公墓收购作为县城市公益性公墓建设；开展地名标准化建设、边界管理工作。办理结婚登记976对，办理离婚登记471对，补发婚姻登记375对，出具证明165份，电子证照盖章生成68230份，完成屏南县行政区划图修订。

【养老福利】 2020年，屏南县民政局投入资金420余万元用于21个农村幸福院建设，截至年底，完成屏城乡前汾溪、后井村，甘棠乡下山登村，下山口村，代溪镇善溪村、康里村，熙岭乡大塅村，棠口镇洋中村，甘棠乡浙洋村，双溪镇后峭村、北村文山自然村，代溪镇南山村、往里村，长桥镇前里坪村，路下乡凤林村、芳院村，寿山乡普岭村、白玉村，长桥镇新桥村，岭下乡上楼村等20个幸福院建设；代溪镇周厝村幸福院在建。投入300万元用于寿山、路下敬老院提升改造和棠口镇区域性养老服务中心建设，其中棠口镇区域性养老服务中心项目完成设计和预算审核等前期工作。4月，“1+10”（1个县社会福利中心、10个乡镇敬老院）“公建民营”工作公开招投标，福建雁来归养老服务公司中标，完成签约，中标方在屏南设立屏南县益泰养老有限公司负责具体业务。从6月起，县社会福利中心及甘棠、路下、熙岭、代溪、双溪敬老院陆续投入运营，入住特困人员110余人。

【留守儿童关爱保护】 2020年，屏南县民政局落实农村留守儿童关爱保护工作，要求各乡镇对辖区内的困境儿童（低保家庭儿童、建档立卡贫困户家庭儿童、纳入特困供养范围儿童）进行全面排查，发现一个确认一个，做好孤儿和事实无人抚养儿童的档案整理、信息录入和审批工作。截至12月底，全县有留守儿童487人，困境儿童566人，事实无人抚养儿童69人，孤儿18人。全年发放事实无人抚养儿童和孤儿基本生活保障补助金额68.75万元。

【社会救助】 2020年，县民政局贯彻落实宁德市关于提高农村低保标准的要求，健全和完善城乡低保工作相关制度。城乡低保实现一体化，农村低保标准从2019年度的6456元提高到2020年的7152元。对建档立卡贫困户申请低保的，经入户调查后，给予审批。家庭经济状况审核过程后置，争取应保尽保，兜好底线。截至年底，全县有农村低保对象2122户5032人，支出低保金2061.02万元；特困供养人员825人，支出补助金1099.13万元；城市低保对象86户207人，支出低保金91.31万元；建档立卡贫困户1255人纳入低保，占比25%。生活不能自理特困人员（半护理和全护理）111人，集中供养111人，集中供养率100%。开展救助寻亲服务行动，对在精神病医院救治的滞留人员通过开通使用救助管理信息系统人脸识别模块、公安人脸识别技术、DNA比对、“头条寻人”、全国救助寻亲网和报送上级单位进一步核查甄别等方式甄别寻亲，全年救助32人次，长期安置在精神病医院2人，公安护送4人次，其他站护送接领6人次，亲属来站接领1人次。集中开展落户安置行动，在充分寻亲无果的情况下，对在精神病医院救治的滞留超过三个月的救助对象向同级政府报送落户安置方案。推进源头治理行动，建立返乡人员信息台账，为符合条件的返乡人员落实社会救助和社会福利和社会保险等相关政策；与扶贫办信息共享，对脱贫攻坚建档立卡人员中有流浪乞讨经历的予以重点关注和帮扶。

【殡葬改革】 2020年，屏南县火化遗体1112具，100%实行火化。健全完善两证（死者身份证，医保两证）记录信息和相关档案信息，对两证进行编号，做到一证一号，做好和死亡人员信息录入系统的信息衔接。开展全县违法违规私建“住宅式”墓地等突出问题专项整治，结合自然资源局“青山挂白”专项整治，全面整治和绿化全县违法违规私建硬化大墓150穴。投资3200万元将县经营性公墓收购作为县城市公益性公墓建设。根据省民政厅批复意见，同意双溪镇公益性公墓建设批复，建成代溪镇淦山、泮地村级公益性骨灰楼。开展移风易俗，张贴乱建坟墓整治和殡葬改革公告2300余份、有奖举报270余份，悬挂横幅231条，张贴标语4000余张，发放宣传单1万余份，刊发县级殡改动态8期，出动宣传车150余辆次，宣传厚养薄葬、文明殡葬、移风易俗等社会风尚，规范殡葬服务。免除城乡困难群众殡葬服务费114户17.04万元。

【地名与边界管理】 2020年，屏南县民政局开展地名标准化建设和边界管理工作，落实《福建省地名管理办法》，按照要求做好地名标准化建设工作。按程序审批房地产开发小区地名7处，小区更名1处。与公安联合共制作安装门牌6758块，纠错门牌896块，为城区居民办理门牌手续5157户。做好第二次全国地名普查成果应用工作，完成《屏南县地名志》第三稿的材料收集整理编纂，完成《屏南县行政区划图》修订，"全国地名信息政务管理平台"按上级规定共更新地名信息359处。

【审批登记与职业培训】 2020年，屏南县民政局严格审批手续，截至年底，全县有社会团体111个、民非企业32个，2020年新登记社会团体8个、民非企业5个，社会团体变更登记21个，民非企业变更登记3个，社会团体注销登记2个。6月底，结束2019年社会组织年检。7月，进行社会组织上半年"双随机"（随机抽取检查对象、随机选派检查人员）检查，抽取行业协会商会4家，慈善组织1家，社会团体1家，民非企业1家；12月，进行社会组织下半年双随机抽查，抽查行业协会商会4家，普通社团组织2家，民非企业1家。完成婚姻收养登记的各项工作，办理结婚登记976对，办理离婚登记471对，补发婚姻登记375对，出具婚姻证明165份，电子证照盖章生成68230份，完成2019年档案电子化工作。制定相关激励政策，宣传发动全县符合条件的相关领域社会工作者，参加全国社会工作者职业水平考试，举办助理社会工作师考前公益培训班2期。全县389人报名参加2020年全国社会工作者职业水平考试，每万人报考率考评名列全市第一。

（吴善崇）

2020年6月，屏南县民政局工作人员进行界桩维护

（县民政局 供）

老区事务

【概况】 2020年，屏南县老区人口、土地面积分别占全县人口的98.80%和98.40%。革命战争时期，全县为革命牺牲的烈士320余人，为革命作出贡献、业经政府认定的"五老"（指在革命战争年代为革命做出贡献的老地下党员、老游击队员、老接头户、老交通员、老苏区区乡干部）1056人（其中农村"五老"955人）。2020年年底，全县老区行政村（居）147个，老区基点村17个（其中行政村5个）。健在革命"五老"9人，"五老"遗

孀41人，每人每月定期生活补助费分别为1520元和500元。

【老区扶建】 2020年，屏南县革命老根据地建设委员会办公室（简称县老区办）全面落实省、市老区办各项工作要求，到全县10个老区乡镇和51个老区村调研认证项目，向省、市争取到省级老区专项扶贫发展资金90万元、老区发展专项省级补助资金98万元和老区建设市级配套资金8万元。资金使用上向老区困难村倾斜，用于全县11个老区村道路、自来水、停车场、路灯、桥梁等农村公益事业建设和3个老区村的革命遗址维护。配合市办对代溪镇福善村天湖山自然村和淦山村的革命遗址维护项目开展综合调研复核论证，项目可行性得到初步认可。

【老区宣传】 2020年，屏南县老区办召开全县老区工作会议，学习贯彻修订后的《福建省促进革命老区发展条例》精神。加大红色资源保护力度，协助政府筹措资金，跟踪督查抓好双溪镇岩后村革命老区纪念馆二期工程、代溪镇康里村“中共宁屏第五区康里中心支部遗址”和路下乡岭头村山峰自然村“中共闽东北特委、闽东北军分区驻地遗址”的修缮保护工作，配合市老区办做好革命遗址数字库的完善；利用宣传栏、简报、电视、网络等各种宣传媒体宣传报道老区建设工作，在省、市、县级杂志、网络等媒体发表文章13篇。

【革命“五老”管理】 2020年，屏南县老区办按时足额发放革命“五老”及遗孀定补48.24万元和价格临时补贴约0.42万元，免费为革命“五老”及遗孀办理城乡居民医保1.40万元，核销和补助革命“五老”医疗费0.26万元、门诊费0.40万元。春节、端午、中秋、国庆、元旦期间慰问生活困难和年老多病的革命“五老”及遗孀、老区办挂钩帮扶村相关群众、省级扶贫开发重点村相关群众，以及老党员、困难群众176人次，发放慰问品和慰问金6.20万元。

【挂点扶贫】 2020年，屏南县老区办支持挂钩的寿山乡普岭村进行新村规划、建设，投资20余万元建设普岭猴洋少数民族自然村文化活动中心，投资10万元修建普岭芦坪自然村磅岸，指导挂钩结对的县产业薄弱村寿山上洋村立足资源优势，调整产业结构，发展农产品。

（张吕春）

退役军人事务

【概况】 2020年4月1日，屏南县退役军人事务局根据中共屏南县委机构编制委员会批复，将县光荣院隶属关系变更到屏南县退役军人事务局，光荣院加挂屏南县革命烈士陵园服务中心的牌子，关系全部转隶到位。2020年，退役军人事务局做好优抚安置、双拥共建等工作。发放各类抚恤金；走访慰问退役军人，接待来电来访140余人次；采集零散烈士墓50个，接收由政府安排工作的退役士官，发放待安置期间生活补助费；收集整理上报创城活动材料987份。

【服务保障体系建设】 2020年，屏南县退役军人事务局边组建边开展工作，建设示范型退役军人服务站，按照“五有”（有机构、有编制、有人员、有经费、有保障）要求，完善“两站一中心”（乡镇、村或社区退役军人服务站、县退役军人服务中心）建设，主动与民政、人社等部门对接，落实职能转隶，做好退役军人管理服务、政策落实、技能培训、就业创业、帮扶解困和矛盾化解等工作。

【优抚安置】 2020年，屏南县退役军人事务局落实抚恤补助政策，发放各类抚恤金。因新冠疫情影响，利用新媒体、微信等线上线下形式宣传，发动和倡导足不出户祭奠亲人、缅怀英烈，在县人民政府网平台专栏加挂“致敬·2020清明祭英烈”网上祭扫活动，开展网上祭扫征文活动等。4月2日，组织局全体干部代表县委县政府，在烈士陵园开展代祭扫活动，并制作视频向中华英烈网报送开展祭扫活动和征文情况等相关信息7条。完成符合申报带病回乡退役士兵的申报工作。采集零散烈士墓50个。开展由政府安排工作的退役士兵社保接续工作，接续完成率100%。接收由政府安排工作的退役士官，发放待安置期间生活补助费。

完成烈士陈祥榕（陈祥榕，2019年9月入伍。2020年6月15日，在执行中印边防任务中牺牲；6月24日，被南疆军区党委追认为中国共产党党员；6月30日，被安葬在屏南县烈士陵园；7月17日，被中央军委追记一等功）安葬相关工作，对烈士家属进行慰问，并做好后续工作。

【双拥共建】 2020年，屏南县退役军人事务局在"八一"中国人民解放军建军节和春节期间，组织召开拥军优属座谈会，宣传双拥（拥军优属、拥政爱民）政策法规，推动军民共建开展。在爱国主义教育基地——屏南县烈士陵园和棠口新四军六团北上抗日教育基地举行烈士纪念活动；依托电视、报刊等媒体宣传英雄事迹。根据宁德市争创全国双拥模范城"五连冠"要求，参与宁德市创建全国双拥共建模范城工作，收集创城活动材料987份，其中县直单位637份，乡镇350份，完成整理装订上报。"八一"中国人民解放军建军节组织慰问军休干部、特困退役军人、烈属以及各驻屏部队。与屏南县善课堂社会工作服务中心联合举办"同庆建军佳节，共叙鱼水情深"宣传活动，走访慰问困难退役军人，修缮县人武部民兵培训中心。

（梁少春）

残疾人服务

【概况】 2020年，屏南县残疾人联合会（简称县残联）下设直属事业单位屏南县残疾人劳动就业服务指导中心。年底，全县持证残疾人5470人。其中，男性3381人、女性2089人，一级750人、二级1566人、三级1189人、四级1965人。按照残疾类别统计，视力残疾956人、听力残疾794人、言语残疾118人、肢体残疾2269人、智力残疾293人、精神残疾786人、多重残疾254人。发放困难残疾人生活补贴126.50万元，县财政代缴残疾人城乡居民养老保险，实施残疾人精准扶贫和就业项目补助，接待残疾人来访咨询2000余人次，发放助残扶残助学金60余万元。

【残疾人救助和社会保障】 2020年，屏南县继续执行《屏南县"十三五"加快残疾人小康进程规划纲要》。对符合城乡最低生活保障条件的残疾人家庭应保尽保。成年无业重度残疾人经个人申请，可按照单人户纳入最低生活保障范围。对以老养残、一户多残等特殊困难家庭中，因抚养（赡养）人生活困难、事实无力供养的残疾人，符合特困人员救助供养有关规定的，纳入救助供养范围。提高纳入城乡医疗救助范围残疾人救助水平。对流浪、乞讨残疾人给予救助。照料安置无法查明身份信息长期滞留的流浪、乞讨残疾人。将困难残疾人纳入惠民殡葬政策范围；农村特困人员基本生活标准按照农村居民最低生活保障标准的130%发放；照料护理标准分为全自理、半护理、全护理三档，分别按照当地最低工资标准的10%、25%、40%发放。机构集中供养的农村特困人员，救助供养标准提高20%。年末，全县残疾人纳入低保1220人，占残疾人总数的25.10%。对以老养残、一户多残等特殊困难家庭中，因抚养（扶养、赡养）人生活困难、事实无力供养的残疾人，符合特困人员救助供养有关规定的，纳入特困供养共313人，占比37.90%。对纳入城乡医疗救助范围的残疾人，逐步提高救助水平。促进所有救助项目实现一站式服务，每季度上报更新，动态实施。依据残疾人生活困难补贴和重度残疾人护理补贴工作方案，全县发放困难残疾人生活补贴162.50万元，受惠残疾人2292人；发放重度残疾人护理补贴款172万元，

2020 年 6 月屏南县残疾人年龄类型一览表

表 14

年龄段	合计（人）	残疾一级		残疾二级		残疾四级		残疾三级	
		人数（人）	占比（%）	人数（人）	占比（%）	人数（人）	占比（%）	人数（人）	占比（%）
小计	5557	747	13.44	1579	28.41	2010	36.17	1221	21.97
0—6 岁	15	6	40.00	6	40.00	1	6.67	2	13.33
7—15 岁	128	56	43.75	45	35.16	9	7.03	18	14.06
16—59 岁	2747	430	15.65	982	35.75	778	28.32	557	20.28
60 岁及以上	2667	255	9.56	546	20.47	1222	45.82	644	24.15

2020 年 6 月屏南县残疾人性别一览表

表 15

性别	合计（人）	残疾一级		残疾二级		残疾四级		残疾三级	
		人数（人）	占比（%）	人数（人）	占比（%）	人数（人）	占比（%）	人数（人）	占比（%）
小计	5557	747	13.44	1579	28.41	2010	36.17	1221	21.97
男	3485	446	12.80	954	27.37	1298	37.25	787	22.58
女	2072	301	14.53	625	30.16	712	34.36	434	20.95

2020 年 6 月屏南县残疾人受教育程度一览表

表 16

受教育程度	合计（人）	残疾一级		残疾二级		残疾四级		残疾三级	
		人数（人）	占比（%）	人数（人）	占比（%）	人数（人）	占比（%）	人数（人）	占比（%）
小计	5428	692	12.75	1531	28.21	1203	22.16	2002	36.88
从未上过学	831	193	23.23	217	26.11	169	20.34	252	30.32
小学	2700	273	10.11	702	26.00	609	22.56	1116	41.33
初中	1460	176	12.05	462	31.64	321	21.99	501	34.32
高中	350	37	10.57	124	35.43	86	24.57	103	29.43
大学专科	61	9	14.75	20	32.79	11	18.03	21	34.43
大学本科	24	4	16.67	6	25.00	6	25.00	8	33.33
研究生	2	0	0.00	0	0.00	1	50.00	1	50.00

惠及残疾人 2016 人。其中，一级残疾 644 人，二级残疾 1372 人。

【残疾人保险】 2020 年，屏南县继续对全县城乡持第二代残疾人证的残疾人参加城乡居民基本医疗保险实施补助，县级财政代缴参保个人缴费部分（每人 280 元）；对参加城乡居民社会养老保险的持第二代残疾人证的城乡残疾人，县财政代缴每人每年最低标准养老保险费（持证残疾人个人缴费 0 元、省补贴 32 元、县补贴 8 元、县代缴 200 元）；继续实施残疾人意外伤害险项目，县财政代缴意外伤害保费每年每人 20 元保费，保障内容为意外身故、残疾，给付每人保险金额 8000 元，意外医疗费用补偿每人保险金额 2000 元，每次事故门（急）诊限额 500 元，免赔偿 100 元后，给付 80%。2020 年下半年，这项助残惠残做法被上级推广至全市，由市县两级财

2020年11月19日，宁德市屏南县有关领导在屏南调研城市无障碍设施建设情况（兰乾江 摄）

政共同负担经费。继续实施残疾人职工养老保险补助，对自主创业就业残疾人以个人名义参加职工养老保险的补贴50%。全年享受该政策残疾人37人，发出补贴资金13.79万元。

【残疾人精准扶贫】 2020年，屏南县为确保农村贫困残疾人稳定脱贫，继续落实《中共中央国务院关于打赢脱贫攻坚战的决定》《“十三五”脱贫攻坚规划》《贫困残疾人脱贫攻坚行动计划（2016—2020年）》，保障义务教育、吃穿住安全，扩大残疾人基本康复服务、重度残疾人家庭无障碍覆盖面。建立贫困残疾人精准扶贫工作台账，完善信息数据分析、精准对接服务。县残联继续将助残惠残项目优先使用于精准扶贫残疾户。其中，创业就业扶持项目49户24.50万元，残疾人居家托养48户9.60万元，一户多残项目261户52.20万元，精神病服药75人4.50万元，生活困难补贴438人39.03万元，重度护理补贴342人29.34万元。

【扶残助残项目】 2020年，屏南县残联扶持农村贫困残疾人创业就业项目54户（省级37户、市级17户）26万元（每户补助5000元）。为居家托养肢体和精神等重度残疾人96人，每人补助2000元；精神病患者发放免费药物417人，补助资金25.02万元；一户多残户432户866人发放项目补助金每人每年1000元，涉及惠残资金86.60万元。继续实施爱心助残扶残“一助一”活动，涉及帮扶残疾人420余户，金额50余万元。全县各部门结合“助残日”等重点节日开展各种慰问活动，全年投入资金50余万元，受益残疾人1200余人次以上。

【残疾人康复】 2020年，屏南县依据《屏南县残疾人精准康复服务行动实施方案》，把残疾人康复服务列入加快残疾人事业发展的重要任务之一，重点明确建立完善残疾儿童康复救助制度，对0—14岁视力、听力、言语、智力、肢体残疾和孤独症儿童康复训练补贴实行全覆盖。18人申请0—14岁康复补助65640元；实施基本型辅助器具适配补贴报销制度，发放辅具补贴资金22.30万元；实施精准化实施精神残疾人救治救助。

【残疾人维权】 2020年，屏南县残联接待残疾人来访咨询2000余人次，能当场解决的问题当场解决，不能当场解决的问题妥善答复或安排解决。继续开展残疾人家庭无障碍改造，对符合条件的残疾人家庭无障碍改造给予补贴，完成中央财政补助无障碍改造17户，每户补贴6000元，完成省级财政补助无障碍改造10户，每户补助1000元。

【残疾人教育】 2020年，屏南县促进保障残疾人享受教育权利。促进实施残疾儿童少年学前至高中阶段15年免费教育。对全县未入学残疾儿童少年7人实行“一人一案”，安排残疾儿童少年随班就读或到普通学校特殊教育班、特教学校就读；对具备受教育能力，确实无法到校就读的重度残疾儿童少年实施送教上门。落实《残疾人参加普通高等学校招生全国统一考试管理规定的通知》，为残疾人参加高考提供平等机会和合理便利。加大对残疾学生就学支持力度。对普通学校特教班学生（学前至高中阶段）实施“三免两补”（免课本费、杂费、文具费，对小学半寄宿制学生和初中困难学生生活给予补助）政策，推动依托省级政策按照每生每年3000元和1500元标准分别对寄宿生和寄午生给予生活补助。将残疾学生纳入国家资助政策实施范围，实现就学资助全覆盖。对普通高校在校生中家庭经济困难的残疾学生，给予免学费。发动社会开展扶残助学活动，实施“扶贫助残大学圆梦行动”等项目，继续开展残疾大学生和贫困残疾人家庭子女大学生的助学工作。全年贫困残疾大学生及残疾人子女大学生申报省级“大学圆梦行动”救助项目45人，获得资助25.07万元；学前教育、义务教育阶段就学资助92人，资金50万元。全年各类其他助残扶残助学金60余万元。

【信息动态更新】 2020年，屏南县推进持证残疾人基本服务状况和需求信息数据动态更新工作，实现全面推行手机APP数据采集录入，完成登记5557人，占总数的99.11%。其中，入户登记5502人，电话登记55人。未完成登记111人，占总数的0.89%。其中，查无此人17人，搬迁36人，空挂户19人，外出9人，注销29人，迁移1人。

（兰乾江）

民族宗教事务

【概况】 2020年，屏南县少数民族人口约1000人，其中主要以畲族为主，主要姓蓝。其中，聚居在境内唯一的少数民族行政村甘棠乡巴地村500余人，混居在寿山乡猴洋村100余人，其余部分蓝姓及雷姓等少数民族散居境内。屏南县宗教信教群众主要以信奉佛教和基督教为主，信众约6000人。年底，登记开放佛教场所19个，基督教场所50个，民间信仰点401处。其中，联系点省级1个，市级2个，县级14个。县属宗教团体3个，即县佛教协会、县基督教协会和县基督教三自爱国运动委员会。

【民族事务】 2020年，屏南县民宗局推动畲族特色村寨建设，为巴地村争取上级资金60万元，项目5个，主要用于巴地村基础设施建设和畲族文化活动经费，以及疫情防控期间村集体经济补助。巴地村完成廊桥至小梨洋路口古驿道、阔叶林旅游漫步道、畲族文化传统火凤凰场地等项目建设。持续开展民族团结进步创建工作。按照省、市部署要求，屏南县委统战部（民族与宗教事务局）联合县委宣传部、甘棠乡党委政府，联合县检察院、扶贫办、司法局、妇联、社科联、文旅局、太平洋产险屏南支公司、慈善总会，在甘棠乡巴地村举办2020年“畲汉人民手拉手，同心

2020年10月17日，屏南县甘棠乡巴地村举办“畲汉人民手拉手 同心共圆小康梦”民俗文化展示活动 （县民宗局 供）

共圆小康梦”民俗文化展示活动。活动通过文艺演出、猜谜有奖、农产品展销、畲寨小吃展示、围棋擂台赛及相关单位政策法规宣传，结合“七五”普法工作，向民众开展社会主义核心价值观及扫黑除恶宣传，同时，现场讲解《中国公民民族成分登记管理办法》《宁德市畲族文化保护条例》及民族政策、法规、团结教育知识，让畲汉人民在节目互动中增进情谊。选报4人参与宁德市“三月三”畲族文化周微作品比赛，获“最美逆行者”特别奖1人，一等奖1人、三等奖1人、优秀奖1人。

【宗教事务】 2020年，屏南县民宗局组织人员到各乡镇、民族村、宗教活动场所开展新冠疫情防控工作。上半年，全县宗教活动场所69个执行“双暂停一延迟”（暂停开放宗教活动场所，暂停一切集体宗教活动，宗教院校延迟开学），落实“6个有没有”（有关停场所，有停止一切宗教活动，有公告宣传，有巡查排查，有及时上报；没有发现确诊或疑似病例），均未发现异常情况。引导宗教界开展应对新冠疫情捐款捐物活动，助力全县防控疫情，全县宗教界捐款捐物11.98万元（其中，县佛教协会捐款5.30万元，县基督教两会捐款5.38万元，城东基督教堂捐赠物资价值1.30万元）。指导屏南城东基督教堂开展“彰显主爱 让爱走动”疫情防控物资捐赠活动，将捐赠物资送达屏南高速口疫情检查点和各社区防控点，支援古峰镇应对新冠疫情一线工作人员。3月5日，宁德市民宗局一行在屏南县调研检查宗教人员聚集场所疫情防控工作。下半年，根据上级主管部门部署，全县宗教场所陆续按要求开放。

（黄晓峰）

教育　科技　卫生健康

教　育

【概况】　2020年，屏南县学校70所。其中，完全中学4所，职业中专1所，初级中学8所，九年一贯制学校1所，完小以上小学18所，教学点19个，幼儿园19所（其中民办幼儿园5所）。全县学生23723人。其中，高中2157人，职专869人，初中4540人，小学11202人，幼儿园4836人，特殊教育班119人。全县教职工2249人。

【学前教育】　2020年，屏南县幼儿园19所。其中，城区幼儿园4所，乡镇中心园10所、民办园5所。全县有省级示范园1所、市级示范园1所、县级示范园7所。设幼儿班154个，在园幼儿4836人，学前三年入园率98.31%。2020年秋季，新建公办园光明第二幼儿园投入使用，可开设幼儿班12个。推进学前教育精准帮扶，全年开展开放周活动1次，帮扶活动14次，培训幼儿教师654人次；6月，评估认定新蕾幼儿园为县级示范性幼儿园；12月，开展全县乡镇中心园年检工作，规范幼儿园办园行为；全县开展以“特殊的时光，不一样的陪伴”为主题的学前教育宣传月活动，采取线上为主、线下为辅的方式搭建宣传平台为家长答疑解惑，提供有针对性的指导。开展课题研究，市级立项课题1个结题；开展幼儿园教师心理健康和美育素养培训、幼儿教师专业能力提升培训、第五届中小学幼儿园教师教育教学技能大赛等活动。

【义务教育】　2020年秋季，屏南县小学在校生11202人，一年级新招生1906人，适龄儿童入学率100%，学额巩固率100%。9月，宁德市教育局组织专家组对屏城、代溪、熙岭3个中心小学进行管理标准化学校建设评估，均以高分通过市级评估；12月，屏城和代溪中心小学被福建省教育厅认定为义务教育管理标准化学校；甘棠和熙岭中学通过省级义务教育管理标准化验收。11月，选派学校班子6人到厦门市海沧区跟岗交流学习两个月。

【普通高中教育】　2020年秋季，屏南县普通高中在校学生2157人。普通高中招生736人，其中屏南一中招收500人、屏南二中招收196人，屏南三中招收40人。参加普通高考649人。其中，文史理工类一本上线72人，本科上线341人；艺体类本科上线62人。

【中等职业教育】　2020年，屏南职专在校生869人，全日制招生412人，毕业生201人，就业率98%。职专开设电子技术应用、计算机应用、计算机动漫与游戏制作、旅游服务与管理、电子商务、建筑工程施工、美术绘画、音乐8个专业，参加高职分类考

2020年，建设中的屏南县国宝小学　　（县教育局 供）

试195人，本科上线7人。

【成人教育和特殊教育】　2020年，福建广播电视大学屏南工作站以非全日制学历教育和社区教育为重点，多种方式办学。秋季，与福建广播电视大学宁德分校联合开展法学本科招生；与县政法委、公安局联合开展综治人员、公安辅警学历提升教学；与县委组织部联合招收一村一名大学生学习；开展农民工圆梦项目招生等，以上各项招生142人，在校生402人。2020年，毕业151人，其中国家开放大学87人，四川大学49人，福建师范大学15人。福建广播电视大学屏南工作站被省电大评为招生工作先进单位。采用购买家庭教育综合服务方式，开展周末家长学校家庭教育讲座8场，乡镇村校家庭教育讲座23场。屏南社区学院被列入第三批省级社区（老年）教育示范基地；屏南县善育家教被列入第三批省终身教育重点项目（优质学习团队）；甘棠乡王林村黄眉珠被选为省级“百姓学习之星”。屏南职专举办生活垃圾处理工、保育员、电子商务师专业技能培训班3期89人。6—14周岁特殊教育学生119人，随班就读80人，特教校（班）30人，送教上门9人。特教班新招生2人，入学率100%。

【教师队伍建设】　2020年，屏南县持续开展师德师风专项督查与日常监督检查，做到发现一起查处一起，通报曝光一起，建立问题清单、问责建议，形成督查报告。招聘新任教师82人，其中全日制硕士研究生4名。新任教师69人安排到农村学校任教，占新招聘教师人数的84%。利用县教师进修学校培养教师主力军作用，培养县级名校长10人、县级名师30人、学科带头人23人、县级骨干教师90人。采取“走出去、请进来”的办法，遴选学校班子6人到厦门海沧区跟岗学习2个月。调整校长3人、校班子成员12人。

【教育督导】　2020年，屏南县人民政府教育督导室结合上级部署开展专项督导，落实常规，抓教育教学质量提升；完成各中小学责任督学挂牌督导的调整工作，采取分区督导方式，落实工作职责，聘任叶其慈等3人为屏南县人民政府第四届特约督学；完成幼儿园办园行为督导评估，规范幼儿园办园行为。

【教育基础设施建设】　2020年，屏南县建成熙岭乡幼儿园、光明第二幼儿园、代溪镇幼儿园。投入资金7000余万元，改善并提升乡镇学前教育的办学条件。投入资金287万元，实施义务教育薄弱环节改善与能力提升项目7个。岭下中学教学综合楼和县第二中学2号教学楼投入使用。

（陆道暖）

科　技

【概况】　2020年，屏南县科技局鼓励企业提升创新能力，加强科技宣传，组织开展“科技人才活动周”主题宣传活动，推进科技特派员工作、科技人才和防震减灾等工作。

2020 年 8 月 26 日，屏南县举办科技·人才活动周启动仪式

（陈京　摄）

【支持企业创新】　2020 年，屏南县科技局组织惠荣农业、乙天生物公司等 3 家企业申报国家级高新技术企业。年度获科技型中小企业评价的企业 5 家。支持企业申报省级科技计划项目，申报省科技计划项目 2 项。

【科技宣传】　2020 年，屏南县科技局加强科技宣传，在路下乡开展文化科技卫生“三下乡”活动，组织相关技术力量，推进科普进社区、进乡村、进学校、进企业。8 月 26 日，在县街心广场举办以“科技战疫、创新强国”为主题的 2020 年“科技人才活动周”宣传活动启动仪式，近 30 个单位参与，现场展示科普宣传展板，分发实用技术资料，接受现场技术咨询等。

【特派员工作推进】　2020 年，屏南县科技局推进科技特派员工作。5 月 15 日，全县市级科技特派员 22 人按时到 11 个乡镇报到，开展科技服务工作，实现全县各乡镇科技特派员全覆盖，预申报市级科技特派员项目 12 个，并提交市科技局。成立县科技特派员工作站和乡镇科技特派员工作站，确定各站长人选。全县认定县级科技特派员 49 人，选派到 11 个乡镇开展科技服务。被评为省级科技特派员 12 人，“三区”（边远贫困地区、边疆民族地区、革命老区）人才 23 人。

【产学研工作】　2020 年，屏南县科技局组织企业加强与福建农林大学、福州大学、省农科院、工程学院、江南大学等省内外院校的合作，增强县内企业产品市场竞争力。组织企业参加科技系统组织的培训。组织科技人员 2 人参加省级扶贫开发工作重点县科技人员培训。鼓励县内企业参加宁智回归高端人才峰会。部署市级科技创新创业领军人才遴选工作，推荐米艾西（福建）测控技术有限公司经理陆享雨参评市级科技创业领军人才遴选。

（李随沁）

卫生与健康

【概况】　2020 年，屏南县卫生健康局（简称县卫健局）是屏南县政府工作部门，担负全县医疗卫生、预防保健、卫生行政执法、人口计生、健康教育等行政管理工作。全县各类医疗卫生机构 166 家，其中县级预防保健机构 2 家（县疾病预防控制中心和县妇幼保健院），县级医疗机构 2 家（县医院和县中医院），精神病医院 1 家，卫生执法监督机构 1 家，社区卫生服务中心 1 家，乡镇卫生院 10 家，村级卫生所（室）121 家、乡村医生 156 人，个体医疗诊所 21 家，其他卫生站、医务室 7 家。全县卫生技术人员 645 人，业务指导 11 个乡镇卫计服务中心。2020 年，重点推进医疗卫生体制综合改革和行政审批制度改革，推进医院基础设施提升和公共卫生体系建设，开展健康扶贫、疾病防与控、妇幼保健、卫生执法监督、人口信息监测、老龄健康、卫健宣传、计生户扶持等相关工作。

【医疗改革】 2020年，屏南县推进医疗卫生体制综合改革，巩固公立医疗机构药品、耗材零差率改革成效，控制医药费用不合理增长。继续贯彻落实省市医改“1+8”文件，加强卫生人才队伍建设及屏南县属公立医院政府投入暂行办法等保障性配套文件。推进县域紧密型医共体建设。统筹建立总医院内部管理运行机制，着重抓县级各公立医院服务能力提升和服务平台建设。扶持中医医院提升综合服务能力，开展中医特色专科建设。组织实施公立医院精细化管理，建立完善现代医院管理制度，建立符合行业特点的县属公立医院收入分配制，完善院长激励约束机制，推进落实县级公立医院和基层医疗机构院长年薪制。

【医院卫生提升工程】 2020年，屏南县完成县医院传染病综合建设项目建议书批复、用地预审及选址意见书、可研批复、方案批复、土方工程施工、初步设计及概算报批等前期工作。该项目总投资4358.01万元，用地面积7555平方米，总建筑面积4665.92平方米。县精神病医院整体搬迁项目规划占地面积3.03公顷，建筑面积6010万平方米、总床位200张，总投资4831万元，项目分两期建设。其中，一期项目于2016年5月完成整体搬迁，二期项目于2019年4月动工建设，2020年年底竣工验收。屏南县疾病预防控制中心实验室综合楼建设项目竣工并验收，该项目总建筑面积3881平方米，占地面积705平方米。代溪中心、甘棠、岭下、熙岭、路下、屏城等乡镇卫生院和寿山乡卫生院医技综合楼，以及长桥卫生院整体搬迁项目总建筑面积19221平方米，估算总投资7174万元。年底，全部完成方案批复、可研批复、地勘、初设及概算批复、EPC招标、环评报批、监理招标、用规、工规等工作。此外，代溪镇、甘棠乡卫生院完成结构封顶并开展室内装修工程施工；路下乡、熙岭乡卫生院完成结构封顶并开展室内砌筑工程施工；岭下乡、屏城乡卫生院办理施工许可；长桥镇卫生（新院）完成方案评审；寿山乡卫生院完成主体工程施工。

【健康扶贫】 2020年，屏南县卫健局围绕“健康福建”主题，落实健康扶贫综合医疗保障措施。开展健康立卡农村贫困人口大病专项救治，排查并动态管理患有34种大病的建档立卡农村贫困人口257人。实施家庭医生签约服务，建档立卡贫困人口9750人中，签约9712人，签约率99.60%。对建档立卡农村贫困人口患者施行优先诊疗优先安排转诊和“先诊疗后付费”制度，实施“一站式”结算，为建档立卡人口提供“先诊疗后付费”服务1173人次。

【疾病防控】 2020年，屏南县开展乡级以上医疗机构疫情网络直报工作，网络直报率100%。其中，报告甲、乙、丙类传染病发病28种491例，死亡1例；报告发病率345.76/10万、死亡率0.704/10万、病死率2.037‰；报告发病率较2019年的467.61/10万下降26.06%。

2020年12月，屏南县代溪镇卫生院家庭签约医生上门为贫困户检查身体健康情况 （县卫健局 供）

全县新生儿建卡1296人，接种免疫规划疫苗32762针次，扩大国家免疫规划疫苗接种率95%以上，新生儿首针乙肝疫苗接种率95%以上。非免疫规划疫苗接种12808针次。完成城市饮用水水质监测点检测任务22个、水样44份，完成全县农村饮用水供水点枯水期和丰水期水质检测44个，按照GB/T 5750—2006《生活饮用水标准检验方法》，对全年水样140份进行指标检测33个。

【公共卫生体系建设】 2020年，屏南县卫健局完善屏南县医院“120”医疗急救指挥中心建设，承担全县院前急救和重大医疗救护事务，与“110”“119”联动。免费向城乡居民提供健康档案等基本公共卫生服务14类，全县累计为常住居民建立电子健康档案124927份。其中，在管高血压患者8816人，糖尿病患者3101人，严重精神障碍患者808人，老年人13080份。免费体检8074人。

【妇幼保健】 2020年，屏南县卫健局开展孕产妇保健工作，孕产妇产前检查率96.88%，孕产妇系统管理率91.84%、住院分娩率100%；孕产期艾滋病病毒检测率98.18%，孕产期梅毒检测率98.23%，产妇乙肝表面抗原检测率98.18%。7岁以下儿童保健覆盖率95.21%、3岁以下儿童系统管理率93.57%、围产儿死亡率4.38%、新生儿破伤风发生率为零。实施妇幼重大公共卫生项目及省政府为民办实事项目，普查屏南县农村妇女和城市低保妇女“两癌”（宫颈癌和乳腺癌）8400人。免费开展农村孕妇和城市低保孕妇产前筛查诊断，产前血清筛查25人。免费增补叶酸预防神经管缺陷项目，免费发放叶酸1676人6202瓶。筛查地中海贫血321对，检出地贫基因携带者5人。完成免费孕前优生健康检查343对，完成率57.16%。完成婚前医学检查58对，婚检率8.39%。

【卫生执法监督】 2020年，屏南县卫健系统出动卫生监督员2400人次，执法车辆170余车次，依法监督检查医疗机构182家、公共场所115家、学校卫生33家、生活饮用水水厂及二次供水设施12家；查处群众投诉举报件2起，查处结果反馈率100%；督促整改不规范经营单位38家，查处违法违规案件19起，处罚款8.49万元；现场审查卫生许可证新证33家，变更2家；完成全县职业病防治监督检查和摸底调查企业76家，督促申报、变更职业病危害企业68家；完成国家下达“双随机”（随机抽取检查对象、随机选派执法检查人员）抽检任务41家。发放宣传单（册）2000余份，接受群众来访及现场咨询300余人次。

【爱国卫生】 2020年，屏南县卫健局以开展城乡环境整洁行动和环境整治、除害灭病、健康宣传、改水改厕为主要内容，以创建国家级、省级、卫生乡镇为目标的爱国卫生运动。7月29日，路下乡、代溪镇被命名为国家卫生乡镇。

【人口信息监测】 2020年，屏南县规范使用福建省人口服务与管理信息系统（PIS）中常住人口、出生登记、生育登记、流动人口服务与管理信息系统（FIS）中流动人口、出生登记等核心数据库信息，规范福建省综合信息服务平台中生育证登记、奖励扶助登记、人口管理日常交接效率、通报信息处理、人口出生信息共享等平台信息使用，为群众提供便捷服务。

【计生户扶持】 2020年，屏南县卫健局落实《中共屏南县委、屏南县人民政府关于坚持计划生育基本国策促进人口长期均衡发展创建“生育文明·幸福家庭”的实施意见》，推进支持计划生育家庭抓增收促发展提标扩面。全县55—59周岁享受计划生育家庭扶助对象1076人，发放扶助金129.12万元；60周岁农村部分计划生育家庭奖励扶助对象939人，发放扶助金122.28万元；独生子女伤残死亡家庭特别扶助对象39人，发放扶助金77.40万元；城镇部分计划生育家庭奖励扶助对象186人，发放扶助金22.32万元；农村二女夫妇奖励扶助对象 2725 人，发放扶助金 98.1 万元；农村部分计划生育家庭贡献奖励扶助对象 283 人，发放扶助金 10.19 万元。农村独生子女和二女绝育户家庭子女 215 人享受中考加 5 分优惠政策，其中因政策加分被县一中录取 6 人。考录专科以上独生子女、二女户家庭子女 172 人，领取奖励金 10.70 万元。

2020 年 6 月 16 日，屏南县卫健局在双溪社区开展老年人健康宣传志愿活动 （陈京 摄）

【老龄健康】 2020 年底，屏南县常住户籍 60 周岁及以上老年人 2.93 万人，占全县户籍总人口的 15.46%。其中，60—69 周岁 16224 人，70—79 周岁 8433 人，80—89 周岁 3795 人，90—99 周岁 807 人，百岁及以上 7 人。为 80 周岁及以上农村老人发放高龄津贴 260 余万元，惠及老年人 3700 余人；发放百岁老人长寿营养补助及重阳节慰问金 6.48 万元。免费为老年人办理福建省老年人优待证 860 份。出台《关于做好老年人新型冠状病毒感染肺炎疫情防控工作的通知》文件，印制宣传材料等 4 万余份；印制“屏南县卫健局致老年朋友的一封信”分发各乡镇、村（居）张贴，在电视台不间断播放。开展老年人意外伤害保险，全年承保老年人意外伤害保险 25344 人。其中，80 周岁以上老年人 4447 人，60—79 周岁老年人 20897 人，受理理赔案件 330 件，赔付金额 27.59 万元。开展医养结合工作。4 月，宁德市卫健委、民政局确定屏南县精神病院为市级医养结合机构试点单位（2020 年 8 月，县精神病医院老年康复病房综合楼完成主体验收）、屏南县孝心养老服务中心为市级居家养老医养结合试点单位。各乡镇卫生院每年对辖区内 65 周岁及以上常住老年人免费体检 1 次，截至 11 月，全县在管老年人 13771 人，健康管理 7571 人，健康管理率 60.6%。基层医疗卫生机构对辖区建档立卡失能高风险贫困老年人 418 人上门健康评估，开展失能贫困老年人照护服务工作。组织老年社会活动，对接县老年大学、老体协、退教协、基层老年协会等，为老年人举办有关文体活动、举办健康知识讲座等。

【医政管理】 2020 年，屏南县卫健局落实行政审批制度改革。改变审批方式，强化和推行“一站式”“窗口式”“一条龙”服务模式。规范医疗机构和医生、护士执业登记，推进医生、护士电子化注册工作，规范办理计生证明、生育服务证、再生育审批等行政执法行为。加强普法教育和培训，开展普法宣传，提高卫健执法人员的依法行政理念和能力。全年未发生涉医恶性案件。

【卫健宣传】 2020 年，屏南县卫健局拓展宣传载体，利用移动网络设立卫健宣传微信、微博、科普画廊等平台，宣传卫生健康知识。组织医技人员围绕“健康中国”主题，开展科技讲座，发放健康科普读物资料等，引导群众知行合一，提高健康素养。建立落实舆情监测与应对机制，坚持每日监测舆情，并纳入年度考核，全年未发现负面舆情。

（张丽珍）

文化 旅游 体育

文 化

【概况】 2020年，屏南县加强公共文化建设，推进文旅片区乡村振兴文化带基础设施建设；抓好群众文艺创作工作；深化放管服改革，提升文化市场管理水平；做好文博、图书馆和新闻出版工作。

【公共文化】 2020年，屏南县加强公共文化资源共享，推进文旅片区乡村振兴文化带基础设施建设。继续打造甘棠乡甘国宝文旅小镇、熙岭乡文创片区和代溪镇的黄酒小镇；培育北墘村、龙潭村和小梨村乡村文化振兴示范点3个。建设基层综合性文化服务中心，下达84.70万元资金，建设提升白玉村、村头、路下、北墘、富竹等10个省级乡村振兴示范点，以及北墘村、三万里村2个省级基层文化服务中心省级示范点的图书阅览室、文体活动室、特色文化展示厅。

【文学艺术】 2020年，屏南县文体和旅游局抓好群众文艺创作工作。文化馆结合重大活动抓群众艺术创作和文化馆专业干部创作。推动社区、乡镇、村群众文化活动。组织开展“战疫”“庆祝撤地设市20周年”等书画美术摄影作品展5场；组织撤地设市20周年文艺晚会屏南节目《爱在山水间》编排与演出。组织四平戏剧团等到路下乡参加科技文化卫生“文化三下乡”活动。开展惠民演出和非遗进学校、社区、进村活动。组织四平戏、平讲戏剧团在熙岭村、双溪中学等地开展演出70余场。四平戏复排传统剧目《赠宝带》《沉香破洞》；新编反腐倡廉题材剧《贤良祠》并在龙潭村首场演出。开展“文化和自然遗产日”活动。红釉黄酒酿造技艺项目被国务院公布为国家级非遗项目。开展第五批县级非遗保护项目申报推荐工作。村头圆木作传统制作技艺等2类4项被县人民政府公布为屏南县第五批非物质文化遗产代表性名录项目。推荐木拱桥传统营造技艺项目的“屏南县木拱桥传统营造技艺实践性传承与保护”为国家级非物质文化遗产代表性项目优秀实践案例。8月7—9日，组织木拱桥传统营造技艺和屏南杖头木偶两个项目参加宁德市组织的配合央视“心连心”演出非遗展示活动。10月11—14日，组织四平戏参加“戏曲百戏（昆山）盛典”演出活动。配合宁德市做好第44届世界文化遗产大会屏南考察路线、四平戏展演、木拱桥传统营造技艺展示等前期工作。

【文化管理】 2020年，屏南县文体和旅游局继续深化放管服改革。全面实行市场准入负面清单制度，推进“互联网+政务服务”，推行“一趟不用跑”和“最多跑一趟”做法，打造“双随机一公开”（随机抽取检查对象，随机选派执法检查人员，抽查情况及查处结果及时向社会公开）监管升级版，推动跨部门联合监管。市场管理与审批股负责行政审批制度改革工作，设立统一对外服务窗口，将所有审批、审核、备案、公共服务事项全部入驻行政服务中心综合窗口办理。2020年，综合窗口工作人员绩效考评全勤满分。根据《福建省行政审批服务事项细化梳理工作方案》和方便群众办事要求，结合单位业务实际情况，开展行政审批服务事项关联绑定、细化梳理工作，适时发布标准化事项目录清单。全年审批设立“音悦汇娱乐会所”1家（天河音乐会所更名）。

【图书馆工作】 2020年，屏南县图书馆新购图书711册，征订报纸期刊140种。接待读者13000余人次，借阅读者5475人次，外借图书17815册次，新办借阅卡285张。推进总分馆制建设，辅导分馆和基层流通点业务，定期为馆外流通点轮换书刊。县图书馆派员到县委党史方志室、县科协和县委宣传部等单位收集地方文献资料。

【文博工作】 2020年，屏南县博物馆公布第二批县级革命文物保护单位15处。核对勘误并上报县域内国家重点文物保护单位2个11处，省级文物保护单位7个11处，县级文物保护单位57处，未定级不可移动文物239处。开展不可移动文物保护范围和建筑控制地带规范性划线工作。县博物馆与省博物院考古队联合完成硋窑瓷窑遗址文物调查勘探。漈下建筑群修缮工程基本完工，消防工程进入工程施工筹备阶段。监管督促省级文物保护单位完成双溪文庙、熙岭九峰寺、屏南县城隍庙修缮工程。配合住建局完成第三批省级传统村落申报工作。熙岭、四坪、墘头、王林、巴地5个村被列入福建省第三批传统村落。

【新闻出版】 2020年，屏南县出版物发行单位（实体书店）3家（教育书店、学府书城和华宁购物广场门市部）、新华书店1家。发行网点分布城区，从业10人，年销售额200余万元。7月，学府书城经省市评审，获福建省实体书店扶持资金3万元，宁德市仅3家书店获此奖补资金。12月，新增审批互联网销售书店2家（屏南县陆长昕贸易商行和屏南县云轩贸易商行）。

（张春榕）

旅 游

【概况】 2020年，屏南县加强旅游项目建设，加大旅游宣传营销力度，强化行业管理，推进全域旅游。全年接待游客302.16万人次，旅游综合收入26.67亿元。

【项目建设】 2020年6月，屏南县漈下古村旅游景区被评为国家AAA级旅游景区；10月，熙岭乡龙潭村入选第二批全国乡村旅游重点村名单，代溪镇黄酒特色小镇（示范小镇）、甘国宝文旅小镇（达标小镇）成功创建第二批宁德市旅游小镇；11月，代溪镇北墘村、熙岭乡龙潭村被认定为福建“金牌旅游村”；12月，代溪镇谢厝村被评为省级旅游村。推进厕所革命，新建旅游厕所13座，改建旅游厕所1座。加强基础设施建设，旅游集散中心竣工，游客服务中心完工并投入使用，指挥中心完成初验投入试运行，全域旅游交通标识系统完成建设，白水洋自驾车营地、城区立体停车场完工。

【宣传营销】 2020年6月，屏南县设立旅游官方微信、抖音平台等，与今日头条合作开展举办“一秒变上仙”抖音短视频大赛，摄制、推广旅游形象片；在央视4套《走遍中国》栏目宣传、投放动车组冠名广告，在主要客源城市的车体、户外、广播电台和省、市主流报纸旅游专栏宣传屏南旅游。结合县域特色，举办“闽东之光‘四季屏南·乡村有约’”屏南乡村文化旅游创意活动月系列活动和“‘四季屏南·乡村有约’主播带你游闽东”乡村振公益行活动。定期举办甘国宝文化节、端午民俗文化节、黄酒民俗文化节、“8·18”中国白水洋文化旅游节等节事旅游产品。

【旅游行业管理】 2020年，屏南县文体和旅游局在春节、五一节前开展旅游市场检查及文明引导，出动检查人员46人次，检查旅游企业24家。其中，旅行社17家，旅游景区5家，星级饭店1家。开展旅游企业安全隐患排查276人次，检查旅游企业97家次。其中，旅行社62家次，旅游景区30家次，星级饭店5家次，未发现安全隐患问题。做好旅游统计工作，督促星级饭店、旅行社、景区按要求做好统计上报。全年辖内各旅游景点没有出现拥堵现象，没有接到重大旅游服务质量投诉和安全事故报告。

【全域旅游】 2020年，屏南县按照国家、省、市的部署要求，以《全域旅游示范区创建工作导则》为指导，健全完善体制机制、强化政策保障、提升公共服务、推进核心景区示范作用发挥，丰富产品供给、扩大品牌影响力。截至年底，全县有国家AAAAA级旅游景区1家、AAA级旅游景区5家、四星酒店1家、全国乡村旅游重点村1个、四星级乡村旅游休闲集镇1个、福建金牌旅游村2个、民宿宾馆100余家，接待床位6000余张，经营土特产品商铺80余家，特色餐饮店铺160余家。全年接待游客302.16万人次，旅游综合收入26.67亿元。

（张春榕）

白水洋鸳鸯溪风景名胜区管理

【概况】 2020年，屏南白水洋鸳鸯溪风景名胜区管理委员会（以下简称景区管委会）内设办公室、景区规划建设管理处、旅游市场管理处，下辖屏南县鸳鸯溪经济开发有限公司。2020年，做好全域旅游、自然保护地整合、“一城七线”景区提升、旅游市场营销等工作。

2020年9月28日，屏南县开展旅游市场新冠疫情防控检查

（张晨晖 摄）

【全域旅游】 2020年，屏南县景区管委会完成全域旅游标识系统建设。全域旅游标识系统项目按照规定完成规划设计、造价、财审、招标、建设等环节。

【自然保护地整合】 2020年，屏南景区管委会围绕“建立以国家公园为主体自然保护地体系”决策部署，创新规划理念，划定风景名胜区和自然保护区范围边界，布局游览服务设施，做好风景名胜区规划与住建、自然资源、环境保护、交通运输、水利、林业、文化旅游发展等相关规划的相互协调衔接，依据资源环境承载力，控制建设规模，根据景观环境，协调建筑风格。加强风景名胜区规划实施评估，加大风景名胜区监督检查力度，掌握规划实施、资源保护和建设活动情况。

【景区提升】 2020年，屏南县景区管委会为办好第四十四届世界遗产大会做准备，根据宁德市林业局《关于做好自然保护地考察展示点整治提升工作的通知》精神，制定《宁德世界地质公园

2020年，屏南县白水洋风景　（景区管委会 供）

白水洋园区提升工作方案》。根据《旅游景区质量等级评定管理办法》《旅游景区质量等级的评定与划分》国家标准和细则要求，制定《白水洋鸳鸯溪风景区提升工作方案》，谋划景区延伸发展，提升核心景区品质。

【项目建设】 2020年，屏南县旅游集散中心内街夜景工程、白改黑工程、旅游指挥中心信息化建设等均竣工验收并投入使用。旅游集散中心的功能涵盖11个乡镇特色药膳美食城、商业步行街，大型餐饮酒楼3家，主题宾馆2家；儿童乐园、KTV、足浴城及夜景工程、白改黑工程、滨溪景观带等业态正常运营；旅游咨询服务中心、旅游指挥中心投入使用。

【旅游产品】 2020年，屏南县景区管委会在开发旅游产品的基础上，以弘扬地方特色文化为宗旨，以培育自驾游精品路线为目标，打造漈头—棠口—双溪—白水洋—鸳鸯溪—前洋—北村主景区旅游线路，漈下—巴地—小梨洋—大棠综合休闲农场甘国宝文化旅游线路，漈下—龙潭—四坪—墘头—北墘网红文创旅游线路，厦地—村头—汾溪—长桥—柏源—芳院—仙山松海景区旅游线路，漈头—白玉—降龙—寿山—白凌茶盐古道运动健身旅游线路。围绕打造“全域旅游、屏南特色”，通过旅游+体育、旅游+文创、旅游+休闲农业、旅游+药膳美食等，推动“旅游+”跨界融合发展，形成生态观光游、人文休闲体验游等旅游产品，打造文化旅游品牌。

【市场营销】 2020年，屏南县景区管委会加大景区宣传营销力度。通过福州地铁车厢、福州市区灯箱、抖音主流媒体、微信朋友圈、腾讯新闻App、EMS封套等平台宣传景区旅游，扩大屏南全域旅游知名度和品牌影响力。配合做好屏南“县长天团”直播助农活动白水洋分会场直播活动，参加厦门海峡旅游博览会、“清新福建·绿色宁德”衢州文旅推介会。

（吴善坞 陆 苹）

体 育

【概况】 2020年，屏南县重点做好组织开展多项球类运动和全民健身活动；推进竞技体育发展，省青少年U系列赛获1金1铜；丰富老年体育活动项目，组织和推荐老年人参加相关体育赛事10余场。

【群众体育】 2020年，屏南县做好公共体育场所复工复产及体育场所开放后的疫情防控工作。开展各项全民健身运动，组织人员参加福建省全民健身运动会（宁德赛区）3VS3篮球、羽毛球、门球等赛事；6月起，组织各体育单项协会、俱乐部开展2020年福建省全民健身运动会（屏南赛区）系列赛事，至9月底，完成福建省全民健身运动会（屏南赛区）暨“品味端午”系列健身活动、足球系列赛、“文明健康行”健步走活动。

【竞技体育】 2020年，屏南县组队参加2020年福建省青少年U系列拳击冠军赛，获1枚金牌、1枚铜牌和1个第五名的成绩。

【老年体育】 2020年，屏南县组织老年人参加省、市体育部门举办的门球、气排球、太极拳、手杖操等比赛。5月22日，县老体协召开2020年老体协工作会议，组织门球运动员和裁判员参加福建省门球技术动作网络比赛；组队参加全市老年人气排球比赛，男队、女队皆获金奖。9月27—28日，2020年福建省全民健身运动会（宁德赛区）门球比赛在宁德市体育中心门球馆举行，屏南县门球队获团体第三名，王翠翎获女子单打第二名。11月13—16日，承办2020年“‘白水洋杯’美丽中国·全国门球大赛（屏南站）”赛事。

（张春榕）

2020年11月14日，“白水洋杯”美丽中国·全国门球大赛（屏南站）现场 （林小敏 摄）

宣传媒体融合

【概况】 2020年，屏南县根据“三定”（定机构、定编制、定职能）方案，确定县融媒体中心为相当正科级公益一类县委直属事业单位，经费由财政核拨，归口县委宣传部领导，加挂屏南县广播电视台、《白水洋》乡讯社牌子。7月，县融媒体中心完成原县新闻中心、县广播电视台、白水洋乡讯社工作人员整合转隶，集中县广电中心大楼办公。完成投入40万元修缮广电中心大楼六层业务用房，配合县文旅局完成广电行政管理、广播“村村响”、直播卫星接收、电影发行放映等公共服务监督及管理职能划转，通过全省县级融媒体中心验收。完善广播四级联播联控应急预警系统工程建设，做好广播“村村响”工程、直播卫星接收设备和农村有线广播应急预警系统维修维护。推进中央广播电视节目无线数字化覆盖工程。新冠疫情防控期间，以本地方言和普通话录制应对新冠肺炎疫情通告音频，利用“村村响”广播，在各乡镇、行政村开展防疫宣传，做好宗教民俗劝导。监督县电影发行放映公司完成农村公益电影“2131工程”实施，全年放映1824场。

【新闻宣传】 2020年，屏南县融媒体中心微博粉丝12.06万人，全景屏南微信公众号粉丝4.06万人，今日屏南微博粉丝3.20万人。依托自身新媒体平台，播发创意视频60条。全年播出《屏南新闻》142期1280条。完成《白水洋》季刊改版，每季度1期，每期印刷2000本。县媒体中心通过传统媒体、新媒体构建融媒体矩阵，以经济建设、民生发展、文化旅游等策划报道，围绕“不忘初心、牢记使命”主题教育、重点项目建设、“两会”系列报道、交警系列报道等，策划推出《学习贯彻中共十九届五中全会精神》《众志成城、防抗疫情》等新闻专栏8个。发布原创疫情防控宣传稿3200余条，制作秒拍视频、H5等通过“报网台两微一端”一体化传播，其中，秒拍视频《人人躲厝最要紧》屏南方言快板点击量40.30万次，《屏南：万众一心 阻击疫情》等200条被“学习强国”、新华社、人民网、中新社等上级媒体采用推送。打造品牌宣传活动，制推《福建省“决胜全面小康 决战脱贫攻坚”主题新闻发布会第8场屏南县专场活动》《县长直播300余家电商企业助力农产品“出深闺”》《刘诗诗、刚强现场合唱高清视频》等直播活动，完成“乡村有约、四季屏南”主题活动的直播宣传。抖音号《衢宁铁路屏南站将于9月27日开通》点击量19.50万次。其中屏南电视台选送的《县长直播300余家电商企业助力农产品“出深闺”》新闻作品获2019年度福建新闻奖三等奖。县融媒体中心获2019年度宁德市融媒体新闻协作贡献奖。

【安全播出】 2020年，屏南县融媒体中心建章立制，结合实际建立健全安全播出防范制度和应对突发新闻大型融媒直播预案和安全播出应急预案等，执行三审制，推进平安单位建设，签订安全播出责任状，落实春节、清明、五一、端午、国庆等重要节点和重要保障期间广播电视安全播出保障；落实塔仔岗发射台人员值班值守，指定专人负责设备监测、检修、维护及网络舆情监测。全年广播电视安全播出率100%。

（薛 毅）

广电网络

【概况】 2020年，福建广电网络集团屏南分公司（简称县广电网络公司）内设综合部、客户营销部、技术维护部、工程管理部、集团客户部5个部室，下设双溪、代溪、岭下等乡镇站5个。全县有线电视数字用户约19000万户，广电网络业务总收入1535万元。

【网络建设】 2020年，县广电网络公司工程投资项目建设金额227.70万元，涉及安泰茗城、中心片区、瑞生璟园、东湖公馆、龙漈小区、花亭小区、弘祥天玺城、弘祥天悦、香山花园一期、华阳小区二期等10个新区FTTH建设，网络覆盖3500多户；建设代溪—南山、长桥—前院环网；扩容屏南县城—火车站、双溪至上七房等多条主干；对前汾溪村进行线路改造，覆盖138户。建设公安局道路交通管理智能化系统等集客项目。

【惠民政策和信息安全宣传】 2020年，屏南广电网络公司落实屏南县低保户、特困户收看有线数字电视优惠政策，与民政局联合向县政府申请收视费财政补助，为低保、特困户减免收视费18万元，发放数字机顶盒300余台。5月19日，联合屏南县公安局、电力公司、移动公司、电信公司等多家单位在屏南县街心广场开展“5·17”世界电信和信息安全日为主题的宣传活动。

（陈秀梅）

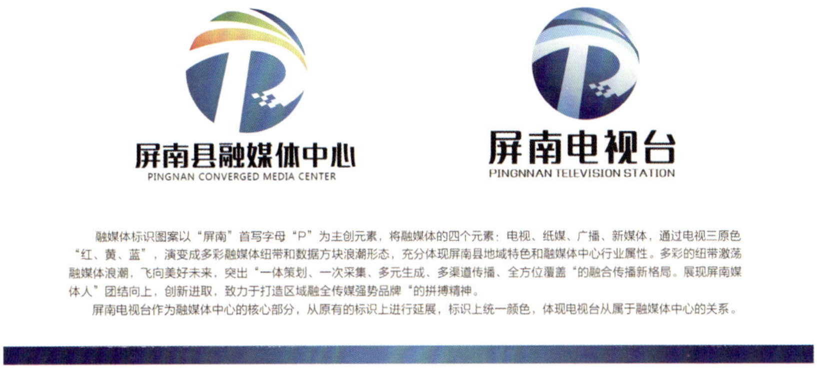

2020年10月，屏南县融媒体中心标志和屏南县广播电视台台标改版

（县融媒体中心 供）

乡 镇

古峰镇

【概况】 2020年12月29日，屏南县政府批复同意设立古峰镇东湖社区。古峰镇辖区面积19.43平方千米，其中建成区面积5.53平方千米。辖区户籍50938人，常住67075人。镇党委辖社区党委6个、非公企业党总支1个、社会组织党组织2个、党支部32个，党员1167人。2020年，开展新冠疫情防控工作，城关派出所被评为全省抗疫先进集体，佳洋社区被宁德市评为参与新冠肺炎疫情防控表现突出基层党组织。为落户城区重点项目建设提供要素保障支撑，被县委、县政府授予“服务重点项目建设及重点工作先进单位”称号。城乡居民养老保险扩面任务超额完成，镇党委、政府被福建省第四次全国经济普查领导小组评为“经济普查省级先进集体”。做好社会治理工作，被县委、县政府授予“新中国成立70周年大庆安保维稳工作先进集体”称号。佳洋社区获福建省“最美志愿服务社区”称号、古厦社区获宁德市“最美志愿服务社区”称号。实现古峰流域水环境质量全面改善。城镇居民人均可支配收入30976元。

【疫情防控和复工复产】 2020年，古峰镇积极开展新冠疫情防控工作，镇居干部对城区32000余户居民进行5次排查，大数据筛查8500余个电话号码，排查出重点地区入屏人员2268人，国外和中国港澳台地区入屏人员126人，集中隔离医学观察78人，核酸检测467人，均为阴性。古峰镇以5个社区为片区，片区划分网格，协调抽调县直单位干部职工及志愿者323人充实至各片区，落实疫情防控工作，保持疫情防控“零确诊”“零疑似”态势。做好复工复产，辖区内工业企业均复工复产。

【重点项目建设】 2020年，古峰镇为落户城区重点项目建设提供要素保障支撑，被县委、县政府授予“服务重点项目建设及重点工作先进单位”称号。完成重点项目征地12.20公顷，拆迁房屋52栋，搬迁坟墓71穴。破解上洋头6户征地历史遗留问题，完成上洋头片区征地1.20公顷，完成道路路面沥青铺设及路灯、绿化树、强电缆化等工程。破解长期困扰东区建设的花亭街安置问题，完成东区收官阶段最难破解的剩余土地5.13公顷征地工作，加快古峰、棠口“两镇同城”步伐。解决张老垅家族山场纠纷5起并签订征用协议、坟墓迁移4穴，张老垅A-03、A-04、A-05安置地达到基本供地条件，实现外东环路全面建设。西环路片区完成国际建材家居城、体育中心、文化路西段、国宾郡和弘祥天成等项目征地5.07公顷，破解文化路西段项目2户历史遗留问题，打通中心城区连接西环路“动脉”。破解长汾中路民房2栋及征地户2户的历史遗留问题，实现长汾中路永久性通车。推进城区2000年征地安置问题，动工建设花亭街亚口内安置点、西环路古厦段安置点、上洋头安置地1期项目，建成张老垅1期2期安置房、花亭小区安置点。组织力量推进畜禽屠宰场、中心片区、污水处理厂等重点项目要素保障工作。

【民生福祉】 2020年，古峰镇城乡居民养老保险扩面任务超额完成，城乡居民养老保险续保率全面完成，医保参保率98%；新增就业405人；发放城镇低保户低保金87.20万元，农村低保户低保金102.93万元，特困供养25.546万元，完成城乡低保一体化工作；发放优抚对象定补费98.09万元；慰问困难党员、老党员、老干部75人5.40万元。开展房屋安全隐患排查整治，重点排查存在风险隐患的9大类9047栋房屋，排查率100%，发现有重大安全隐患的47栋，且全部拆除；开展第七次全国人口普查，组织普查指导员70人、普查员145人，对建筑物5192个、普查区（按社区划分）5个、普查小区379个实行建筑物标绘、现场入户登记及数据采集等工作，摸底32519户81529人，短表登记上报32514户85271人。被福建省第四次全国经济普查领导小组授予“经济普查省级先进集体”称号。

【环境整治】 2020年，古峰镇对中央环保督查信访件2件进行“回头看”；建立畜禽养殖污染巡查制度，实行每日一巡查制度，并实行畜禽集中屠宰；落实河（湖）长制相关工作，开展上洋头段河道改造清淤工作，后龙溪水质提升至Ⅲ类，达到省、市要求标准，实现古峰流域水环境改善。

【社会治理】 2020年，古峰镇做好特殊时期维稳工作，强化信息预警被县委、县政府授予“新中国成立70周年大庆安保维稳工作先进集体”称号；开展扫黑除恶工作，上报涉黑涉恶线索1条，破获套路贷2起，其中涉恶1起。开展突出治安问题专项整治行动，对全镇5个社区做重点排查56次，查处治安案件287起，涉案360人；做好社区戒毒矫正工作，当年在册吸毒人员335人（在管社区康复11人、社区戒毒53人），社区戒毒社区康复执行率96.39%。做好矛盾纠纷排查化解，排查出各类矛盾纠纷130起，调处130起，调处率和成功率100%；开展平安“三率”（群众安全感率、平安建设知晓率、执法工作满意率）“七五”普法（第七个五年普法规划）、禁种铲毒、金融风险防范、反邪教宣传、食品卫生监管等工作。

【基层党建】 2020年，古峰镇坚持以党建创新引领城市基层治理，提升城市党建工作水平。深化社区大党委建设，推广社区与县直单位党组联合共建服务的“近邻党建”工作模式，机关企事业单位党组织119个1661名在职党员到镇下辖5个社区报到，报到率均为100%，县直单位和在职党员结合自身特长认领志愿服务项目2035个；推行“直通车”服务，建立民情直通车信息平台，及时梳理汇总、上报、处理民情民意，各社区建立“一站式”办事服务大厅，开展“上门式”“承诺制”服务，通过实行“网格化”建设，健全服务反馈机制；推行党员志愿服务，以社区服务中心为阵地，建强社区工作者、党员义工队、志愿者3支队伍，常态化开展党员志愿服务活动。佳洋社区获福建省“最美志愿服务社区”称号、古厦社区获宁德市“最美志愿服务社区”称号。

【社区建设】 2020年12月29日，古峰镇设立东湖社区，解决东区区域管理和服务居民问题；选派城关派出所党员民警8人挂职担任社区党委副书记和居委会主任助理，全程参与所在社区事务管理，打造“社区治理”工作新样板，实现“小事不出社区，大事不出乡镇”；持续推进城东、佳洋、城北社区“智慧化”建设，实现精细化管理，提高城市管理水平。

（张兰兰）

双溪镇

【概况】 2020年，双溪镇辖1个社区14个行政村，土地面积183.30平方千米，有居民4314户1.77万人，耕地面积1226.67公顷，最高海拔1453米，平均海拔860米，年均气温13—19℃，年均降雨量1626—2301毫米。财政总收入1.04亿元，农民人均纯收入17778元。争取到位专项债、上级补助等各类资金6500余万元用于项目建设。完成脱贫攻坚目标任务，做好相关社会事业。

【经济发展】 2020年，双溪镇完成固定资产投资1.78亿元，规模以上工业企业总值2100万元，限额以上社会消费品零售总额805万元，财政总收入1.04亿元，农民人均纯收入17778元。

【文创旅游】 2020年，双溪镇挖掘“石牛头”精神，规划整修石牛头村遗址；综合整治安泰艺术城及周边环境，提升安泰艺术城油画公益教学品牌影响力；薛府艺术中心申报创建“第二批新时代市级百个社科普及基地”，建设集文化宣传、社会科普、文创体验等为一体的综合艺术活动中心；继续打造前洋文创基地，推进校地合作计划，完成文化艺术交流中心等项目建设7个，举

2020年7月18日，中央、福建省有关媒体“走向我们的小康生活”大型采访报道活动在双溪镇举行 （双溪镇 供）

办“遇见自己”“你会不会艺术”油画展，迎接中央省媒“走向我们的小康生活”大型采访报道活动，举办“薛府英语启蒙班”“科学小实验＋古琴分享”等文化活动。11月15—16日，举办“喜迎宁德撤地设市20周年暨‘四季屏南 乡村有约’双溪·前洋艺术季”活动。接待全国各地调研组、考察学习团200余批次。

【乡村振兴】 2020年，双溪镇实施乡村振兴战略，因地制宜发展特色产业、改善人居环境。

发展特色农业。扶持木兴科技、玉荣农业、御鑫泷农业等龙头企业，推行村企合作。扶持屏南玉荣农业发展有限公司在后峭村发展高山大棚葡萄种植4公顷、梨3.33公顷，年产值约40万元。扶持屏南御鑫泷后峭黑山羊养殖基地发展，黑山羊年出栏1000只，年产值250万元。木兴科技与后峭村联合开发竹产品加工，年产值100万元。高安村发展特色农业种植业，高山蔬菜轮作面积50.66公顷，年产值约456万元；种植锥栗33.33公顷，年产值约60万元；种植黄桃、福寿桃4公顷，年产值约108万元；开通竹山便道5千米，竹业人均增收约2000元。前溪村重点发展特色淡水鱼养殖、花卉苗木种植和棘胸蛙养殖等项目。上七房村形成以板栗、高山蔬菜、油茶为主导产业的特色农业。

改善人居环境。与福建省森林人环保科技有限公司签订协议，建立垃圾清运常态机制，定期到各村清运垃圾。以高安、后峭等8个美丽乡村建设为重点，加强镇容村貌整治提升与管理，完成行政村改水改厕任务14个，新建乾源村、北村深洋、峭顶村

农村公厕3座，整治裸房106栋。实施下七房村河道护岸整治、峭顶村环境整治、岩后村基础设施建设等项目8个，完成投资608万元。完成前峭自然村污水管网建设和文山、吴家山、前峭、广坑4个自然村35户改厕任务。

【项目建设】 2020年，双溪镇坚持把项目建设作为补短板、稳增长、扩投资、促发展的关键支撑。争取到位专项债、上级补助等各类资金6500余万元。成立项目办，抽调精干人员充实征地攻坚小组力量，实行挂图作战、分线包干，突破城门口房屋拆迁、南环路坟墓迁移等历史遗留难题，南环路项目竣工。完成牡丹园一期项目净地交付12公顷；完成“二馆合一”（非物质文化展示馆、传统技艺展示馆）及公益停车场项目征地2.13公顷，拆迁房屋6栋，对项目内0.19公顷土地进行保护性施工。双寿公路完成征地43.33公顷，迁移坟墓55穴，解决纠纷15起。完成南环路、塔山片区景观改造提升等省级在建重点项目子项目6个、镇区自来水厂改造等县重点民生项目3个，动工建设“二馆合一”、城门口景观提升改造等市级重点建设项目5个，完成双溪镇中心小学基础设施改造提升。投资1252万元修建岩后村通村公路，一周时间完成征地工作，主体工程建设耗时150天。推动城隍庙与安泰艺术城前停车场、公益性公墓、双溪中心幼儿园、“安置地二”（指所规划的第二块安置地）、双溪派出所、镇区污水支管网、古屏路地面改造、盖屏户修缮9个项目的前期工作。

【脱贫攻坚】 2020年，双溪镇北村、章岭、上七房、后峭4个贫困村完成贫困村退出管理，全镇建档立卡贫困户181户704人收入稳定超过脱贫线，实现“两不愁、三保障”（稳定实现扶贫对象不愁吃、不愁穿，保障其义务教育、基本医疗和住房）目标。新冠肺炎疫情实现“零感染”。完成贫困户住房安全问题排查鉴定，通过修缮和新建等方式实施住房安全改造项目，2020年存在住房安全问题的贫困户19户，完成改造13户，6户修缮中。保障义务教育，落实教育局系统外贫困在校生教育补助和“雨露计划”补助，摸排此类贫困学生27人，发放补助资金4.88万元。保障基本医疗，实现贫困户基本医疗全覆盖，加强家庭签约医生服务、慢性病特殊门诊证明办理等工作，协助办理慢性病门诊卡68人次。落实安全饮水工作，全面入户核查，未发现贫困户存在饮水困难，全镇水质检测全面达标。规范拨付资金299.03万元，实施村级项目9个，完成7个，在建2个。落实重点对象帮扶，通过安排公益性岗位、扶持贫困户发展产业、纳入低保兜底保障、发放资产收益分红补助、办理小额贴息贷款、发放挂钩帮扶资金和生活补助等措施，重点对象6户和返贫风险户4户实现稳定脱贫。

【社会事业】 2020年，双溪镇摸排梳理出历史遗留问题22件。其中，涉及安征迁5件，信访类

2020年7月22日，宁德市副市长黄建龙（右二）到双溪镇幸福院调研
（双溪镇 供）

5件，环境整治3件，民生6件，其他类3件。解决污水处理厂、居民饮用水、安置地分配、生态公益林补偿金及天然林停伐补助资金发放、长期信访缠访、镇区主街道立面改造安全隐患、鸳鸯溪路口碎石场绿化美化等相关问题。办理惠民利民事项，落实相关基本保障制度，城乡基本养老保险续保率81.49%，扩面率增加1.16%，城乡基本医疗保险缴费率96.36%。落实农村低保、扶贫济困、社会救助等各项政策，发放低保五保金448.34万元、救灾救济款7.59万元。开展双拥、退役士兵信息采集工作，对符合条件的重点优抚对象发放生活补助金及优抚金。实施双溪镇中心小学基础设施提升工程，投入资金55万元，用于完善中心小学围墙、大门、塑胶跑道等基础设施，深化社会治理，落实“领导接访、干部下访”制度，处置各类信访事件，化解信访积案17件，无越级上访现象。排查各类矛盾纠纷并且调解处理94件，接待群众来信来访17件20人次。强化平安双溪建设，发放“平安三率”（群众安全感率、平安建设知晓率、执法工作满意率）宣传单1000余份。群众安全感率、扫黑除恶好评率、执法工作满意率位居全县前列，双溪派出所被授予全省首批“枫桥式公安派出所”称号。扫黑除恶、安全生产形势总体平稳向好，社会大局保持和谐稳定。

【基层党建】 2020年，双溪镇引导党员干部深入学习习近平新时代中国特色社会主义思想和中共十九届四中、五中全会精神，将《习近平新时代中国特色社会主义思想学习纲要》、《习近平谈治国理政》第三卷等书籍作为党委理论学习中心组的重点学习内容。召开党委理论中心组学习会16场，党课学习2次。全镇24个基层党组织100余名党员参与疫情防控，设立党员先锋队15个，动员575名党员自愿捐款68066元支持疫情防控工作。完成15个行政村（社区）党群服务中心牌子安装。整顿提升软弱涣散基层党组织，完善下七房村内基础设施建设，完成吴家山自然村道路施工硬化，方便村民通行；建立镇领导联系帮扶制度，由挂片领导和包村干部跟踪联系，每周到村指导工作不少于1次，每年为村解决实际问题不少于3个。

（张　强）

代溪镇

【概况】 2020年，代溪镇辖22个行政村，土地面积178平方千米，总人口2.80万人。是年，代溪镇推进基础设施建设，发展特色酒、茶等特色经济，落实惠民政策，促进乡村振兴。代溪镇被评为国家级卫生乡镇，市级特色旅游小镇，宁德市第四轮首批“平安乡镇”，北墘村获全省传统村落改造提升项目评审第一名，被评为全国文明村、省金牌旅游村、省美丽休闲乡村、市乡村文化振兴优秀示范村。

【基础设施建设】 2020年，代溪镇完成县道X902至玉洋村、旧X902线长宦至东墘、樟源至前坑、淦山库区公路等多条村庄公路建设，推进上培火车站进站路代溪段建设。代溪镇2020年度在县“四好农村路”（“建设好、管理好、养护好、运营好”农村公路）综合考评中获第一名。完成代溪幼儿园主体工程建设，推进代溪卫生院医技综合楼建设。2020年，代溪镇被评为国家级卫生乡镇、市级示范旅游小镇。谢厝—康里段和往里、樟源、福善、北墘4个村完成高标准农田80%工程项目建设。

【经济发展】 2020年，代溪镇谋划推进政府投资项目25个，代南线公路项目完成可研编制，编制茶酒果菌特色产业园、北墘片区文创产业园等5个政府地方专项债券项目可行性研究方案。完成旱改水（旱地改造成水田）12公顷，旧村复垦1.67公顷，荒草地开发1.47公顷。继续打造代溪黄酒品牌，酿酒基地玉洋、北墘、善溪、天峰等14个村年酿黄酒6000余吨，产值1.20亿元。玉洋、九洋村食用菌种植草棚提升改造钢架大棚14.67公顷，全镇食用菌年栽培量1300余万袋，产值5000余万元。垣坑、康里、淦山、泮地等村脐橙种植面积333.33公顷。引入康蔬生态农业、主播农业等公司推广甜玉米种植20公顷；引进黛燕农业公司建设占地约0.67公顷的农产品加工厂，打造甘薯种植基地53.33公顷。成立康民茶叶种植合作社，引进兴华茶叶公司、兴叶茶叶种植合作社，分别在康里、南山、九洋村改造与种植茶叶66.67公顷，引进茶叶种植客商，在福善村开发集体山地，种植茶叶。

2020年7月4日，代溪镇周厝村人居环境整治 （代溪镇 供）

【惠民政策落实】 2020年，代溪镇开展代溪、善溪、恩洋、忠洋、玉洋、福善、周厝、谢厝等村人居环境综合整治。拆除镇区磊发石材B区及汇富石材厂，将其改造成为农业设施用地；完成康里、往里、洋头、南山村幸福院提升改造项目，完成后章村长者食堂，忠洋、周厝、后章、福善、泮地5个村公厕及康里村旅游公厕建设。7月，代溪镇被评为国家级卫生乡镇，10月，被评为市级特色旅游小镇。完成年度征兵工作任务，社保缴费率94.27%。计生奖补资金发放82.26万元。

【脱贫攻坚】 2020年，代溪镇将无劳动力、无稳定收入来源的重点户10户纳入低保兜底保障；公益性岗位向贫困户倾斜，吸纳贫困户60人在公益性岗位就业。依托黛燕农业公司、玉燕农业公司、山水专业合作社等吸收贫困户务工，促进增收；扶贫专干配合挂钩帮扶责任人，通过进村入户、电话联系、沟通协调等方式，了解贫困户生产生活情况，做到“一月一帮扶”。利用2020年度中央财政专项扶贫发展资金与县级重点村捆绑资金，实施南山、善溪村人居环境整治、垣坑村机耕路、官岭自来水改造等项目建设。

【基层组织建设】 2020年，代溪镇在北墘村探索推行自治、法治、德治“三治融合”乡村治理模式，构建共建共治共享的现代乡村治理体系。全镇发展预备党员12个，转正党员11名。完成年度村干部“双述双评双考双挂钩”工作。周厝村在外企业家党员回村担任党支部书记，发挥党员先锋模范作用，拆除危房10余栋及周边临时搭盖1200平方米，建成村内停车场、农民休闲广场，完成村内防火池提升改造工程。全镇22个村，村集体经济收入20万元以上6个、10万元以上16个。镇党委通过个别谈话、集体谈话等方式，约谈班子成员、村干等160余人次。将“三会一课”、民主评议党员等党内政治生活制度纳入基层党建考核评价体系。建立代溪镇村级后备干部库，确保每个村都有后备干部3名以上。盘活集体资源，探索推行“党支部+合作社（企业）+农户”的特色产业发展模式，推行“村企共建”。新冠疫情防控一级响应期间实行24小时值班巡逻，检查车辆504辆次、人员824人次，劝返324人次。

【乡村振兴】 2020年，代溪镇省级乡村振兴示范点北墘村引进福建工程学院林丛教授研究团队，对村古民居进行保护开发利

2020 年 8 月 22 日，屏南县委书记党帅（中）到代溪镇调研脱贫攻坚、乡村振兴、产业发展等工作（代溪镇 供）

用；引进上海申链文化旅游发展有限公司进驻，对村落景观、文化旅游资源进行运营推广，所建的中高端民宿“泉居”对外营业，并将收储修缮的 37 栋民房中的 11 栋租给外来客商；引进福建北墘酒业发展有限公司，发挥“北墘老酒”知名度和家家酿酒的产业基础，对北墘黄酒进行品牌包装、推广，打造“柏墘”黄酒商标；举办第五届北墘黄酒文化旅游节。北墘村被评为全国文明村、福建省金牌旅游村、福建省美丽休闲乡村，村集体年收入20万元。县级乡村振兴示范点康里村种植脐橙面积 133.33 公顷，打造茶园种植基地 46.67 公顷，完成产业道路建设 7 千米，完成康里村传统村落建设保护规划、云上康城旅游项目可研的编制。完成原中共宁屏第五区康里中心支部纪念碑建设以及翠峰书院、贡生厝、中美“三人行”支教团队驻地修缮等项目，对接景区运营团队策划共同打造特色文化旅游景区。产业薄弱村福善村以高山茶叶、高山蔬菜为重点建设种植基地，引进康蔬农业公司，探索“公司+基地（合作社）+农户”模式，为农户提供种植技术指导；引进乡贤在天湖山种植油茶 13.33 公顷；完成全长 2.50 千米的福善村进村道路提升改造和村庄绿化工程、裸房整治、公共停车场与公厕等项目建设。产业薄弱村谢厝村围绕“打造优势、走特色路”工作思路，引进宁德市新华茶叶公司着手打造茶叶基地 13.33 公顷；管护提升锥栗 40 公顷，培育食用菌 55 万袋，建成巨峰葡萄种植基地 4.67 公顷。开工建设谢厝村文娱广场、公厕与停车场。

（叶凯霞）

长桥镇

【概况】2020 年，长桥镇土地面积 156.09 平方千米，耕地 1392.67 公顷，林地 1.11 万公顷，其中毛竹 1000 公顷，森林覆盖率 72.90%。辖行政村 18 个，自然村 32 个，户籍居民 4894 户 19789 人。长桥镇年平均气温 17.70 摄氏度，无霜期 285 天，年降水量 1600 毫米以上。全镇蔬菜产量 5823 吨，食用菌产量 5523 吨。完成基础设施项目 20 余个。推进基层党的建设、精准扶贫、环境整治等工作。

【产业经济】 2020 年，长桥镇蔬菜产量 5823 吨，比前三年平均值高出 3%；禽蛋产量 1025 吨，比前三年平均值高出 10%；采集野生植物 215 吨。食用菌产量 5523 吨，比前三年平均值高出 10%；野生药材采集 110 吨，野生淀粉采集 15 吨，副食用野生植物 90 吨。落实生猪稳产保供政策措施，粮食生产获丰收，恢复生猪产能，禽蛋奶产量稳定增长。持续推广“一村一品”模式，发展周佳山金线莲、慈云板栗、柏源特色稻米、新乡特色果蔬等特色农业，新增花卉、林下经济、苗木种植面积近 146.67 公顷，种植百香果、橘柚、柰、李、板栗等作物 200 公顷，新增粮食播种面积 83.27 公顷，培育种粮大户19户。新增蔬菜种植33.33公顷。持续推进食用菌转型升级和菇棚改造，申报半圳村为食用菌特色产业村，流转土地2.67公顷，打造食用菌大棚建设示范点，引导农户转型使用新能源烘干灶110多条。引进清宏竹木、绿山缘食品、万兴竹木等企业深加工竹木制品和农特产品；引进刘墩农业开发柏源千亩紫金梯田文化旅游，对接柘荣县东源乡铁场村与柏源村共建。屏南县天孚菌业发展有限公司、半圳茶树菇合作社、屏南金誉林蛋鸡专业合作社等完善产品质量安全监管制度，进行标准化生产，农产品、畜禽产品质量安全抽查合格率100%。半圳茶树菇专业合作社的茶树菇和屏南天孚菌业发展有限公司的香菇获省农业农村厅颁发的无公害农产品证书。食品安全“一品一码”过程追溯体系建成并录入系统，生产场所入住监管平台11家，赋码准出率100%。农残检测任务数475个，完成505个，完成率106.32%。支持“菜篮子”产品生产基础设施建设、技术推广、新型农民培育等，持续推进食用菌转型升级和菇棚改造，提升养殖业尾水处理设施改造，推动生猪、鳗鱼、蛋鸡等6家规模养殖企业技改，规范畜禽规模养殖，推进转型升级。

【项目建设】 2020年，长桥镇长桥村级文化服务中心完成建设，长桥镇居家养老服务照料中心完成项目征地，进行用地报批。长桥卫生院搬迁工程、中心小学教学楼和幼儿园扩建工程完成前期工作。按照省、市、县工作部署，先后召开专题会议4次，部署推进房屋安全隐患排查工作，累计登记造册房屋3641栋，其中67栋存在重大安全隐患，当年完成拆除、加固和封房。完成路下至长桥35千伏电网改造工程，完成农贸市场及生态停车场用地审批，长桥中小流域整治工程在建。以打造乡村文旅滨水景观撬动旅游为目的的贯穿远垢村至坑垄6个村的骑行道项目列入法国开发署贷款范畴。重视省级试点示范村与产业薄弱村项目建设。柏源村幸福院、旧学校宿舍楼修缮及附属设施提升工程、柏源村张地污水工程建设、柏源右岸景观带建设完工；上圪村6个项目建设完工。长桥镇亭头港灌区节水配套改造工程、长桥溪长桥镇防洪工程在施工。完成柏源、上圪、岑洋道路隐患整治及提升工程和坑垄路（二期）工程，上圪至G237道路连接线完成设计，甘仙线开展水源地调整工作。完成长桥镇乡村振兴三年规划和柏源村国土空间规划（2019—2035），长桥镇“十四五”规划编制初步谋划项目15个，总投资9.10亿元。

【文旅产业】 2020年，长桥镇加大传统古村落和美丽乡村建设的资金投入，主动融入“北有白水洋•鸳鸯溪、南有万安桥•仙山牧场”的屏南全域化大旅游格局，打造以万安桥为核心的“长桥溪旅游景观带”和以仙山牧场为核心的“柏源溪旅游景观带”。加强对万安桥世界非物质文化遗产品牌和天宝寺、鹫峰寺、江姑妈庙等宗教

2020年11月，长桥镇万安桥 （陈京 摄）

圣地，江姑妈民俗文化，柏源梯田、慈云笔架山、仙山牧场等原有旅游资源的保护。以传承乡土文化、彰显长桥特色、促进利用发展为方向，加大古村落古民居保护力度。以构建“宜居宜业生态旅游镇”为目标，打造“廊桥水乡”旅游区，加强规划，控制核心保护区域内各类建设活动，修缮古民居，恢复传统街巷院落风貌，提升长桥镇文旅产业发展。配合上级部门开展金婚银婚公益摄影乡村行活动、文房书墨展，以及国家安全教育日宣传、禁毒宣传、平安创建宣传等教育活动，带领村民开展美丽乡村建设、人居环境整治。

【基层党建】 2020年，长桥镇强化政治引领，把镇村干部的思想行动统一到习近平新时代中国特色社会主义思想和中共十九大精神上来，引导党员干部应对意识形态领域的重大问题，确保舆论导向。2020年新冠疫情发生后，长桥镇按照县委县政府工作要求，先后成立党员突击队26个、先锋队20个、服务队22个，推进疫情防控和复工复产工作。先后设立防疫检查点9个，安排人员24小时值班，对过往人员、车辆逐一登记造册，保持了“零疑似、零确诊”局面。投资30万元完成半圳村、柏源村村级组织活动场所修缮。

【精准扶贫】 2020年，长桥镇有建档立卡贫困户285户1064人，贫困村4个（周佳山、里高溪、官洋、柏源），均实现脱贫摘帽。全镇建档立卡户九年义务教育巩固率100%，医保参保率100%，区域供水覆盖率100%，家庭医生签约率100%；落实贫困户不安全住房改造12户，全部竣工；全镇教育扶贫补助311人次45.95万元；根据政策将贫困户115户413名列入低保贫困户；为贫困户74人培训农业实用技术；为生病住院的贫困户161人次报销医疗费用77.53万元；为发展产业贫困户5人发放产业扶贫资金20.10万元，并统筹169.90万元投入辖区内企业作为资产收益扶贫；吸收贫困户26人到镇村两级公益岗位就业。长桥镇造福工程搬迁贫困户55户。推进柏源村紫云英新品种原种扩繁产业化基地、柏源村宜居环境建设与特色农业生产研究与示范基地、屏南县茂丰油茶种植专业合作社花卉产业研发种植基地，以及周佳山、里高溪山地综合开发项目建设，带动贫困户79户。

【环境整治】 2020年，长桥镇提升柏源溪、后墘溪流域水质，推动垃圾清理常态化。成立长桥镇村级环境卫生考评领导小组，制定《长桥镇村级环境卫生考核办法》，定期对全镇环境卫生进行全面检查和跨片监督考核，实行“村收集—镇转运—县处理”的农村生活垃圾处理模式，农村生活垃圾日产日清；持续完善河长制和河道管理员考评制度，推动各村环境卫生管理常态化、规范化。抓好人居环境整治。建成公厕10座，安排专人管理，确保通水通电；对县村沿线道路的垃圾进行集中整治清理，定期组织各村人员清理整治河道、池塘沟渠、房前屋后等周边垃圾，实现农村生活垃圾常态保洁。整治畜禽污染。提升养鳗场、金誉林、猪场粪污处理设施改造，加强人工巡查。摸底清查柏源溪流域（含后墘溪）鸭子养殖量，与县农业农村局一同组织养殖户到将乐县学习，动员养殖户实行“水禽旱养”模式。后墘溪流域水质从Ⅴ类提升稳定在Ⅲ类，柏源溪水质稳定在Ⅲ类。举办环保现场宣传活动5场，悬挂条幅28条，制作宣传展板19块，张贴宣传画831张，发放宣传材料1万余份，发送环保宣传短信1万余条。

【侨乡建设】 2020年，长桥镇是宁德市屏南县重点侨乡之一。全镇行政村18个，有侨属分布的村10个，侨胞1万余人，其中新桥村侨胞1000余人。在抗击新冠肺炎疫情中，海外侨胞们捐赠11万余元，用于购买口罩、消毒水等防疫物资。长桥镇配合县侨联办好归侨侨眷身份证明、“三侨生”（归侨青年、归侨子女、华侨在国内的子女类毕业生）

就业证明、归侨生活补助证明等，为公安、外事、公证等部门出具有关侨胞、侨眷亲属关系证明20余份。

（张声晴 郑 榕）

棠口镇

【概况】 2020年，棠口镇地处屏南县中部偏东，属城郊乡镇，镇域面积164平方千米，辖17个行政村2.40万余人。棠口镇政府所在地距屏南县城6千米，距白水洋景区17千米，是县城区通往白水洋、鸳鸯溪景区的必经之路和门户，国道235、宁屏二级路、宁武高速公路屏南连接线，以及在建的海西高速屏古联络线和衢宁高铁、东棠大道等从境内穿过。境内有国家级文物保护单位——千乘桥和西洋建筑群、新四军六团北上抗日出发地等红色旅游资源，以及农业生态观光、廊桥文化开发等旅游项目；有国家级历史文化名村漈头村和省级历史文化名村棠口村。棠口镇积极适应经济新常态，主动融入“两镇同城”（古峰镇、棠口镇和县城）和“东进、西扩、南优、北展、提中心”的城市发展规划，实施乡村振兴战略，发展经济和社会各项事业。全年完成固定资产投资约16.40亿元；新增线上商贸大个体1家，完成限额以上社会消费品零售总额822万元；新增规上企业1家，完成工业总产值2.20亿元，同比增长30.60%。

【农业产业】 2020年，棠口镇推进农民专业合作社和家庭农场建设，全镇有农民专业合作社32家，家庭农场13家，蔬菜冷藏库37个；发展农牧产品的加工及全产业链开发，推动一、二、三产业融合发展；争取培植“宁德一流，全省知名”的花卉生产出口基地，形成花卉的鲜切花引进、栽培、销售、开发为一体的产业化格局；整治禁养区内生猪养殖场，完成辖区内拆除任务53家；扶持好好吃农牧、吉龙农庄、禾丰农牧、久宝农业4家规范化养猪场，全年出栏生猪30247头，占全县的30%以上。打造“一村一品”品牌，形成白溪门万亩高山蔬菜、棠口茶叶、安溪食用菌、贵溪花卉培育、旺坑杨梅种植、小章中药材等“一村一品”产业发展格局。

【绿色工业】 2020年，棠口镇引进时代新材料、米艾西、德茂无纺布、瑞幸咖啡、辰颐严选等企业入驻溪角洋、漈头工业园区，全年产值约5000万元。优化绿色工业布局，完成园区征地66.67公顷，迁移坟墓近300穴，10月初，第一期工业用地33.33公顷动工建设，可建成标准化厂房约12万平方米。

【全域旅游】 2020年，棠口镇打造“漈头—棠口”旅游文化精品路线，年接待游客50万人次；围绕新四军六团北上抗日纪念碑，打造红色长廊、红色文化展示馆、党员教育基地，创建以棠口村红色文化为主题的国家AAA级景区；引进屏南龙源农林发展有限公司开发旅游资源，打造生态休闲渔业养殖、垂钓基地以及周边的徒步天然氧吧、7千米骑

2020年2月，棠口镇政府办公楼　（林小敏 摄）

行赛道等项目，被评为省级“水乡渔村”休闲渔业示范基地，全年举办各类垂钓比赛10余场，接待游客上万人次；通过校地合作、校企合作等模式，成立红色革命教育基地、中国廊桥水乡基地和美术写生基地，年接待各地学子采风写生数千人；立足棠口镇红色、科技、戏曲、美食等文化资源，推进乡村特色民宿产业发展，有“半日闲”“余生·憩”等多家民宿入驻棠口村。“打造红色棠口，推动乡村旅游”经验做法在宁德市抓党建促乡村振兴现场会上作典型交流发言。

2020年，棠口镇龙漈花海景色　　（棠口镇 供）

【重点项目建设】　2020年，棠口镇承担省市县重点项目13个。推进解决溪角洋工业园区、东区等历史征地安置遗留问题，时代新材料一期、瑞幸咖啡、德茂无纺布建成投产，东区旅游生态城进入扫尾阶段，加快推进溪角洋标准化厂房建设66.67公顷，米艾西测控技术屏南科研生产基地与时代新材料二期项目落地建设，上洋头大道、东区水景公园与污水一体化泵站投入使用；建成衢宁铁路屏南站站前广场、通站路、东棠大道、药膳小镇主路；棠口千亩花卉基地项目被初定为2021年市级拉练项目，完成土地流转18.80公顷、大棚建设3.33公顷、入园道路硬化1010米、景观道硬化984米，以及研发楼与停车场主体工程建设。

【特色产业】　2020年，棠口镇培育高山特色花卉产业。向上争取专项债券等资金7000万元，培育棠口千亩花卉产业园，项目规划106.67公顷，总投资约2.50亿元，引进福州多芬园艺有限公司、闽卉（福建）园艺有限公司、福建李周和花卉苗木种植有限公司入驻园区；持续推动龙漈花海花卉产业园项目做强做大，全年接待游客22.60万人次；以高山生态环境与传统村落资源为载体，通过“公司+基地+农户+订单+市场”合作模式，带动当地村民就业增收。2020年，福建省“决胜全面小康 决战脱贫攻坚”系列主题新闻发布会上，棠口镇就花卉产业联农带农助增收的经验做现场推介发言。

【基层党建】　2020年，棠口镇制定学习计划，推动全镇党员干部职工分专题、分领域、分阶段学习政治理论，引导党员干部树牢增强“四个意识”、坚定“四个自信”、做到“两个维护”。坚持“能者上、平者让、庸者下”的用人导向，优化队伍结构，将农村致富带头人、专业合作社负责人、外出务工经商和返乡创业人员等纳入村干部后备库，储备村后备干部53人。开展2021年换届工作风险评估，研究确定重难点村2个，采取“一村一策”工作办法，逐村制订工作预案。推进村“两委”（村党支部委员会、村民自治委员会）“双述双评双考”[指党组织书记向（上级）党组织述职，开展评议考核；向（本级党组织）和党员干部群众述职，开展评议考核的制度]及离任审计工作，为村级组织换届选举打基础。

【脱贫攻坚】　2020年，棠口镇常态化组织帮扶责任人开展入户帮扶，通过扶持发展产业、鼓励自主就业、安排公益性岗位等方式，提高贫困户造血能力，增加家庭收入。全年为贫困户开通绿色通道133人，办理特殊病种门诊卡，对全镇贫困在校生发放教育补助237人，新增贫困户公益岗位24人，将生产生活陷入困境的31户83人纳入低保，实现全镇288户1074人全部稳定脱贫，旺坑、安溪、龙源、贵溪4个贫困村实现“摘帽”退出，通过2020年度省级脱贫攻坚考核评估验收。

【疫情防控】 2020年，棠口镇第一时间成立以镇党委书记为组长的新冠肺炎疫情防控工作领导小组，研判防疫形势，落实疫情控制、流动人口管理、交通卫生检疫、群防群治和维护社会稳定等工作。组建疫情防控党员突击队1支、党员先锋队4支、党员服务队1个支，设立疫情防控临时检查点13个，组织党员670人捐款46682元。落实“外防输入、内防反弹”防控策略，推动复工复产复学。

【环境整治】 2020年，棠口镇整治“两高”（高速铁路和高速公路）沿线临时搭盖20处1000余平方米，清理建筑垃圾堆放点1处，完成美化绿化20处，修复山体1处，整治养殖场2个。完成2020年全镇农户改厕任务数97户与裸房整治任务数100栋；完成行政村公厕建设22座；完成污水管网及处理设施建设，集镇污水处理站处理能力800吨/日。

【社会治理】 2020年，棠口镇推进“党建+调解”调处模式，组建以党支部书记为组长的矛盾纠纷攻坚团17个，调处各类矛盾纠纷172起，办结信访件22件，处理“12345”平台投诉34件；棠口派出所依法刑事立案8起，行政立案35起；推进扫黑除恶专项斗争工作，建立扫黑除恶专项工作领导小组，挖查“保护伞”，强化禁毒、防暴恐等工作。

【民生保障】 2020年，棠口镇出台提升教育质量系列措施，设立教育教学质量奖，对在中考中取得优异成绩的学校、教师和学生给予奖励，发放奖金16万元；补助棠口中学在校寄宿生餐费8.90万元，棠口小学各项经费5万元；金秋助学、关工委助学等发放助学金38.50万元，资助困难大学生187人。完成乡村卫生服务一体化建设，贵溪、上培村卫生所完成标准化建设并投入使用。贯彻落实《建设新时代文明实践中心试点工作实施方案》，开展新时代文明实践活动，培育和践行社会主义核心价值观。通过市委文明办2020年度新时代文明实践中心建设棠口站所工作评估。

甘棠乡

【概况】 2020年，甘棠乡辖行政村17个，总人口3868户1.56万人。其中，党员554人，建档立卡贫困户87户312人（已脱贫）；辖区面积120平方千米，耕地面积1630公顷，林地面积913.33公顷，是典型的山区农业

2020年8月，甘棠乡小梨洋村全景 （甘棠乡 供）

乡。甘棠乡是清代两任台湾总兵甘国宝的故乡，有中国历史文化名村漈下村、省级传统村落小梨洋村、屏南唯一的少数民族畲村巴地；有屏南最大的高山天湖湿地，成片规模最大的新田竹海。2020年，全乡形成以食用菌、高山蔬菜、水果、林业为主的农业生产格局，突出“一心两园三带”（以甘棠村为重点打造南大门集镇中心；以屏古高速路互通口建成为载体打造现代物流园区、新型工业园区；以小梨洋、巴地、漈下为主，建设一条生态休闲特色乡村旅游带，以国道235线为主的沿线高山蔬菜、特色水果产业带，以新田、瑞云为主的高山食用菌、毛竹产业带）工作重点。工农业生产总值5.40亿元，农民年人均可支配收入17130元。

【经济建设】 2020年，甘棠乡工农业生产总值5.40亿元，年增长10%；农民年人均可支配收入17130元以上，年增长5%；财政收入4949万元；固定资产投资8.68亿元，入库项目9个，规上企业入库成功2个；限上零售企业零售3000万元。

【特色产业】 2020年，甘棠（新型）工业园区基本建成。污水管网、园区道路网等配套设施建设完成，签约入驻企业8家，企业投产3家，完成规上企业入库2家。农业产业规模化发展。蔬菜、食用菌、茶叶及芙蓉李种植4000公顷，产量超35万吨；新引进文心兰、红玉珠花卉种植企业2家，有温室面积1.20万平方米，花苗近10万株；“屏南李”获评第三批全国名特优新农产品，并通过农业农村部地理标志专家评审；引进上市公司傲农集团，建成全省最大的单体生猪养殖场；引进澄新生物入驻甘棠，建设以生产山苍子防护精油、洗护用品、空气净化系列等产品为主的种产基地，首期投资3500万元，预计2021年投产。升级文旅产业，推进甘国宝文旅小镇建设，漈下村获评AAA景区，完成古建筑群修缮；小梨洋村企业入驻4家，打造吃住行游购娱要素；巴地村畲族群众活动中心落成，引进畲药——山苍子种植及生产企业，建设特色民宿和配套设施。依托新田竹海、花海、天湖顶湿地“两海一湖”特色风景线，开发新田特色旅游村。举办“四季屏南·乡村有约”甘国宝文旅小镇武术文化周活动和网上农产品直播活动。新兴产业横渠科技落户甘棠，通过信息化手段与传统生态农业结合，解决食品安全与农村贫困问题。

【基础设施建设】 2020年，甘棠乡改善人居环境。“一革命四行动”（指以建设美丽宜居乡村为导向，以农村垃圾、污水治理和村容村貌提升为主攻方向，实施农村“厕所革命”、农村垃圾治理行动、农村污水治理行动、农房整治行动、村容村貌提升行动）持续推进，各村污水处理设施、集镇污水处理站投入使用；完成村内河塘沟清淤疏浚，村庄范围内无黑臭水体，全乡90%村庄面貌改善。通过拆除乱搭盖、清理垃圾、立面改造、平改坡、

2020年10月29日，甘棠乡小梨洋村“第二届甘国宝文旅小镇武术文化周”闭幕式举行 （甘棠乡 供）

高速口绿化等方式整治高速路、国道沿线环境。推进村容村貌提升，开展危房排查及整治，完成新田村农房整治建设示范村创建工作。推进乡村振兴，完成甘棠至新田、上山登至下山登2条村道拓宽工程。加快新田、小梨洋等省、县乡村振兴试点村建设；重点扶持前院、瑞云等产业薄弱村建设；以小梨洋、新田、洋头寨3个村为试点，建设高级版绿盈乡村。

【社会事业】 2020年，屏南县推进民生工作，巩固拓展脱贫成效，落实贫困户住房、教育、医疗、产业及疫情防控期间生活等补助65.24万元；推进村级基础设施项目13个，拨付资金303万元；新田村脱贫经验在福建省“决胜全面小康 决战脱贫攻坚”发布会上作介绍发言。落实惠民利民政策，补助低保、五保及残疾对象681户47.16万元，发放各类计生奖励金372人次21.35万元，开展义诊、体检等397人次，发放优抚对象补助89人66.15万元。创建全国退役军人服务示范站，落实“一事一议”项目7个124.60万元。开展阳光助学及表彰优秀学生、优秀教师162人次。抓疫情防控工作。成立多部门联合的疫情联防联控领导小组，建立疫情防控网格化管理机制，通过资金扶持、促进就业、稳定农业生产等，为贫困户稳定脱贫提供保障。推进平安乡镇建设，排查化解信访积案、权属纠纷、损害赔偿等129起；加强对严重精神障碍患者、刑满释放人员等特殊群体服务管理；推进扫黑除恶专项斗争；加强安全生产工作，创建宁德市“平安农机”示范乡，全年安全生产形势平稳。

【党建与效能工作】 2020年，甘棠乡加强党的建设。推进党支部标准化规范化建设，落实“四议两公开”（党支部会提议、“两委”会商议、党员大会审议、村民代表会议或村民会议决议；决议公开、实施结果公开）制度，健全村民自治机制与村务监督机制，推进以约治村。建立乡村振兴服务站，推进人民调解、行政调解、司法调解联动的“大调解”工作。加强机关效能建设。按照“压时限、减环节、减材料、减少跑动次数、提升服务效能”要求，推行一次性告知工作制度；继续推行“容缺机制”“承诺机制”，压缩审批时限；解决投诉件70件。

（陈爱芳）

屏城乡

【概况】 2020年，屏城乡辖社区1个，行政村12个，自然村27个，村民小组126个。全乡3672户11379人。辖区面积141.42平方千米，耕地1098.67公顷，林地11946.67公顷，活立木蓄积量38万平方米，森林覆盖率76.10%。乡财政收入2757.46万元，农民人均可支配收入17975元。规模以上工业2家（其中福建鑫磊晶体有限公司5月停产），完成总产值3992万元，占全年目标任务的31.94%，较上一年同期（不含榕屏化工产值）下降62.68%；限额以上社会消费品零售3家（新增1家：屏南法曼努电子商务有限公司），完成产值1723.50万元，超出全年目标任务的20.52%，较上一年同期增长3.70%；固定资产投资完成1.24亿元，占全年目标任务的42.67%，较上年同期下降1.74%。

【农业】 2020年，屏城乡农业企业8家、农民专业合作社27家、家庭农场10家正常开展生产。南峭、后井、大碑、里汾溪等产业薄弱村引种番薯新品种9公顷，村头、后井、里汾溪、大碑、南峭等村流转土地14公顷，后井村建成标准化食用菌大棚。培育上凤溪滑子菇、陆地芙蓉李、南湾猕猴桃、村头百香果、坑头板栗等6个产业特色村，扶持发展农业企业8家，农民合作社27家。完成后龙多肉产业示范园一期建设，种植规模扩大；村头百福农业观光示范园蓝莓、黄金百香果等10余个品种示范种植初见成效；南湾千亩高山梯田景观农业园土地流转及复耕工作推进。

【工业】 2020年，屏城乡规模以上工业2家，完成总产值3992万元；限额以上社消（指从事社会消费品经费的企业）3家（新增屏南法曼努电子商务有限公司）完成产值1723.50万元；固定资产投资完成7056万元。中源新能源科技有限公司醇烃复合燃料项目完成项目建设。上源中小微企业双创产业一期项目征地45330.50平方米，实用地36885.18平方米，总建筑面积63073.44平方米，完成溪角洋土地竞拍、地勘作业、可研批复等，并通过施工图和初步设计及概算的评审。

2020年，屏城乡前汾溪村中国美院综合艺术教育基地

（屏城乡 供）

【文化旅游】 2020年，屏城乡克服新冠肺炎疫情影响，完成前汾溪中国美院综合艺术教育基地二期产学中心及民宿项目征地1.23公顷；完成厦地村民宿4栋、餐厅2个、咖啡厅1个及鱼羊木雕刻展示馆等的修缮，继续建设厦地村史馆、美术馆及露天剧场等文旅设施；南峭樱花园完成雪球花套种。

【脱贫攻坚】 2020年年底，屏城乡4个贫困村全部成功摘帽，完成建档立卡贫困户人口动态调整，全乡建档立卡贫困户114户390人，发展产业114户，整体覆盖率100%。全年发放中央财政专项扶贫资金37万元，扶持贫困户96户发展特色优势农业；发放资金17.10万元，促进贫困户产业再补助项目。发放资产收益补助8户19人8.20万元，落实低保兜底9户23人，其中建档立卡贫困户3户10人。2020年，新增对接公益性岗位4个。不定期排查复核建档立卡贫困户住房安全情况，受理贫困户反映的住房问题。实现全乡贫困户114户集中式供水，全部达到农村饮水安全评价标准。建档立卡贫困户全部实现产业就业帮扶措施全覆盖。完成屏南县百福农业专业合作社和福建伍佰寨农业有限公司2个实训基地建设，百福农业专业合作社成功申报2020年市级“扶贫龙头组织”，龙头组织和专业合作社带动贫困户57户。全乡认定培训创业致富带头人12人，对有培训愿望和需求的建档立卡贫困户4人进行为期20天的实训。

【社会事业】 2020年，屏城乡光明第二幼儿园项目竣工验收，溪坪社区四点半课堂建成投入运营，精神病院二期项目主体建筑完工；完成屏城卫生院医技大楼设计，完成13个村（居）卫生服务所建设及医用配备的全面更新，新建前汾溪村、南峭村乡村养老幸福院。

【平安建设】 2020年，屏城中学土地纠纷问题、溪坪历史留地问题等得到解决。推进双氧水厂员工安置问题，后龙造福搬迁历史遗留问题化解。配合公安机关查处赌博案件6起，行政拘留3人，罚款25人；办理不按规定报送流动人口信息案5起，当场处罚5人；办理故意损毁门牌案2起，当场处罚2人；办理殴打他人案2起，罚款2人，当场调解1起；处罚酒后驾驶1起，拘留1人；当场调解故意损毁财物案1起。

【基础设施建设】 2020年，屏城乡南峭村生产绿漫道、后龙新村巷道、上凤溪村内过境路白改黑等项目竣工投入使用，后龙路口至垃圾场道路基本建成，前汾溪、陆地、村头等村机耕路建设里程40余千米，南峭至坑头生产道路贯通，后井至坑头道路拓宽工程完成设计和前期工作，溪坪路完成招标，全乡公路形成环线闭合圈。村头、后井、前汾溪、里汾溪、坑头村的长桥溪（大碑溪段）中小流域整治项目历年累计投资2000万元，基本完成建设，待验收。

【生态环境保护】 2020年，屏城乡推进中央和省、市环境保护督察等通报的突出环境问题整改落实。配合完成后龙溪小流域Ⅲ类水质提升；推进南峭水源地综合整治工作，完成汤坑自然村生态挡墙护岸及其配套附属设施、人工湿地建设。推进弃土场整治工作，督促福建上源新型建材有限公司建设规范化建筑垃圾收纳场，并完成挡土墙建设。完成裸房立面改造100栋；抓好改水改厕收尾工作，完成农户户厕改造9户。推进公共服务社会化，与屏南聚和兴环境服务有限公司签订河道管护协议书，采取服务外包方式，规范开展河道巡察整治工作。

【重点项目】 2020年，新增“五个一批”（谋划一批、签约一批、开工一批、投产一批、增资一批）项目10个，总投资7.52亿元。其中，谋划项目6个，竣工投产项目1个，签约项目3个。9月底，省市县重点项目衢宁铁路正式通车；持续推进大碑安置地项目建设，上源中小微双创产业园项目按序时进展推进，10月实现交地。

【基层党建】 2020年，屏城乡建立党委委员联系党支部制度，完善村党支部书记绩效考核管理办法和村级党员管理制度，并定期督查。成立疫情防控工作领导小组，下设工作组9个、联防联控责任片区3个，实行网格化管理。全年开展理论中心组学习21次，开展《习近平在宁德》等采访实录学习研讨12次，各党支部组织党员上党课18次，学习贯彻中共十九届四中、五中全会精神。组织党员在路下乡仙山牧场、代溪镇北墘村红色文化博物馆进行红色教育；在甘棠乡小梨洋村、熙岭乡四坪村学习产业振兴发展经验。制定《屏城乡村级组织活动场所规范化建设标准》，投资80余万元完成13个村（社区）组织活动场所规范化建设；投入12万元修缮陆地党群活动中心；投入19万元建设村头党建户外活动场所。对三年以上未发展党员村（厦地村、南湾村、大碑村、南峭村、村头村）党支部进行发展党员空白销号。转正党员8名，发展预备党员6名，按照1∶2∶3比例建立2021年发展党员台账。成立村级组织换届选举前期准备工作专班，制定换届选举重难点村工作预案，抽调精干人员结合基层党建“全面体检”工作，解决前汾溪、厦地村等“重点村”“难点村”存在的矛盾。利用宣传栏、横幅、微信公众号等方式开展换届选举监督宣传。乡纪委牵头督查全乡22个党支部［农村（社区）党支部14个、机关党支部3个、非公企业党支部5个］党建工作，指出15个支部67个问题，全部整改到位。查处各类违纪违规问题转立案2件2人（其中自办案件1件1人），给予党内严重警告处分1人，党内警告处分1人。开展谈话10人。其中，诫勉谈话1人，批评教育9人。

（孙振楚）

熙岭乡

【概况】 2020年，熙岭乡下辖行政村16个、自然村32个，人口1.50万。辖区面积102.90平方千米，耕地1426.67公顷（其中水田1266.67公顷），林地7986.67公顷。年均降水量1751毫升，森林覆盖率75%，绿化程度91.90%。2020年，熙岭乡被评为市级节约型公共机构示范单

2020年10月20日，熙岭乡四坪村举办乡村振兴创新经验与合作洽谈会 （熙岭乡 供）

位，乡武装部被评为市级先进基层武装部。全乡农林牧渔业总产值36454万元，同比增长5.40%；农村居民人均可支配收入17201元，同比增长6.50%。

【文创助推乡村振兴】 2020年，熙岭乡坚持以村落为平台、文化为底色、创意为引线，推行“党委政府＋村两委＋艺术家＋农民＋古村＋互联网”的文创建设发展模式，推进以龙潭村为重点核心区及承载区，四坪、墘头、三峰村为配套发展区及延伸区的文化创意产业片区的发展。龙潭文创片区完成投资9000余万元（其中引入社会资本1400余万元），至年底，共有“新村民”38户147人入住龙潭、四坪、墘头村。“新村民”带来咖啡屋、书屋、各类工作室等新业态，带动民宿33家，农家乐、酒吧13家。全年接待旅客20万人次，旅游创收900万元，村集体收入17万元。“屏南乡村振兴研究院”在四坪村揭牌，龙潭乡村党校建设项目党校宿舍楼、教学楼完成修缮并交付使用，协助承接省、市及县委党校各类培训85场次，培训4500人次。在龙潭村举办中央广播电视总台“心连心”慰问演出活动和县长直播助农活动，入选“2020世界旅游联盟旅游减贫案例”，并被评为第二批全国乡村旅游重点村；岭里村被评为第二批国家森林乡村；四坪村被评为省级乡村振兴实绩突出村。3月，省发改委等5部门联合印发《福建省关于简化优化农村小型建设项目管理的若干意见（试行）》，推广“工料法”管理方法。12月，在住建部举办的全国美好环境与幸福生活共同缔造活动培训班上推广乡村建设项目改革有关经验。

【基础设施建设】 2020年，屏南县X926熙岭至前塘公路晋级项目现已完成工程量80%；Y406下宝亭至熙岭公路、高山花卉产业园道路项目在建。熙岭乡农贸市场建设项目、墘头村文化旅游特色项目民宿修缮及相关基础设施建设项目动工；前塘村国家级传统村落保护规划通过评审，村内管网入地工程完成设计，引进文创团队，投资老宅修缮与运营。熙岭乡中心幼儿园完工投入使用，医技综合楼建设项目完成主体建设，交通综合服务站建设项目完成前期工作。

【产业发展】 2020年，熙岭乡整合农村土地，采用“公司＋基地＋农户”经营方式，相继完成塘后村经济合作社一期食用菌大棚建设2公顷，塘后村荷花园小龙虾养殖项目小龙虾套养3.33公顷，塘后村裕农果蔬生态农业产业园扩建项目的葡萄、猕猴桃种植。前梨洋后坪山田园综合体一期农产品加工基地项目完成土地征用，可研编制，初步形成以“设施农业＋小农户，带动农业产业结构调整”的发展模式。建成龙潭村水稻彩绘及新品种示范推广项目1.33公顷。完成高山花卉建设项目总规划编制及土地流转253.33公顷，与福建秾芳园林有限公司签订开发213.33公顷的高山花卉产业园项目意向协议；引进

2020年7月19日，中央、福建省媒体“走向我们的小康生活”采访团在龙潭村采访乡村文化振兴（熙岭乡 供）

高大生态农业开发有限公司建设玫瑰种植科研基地，种植玫瑰36.67公顷。熙岭村传统弓箭文化产业园建设项目完成征地、可研编制等工作，其中图则指标通过县规委会批准，正在进行土地报批。

【三大攻坚战】 2020年，熙岭乡持续开展三大攻坚战（化解重大风险、精准脱贫、污染防治）。完成贫困人口动态调整20人。其中，自然增加12人，自然减少8人。无整户新增贫困户，建档立卡贫困户180户669人，均免费参加新型农村合作医疗保险、团体意外伤害保险、家庭医生签约服务、女性“两癌”（乳腺癌、宫颈癌）保险等。全年发放建档立卡贫困家庭学生教育帮扶资金13760元，为建档立卡贫困户81人办理特殊病种门诊卡，未发现因贫困导致辍学的情况。加大环境保护力度，开展“两违”（违法用地、违法建设）、“两乱”（乱搭、乱建）整治，落实殡葬改革责任状，整治“三沿五区”[铁路沿线、公路（国道、省道）沿线、通航河道两侧沿线，水库及河流堤坝附近和水源保护区、文物保护区、开发区、住宅区、森林公园和自然保护区]墓地生态。继续推进“河长制”工作，落实河长巡查制度，开展清河护岸净水保水行动。投入60余万元整治大墩、前梨洋村环境，完成省重点乡镇水土流失综合治理工程熙岭乡2020年度水土流失综合治理项目主体工程。

【基础民生保障】 2020年，熙岭乡落实新冠肺炎疫情防控工作。按照中央、省、市、县关于新冠肺炎疫情常态化防控工作要求，组织动员党员下沉一线，排查重点地区返乡人员，落实属地、部门、单位、个人四方责任，建立动态管理模式，保持“零疑似、零确诊”局面。社会保障持续完善。配合上级推行城乡居民医疗保险微信缴费工作，全乡城乡居民医疗保险参保11339人，参保率97.39%，社保应缴费4332人，参保率101.57%。强化落实计划生育相关政策，优化流动人口管理和服务，促进人口均衡发展，全乡一、二孩生育服务网上登记60人，网上登记任务完成率147.06%；计划生育奖励兑现率100%；开展免费“两癌”（妇女宫颈癌和乳腺癌）筛查和孕前优生检查。推进综治平安建设，深化网格化服务管理。加强安全生产整治力度，全年乡党政主要领导带队检查安全生产工作4次，分管领导带队检查38次，开展大排查、大整治工作6次，开具现场检查记录29份，发现一般隐患13个，重大安全隐患0个，开具责令整改文书11份，经复查，所有隐患问题均完成整改。乡政府领导主持召开或参加全乡安全生产会议21次，辖区内未出现重大安全事故。把发展教育放在优先发展的战略地位来抓，熙岭中学2020年中考成绩排名全县第四，平均分全县第四，一中上线率38%。发放熙岭中学寄宿生营养餐补助16万元，发放熙岭乡中小学奖教奖学金18.80万元、助学金47250元。完成7个行政村的民兵营规范化建设和龙潭村民兵营示范点建设，组织民兵应急队伍参与疫情防控、森林灭火、应急消防等各类急难险重任务7次；完成年度征兵任务，乡武装部获宁德市“先进基层武装部”称号。建立一支15人的熙岭乡综合应急队伍，投入22万元购置消防车1辆，开展消防安全培训和逃生演习6次。

（陈 榕）

2020年，路下乡芳院村梅园景色　　（路下乡 供）

路下乡

【概况】 2020年，路下乡位于屏南县西部，距县城所在地28千米，平均海拔860米，全乡土地面积153.60平方千米。其中，耕地面积913.33公顷，林地12933.33公顷，森林覆盖率81%，林木总蓄积量33万立方米，区域内可供开发水电资源6000千瓦。全乡辖行政村11个、自然村7个，总人口11885人。完成乡事业单位机构改革，整合原有各事业单位编制、职能，并入新成立的综合执法大队、党群服务中心、乡村振兴办公室3个机构。全年财政收入5235.56万元，农民人均可支配收入1.72万元。路下乡获国家级“卫生乡镇”称号；乡人民政府获市级“节约型公共机构示范单位”称号；7月底，被全国爱卫办命名为“国家级卫生乡镇”；获中国人寿保险公司福建省分公司、福建省妇女联合会颁发的“关爱女性健康活动先进单位”称号；乡机关团支部获“2019年宁德市五四红旗团（总）支部”称号；三万里村团支部获“2019年屏南县五四红旗团委（团支部）”称号；乡综治“三率”（社会治安的满意率、党政领导重视率、平安建设知晓率）宣传受到屏南县平安建设领导小组办公室肯定，选为典型予以宣传推广。

【经济发展】 2020年，路下乡财政收入5235.56万元，同比增长67.20%，农民人均可支配收入1.72万元，同比增长22.3%。限上社会消费品零售总额1698万元，同比增长10.1%，固定资产投资较上年增长10.1%。

【产业提升】 2020年，路下乡持续发展高山蔬菜、竹业、食用菌、高山生态茶叶、棘胸蛙等五大传统特色产业。谷物、水果、茶叶、食用菌、蔬菜等传统经济作物复种面积1166.67公顷。年内登记经营高山蔬菜、食用菌、茶叶、竹业、黄粉虫养殖（配套棘胸蛙养殖）等产业的家庭农场19家、农业合作社15家。规模养猪场1家，年内出栏生猪1324头；引进福建民泰农牧有限公司建设的标准化生猪养殖场，达到规模养猪场标准，老厂区年出栏量维持在1万头左右，新厂区一期工程在建，完成厂区“三通一平”（水通、电通、路通和场地平整）及生产线建设。

引进屏南仙山农牧有限公司养殖黑山羊与奶山羊，完成一二期羊舍、饲料间、办公区、厂区道路硬化建设，生产线建成投产，年内出栏约700只，产奶12吨，年产值180万元。河仁基金提供帮扶资金建设的优质茶园基地

（精准扶贫山地开发项目）完成基础设施建设，在培育幼年期茶树；屏南县九仙高山茶叶发展有限公司在岭头村开办岩茶生产基地，年产茶青30吨，产值近200万元。路下中秋棘胸蛙养殖基地养殖规模常年保持在20万只以上，年产值400余万元，带动周边村增加集体经济收入，配套的上游产业黄粉虫养殖基地面积约1500平方米，一期带动周边村庄精准扶贫户18户、一般农户10余户分区块养殖黄粉虫，年产值约120万元。芳院村种植巨峰葡萄1.53公顷，每公顷产量约15吨。利用扶贫基金在芳院村秋园自然村种植水果玉米2公顷，带动贫困户5户增产增收。

福建木兴农业科技开发有限公司在中秋村办厂加工竹木，在五溪村建设新厂区从事农产品加工，完成协议签订；引进屏南祥源竹木有限公司在门里村建设竹木加工厂，完成厂区“三通一平”；流转土地6公顷，引进花卉企业筹划花卉基地建设。发展石板材加工业，产品远销北京、上海、杭州、南京及国内相关石材销售主流市场，退出饰面石材加工。

打造精品红色旅游带。依托屏南县红色记忆馆、红色旅游路、三万里村革命老区特色村等硬件，助推红色之旅。开辟市级“宁德—三万里—仙山牧场—罗沙洋”党日活动路线。推动传统村落文创产业发展，邀请国家一级美术师张德春入驻开展文创规划、古村落修复及配套设施建设、发展民宿项目等。创新“产业+生态+旅游+贫困户”发展模式，推进罗沙洋村田园综合体项目建设，完成梯田观光旅游、田园水果采摘园5.33公顷，修缮古民居4栋。在谋划文创远景的同时，对已有的文创成果进行包装和宣传。芳院村“梅园”吸引宁德、建瓯、屏南等地数千人次观赏。

2020年4月，国道237屏南界牌处公路　（路下乡　供）

【项目建设】 2020年，路下乡灵峰风电场升压站及首批风机2台进入商业运营，风机安装完成9/20；风机基础浇筑完成16/20；风机平台开挖完成20/20。场区道路全部贯通。三万里村屏南红色记忆馆竣工并向社会开放。屏南县革命遗址（中共闽东特委、军分区驻地遗址）至G237公路完成主体工程，边沟和防护栏等后期扫尾工程在建。路下至筹岭旅游线路建设（富塘至天洋道路建设）完成路基建设。屏南县柏源溪路下河段安全生态水系富塘村段、凤林村段、发竹坑新村段、三万里村段完成，总体建设进度71.30%。完成三万里村、门里村至G237道路和芳院村至G237道路连接线建设；完成路下、凤林、芳院等村部分道路硬化、改造、修缮以及生态护岸建设；完成路下农贸市场、老年人活动中心、水尾至隧道口路灯工程等基础设施建设。

【社会管理】 2020年，路下乡在新冠疫情防控期间，组织力量对来往人员逐个登记，开展病例筛查，提升人防、物防、技防水平。实现复工复产，持续做好疫情常态化防控，全年无输入性病例，未发生传染事件。开展“平安乡镇”建设，排查和化解社会矛盾纠纷，消除矛盾纠纷和信访隐患，化解信访积案20起，实现零进京访。重视粮食安全问题，实现农业保险全覆盖，免费为农民提供种子、化肥等，全年补助种粮大户2户，开荒种粮户1户。提升保密工作水平，依照保密工作要求，在领导办公室和保密要害部门配置“三铁两器”（铁门、铁窗、铁柜，监视器、报警器）、保密检查工具（保密检查软件）、涉密电脑、涉密移动硬盘等多项保密硬件设备。完善保密制度，进行保密培训。按照“依法依规、强化监督、突出重点、全力拆违”的总体思路推进“两违”（违法用地和违法建设）专项整治，拆除“两违”9900平方米，完成年度任务的119.41%；腾出土地面积6900平方米，处置“两违”案件23宗。完成征兵工作任务，新兵均为大学生。

【民生保障】 2020年，路下乡做好民生工程、民生政策、脱贫攻坚、科教文卫等工作。

民生工程：完成集镇污水管网支管建设，推进厕所革命，实现公共厕所各村全覆盖；配备相应的管理员及保洁员，清扫清运垃圾；乡康养中心入住21人，路下乡居家养老日间照料中心进入施工阶段；岭头村基层综合文化服务中心通过验收，路下村基层综合文化服务中心完成建设。

民生政策：在全乡范围内开展房屋结构安全隐患排查百日攻坚行动，对全乡2149栋房屋进行全覆盖排查，对摸排中发现存在安全隐患的老旧房屋做好拆除、修缮、封房等相应安全保障措施；年底，动态调整后确定低保户177户408人，五保户40户40人，临时救助7人；对乡内残疾人300人登记造册，定时为残疾人148人发放困难补助，为残疾人124人发放护理补助，为计划生育对象办证51本，补助农村部分计生奖扶19人；发放幸福工程款10户10万元，小额贴息贷款13户32500元；与中国人寿保险公司宁德分公司协作，根据社保平台数据，为60周岁参保的老年人1759人办理国寿夕阳红意外伤害险（A款）。

脱贫攻坚：全乡贫困户154户560人全部脱贫，贫困村3个全部退出；按照“四个不摘”（摘帽不摘责任、摘帽不摘政策、摘帽不摘帮扶、摘帽不摘监管）要求，继续从资金扶持、大病补助、易地搬迁、就业增收等方面巩固脱贫攻坚成果。

科教文卫：在路下小学建立屏南县第一所党风廉政暨交通安全教育实践基地，在中学建立禁毒教育基地；完善路下乡教育教学设施；路下卫生院医技综合楼完成主体工程，开始室内装修；举办2020年福建省全民健身运动会（屏南赛区）路下“红色之旅·仙山牧场创城杯第六届山地爬坡赛”。

【基层党建】 2020年，路下乡开展三万里村—天外天国际大饭店、路下村—屏南刺桐红村镇银行有限公司及路下村—福鼎市贯岭镇分水关“村企共建”“村村共建”活动。发展党员7名，芳院村软弱涣散党组织整顿到位。推动“千名党员进党校”工作，全乡300余名农村党员教育培训全覆盖。富塘造福新村党建示范点硬件建设和模式探索同步启动。路下乡党委履行主体责任，查违纪案件3起，问责处理3人，诫勉2人，批评教育2人。

（何　峰）

岭下乡

【概况】 2020年，岭下乡下辖行政村11个、自然村29个，总人口3621户11647人。土地面积152平方千米，耕地1533.33公顷，林地13000公顷。辖区内有成片冰川时期活化石水松林（72株）；闽东第二高峰东峰尖，海拔1627米；两大淡水湖“龙凤双湖”，面积187公顷；省级文化遗产保护单位广福、广利两座木拱廊桥；全国农村创业创新园区岭下洋千亩高优农业园区。岭下乡是革命老区，1935年11月，闽北独立师黄立贵率部与闽东独立师在境内会师，保留有“上楼战役”遗址、红军墓、上楼战役纪念碑等红色遗迹。2020年，全乡农业生产总值15991.76

万元，同比增长8.60%；一般预算收入2532万元，社会消费品零售总额1706万元；固定资产投资20119万元。

【基层党建】 2020年，岭下乡制订并实施乡党委理论中心组学习计划，全年召开党委理论中心组学习会21次。落实“三会一课”（定期召开支部党员大会、支部委员会、党小组会，按时上好党课）制度，党委书记上党课2次，各村书记上党课11次。“学习强国”平台在册学习人员310人，年底累计人均积分6985.64分。抓意识形态工作，组织召开意识形态专题会议2次，分析研判2次，落实解决意识形态工作问题2个。开展党建回头看，梳理修订11个村最新党建工作台账，创建五星级党组织6个，完成上楼村软弱涣散党组织整顿。发展并吸收预备党员11人，消除连续2年未发展党员的村。发展壮大村集体经济，村集体经济收入10万元以上的村11个，年新增村4个，其中20万元以上的村3个（梅溪村、上梨洋村、开源村），完成村级集体经济“进五争十”（全面消除年收入1万元以下的空壳村，三年内实现所有村集体经营性收入5万元以上，其中10万元以上的村占比55%）年度目标任务。推进党风廉政建设和反腐败工作，落实党风廉政“一岗双责”（一个单位的领导干部应当对这个单位的业务工作和党风廉政建设负双重责任）。制定针对重点领域、重要岗位、班子成员的廉政风险防控制度，落实党员干部谈心谈话和廉政党课、廉政提醒等制度。开展形式主义、官僚主义集中整治，落实“文山会海”专项整治，较上年度文件、会议数量下降超过34%。推进县委村级巡察“回头看”整改工作，针对巡察反馈移交的问题，对相关人员35人进行处理。其中，给予提醒谈话17人，批评教育18人。发挥纪委监督作用，从严查处违法违纪行为，受理县纪委转办信访件7件，办结6件；受理县纪委移交的问题线索6件，办结问题线索5件；给予党内严重警告处分2人。

2020年4月22日，宁德市有关领导在岭下乡开展产业薄弱村帮扶工作调研 （岭下乡 供）

【农业生产】 2020年，岭下乡推行产业精细化耕作新模式，建智能温控大棚3.33公顷，巩固高山蔬菜、锥栗、毛竹等传统产业，扩大茄子、青椒、螺丝椒、滑菇、甜玉米等农作物种植面积，推进鲜食莲子、高山葡萄等产业发展。建立葛畲村锥栗示范片和谢坑村毛竹示范片。继续推广新型农产品示范工作，甜笋及太子参试种项目落地，菇娘果、火参果等新特优品种引进试种。农业生产总值15991.76万元，同比增长8.60%。

【财税工作】 2020年，岭下乡实现一般预算收入2532万元，社会消费品零售总额1706万元，固定资产投资20119万元。

【项目建设】 2020年，岭下乡完成屏南县革命旧址（上楼战斗遗址）至X922公路、四好农村公路提升，三教堂至白龙头生

2020年4月24日，宁德市爱心团体在岭下中学开展“助力乡村教育 爱心捐赠桌椅、口罩”活动　　（岭下乡　供）

产道路硬化，上楼溪生态流域治理，中学教学综合楼建设，农贸市场、广利和广福桥夜景设施、景福寺等修缮，以及2019年、2020年高标准农田提升改造，东峰、上楼村等农村安全饮水提升改造等。持续推进屏南县Y316线X922横坑桥至横坑段改扩建，敬老院、中心幼儿园、福建屏南水松林省级湿地公园一期（岭下乡上楼村旅游服务中心）、卫生院医技综合楼等建设项目。启动岭下乡国家级千亩高优农业示范区提升、岭下乡岭下村污水处理设施末端提升和梅溪、罗厝村农村环境整治等建设项目。

【精准扶贫】　2020年，岭下乡投资285.80万元提升改造脱贫项目16个，落实教育帮扶资金1.36万元、医疗救助资金1.70万元，新增、续贷小额贷款191.50万元。办理慢性病特殊病种医疗证100人，免除全乡贫困人口2020年医疗保险费用14.95万元，落实大病救助17户18240元。完成2020年“雨露计划”13户子女补助3.90万元。开展就业培训15人次，新设扶贫公益岗位6个。实现全乡贫困户160户600人全部达标脱贫。

【民政工作】　2020年，岭下乡做好2021年城乡居民“两险”（养老保险、城乡居民医疗保险）征缴工作，完成医保参保9888人，参保率97.64%；社保参保8089人，参保率100%。实行低保动态调整管理，有低保户159户492人，五保户36户36人，事实无人抚养儿童11人，孤儿2人。发放低保金、五保金、残疾人生活补助、残疾人护理补助、临时救助等296.82万元。

【环保工作】　2020年，岭下乡推行农村垃圾市场化运作，完善基础设施建设，开展多部门联合整治等，抓农村环境整治工作。集中整治农村垃圾乱堆乱倒现象3次，清除广告牌5处，拆除占道搭盖2处。推进河长和湖长工作落实，调整河道专管员和水库清洁人员，定期开展河段清理专项行动，与日常巡河APP相结合，实时反馈工作情况至河长制微信工作群。造林100公顷，其中沿溪、沿河种植3.33公顷。封山育林233.33公顷，竹林垦复18.40公顷。完成梅溪、罗厝村微动力污水设施整改任务。巩固推进改水改厕工作，完成改造污水管网28.37千米。其中，棠口溪流域24.27千米，后垄溪流域4.10千米。新建、改建农村生活污水终端20余座。岭下乡再生水厂建设项目投产运行。

【综合治理】　2020年，岭下乡投入15万元开展综治和平安建设工作，推进“平安岭下”建设，开展扫黑除恶专项斗争。建立防控新冠疫情境外输入预警机制，协同有关部门精准管控，组织开展涉疫矛盾纠纷排查化解专项行动。全乡发生矛盾纠纷80起，均予成功调解处理，未发生涉疫矛盾纠纷和3人以上死亡的“民转刑”案件。设立视频监控管理平台，安装摄像头27个，设备完好率100%，校园及周边、卫生院内部和车站、各村广场风险隐患排查率 100%。接收社区矫正对象 63 人，解矫 51 人；新增社区矫正对象 11 人，解矫 8 人。新回归刑满释放人员 17 人。其中，监狱刑满释放 4 人，看守所刑满释放 1 人，解除社区矫正 12 人，全部实现无缝衔接和安置帮教。

【安全生产】 2020 年，岭下乡落实安全生产责任制，常态化开展道路、交通、建筑、企业安全生产隐患排查等工作，未发生安全生产责任事故。发挥乡交管站作用，在开源、锦厦新村等村设立交通违法行为劝导站，查纠严重交通违法违章 317 起，纠正轻微交通违法行为 153 人次，罚款 19850 元。

（郑陈玲）

2020 年 10 月 15 日，寿山村全景 （寿山乡 供）

寿山乡

【概况】 2020 年，屏南县寿山乡地处屏南县东部，辖寿山、郑洋、东盘、普岭、叠石、太保、降龙、前墘、梨后、上洋、白凌、北山、白玉、硋窑 14 个行政村，其中寿山村与降龙村分别于 2015 年、2016 年被列入中国传统村落名录。全乡 6607 人。其中，男性 3710 人，占 56.15%；女性 2897 人，占 43.85%；14 岁以下 791 人，占 11.97%；14—65 岁 4832 人，占 73.13%；65 岁以上 984 人，占 14.89%。乡域面积 106.50 平方千米，平均海拔 755 米，最高海拔 1320 米，最低海拔 250 米。全年实现社会消费品零售总额 2973 万元，在库企业 5 家，其中 2020 年新入库 2 家；农民人均纯收入 13747 元，同比增长 10%；实现村集体经济收入 10 万元以下村全面消除，收入 20 万元以上的村占 20%，收入 50 万元以上的集体经济强村占 7.50%。

【农业生产】 2020 年，寿山乡耕地面积 765.98 公顷（人均 0.12 公顷）。其中，水田 656.43 公顷，旱地 109.55 公顷。林地面积 8701.12 公顷。全年农林牧渔业总产值 12609 万元。其中，农业产值 8395 万元，林业产值 3283 万元，牧业产值 610 万元，渔业产值 103 万元，农林牧渔服务业产值 218 万元。粮食作物以水稻、甘薯、马铃薯、大豆为主。粮食播种面积 376.07 公顷，总产量 2272 吨。经济作物有茶叶、油茶、毛竹、脐橙、蔬菜、葡萄、板栗、黑李、百香果等。其中，茶园面积 36.60 公顷，茶业产量 87 吨；降龙、白玉、白凌、梨后、郑洋、寿山等村脐橙、芦柑、葡萄、百香果等水果种植面积 44.13 公顷，产量 377 吨。全乡蔬菜类种植面积 314.20 公顷，产量 4895 吨。畜牧业以猪、牛、羊、禽为主。其中，羊年出栏 1002 只，牛饲养量 10 头，家禽饲养 43681 只。

【文旅产业】 2020 年，寿山乡以“茶盐古道”为全域旅游品牌建设核心，重点围绕古道沿线村庄进行旅游项目布局。前墘村成立青年种植合作社，组织村民集资开发公鸡寨旅游项目，新建旅游观光步栈道、公鸡寨观景平台，完成五色油菜花海播种，旅游道路拓宽，配套建设前墘农家

2020年10月12日，寿山村文化广场　　（寿山乡　供）

乐，基本具备旅游接待能力；降龙村完成传统村落保护开发项目建设，完成古村落危墙修缮、古道修复、强电落地、立面改造，以及厕所、凉亭、娱乐广场建设等项目；白凌村建设摄影基地，利用白凌梯田风光，打造集摄影、观光、旅游为一体的休闲基地。推进白玉村省级乡村振兴试点村建设，挖掘皮划艇赛道资源，打造省级体育休闲基地，推进脐橙种植基地建设项目，打造“文化＋体育＋农业”的观光互动体验式文旅特色小镇。2020年，白玉村入选省级体育休闲基地名单。制作旅游推广歌曲《茶盐古道》MV，将前墘村奇山异石、白凌村云海梯田、白玉皮划艇运动休闲基地、国家级传统村落寿山村和降龙村，以及茶盐古道等内容融入歌曲MV中。该旅游推介视频在“学习强国”等中央、省、市、县网络平台上刊载。11月29日，寿山乡举办“四季屏南·乡村有约”茶盐古道文化节和屏南“茶盐古道”村庄越野赛，通过户外越野、民俗文艺汇演、农产品展销、风景图片展、特色小吃街、文创集市等活动，吸引游客旅游观光。

【基础设施建设】　2020年，双寿公路（双溪至寿山公路）寿山段主体工程基本完成。投资600余万元的屏南县Y371寿山乡叠石一桥危桥改造工程和投资800余万元的寿山乡Y369线普岭至郑洋公路工程动工建设。启动乡村两级道路安全隐患整治、路面拓改、水毁修复等基础设施建设。启动集镇文创项目建设，推进寿山街道路面白改黑工程、污水管网、电力及通信线路改造，完成广场风雨长廊建设、艺术驻创空间建设。统筹抓农田水利、补充耕地、旧村复垦、高标准农田、基本农田管护等工作，完成高标准农田建设66.67公顷，补充耕地8.98公顷，完成土地开发项目8.98公顷。

【乡村文创】　2020年，寿山乡以文化作为传统村落保护开发突破口，引入县文创总策划林正碌团队，发展文化创意产业项目。完成投资约260万元，完成寿山文化广场改造升级，新建风雨长廊约300米，新建商业空间9处；修缮寿山村8号空间，设立寿山村公益艺术教育中心；建设完成文化广场舞台1座、公厕2座、便民公厕2处；完成村口停车场建设，含小型停车位46个、大型停车位3个。向外推介寿山，推进商业空间认领，吸引入驻新村民15人，认领5处，“七味亭”青海特色小吃店、音麦纪音乐酒吧、“见山”店与“东西店”开业。

【环境整治】　2020年，寿山乡结合“两高”（高速公路与高速铁路）沿线环境整治，持续推进农村人居环境整治。与屏南县金欣环卫清洁服务有限公司签订垃圾清运协议，聘请保洁员20人从事日常清扫工作。各村组织开展“三清一改”（清理农村生活垃圾、清理村内塘沟、清理畜禽养殖粪污等农业生产废弃物，改变影响农村人居环境的不良习惯）环境整治28次，转运垃圾100余车425吨，清理道路约40千米，清理村内水塘43口、村内沟渠20千米、畜禽养殖粪污

10吨。实施改水改厕，完成公厕建设任务5座。其中，集镇公厕1座，村庄公厕4座。全乡完成改厕609座，14个行政村均完成改厕任务，覆盖率100%。保护水土，持续加强小流域治理。关闭黄松垄碎石场和堂下石料场。继续减少农作物的农药和化肥使用量，提高医疗废物处置能力，医疗废物处置率100%。划定集中式饮用水源区2个，完成饮用水源保护区勘察定界工作，委托福建省闽环试验检测有限公司检测水质，检测结果符合饮用水源水质标准。

【积分治理】 2020年，寿山乡为进一步推进省级乡村治理示范点建设，研究制定《寿山乡村治理积分制管理分值指导标准（试行）》，涉及平安创建、乡村振兴、人居环境、公益劳动、孝善和睦等5大类29项积分项目评比，并将积分管理与“星级文明户”“平安家庭”等评定挂钩。降龙、普岭试点村村民150户参与“积分制”管理，分享价值34000元的物资奖励。

【社会治理】 2020年，寿山乡立足实际持续深化“平安寿山”建设，防范、化解、管控影响社会和谐稳定的突出问题。落实严重精神障碍患者“清单式”管理机制。全乡登记在册的精神障碍患者37人，其中重点人员8人。落实服务管理专班，开展季度随访。开展辖区内刑释解教人员37人的帮教工作。在白玉书屋设立“心灵驿站”，开展预防青少年违法犯罪法律咨询服务100余人次；举办家长培训班，发放《致家长的一封信》73份。开展阳光行动，为服刑在教人员2人的未成年子女提供心理疏导；实行普查登记制度，对留守儿童32人开展结对帮扶关爱行动。落实安全生产责任制，在辖区企业开展安全生产专项检查，对商铺开展烟花爆竹禁限放宣传引导和查非治违工作，推进邮政、村淘等寄递企业落实“3个100%”（收寄验视100%、实名收寄100%、过机安检100%）、物流企业落实“2个100%”（实收交货实名登记100%、开箱或包验视100%）制度。全年乡域内未发生重大安全生产事故。

【疫情防控】 2020年，寿山乡积极推进新冠肺炎疫情防控及复工复产工作。实施外来人员车辆入境检测，寿山乡牵头组织白玉公路服务区检测点24小时对入屏人员及车辆进行检测与登记工作，平均每天抽调15人，从1月27日（农历正月初三）开始，至2月22日结束，检查车辆2101部5114人次；乡内党员干部自发成立党员先锋岗，在白玉六斗区域设立乡级入境检测点，对外来进入寿山乡域内车辆及人员进行24小时登记检测。开展各村巡逻检查，监督关闭宗教、祠堂、文化活动中心等公共场所35家，取消庙会等所有民俗集会活动14场，各村党员带头停办嫁娶等宴请12场。对乡域重点区域和14个行政村进行全面消毒，涉及办公区19个、垃圾桶箱260余个、垃圾转运点14个、公厕21座、农村公共服务中心14个。2月下旬，启动复工复产工作，摸排辖区内企业防疫物资储备情况，为乡域内白玉、李大坪、降龙3个电站和秋田农牧等企业单位配备口罩、消毒水等防疫物资。严格监督检查复工复产企业，要求各企业确定企业防控负责人，确定企业复工监督人。分类“消化”受影响的贫困户43人，其中乡村两级提供公益性岗位29个。分析研判得出的返贫风险户2户，其中提供公益性岗位就业1人，介绍前往上海务工1人。

【基层党建】 2020年，寿山乡巩固“不忘初心、牢记使命”主题教育成果，全乡基层党组织15个，党员382人参加学习教育。全乡“学习强国”人均积分9498.13分，位居全县各乡镇第一。开展党委中心组专题学习讨论20余次，强化乡镇党委自身建设，持续完善民主生活会制度。深化村级基层党组织建设，开展理论宣讲进基层111次，听众1万余人次，覆盖全乡14个行政村。抓廉政教育全覆盖，组织开展党委书记讲授廉政党课、召开廉政警示教育专题会、观看警示教育片、参观警示教育基地等活动，教育党员干部312人次。围绕脱贫攻坚、防汛抗旱、基层党建等主题开展村干部培训4次，培训186人次。发展党员7人，培养入党积极分子39人、村级后备人才98人，每个村至少有后备干部3人。召集党委会议、全乡干部大会，部署村级组织换届前期准备工作。召开述职述廉会议，进行民主测评、考察谈话，实地查看、走访群众，掌握基层党组织情况，了解影响换届选举和社会稳定的苗头性、倾向性问题，对各支部进行分类定级，制度“一村一策一预案”，整顿转化重点难点村，推进村级换届工作开展。

【民生事业】　2020年，寿山乡有继续扶持已脱贫摘帽的前建档立卡贫困户135户479人。其中，国标贫困户104户368人，省标贫困户31户111人未出现返贫现象。其中，巩固提升重点贫困对象4户14人，低保兜底17户41人，各项保障政策均落实到位。年底，全乡有农村低保对象114户273人，特困供养人员36人，全年发放低保五保资金164.9653万元，临时救助19.75万元，支农惠农补贴政策全面落实。前墘、降龙、梨后、郑洋4个贫困村（其中郑洋村属省级贫困村，梨后村属市级贫困村）村集体收入情况为：郑洋村13.70万元、降龙村10.24万元、前墘村13.83万元、梨后村14.10万元。农民人均可支配收入和基本公共服务主要领域指标均达到贫困村退出标准。发放建档立卡家庭经济困难学生国家助学金和政府补助33250元，发放建档立卡贫困家庭11户中高职或技工院校“雨露计划”补助3.3万元。开展建档立卡农村贫困人口因病致贫因病返贫调查，落实医疗救助政策，免除全乡贫困人口医疗保险费用11万元，办理慢性病特殊病种医疗证74人；推进家庭医生签约服务，建档立卡贫困人口签约率100%。按照低保兜底政策要求，核实低保兜底人员，落实民政兜底保障政策，将符合低保条件的15户38人纳入低保范围。开展贫困户住房改造及提升工程，完成住房重建2户，危房修缮3户，小范围住房提升17户。组织村级供水净水设备清理修缮25个，完成建档立卡贫困户安全饮用水排查复核工作。医保参保6323人，参保率97%；社保参保303人，完成率104.84%。推进绿色殡葬工作，遗体火化率始终保持在100%，制止翻新和新建坟墓1穴。开展“百日攻坚”专项行动，排查整治有安全隐患的房屋，排查房屋安全结构隐患25栋，隐患面积5445平方米。开展道路交通安全整治，消除隐患4处，安装道路温馨提示灯布4块、凹面镜7个、左转弯标识3个、右转弯标识1个、注意落石标识3个、长坡急弯标识1个。

（寿山乡）

人物 荣誉

人物表

2020 年屏南县处级领导干部名表

表 17

姓 名	单位及职务	性别	民族	籍贯	出生年月	任职时间
党 帅	屏南县委书记	男	汉族	山东潍坊	1984 年 2 月	2020 年 7 月
柳 岳	屏南县委副书记、县长	男	汉族	福建寿宁	1979 年 8 月	2019 年 12 月
叶浩文	屏南县委副书记	男	汉族	福建周宁	1978 年 8 月	2020 年 9 月
康 健	屏南县委常委（挂职时间一年）	女	汉族	福建南平	1971 年 5 月	2020 年 6 月
张德力	屏南县委常委、宣传部部长	男	汉族	福建屏南	1969 年 7 月	2016 年 7 月 2017 年 10 月
陈 芳	屏南县委常委、政法委书记	男	汉族	福建屏南	1963 年 6 月	2017 年 2 月 2017 年 3 月
魏宏峰	屏南县委常委、县政府党组副书记、副县长	男	汉族	福建柘荣	1976 年 2 月	2020 年 12 月
付秀国	屏南县委常委、统战部部长、政协党组副书记、社会主义学校校长	男	汉族	湖北枣阳	1975 年 10 月	2020 年 4 月 2020 年 5 月
宋 洋	屏南县委常委、人武部政委	男	汉族	江苏邳州	1977 年 3 月	2020 年 9 月 2018 年 8 月
郑维禄	屏南县委常委、总工会主席	男	汉族	福建宁德	1974 年 6 月	2020 年 12 月
吴周渺	屏南县委常委、组织部部长、县直机关工委书记、党校（行政学校）校长	男	汉族	福建柘荣	1985 年 4 月	2020 年 12 月
陈剑峰	屏南县委常委、纪委书记、监委主任	男	汉族	福建霞浦	1975 年 11 月	2020 年 12 月
周少川	屏南县人大常委会党组书记、主任	男	汉族	福建屏南	1962 年 9 月	2016 年 7 月 2016 年 12 月

续表 17

姓 名	单位及职务	性别	民族	籍贯	出生年月	任职时间
陆 武	屏南县人大常委会党组副书记、副主任	男	汉族	福建屏南	1964 年 11 月	2014 年 12 月 2011 年 12 月
陈章萍	屏南县人大常委会副主任	女	汉族	福建屏南	1975 年 3 月	2011 年 12 月
韦孝珠	屏南县人大常委会党组成员、副主任	女	汉族	福建屏南	1970 年 11 月	2015 年 1 月
叶学瑛	屏南县人大常委会党组成员、副主任	男	汉族	福建屏南	1967 年 4 月	2017 年 12 月
陆东炫	屏南县政府党组成员、副县长	男	汉族	福建屏南	1965 年 1 月	2017 年 3 月 2017 年 4 月
薛世兴	屏南县政府党组成员、副县长	男	汉族	福建屏南	1971 年 9 月	2016 年 9 月
张著文	屏南县政府党组成员、副县长	男	汉族	福建屏南	1970 年 10 月	2019 年 4 月 2019 年 5 月
陈赛星	屏南县政府党组成员、科技副县长（挂职时间两年）	男	汉族	福建长乐	1970 年 10 月	2019 年 7 月 2019 年 8 月
黄文挺	屏南县政府党组成员、副县长，公安局党委书记、局长、二级高级警长	男	汉族	福建宁德	1965 年 10 月	2019 年 12 月 2015 年 11 月 2020 年 11 月
陈思文	屏南县政府副县长	男	汉族	福建福安	1974 年 2 月	2020 年 9 月
李章通	屏南县政府党组成员、副县长	男	汉族	福建福鼎	1981 年 10 月	2020 年 12 月
梁明洲	屏南县人武部部长、县政府党组成员	男	汉族	江苏滨海	1972 年 2 月	2020 年 8 月 2020 年 9 月
江春平	屏南县政府党组成员、四级调研员	男	汉族	福建屏南	1966 年 3 月	2014 年 7 月 2019 年 6 月
陆泽干	屏南县政协党组书记、主席	男	汉族	福建屏南	1967 年 10 月	2018 年 12 月
吴道安	屏南县政协党组副书记、副主席	男	汉族	福建屏南	1965 年 10 月	2016 年 10 月 2015 年 1 月
章诗谊	屏南县政协党组成员、副主席	男	汉族	福建屏南	1979 年 12 月	2016 年 6 月 2016 年 12 月
陈太旺	屏南县政协副主席	男	汉族	福建古田	1973 年 8 月	2019 年 12 月
周 稼	屏南县政协副主席	男	汉族	福建屏南	1968 年 4 月	2020 年 12 月
陈祥择	屏南县政协三级调研员	男	汉族	福建屏南	1961 年 12 月	2020 年 12 月
刘承辉	屏南县法院党组书记、院长、三级高级法官	男	汉族	福建周宁	1970 年 12 月	2011 年 12 月 2018 年 8 月
吴益华	屏南县检察院党组书记、检察长、三级高级检察官	男	汉族	福建寿宁	1968 年 4 月	2015 年 11 月 2016 年 1 月
郑常文	白水洋鸳鸯溪风景名胜区管委会党委书记、县文体和旅游局党组书记	男	汉族	福建屏南	1972 年 3 月	2020 年 12 月
胡小青	白水洋鸳鸯溪风景名胜区管委会三级调研员	男	汉族	福建屏南	1965 年 2 月	2020 年 12 月
陈建波	屏南县公安局党组副书记、政委、二级高级警长	男	汉族	福建宁德	1965 年 3 月	2015 年 11 月 2015 年 10 月 2020 年 11 月

2020 年屏南县正科级领导干部名表

表 18

姓 名	单位及职务
张肖枫	县委办主任、保密办主任、台港澳办主任、档案局局长
杨永彬	县人大常委会党组成员、办公室主任
熊千驱	县人大监察和司法委主任、四级调研员
林 峰	县人大华侨委主任
郑顺爱	县人大财经委主任
叶 平	县人大环城委主任
包丽群	县人大教科文卫委主任
张晓华	县人大人事代表工作室主任
高 荣	县人大办四级调研员
章 璇	县人大办四级调研员
章长守	县人大办四级调研员
韦东普	县政协党组成员、办公室主任、秘书长、一级主任科员
叶宗孟	县政协法制委主任、四级调研员
张彩霞	县政协港澳台侨联络与民族宗教委员会主任、四级调研员
陆泽帜	县政协经济与人口资源委员会主任
郑剑海	县政协教科卫体委员会主任
叶贤双	县政协研究室主任
韦世忠	县政协机关纪检组长、二级主任科员
陈上企	县政协办四级调研员
杨继旺	县政协办二级主任科员
韦信苗	县政协办二级主任科员
陈道簪	县政协办二级主任科员
陈书姜	县政协办二级主任科员
韩弥摆	县纪委副书记、监委副主任
陈 卿	县纪委副书记、监委副主任
章美能	县纪委常委（正科长级）
张朝阳	县纪委监委四级调研员
陈建生	县纪委四级调研员
张贤胜	县纪委第二纪检监察室主任、二级主任科员
韦忠墩	县纪委二级主任科员
林德许	县纪委二级主任科员
郑呈朝	县纪委二级主任科员
薛少华	县纪委二级主任科员
甘振玲	县纪委常委、县委巡察办主任
杨建星	县委巡察办巡察专员（正科级）
彭东兴	县委巡察办巡察专员（正科级）

续表 18

姓 名	单位及职务
张扬存	县委巡察办二级主任科员
陈章许	县直单位纪检监察组组长、二级主任科员
叶清云	县直单位纪检监察组组长、二级主任科员
陈孝平	县直单位纪检监察组组长、二级主任科员
黄瑜妃	县直单位纪检监察组组长、二级主任科员
陈永虎	县直单位纪检监察组组长、二级主任科员
陆昌镇	县委组织部常务副部长
陈海平	县委组织部二级主任科员
宋文杰	县委宣传部常务副部长
陈万登	县委宣传部副部长、四级调研员
黄廷勤	县委宣传部副部长、二级主任科员、文明办主任
甘少春	县委宣传部纪检组长、二级主任科员
张璘琳	县委宣传部二级主任科员
吴伟胜	县委统战部常务副部长、县工商联党组书记
何学栋	县委统战部四级调研员、县民宗局局长
郑枝耨	县委统战部一级主任科员
陈必炎	县委统战部一级主任科员
吴民生	县委统战部二级主任科员
陈发扬	县委统战部二级主任科员
陈永莉	县委政法委常务副书记
韦孝跳	县委政法委副书记、二级主任科员
张耀辉	县委政法委副书记、二级主任科员
郑仕钢	县委政法委四级调研员
潘秀芳	县委政法委二级主任科员
陈 志	县委编办主任、组织部副部长
张 洪	县直机关工委常务副书记
黄仙友	县直机关工委副书记、纪工委书记、二级主任科员
陈朝东	县委老干局局长、组织部副部长、离退休干部工委书记、四级调研员
叶爱芳	县委老干局二级主任科员、离退休干部工委专职副书记
黄德焰	县工商联主席
陆久锐	县委党校（行政学校、社会主义学校）常务副校长、四级调研员
李家钒	县委党校二级主任科员
张尚瑶	县委党史和地方志研究室主任
甘代寿	县委党史和地方志研究室四级调研员
叶志居	县委党史和地方志研究室二级主任科员
陆泽亚	县档案馆二级主任科员
林 芩	县总工会党组书记、常务副主席、四级调研员

续表 18

姓　名	单位及职务
陆泽岳	县总工会党组成员、副主席、经费审查委员会主任、二级主任科员
陆　媛	团县委书记
徐小芳	县妇联党组书记、主席
郑圭珠	县妇联党组成员、副主席、二级主任科员
郑春霞	县妇联党组成员、二级主任科员
张　文	县科协主席、四级调研员
包　锋	县科协二级主任科员
张峥嵘	县社科联主席
苏旭东	县文联主席、四级调研员
张修敬	县文联二级主任科员
张巧玲	县计生协会常务副会长、卫健局副局长
陈少飞	县计生协会四级调研员
张久贵	县侨联主席
黄德胜	县侨联二级主任科员
陈　熊	县残联理事长
郑林华	县残联二级主任科员
张传盛	县残联二级主任科员
张传旭	县法院党组副书记、副院长、审委会委员、四级高级法官
陈　浩	县法院党组成员、副院长（正科级）、四级高级法官
杨继珍	县法院党组成员、副院长、审委会委员、四级高级法官
谢晓明	县法院党组成员、纪检组长、二级主任科员
李新明	县法院党组成员、政治处主任、审判委员会委员、二级主任科员
章发敏	县法院审判委员会专职委员、一级法官
李益民	县法院审判委员会专职委员、一级法官
吴建华	县法院一级法官
陆鹏展	县法院司法警察大队大队长、一级警长
张彩晖	县法院司法警察大队教导员、一级警长
张天明	县法院二级主任科员
张贤峰	县检察院党组副书记、副检察长、检委会委员、四级高级检察官
游仁斌	县检察院党组成员、副检察长、四级高级检察官
包利祥	县检察院党组成员、纪检组长、二级主任科员
吴德强	县检察院党组成员、二级检察官助理
赵伏旺	县检察院第三检察部主任、四级高级检察官
陈　雄	县政府办党组书记、主任、效能办主任、外事办主任、金融办主任
吴陈云	县政府办副主任、二级主任科员
张长可	县政府办党组成员、四级调研员
周理玉	县政府办二级主任科员

续表 18

姓 名	单位及职务
张天京	县政府办二级主任科员
张积峰	县发改局党组书记、局长、科技局局长、一级主任科员
郑福旺	县发改局党组成员、副局长（正科长级）、四级调研员
张国弟	县发改局党组成员、纪检组长、二级主任科员
张朝晖	县发改局党组成员、二级主任科员、粮食局局长
熊绍兴	县发改局四级调研员
毛素斌	县发改局二级主任科员
苏　健	县教育局党组书记、局长、一级主任科员
江巧文	县教育局党组成员、副局长、二级主任科员
钟小红	县教育局二级主任科员、教育工会主席
胡国贡	县政府教育督导室主任
张谋建	县政府教育督导室正科级督学
韦东烨	县教师进修校校长
甘少南	县职专校长
吴积斌	屏南一中校长
林晓武	县工业和信息化局党组书记（正科长级）
陆守滔	县工业和信息化局局长、商务局局长
陆道容	县工业和信息化局党组成员、纪检组长、二级主任科员
陆东活	县工业和信息化局党组成员、副局长、二级主任科员
宋清明	县工业和信息化局党组成员、副局长、二级主任科员
吴　钟	县工业和信息化局党组成员、二级主任科员
蓝振春	县公安局党委副书记、四级高级警长
林松涛	县公安局党委委员、四级高级警长
张常波	县公安局党委委员、副局长、四级高级警长
黄志约	县公安局党委委员、副局长、四级高级警长
郑瑞兴	县公安局党委委员、纪检组长、四级高级警长
荣和明	县公安局纪检监察室主任、一级警长
陈模慧	县公安局森林警察大队大队长、一级警长
王丽秋	县公安局交通警察大队教导员（正科长级）、四级高级警长
林万炉	县公安局国内安全保卫大队教导员、一级警长
陈运炳	县看守所教导员、一级警长
张居成	县公安局四级高级警长
谢沈阳	县公安局四级高级警长
邹友生	县公安局四级高级警长
陆　全	县公安局四级高级警长
陈　銮	县公安局警务技术四级主任
张宏华	县公安局一级警长

续表 18

姓 名	单位及职务
杨福祥	县公安局一级警长
陆道钰	县公安局一级警长
郑 彪	县公安局一级警长
陆长斌	县民政局党组书记、局长
陈守健	县民政局党组副书记、副局长（正科长级）、老区办主任
林晓标	县民政局党组成员、副局长、二级主任科员
张妙影	县民政局党组成员、纪检组长、二级主任科员
陆道生	县民政局四级调研员
郑传敏	县民政局二级主任科员
张书俭	县司法局党组书记、局长、四级调研员
杨家岩	县司法局二级主任科员
蓝 春	县司法局二级主任科员
陈道平	县司法局二级主任科员
张辉聪	县司法局二级主任科员
苏建斌	县司法局二级主任科员
陈绍挺	县财政局党组书记、局长、一级主任科员
韦孝榭	县财政局党组成员、副局长（正科长级）
郑少华	县财政局党组成员、二级主任科员
倪连弟	县财金口党委书记、财政局四级调研员
林劲辉	县财政局二级主任科员
陆道晃	县人社局党组书记、局长
郑珠莲	县人社局党组成员、副局长、四级调研员
陈宝娟	县人社局党组成员、纪检组长、二级主任科员
吴仁斌	县人社局四级调研员
李日生	县自然资源局党组书记、局长
林 华	县自然资源局党组副书记、副局长（正科长级）
陈常书	县自然资源局党组成员、副局长、二级主任科员
陆长征	县自然资源局党组成员、纪检组长、二级主任科员
毛志坚	县住建局党组书记、局长、四级调研员
章诗县	县住建局党组副书记、二级主任科员、人防办主任
吴金彬	县住建局党组成员、二级主任科员
陈道教	县住建局二级主任科员
凌世郴	县交通运输局党组书记、局长、四级调研员
何韵强	县交通运输局党组成员、副局长（正科长级）
陆建康	县交通运输局党组成员、副局长、二级主任科员
周书友	县交通运输局党组副书记、二级主任科员
黄庆建	县交通运输局四级调研员

续表 18

姓 名	单位及职务
张天茂	县交通运输局党组成员、二级主任科员
胡廷耀	县水利局党组书记、局长
江良右	县水利局党组成员、纪检组长、二级主任科员
彭存健	县农业农村局党组书记、局长、农办主任、一级主任科员
吴仲照	县农业农村局党组成员、副局长、二级主任科员
邱　彦	县农业农村局党组成员、纪检组长、二级主任科员
吴积芳	县农业农村局党组成员、二级主任科员
吴瑞敬	县农业农村局党组成员、二级主任科员
黄良框	县文体和旅游局局长
叶学菊	县文体和旅游局党组成员、副局长、二级主任科员
彭建辉	县卫健局党组书记、局长、计生协会副会长
江邦亮	县卫健局党组成员、副局长、二级主任科员
张江龙	县卫健局党组成员、副局长（正科长级）
郑丽珠	县卫健局党组成员、四级调研员
吴良信	县卫健局党组成员、二级主任科员
薛承丰	县退役军人事务局党组书记、局长、双拥办主任、四级调研员
韦信奖	县退役军人事务局党组成员、副局长、二级主任科员
黄惠群	县应急管理局党组书记、局长、一级主任科员
张花诗	县应急管理局党组成员、副局长、二级主任科员
周昌获	县应急管理局党组成员、二级主任科员
郑　俭	县审计局党组书记、局长
陈万驻	县审计局党组成员、四级调研员
蓝新干	县审计局三级调研员
李志清	县审计局二级主任科员
潘艳阳	县林业局党组书记、局长
包章建	县林业局党组成员、副局长、二级主任科员
包久快	县林业局党组成员、副局长、二级主任科员
黄昌尧	县林业局党组成员、二级主任科员
陈章铨	县市场监督管理局党组书记、局长
张书雄	县市场监督管理局党组成员、副局长、二级主任科员
林方新	县市场监督管理局党组成员、纪检组长、二级主任科员
黄良崧	县市场监督管理局二级主任科员
陈青松	县市场监督管理局二级主任科员
李　珍	县市场监督管理局二级主任科员
陆允清	县市场监督管理局二级主任科员
苏维邗	县市场监督管理局二级主任科员
周理俊	县统计局党组书记、局长

续表 18

姓 名	单位及职务
卓正植	县统计局二级主任科员
叶 琳	县统计局二级主任科员
高徐英	县政府信访局党组成员、二级主任科员
陈 湖	县城市管理局党组书记、局长
章明堂	县城市管理局党组成员、副局长、二级主任科员
赵剑平	县城市管理局二级主任科员
胡锦秀	县行政服务中心管委会主任
陈道永	白水洋鸳鸯溪风景名胜区管委会副主任
周 泽	白水洋鸳鸯溪风景名胜区管委会一级主任科员
周志方	白水洋鸳鸯溪风景名胜区管委会二级主任科员
林龙扩	县农机局局长
陆则方	县农机局副局长、二级主任科员
陈文献	县广电局四级调研员
张春刚	县广电局二级主任科员
陈昌浩	县供销社主任
陈 筹	县供销社二级主任科员
黄齐解	县供销社二级主任科员
张清候	古峰镇党委书记、一级主任科员
叶高集	古峰镇党委副书记、镇长
陈章卿	古峰镇党委统战委员、人大主席
雷爱青	古峰镇副镇长、一级主任科员
严家添	古峰镇党委二级主任科员
陈 勇	古峰镇党委二级主任科员
魏修江	古峰镇党委二级主任科员
张孙立	屏城乡党委书记
曹大坤	屏城乡党委副书记、乡长
陈新云	屏城乡党委委员、人大主席
张元产	屏城乡党委副书记、二级主任科员
张建明	屏城乡党委委员、人武部部长、二级主任科员
郑华春	屏城乡党委一级主任科员（屏城乡后井村乡村振兴指导员）
陈宁胡	屏城乡党委二级主任科员
陈发景	屏城乡党委二级主任科员、综治办常务副主任
陈 娟	代溪镇党委书记
陈守当	代溪镇党委副书记、镇长人选
苏晓辉	代溪镇党委委员、人大主席
陈凌勤	代溪镇党委一级主任科员（代溪镇玉洋村乡村振兴指导员）
郑朝阳	代溪镇政府二级主任科员

续表 18

姓 名	单位及职务
韦晓莉	路下乡党委书记、一级主任科员
陈家宠	路下乡党委副书记、乡长
江余东	路下乡党委委员、人大主席
张立新	路下乡党委一级主任科员（路下乡罗沙洋村乡村振兴指导员）
张宜世	熙岭乡党委书记
杨 林	熙岭乡党委副书记、乡长人选
周 辰	熙岭乡党委委员、人大主席
钟昌寿	熙岭乡党委委员、纪委书记、监察组组长、二级主任科员
陆则起	熙岭乡党委一级主任科员（熙岭乡四坪村乡村振兴指导员）
林春祥	甘棠乡党委书记
李 亮	甘棠乡党委副书记、乡长人选
黄小平	甘棠乡党委委员、人大主席
苏枝眼	路下乡党委综治副书记、政法委员、二级主任科员
林黎明	长桥镇党委书记
叶兆胡	长桥镇党委副书记、镇长
张太守	长桥镇党委委员、人大主席
包章语	长桥镇党委三级调研员（长桥镇新乡村乡村振兴指导员）
王生智	棠口镇党委书记、一级主任科员
张新建	棠口镇党委副书记、镇长
郑日敏	棠口镇党委委员、人大主席
王晓兵	棠口镇党委副书记、二级主任科员
孙德新	棠口镇党委一级主任科员（棠口镇上培村乡村振兴指导员）
李 梁	双溪镇党委书记、一级主任科员
林世增	双溪镇党委副书记、镇长
陈丽华	双溪镇党委委员、人大主席
苏 信	双溪镇党委副书记、二级主任科员
陆李祯	双溪镇党委一级主任科员（双溪镇峭顶村乡村振兴指导员）
蓝聪辉	岭下乡党委书记
杨书勤	岭下乡党委副书记、乡长
魏绍杨	岭下乡党委委员、人大主席人选
苏晨久	岭下乡党委三级调研员（岭下乡开源村乡村振兴指导员）
孙忠文	岭下乡党委一级主任科员
郑华东	寿山乡党委书记
周朱顶	寿山乡党委副书记、乡长
杨少湘	寿山乡党委委员、人大主席
余养苏	寿山乡党委统战委员、二级主任科员
苏 松	寿山乡政府一级主任科员（寿山乡降龙村乡村振兴指导员）

荣誉表

2020年已知屏南县获得地厅级以上表彰的先进集体名表

表19

单 位	荣誉称号	授予单位	获奖时间
屏南县刺桐红村镇银行有限公司营业部	福建省工人先锋号	福建省总工会	2020年3月
屏南县农村信用合作联社	2017—2018年度福建省诚信促进会第六届“诚信先进单位”	福建省诚信促进会	2020年3月
屏南县中闽水务有限责任公司安全质量部	2019年度“安康杯”竞赛先进班组	福建省总工会 福建省应急管理厅	2020年4月
宁德市公路局屏南分局安全生产管理办公室	2019年度“安康杯”竞赛先进班组	福建省总工会 福建省应急管理厅	2020年4月
屏南县农村信用合作联社	2019年度“安康杯”竞赛先进单位	福建省总工会 福建省应急管理厅	2020年4月
屏南县寿山乡	省级乡村治理试点示范单位	中共福建省委农村工作领导小组办公室、中共福建省委组织部、中共福建省委宣传部、福建省农业农村厅、福建省民政厅、福建省司法厅	2020年6月
代溪镇	2017—2019周期国家卫生乡镇	全国爱国卫生运动委员会	2020年7月
路下乡	2017—2019周期国家卫生乡镇	全国爱国卫生运动委员会	2020年7月
屏南县烟草专卖局专卖部门	福建省工人先锋号	福建省总工会	2020年8月
屏南县农村信用合作联社	2019年度“全国三八红旗集体”称号	中华全国妇女联合会	2020年10月
屏南县公安局城关派出所	福建省抗击新冠肺炎疫情先进集体	中共福建省委 福建省人民政府	2020年11月
屏南县农业农村局	福建省农业农村系统先进集体	福建省人力资源和社会保障厅 福建省农业农村厅	2020年12月
屏南县人民检察院工会委员会	福建省模范职工之家称号	福建省总工会	2020年12月
屏南县交通运输局	2016—2019年度全省交通运输系统先进集体	福建省人力资源和社会保障厅 福建省交通运输厅	2020年12月
屏南县科学技术协会	2020年福建省全国科普日活动优秀组织单位	福建省科学技术协会	2020年12月
屏南县农村信用合作联社	2019年度福建省“安康杯”先进单位	福建省总工会 福建省应急管理厅	2020年

2020年已知屏南县获得地厅级以上表彰的先进个人名表

表20

姓 名	性别	籍贯	出生年月	工作单位	荣誉称号	授予单位	获奖时间
张 虹	女	屏南	1971年3月	屏南县检察院	“全国检察机关检务保障工作表现突出个人”称号	最高人民检察院政治部、最高人民检察院计划财务装备局、最高人民检察院机关服务中心	2020年1月
林德闽	男	屏南	1979年5月	屏南县公安局	个人二等功	福建省公安厅	2020年1月
张 宁	女	黑龙江	1982年6月	屏南县农村信用合作联社	三八红旗手	福建省农村信用社联合社妇女联合会	2020年3月
黄兴堂	男	屏南	1989年11月	屏南县公安局	优秀刑事技术民警	公安部五局	2020年4月
吴伟清	男	屏南	1970年4月	福建省（屏南）榕屏化工有限公司	福建省五一劳动奖章	福建省总工会	2020年8月
叶巧红	女	屏南	1980年2月	屏南县公安局	部级训练标兵个人	公安部	2020年8月
陆富富	男	屏南	1975年1月	屏南县第一中学	福建省优秀教师名单	福建省人力资源和社会保障厅、福建省教育厅	2020年9月
叶兆芬	女	屏南	1980年7月	屏南县光华小学	福建省优秀教师名单	福建省人力资源和社会保障厅、福建省教育厅	2020年9月
苏德柱	男	屏南	1963年9月	屏南县熙岭中心小学	福建省优秀教师名单	福建省人力资源和社会保障厅、福建省教育厅	2020年9月
潘国建	男	屏南	1976年3月	屏南县熙岭初级中学	福建省优秀教育工作者名单	福建省人力资源和社会保障厅、福建省教育厅	2020年9月
陆修德	男	屏南	1943年9月	屏南县关工委	全国关心下一代工作先进工作者	中国关心下一代工作委员会中央精神文明建设指导委员会办公室	2020年10月
陈海青	女	屏南	1989年5月	屏南县农村信用合作联社	宁德市劳动模范	中共宁德市委、宁德市政府	2020年11月
甘乾耀	男	屏南	1967年3月	福建惠泽龙酒业股份有限公司	宁德市劳动模范	中共宁德市委、宁德市人民政府	2020年11月
陈海青	女	屏南	1989年5月	屏南县农村信用合作联社	宁德市劳动模范	中共宁德市委、宁德市人民政府	2020年11月
陈秀明	女	屏南	1984年5月	屏南县国有资产投资经营有限公司	宁德市劳动模范	中共宁德市委、宁德市人民政府	2020年11月
吴广东	男	屏南	1973年3月	屏南县审计局	宁德市劳动模范	中共宁德市委、宁德市人民政府	2020年11月
张为露	男	屏南	1981年1月	屏南县乙天生物科技有限公司	宁德市劳动模范	中共宁德市委、宁德市人民政府	2020年11月
陆成英	女	屏南	1971年8月	屏南县岭下乡开源村	宁德市劳动模范	中共宁德市委、宁德市人民政府	2020年11月
陈章岗	男	屏南	1966年12月	屏南县古峰镇城东社区	宁德市劳动模范	中共宁德市委、宁德市人民政府	2020年11月

续表 20

姓 名	性别	籍贯	出生年月	工作单位	荣誉称号	授予单位	获奖时间
吴津平	男	屏南	1974 年 12 月	屏南县公安局	个人二等功	福建省公安厅	2020 年 12 月
张颢议	男	屏南	1986 年 9 月	屏南县公安局	个人二等功	福建省公安厅	2020 年 12 月
章发敏	男	屏南	1963 年 1 月	屏南县人民法院	天平奖章	福建省高级人民法院	2020 年 12 月
甘 津	男	屏南	1965 年 4 月	屏南县农业技术和农村产业发展中心	福建省农业农村系统先进个人	福建省人力资源和社会保障厅、福建省农业农村厅	2020 年 12 月
陆高翔	女	屏南	1989 年 11 月	屏南县检察院	“法治进校园”全省巡讲活动表现突出个人表彰——“法治进校园”全省巡讲团成员	福建省人民检察院、福建省教育厅、福建省司法厅	2020 年 12 月
叶巧红	女	屏南	1980 年 2 月	屏南县公安局交通管理大队	福建省五一巾帼标兵	福建省总工会	2020 年 12 月

2020 年已知屏南县获得高级专业技术职称人员名表

表 21

姓 名	性 别	籍 贯	出生日期	工作单位	职 称	确认时间
吴良雪	女	屏南	1968 年 12 月	屏南县第二中学	高级教师	2020 年 6 月
张雪华	女	屏南	1977 年 11 月	屏南县第一中学	高级教师	2020 年 6 月
黄虎妹	女	屏南	1978 年 11 月	屏南县林业局	营林高级工程师	2020 年 7 月
柯凯春	男	屏南	1971 年 2 月	屏南县林业局	营林高级工程师	2020 年 7 月
杨华思	男	屏南	1971 年 1 月	屏南县林业局	营林高级工程师	2020 年 7 月
张家桥	男	屏南	1978 年 12 月	屏南县林业局	营林高级工程师	2020 年 7 月
黄祖文	男	屏南	1979 年 11 月	屏南县实验小学	高级教师	2020 年 8 月
吴谨春	女	屏南	1976 年 5 月	屏南县实验小学	高级教师	2020 年 8 月
吴凌艳	女	屏南	1981 年 12 月	屏南县光华小学	高级教师	2020 年 8 月
陈文莉	女	屏南	1979 年 11 月	屏南县光华小学	高级教师	2020 年 8 月
陈凌丽	女	屏南	1974 年 12 月	屏南县岭下中心小学	高级教师	2020 年 8 月
韦珠榕	女	屏南	1981 年 1 月	屏南县光明幼儿园	高级教师	2020 年 8 月
张 燕	女	屏南	1986 年 3 月	屏南县建设工程造价管理站	工程建设管理高级工程师	2020 年 9 月
卓晨辉	男	屏南	1975 年 2 月	屏南县住房保障管理中心	城乡规划管理高级工程师	2020 年 9 月
李 锋	男	屏南	1977 年 6 月	屏南县人民检察院	计算机操作员技师	2020 年 12 月

索　引

说　明

一、本索引采用主题词分析法，按主题词首字汉语拼音字母顺序排列。
二、栏目、分目标题用黑体。“特载”“大事记”“人物 荣誉”内容不作索引。
三、索引主题词后的数字表示页码，数字后的 a、b、c 表示栏别左中右。
四、空一字起排的款目为上一主题的“附见”。

F

G

H

L

Q

R

T

W

X

Z